한국 출판계 키워드
2010-2019

한국 출판계 키워드

2010
2019

〈기획회의〉 편집부 엮음

2010년대
출판계 이슈로 바라본
한국 사회

한국출판마케팅연구소

2010년 봄에 아이패드가 출현하자 출판계에서는 이 해를 실제적인 '전자책 원년'으로 삼고 전자책이 대세가 될 것이라는 기대감이 컸다. 일본에서는 아이패드를 에도시대인 1853년에 미국의 페리 제독이 타고 나타나 개항을 종용하던 '흑선黑船(구로후네)'에 비유할 정도로 충격에 휩싸였다. 당시 일본인들은 아마존, 애플, 구글 등의 대형 IT기업이라는 '신대륙'이 신문, TV, 출판 등 전통기업('구대륙')을 뒤엎을 것이라고 예상했다.

　사사키 도시나오는 그즈음 펴낸 『전자책의 충격』에서 아마존의 킨들과 애플의 아이패드 같은 전자책을 읽는 데 적합한 기기, 쾌적하게 책을 구입해 읽을 수 있는 플랫폼, 자가自家출판과 책의 플랫화, 그리고 콘텍스트를 매개로 책과 독자가 얽히는 새로운 매칭의 세계라는 퍼즐 조각이 전부 맞춰져 이제 새로운 전자책의 생태계가 온전한 모습을 드러내고 있다고 결론 내렸다.

　그로부터 1년 6개월 후 사사키 도시나오는 〈ebook 저널〉과의 인터뷰에서 "KDDI, 도코모 등의 통신업자나 샤프 등 메이커가 주도한 플랫폼이 등장했다. 하지만 모두 기대에 못 미치며 매출이 좋지 않았고, 전자책을 유통하는 플랫폼으로 자리 잡지 못했다. 플랫폼이 없기 때문에 전자책도 팔리지 않았다. 딱 잘라 말해서 전자책 업계에는 아직 아무것도 일어나지 않았다."고 말했다.

정말 아무 일도 일어나지 않은 것일까? 독자들은 종이책을 자신의 아이패드에 내장시키고 싶은 욕구를 발현하기 시작했다. 덕분에 일본에서는 절단기와 스캐너가 불티나게 팔렸다. 자신이 구입한 책을 절단한 다음 스캔하여 자신의 아이패드에 저장하기 시작했다. 인간의 이런 욕구를 대행해주는 북스캔 사업이 한때 성행하기도 했다. 북스캔 업자들은 고객이 책을 보내오면 재단하고 스캔한 뒤 PDF 파일로 변환시켜서 스마트폰 등에 가지고 다닐 수 있게 만들거나 DVD로 만들어 택배로 발송해줬다.

2010년대는 아이패드로 시작했다고 볼 수 있다. 2010년대가 지고 있는 지금, 다시 2010년대를 돌이켜보면 아이패드는 출판시장을 완전히 변모시켰다. 고전만 하다가 문을 닫을까 고민하던 조아라나 문피아 등이 힘을 얻어서 성장하기 시작한 것이 2010년이다. 이후 네이버와 카카오도 웹툰과 웹소설로 책 시장의 한 맹주가 되었다. 『회색 인간』의 작가 김동식은 2010년에 새로 산 스마트폰으로 온라인 창작 소설을 읽다가 직접 써보고 싶은 욕망을 발산하기 시작했다. 그리고 그는 지금 가장 촉망받는 작가가 되었다. 그는 청소년의 우상이 되어가고 있다. 이제 누구나 스마트폰으로 글을 쓰고 읽는 시대가 되었다.

읽을거리가 넘쳐나는 시대다. 독자들은 이제 더 이상 책으로 만족하지 않는다. 책은 그저 수많은 선택지 중 하나일 뿐이다. 양질의 정보는 각종 뉴스레터를 통해서도 얻을 수 있다.

예를 들면 해외에서 바이럴되었던 디자인 아티클을 번역해 매주 보내주는 'REASIGN', 브랜드 및 트렌드 스토리를 엄선해 보내주는 '생각노트', 매일 아침 하루 동안 알아야 할 비즈니스 뉴스를 보내주는 'the hustle', 밀레니얼 세대를 위한 시사 메일링 '뉴닉', 스타트업의 한 주 뉴스를 보내주는 '스타트업 위클리', 자기만의 시각으로 책을 큐레이션 한 마리아 포포바의 아티클 'Brain Pickings by Maria Popova', 매일 받는 경제 뉴스 요약 노트 'Morning Brew', 음악과 이야기를 보내주는 'oddity station', 창작자 커뮤니티로서의 고민을 담아내는 '안전가옥', 사실 전달을 넘어 새로운 관점과 해석을 제시해 보여주는 '북저널리즘', 콘텐츠를 만드는 사람들의 고민을 엿볼 수 있는 '퍼블리'가 나의 메일함을 빼곡히 채운다.

밀레니얼 세대들은 신간은 사지 않을지라도 이렇듯 다양한 디지털 콘텐츠로 지적 호기심을 채우고 있다. 디지털 콘텐츠의 장점은 시간과 장소에 구애 없이 편하게 읽을 수 있다는 것이다. 컴퓨터는 없어도 된다. 스마트폰 하나면 누구나 디지털 콘텐츠에 편하게 접근할 수 있다.

김미향 〈기획회의〉 편집팀장이 〈기획회의〉 482호 특집 "신간이 안 팔린다?"에 쓴 「독자는 구독 중」이라는 글의 일부다. 그는 30대 초반이다. 요즘 젊은 세대는 읽을 '디지털 콘텐츠'가 많기에 책을 읽지 않는다. 정말로 책이 많이 팔리지 않는다. 출판계에서는 '1무 9패'의 논리가 작동되고 있다고 말한다. 10권의 책을 펴내서 1권은 겨우 초판을 넘기는 것이 1무이고, 나머지 9권은 초판을 소화하지 못했으니 9패라는 이야기다. 그런데도 정말 많은 출판사와 신간이 탄생한다. 2010년에 3만 5,626곳이었던 출판사는 2018년 말에 5만 9,306곳으로 늘어났고, 2010년에 4만 291종이었던 신간 발행종수는 2018년에 8만 1,890종으로 늘어났다. 10년 사이에 신간 발행종수는 두 배로 늘어났다. 다산다사多産多死의 시스템이 강화되었다.

2010년대 출판을 어떻게 정리할 수 있을까? 나중에 연구자들의 더욱 세밀한 정리가 나오겠지만, 매년 30~50개 이르는 올해의 키워드와 대표 키워드를 발표해온 〈기획회의〉의 10년간 특집을 모으면 소략한 역사가 되겠다는 생각을 했다. 마침 2010년대를 마감하는 시기에 〈기획회의〉 500호가 발행되는 경사가 겹쳐서 한 권의 책으로 만들어 세상에 내놓게 되었다. 독자들은 이 책을 통해 2010년대 출판의 역사를 키워드라는 임팩트가 강한 앵글로 제대로 들여다볼 수 있을 것이다.

〈송인소식〉으로 시작한 〈기획회의〉는 지난 20년 10개월 동안 단한 호도 쉬지 않고 어김없이 출간되었다. 이런 역사를 가진 잡지는 나라 안팎에서 찾아보기 어렵다. 이미 수많은 잡지가 생명력을 잃어가고 있다. 디지털 콘텐츠가 넘쳐나는 세상에서 잡지의 존재 이유를 찾아보기가 어려운 것이 사실이다. 사실 〈기획회의〉도 500호로 대단원의 막을 내릴 생각도 했다. 그러나 논의의 과정에서 그런 사실이 세상에 알려지자 많은 독자들의 항의가 잇따랐다.

〈기획회의〉는 창간호부터 지금까지 '필드(현장)'에서 일하는 이들이 만들어내는 구체적인 '팩트'를 가장 소중하게 생각해왔다. 이런 정보야말로 현장 종사자에게 가장 필요한 교양이라고 보았기 때문이

다. 그러는 과정에서 무수한 새로운 필자와 저자를 탄생시켰다. 그들
은 그들만의 생각을 보여줬다. 나와 다른 생각, 즉 생각의 차이가 바
로 상상력이었다. 〈기획회의〉를 읽으면서 상상력을 키워온 이들이
많았다. 출판계 내부에서뿐만 아니라 문화계 전반에서 〈기획회의〉를
참조하는 사람들이 의외로 많다는 사실을 확인하게 되었다. 그래서
〈기획회의〉의 행보는 앞으로도 계속 이어질 것이다.

　오리지널 정보를 생산하는 이보다는 기존 정보를 재가공해 내놓는
1인 크리에이터들이 주목받는 세상에서 잡지의 위상은 달라졌다. 수
많은 올드 미디어가 생존을 모색해야 하는 시대이다. 광고 또한 몇 년
이 지나면 기대할 수 없는 세상이 되고 있다. 그런 시대에도 굳건하게
설 수 있는 잡지로 변모하지 않으면 〈기획회의〉의 미래는 없다고 본
다. 조만간 〈기획회의〉는 완전히 탈각한 모습을 보여줄 것이다. 한결
같되 새로운 잡지가 될 것임을 약속드린다. 500호 특집에는 출판기
획자이자 북디자인 1세대인 정병규 선생님과 그 후학들이 '책의 인
문학'의 필요성을 역설한 좌담이 실린다. 이것은 〈기획회의〉의 미래
를 탐구하는 장이기도 했다.

　〈기획회의〉 500호 발간을 기념해 특별 단행본 세 권을 내놓는다.
『한국 출판계 키워드 2010-2019』뿐만 아니라 류영호의 『출판 혁명』
과 『2020 한국의 논점』도 함께 내놓는다. 『출판 혁명』은 21세기 벽두
에 이루어진 출판의 크고 작은 혁명들을 정리했다. '독자의 취향을 저
격하는 출판의 새로운 시도들'이라는 부제에서 알 수 있듯이 디지털
기술을 이용해 새로운 가능성을 열어간 사례들을 정리한 것이라 출판
기획자들에게 많은 영감을 안겨줄 것이라 기대한다. 『2020 한국의 논
점』은 격동이 예상되는 내년을 다양한 각도로 예측해보는 책이다.

마지막으로 〈기획회의〉의 500호 발행이 가능하도록 도와주신 출판인들과 독자들에게 고개 숙여 감사의 인사를 전한다. 그들의 애정이 있었기에 〈기획회의〉는 행복한 역정을 걸어올 수 있었다. 2020년에도 변함없는 애정과 함께 비판과 질정도 함께 부탁드린다.

_한기호

차례

2010
출판계 키워드 30

━━━━━━━━━ 글로벌 금융위기 이후 개인의 삶은 갈수록 팍팍해졌다. 오늘보다 나은 내일을 기대하기 어려웠다. 그렇게 만든 주범은 일자리의 악화였다. 청년 실업이 일반화되고 비정규직이 전체 노동자의 절반을 넘어 60%를 향해 달려갔다. 2007년에 등장한 '88만원 세대'는 우리 역사상 최고로 스펙을 키운 세대였다. 초등학생 시절부터 인터넷에서 놀기 시작한 그들은 글로벌화와 정보화 시대의 최첨단을 달렸다. 그들은 절대 빈곤을 겪지는 않았지만 '인턴 왕국' '알바 천국'에서 온갖 '알바'를 전전하며 인간적 무시를 뼈저리게 당한 경험이 있다.

2000년대 초반만 해도 대중은 『부자 아빠 가난한 아빠』 따위를 읽으며 성공을 꿈꾸었다. 하지만 그것이 쉽게 오르지 못할 산이라는 것을 깨닫고는 글로벌 금융위기 이후 살아남기에 급급했다. 자기가 추구하는 행복의 범위를 축소했지만 그마저도 쉽지 않자, 2008년에 '자기치유'의 늪에 빠져들었다.

2009년에는 그나마 『엄마를 부탁해』, 『도가니』 등을 읽으며 다방면의 '소통'을 기대했지만, 많은 개인이 어느 누구도 자신을 도와주지 않는다는 냉혹한 현실을 깨달았을 뿐이다. 이 세상에서 느끼는 고통의 수위가 참고 견디기 어려울 정도에 도달했음에도 불구하고 정치권력은 소통을 입에 달고 있기는 하나 사회정의와는 담쌓고 사실상 독주만 일삼으면서 역설적이게도 '공정 사회'를 부르짖었다.

개인이 치열한 경쟁을 통한 성공 추구를 포기하고 '나만의 행복을 추구'하기 시작한 것은 2006년이었다. 경제적 위기가 심화되기 시작한 2007년에는 일과 개인생활에서 철저하게 이기적인 성향을 띠는 '현명한 삶'을 추구했다. 이 해에 고용불안 시대의 비정규직 노동자를 상징하는 '88만원 세대'라는 신조어가 등장했다. 글로벌 금융위기가 엄습한 2008년, 대중은 살아남은 자의 마지막 선택이라는 자기치유에 매달렸다. 이후 정치권력에 대한 기대를 완전히 접고 '스스로의 변화'에 마지막 기대를 걸기 시작했다. 그것은 달리 말하면 개인과 사회에 대한 근원적 성찰이었으며, 지금까지와는 다른 '대안의 삶'을 추구하는 것이기도 했다. 따라서 2010년의 출판시장 키워드는 '자기 구원'이었다.

자기 구원을 추구하는 대중은 먼저 정의와 도덕 등 인간의 삶에 가장 근본적인 것에 대한 질문을 던지고 그 해답을 찾기 시작했다. 마이클 샌델의 『정의란 무엇인가』가 65만 부 이상 팔리며 2010년 최고의 베스트셀러로 등극했다. 마이클 샌델은 공동체가 추구하는 가치를 중시하는 공리주의적 시각에서 최대 다수의 최대 행복을 좇고 선택의 자유를 존중하는 것이 정의라고 말했다.

대중은 신자유주의에 대해서도 강한 의구심을 표출하기 시작했다. 오랜 불황에 시달린 대중은 한국경제의 미래를 신뢰하지 못했다. 또 성장 산업에 대한 확신을 주지 못하고 4대강이나 토목공사에 집착하는 국가권력에 실망할 수밖에 없었다. 그런 그들에게 부자 감세를 비롯한 신자유주의자들의 핵심 구호 23가지에 관한 거짓과 진실을 명쾌하게 설명해준 장하준의 『그들이 말하지 않는 23가지』가 주어지자 곧바로 이 책에 열광했다.

아이패드가 출시되자 전자책이 '드디어' 뜰 것으로 여겨졌다. 지금에 와서 돌이켜보면 전환점이 된 것은 분명하다. 전자책 플랫폼들이 기대감을 갖고 활발히 움직이기 시작하면서 웹소설과 웹툰이 기지개를 켜기 시작했다.

01 자기 구원

2007년부터 회자됐던 '88만원 세대'는 스펙만큼은 어느 세대보다도 확실하게 키웠다. 영어 실력 하나만 보더라도 넘치도록 실력을 갈고 닦았다. 디지털 세상에 적응하는 능력에 있어서도 최고다. 초등학생 시절부터 인터넷에서 놀기 시작한 그들은 글로벌화와 정보화 시대의 최첨단을 달렸다. 그러나 그들의 앞을 가로막은 것은 너무나 불공정한 현실이었다. 최저임금에도 미치지 못하는 보수를 받아가며 비정규직 일자리에서 학비나 용돈을 벌어야 했던 그들은 '너 아니어도 일할 사람은 많다'는 천대에 이가 갈리는 분노를 경험해야 했다.

졸업한 후 설사 상장기업에 취업한다 하더라도 1년 안에 둘 중 한 사람은 '신입사원 사춘기'를 겪다가 스스로 '손절매'를 한다. 나머지 절반도 30대에 회사를 그만두었다. 이제 심정적인 정년은 43세로 하락했다. 불과 15년 남짓의 직장생활을 하기 위해 취업 8종 세트 구비에 헌신해야 하는 것이나 마찬가지다. 그럼에도 평균수명은 늘어나고 있어 미래는 불안하기만 하다.

신자유주의 경쟁이 격화되고 있는 학교 현장에서는 학생들에게 오로지 혼자 살아남을 것을 강요했다. 고등학생이 되는 순간 하루에 16시간씩 형틀에 묶이고, 부모들마저 '3년상'을 치르듯 자식 수발에 목숨 걸어야 했다. 석, 박사까지 거쳐도 자신의 욕망에 맞는 합당한 자리를 찾기는 어려웠다. 고려대 학생 김예슬은 "쓸모 있는 상품으로 '간택'되기보다 인간의 길을 '선택'하기 위해 자격증 장사 브로커가 된 대학을 스스로 떠나겠다"는 양심선언을 담은 『오늘 나는 대학을 그만둔다. 아니, 거부한다』(느린걸음)로 충격을 주었다.

감예슬 선언
김예슬 지음

오늘 나는 대학을 그만둔다, 아니 거부한다

느린걸음

고려대 학생 김예슬은 "쓸모 있는 상품으로 '간택'되기보다 인간의 길을 '선택'하기 위해 자격증 장사 브로커가 된 대학을 스스로 떠나겠다"는 양심선언을 담은 『오늘 나는 대학을 그만둔다. 아니, 거부한다』로 충격을 주었다.

지금 우리나라는 OECD 가입국 중에서 비정규직이 전체 노동자의 절반이 넘는 유일한 나라인 것도 모자라 청소년의 자살률, 연간 노동시간, 성별 임금격차, 인구 10만 명당 산재 사망자 수 등도 '영광'스럽게 모두 1위를 달리고 있다. 이제 남녀노소 가릴 것 없이 인생설계를 세우기는커녕 내일이 오늘보다 나빠지지만 않으면 천만다행이라고 한숨을 쉬는 세상이다.

이런 현실에도 불구하고 정치권력은 부패하고 무능했다. 세종시는 실종됐고, 4대강은 썩은 물이 되어 흘러가고 있다. '부자감세'로 계층 간의 양극화와 경제·사회적 불평등은 심화되고 있을 뿐만 아니라 정부의 재정 적자도 심각해지고 있다. 청와대의 불법감청은 뒤집을수록 쓰레기통이며, 국무총리와 장관 후보에서 낙마한 사람들, 딸의 불법 취업으로 자리를 떠나야 했던 유명환 등의 사례에서 보듯 정치권력에 집착하는 인간들의 탈법이나 편법의 정도는 가늠하기조차 어렵다.

정의롭지 못한 5공 정권이 '정의사회 구현'을 부르짖었듯이 불공정하기 짝이 없는 이명박 정권은 '공정한 사회'를 입에 담았다. 이에 대중은 분노했고, 근본이 무엇인지를 가늠하고 싶어 했다. 마이클 샌델의 『정의란 무엇인가』(김영사)가 6개월 만에 60만 부 팔리며 올해 최고의 베스트셀러로 등극한 것이 대표 사례다.

이것은 인문서의 부활이 아니라 무너져가는 개인들의 자존심을 부활시키고자 하는 움직임이었다. 공동체 이론가인 마이클 샌델은 공리주의를 추구한다. 이 책은 유독 한국과 일본에서만 폭발적인 반응을 불러일으켰다. 그는 정의를 이해하는 세 방식으로 행복, 자유, 미덕 등을 제시했다. 결국 대부분의 독자들은 거시적인 한국 상황에 관심을 가지면서도 개인의 차원에 조금 더 관심을 갖고 있다고 볼 수 있다.

그래서일까? 올해 자기계발서들은 '행복'으로 자신을 포장했다. 읽는 것만으로도 행복이 밀려들 것이라고 말하는, 유머집 같은 행복론 『행복은 혼자 오지 않는다』(은행나무)는 두 달 만에 10만 부를 넘겼다.

"당신이 한국인이라면 이 여자를 기억하라!"고 외치는 『덕혜옹주』 (다산책방)는 홀로 서고 싶은 여자이면서 조국을 잃은 한 개인으로서의 삶이 얼마나 기구할 수 있는가를 절절하게 느끼게 만든다. 이 책은 올해 가장 많이 팔린 소설에 올랐다. 과거의 변형을 통해 지금 이 순간에 존재하는 진정한 나는 누구인가에 대해 천착하는 『1Q84』(문학동네)는 가장 많이 팔린 외국소설이다.

『삼성을 생각한다』(사회평론)는 삼성의 본질을 파헤침으로써 한국 사회의 본질을 알아보려 한 것이고, 조정래의 『허수아비춤』(해냄) 또한 권력관계의 비리와 부정을 고발한 작품이다. 『김대중 자서전』(삼인)과 노무현 자서전인 『운명이다』(돌베개)에 대한 뜨거운 반응, 법정의 입적 직후 『아름다운 마무리』와 『일기일회』(이상 문학의숲)를 비롯한 그의 책들이 한때 베스트셀러 목록을 휩쓴 것, 『4000원 인생』(한겨레출판)을 비롯해 노동자의 힘겨운 삶을 파헤친 책과 20대들이 자신들의 문제를 스스로 파헤친 책들이 대거 등장한 것, '하우스 푸어'라는 새로운 개념이 출현하고 빈곤, 인권 등의 용어가 더욱 빈번하게 등장한 것과 더불어 신자유주의의 본질을 23개의 코드로 설명한 장하준의 신간 『그들이 말하지 않는 23가지』(부키)가 출간 즉시 폭발적인 반응을 불러 일으키며 일관된 흐름을 보여주었다.

이같은 흐름에서 유추해볼 수 있듯이, 글로벌 금융위기의 유령이 엄습하던 2008년에 대중들은 자기치유self-healing에 천착했고, 작년에는 소통을 꿈꾸었다. 그리고 올해는 근본을 찾으며 스스로 구원받고자 하는 모습을 보여줬다.

_한기호

02 『정의란 무엇인가』 돌풍

참여연대 부설 참여사회연구소는 최근 '한국의 정치철학자들, 정의란 무엇인가를 따지다'라는 주제로 토론회를 열었다. 연구소는 지난 5월 출간돼 오랫동안 베스트셀러 1위 자리를 지키며 60만 부 이상 팔려나간 책『정의란 무엇인가』가 이 토론회의 출발점이었다고 밝혔다. 그러면서 저자인 마이클 샌델 하버드대 교수의 이름을 빌려 '샌델 신드롬'이라고 표현했다.

그렇다. 2010년 출판계에서 『정의란 무엇인가』는 신드롬이었다. 국립국어원은 '신드롬syndrome'을 '어떤 것을 좋아하는 현상이 전염병과 같이 전체를 휩쓸게 되는 현상'으로 정의한다. 신드롬이 아닌 다음에야 인문, 그것도 철학 분야의 책이 8년 만에 처음으로 베스트셀러 목록 1위에 올라 10주 넘게 자리를 지키며 '전염병과 같이' 사회를 휩쓸어 60만 부 이상 팔려나갈 수 없다.

이것은 '샌델 신드롬'인가? 그건 아닌 것 같다. 과거에도 샌델의 책은 번역된 적이 있었고,『정의란 무엇인가』이후 2종의 책이 더 나왔지만 아직 『정의란 무엇인가』에 미치지 못한다. 샌델의 내한 강연에 많은 청중이 몰리긴 했지만 한국의 독자들은 샌델이라는 저자에 매혹됐다기보다는, 이미 많은 사람들이 지적했듯이 이 책이 도전적으로 묻고 있는 '정의'란 키워드에 넓고 깊게 공명했다고 보는 것이 타당할 것이다. 다시 말해 '정의正義의 정의定義'에 대해, 그리고 정의의 존재 가능성에 대해 사람들이 막연하게나마 품고 있던 질문과 회의가 이 책을 만나면서 모습을 구체적으로 드러낼 계기를 부여받은 것이다. 미국산 쇠고기 수입 개방에서부터 용산 참사, 4대강 사업, 천안함 사건까지 이명박 정부가 집권한 이후 일어난 사건들을 한번 떠올려보자. '과연 정의란 무엇인가'라는 질문법은 참으로 적절하지 않은가?

그런데 『정의란 무엇인가』라는 책을 위와 같이 정의定義하고 끝낼 수는 없다. 정반대의 프레임이 이 책을 베스트셀러 1위 자리에 오랫동안 머물도록 한 데 도움을 주었기 때문이다. 삼성경제연구소SERI가 이 책을 2010년 CEO를 위한 여름 휴가철 추천도서로 올렸다. 그리고 이명박 대통령이 광복절 경축사에서 '공정사회'를 국정의 화두로 제시했다. 아시다시피 '공정公正'은 '공평하고 올바르다(정의롭다)'는 뜻이다. 새로운 질문에 대한 답을 찾기 위해서라도 이 책이 읽고 싶어진다. 한국사회에서 정의를 물을 자격은 누구에게 있는가?

책을 쓰거나 만드는 사람들은 한 권의 책으로 세상을 바꾸는 것을 꿈꾸면서도 겉으론 '책이 세상을 바꿔봐야 얼마나 바꾸겠냐'고 수줍어한다. 그러나 『정의란 무엇인가』 이후 진지한 인문, 사회과학 서적들의 선전이 눈에 띈다. 이런 흐름이 얼마나 오래갈지 알 순 없으나 『정의란 무엇인가』가 일종의 마중물 역할을 했다는 것은 부인할 수 없다.

_김재중

한국의 독자들은 샌델이라는 저자에 매혹됐다기보다는, 이 책이 도전적으로 묻고 있는 '정의'란 키워드에 넓고 깊게 공명했다고 보는 것이 타당하다.

03 자기계발서 몰락

자기계발서의 몰락은 어제 오늘 일이 아니다. 권불십년이라고 IMF 사태 이후 서점가를 점령했던 자기계발서들은 대략 10년을 채우고 서서히 서점가 맹주 자리를 내주고 있다. 원인은 아이러니하게도 또 다른 경제위기였다. 2008년 미국발 글로벌 경제위기가 닥치자 독자들은 이제 더 이상 자기계발만으로는 정글에서 생존할 수 없다는 사실을 깨닫게 되었다.

그렇다고 자기계발서의 몰락이 거대한 경제적 흐름 때문만은 아니다. 국내 서점가에서 판을 치던 자기계발서들의 상당수는 인터넷 여기저기서 퍼온 내용을 갈무리해서 책으로 뚝딱 엮은 것이라고 해도 과언이 아니다. 한편으로는 우리 실정과 동떨어진 이야기들만 하고 있는 번역서들도 많았고, 개중에는 부풀려진 사실들을 마치 실화인 양, 그래서 신화가 되어버린 이야기들도 넘쳐났다. 자기계발서 중에는 외국 작가의 저작을 제멋대로 윤색하며 원작의 가치를 훼손한 책들도 넘쳐났다. 황량할 대로 황량해진 출판시장에서 살아남기 위해 어쩔 수 없다고 항변할 수도 있다. 하지만 이 모든 편법과 불법들이 횡행하면서 자기계발서는 점차 몰락의 길을 걸었고, 독자들은 이제 책에 대한 신뢰를 거둬들이고 있다.

자기계발서가 몰락했다고 해서, 서점가에서 완전히 사라진 것은 아니다. 다양한 영역 및 장르와 연을 맺으면서 새로운 형태의 자기계발서로 변용되고 있다. 심리학을 키워드로 봇물 터지듯이 나오고 있는 변형 자기계발서들이 대표적인 사례라고 할 수 있다. 이런 현상을 '진화' '발전'이라고 하지 않고 굳이 '변용' '변형'이라고 칭한 이유는 이들 책의 함량이 수준 미달인 경우가 허다하기 때문이다.

그러나 최근 자기계발서의 인기가 시들고 인문교양 서적들이 반짝 인기를 끈다고 해서, 자기계발서의 용도 자체를 폐기해서는 안 된다. 인간의 정신적 가치를 고양하기 위해 기술적 가치를 폐하는 우를 범해서는 안 되기 때문이다. 이 지점에 향후 자기계발서가 나아가야 할 방향이 있다고 해도 과언이 아니다.

IMF 사태 이후 자기계발서에 몰입하던 젊은 독자들이 최근 다시 경제위기를 겪으면서 내면의 소리를 일깨우는 인문학의 가치에 눈을 떴다. 결국 인문학적 정신과 자기계발을 결합할 수 있는 새로운 장르의 책, 바로 "영혼을 담은 자기계발서"가 필요한 시점이다. 독자들은 다시금 책다운 책의 출현을 기다리고 있는 것이다.

경계할 것은 "영혼을 담은 자기계발서"들이 한탕주의에 매몰되어서는 안 된다는 사실이다. 지금 출판계 스스로 새로운 책의 흐름을 만들어내지 못하면 2009년 8월, 산은경제연구소의 보고서 「산업별 생산성 분석 및 기업여신 방향성 연구」의 지적처럼 출판산업은 "부채에 의존할 뿐 아니라 그마저도 극히 비효율적이어서, 결국 살아 있는 것도 아니고 죽은 것도 아닌 '좀비산업'으로 전락"할 것이다.

_장동석

04 20대 당사자 담론

당사자가 잘 보이지 않는 '당사자 담론'이 활발한 해였다. 세대론에 대한 20대의 다양한 응답의 시도들이 있었지만, 정작 20대들은 그것

20대 세대론에 대한 당사자들의 담론이 활발한 한 해였다. 『이것은 왜 청춘이 아니란 말인가』는 20대를 품성으로 재단하는 것이 아니라, 시대의 이야기로 이끌어내 주목을 받았다.

에 대해 무관심했다. 386세대는 '김예슬 선언'에 열광하면서, 김예슬이 되지 못하거나 그녀에게 동조하지 않은 20대들을 '정치적으로 올바르게' 비난할 권리를 획득했다.

'김예슬' 이전에 연달아 나온 세 권의 책은 2007년 '88만원 세대'라는 호명이 주어진 이후 20대들의 고민이 진행된 방식을 보여주었다. 1월에 나온 『요새 젊은 것들』(자리)은 20대의 밍숭맹숭함을 비판하는 여론에 맞서 뭔가 특이하게 사는 (것처럼 보이는) 20대들의 목소리를 담아내려고 했다. 이것은 어른들의 욕망을 자극하는 구석이 있었는지, 〈조선일보〉까지 이용해먹으려고 덤볐다.

2월에는 『위풍당당 개청춘』(이순)이 나와 20대 후반 직장인의 애환을 기반으로 세대에 관한 얘기를 펼쳐냈다. 하지만 오늘날 '정상인'이 되기 위한 '비정상적'인 과제로 격상된 취업에 목을 매고 있는 젊은이들에게 필요한 것은 그러한 '현실의 공유'가 아니라 "취직하면 모든 일이 다 잘 될 거야"라는 본인도 믿지 않는 다독거림이었는지도 모르겠다.

3월에는 『이십대 전반전』(골든에이지)이 나와 우리의 혼란스러웠던 20대 전반전에 옐로카드를 날리고 후반전을 준비하자고 했다. 이 책은 같은 학교의 교지에서 호흡을 맞춘 필자들이기에 가능한 책이었고, 그리하여 '보편을 말하는 특수'라는 뚜렷한 강점과 한계를 지녔다.

'김예슬 선언'이 4월에 묶여 나온 후 '20대 당사자 담론'은 한동안 침묵했다. 20대가 '김예슬 선언'을 수용하는 방식은 이 세대가 학벌, 학력, 계층 등으로 수없이 분절되어 있으며 그것을 극복하는 일이 간단한 과제가 아니라는 사실을 일깨웠다. 윗세대의 규정을 벗어나 20대가 자신들의 세대에 대해 말하고자 할 때는 언제나 '대표성'

의 문제가 대두했다. 윗세대의 규정의 문제점을 말하는 것은 간단했지만, 스스로 자신의 세대에 대해 말하고자 할 때 그들은 언제나 상호 비방과 중상에 시달려야만 (그것을 염두에 두어야만) 했다.

그런 점에서, 그들 세대의 이야기를 고립된 세대의 품성이 아닌 '시대'의 얘기로 끌어낸 『이것은 왜 청춘이 아니란 말인가』(푸른숲)의 시도가 돋보인다. 선배 세대 문화인류학 지식노동자인 저자는, 강의실에서 만난 20대들의 구체적인 언어를 수용하고 그것에 더해 자신의 해석을 풀어낸다. 그는 세대론이 아닌 '시대론'을 말했다. 청춘들이 직면한 문제를 응시하는 것이 우리 사회의 과제라 말하며, 일종의 '세대론 종결자'의 역할을 했다. 하지만 그의 작업조차 세대론으로 소비되는 우리의 현실은 '20대 당사자 담론'이란 팬시한 공허함이 우리를 한동안 놓아주지 않을 것임을 암시하는 듯하다.

_한윤형

05 법정 파동

'파동'의 사전적 풀이는 '어떤 일이 사회에 영향을 미치는 것'이다. 근래 낙지 파동이나 배추 파동에서 보듯, 비정상적이고 건강하지 않은 내용들이 대부분이다. 그렇다면 지난 3월, 법정스님 열반 뒤 그의 책을 둘러싸고 벌어진 이상 현상을 두고 '법정 파동'이라고 명명하는 건 정당한가.

적어도 출판계에서는 '파동'이라고 해도 별 문제가 없을 것이다. 법정스님의 책을 펴낸 극소수 출판사가 이상 특수를 누리는 사이, 파

법정스님의 '절판 유언'과 저작권을 승계한 측의 '절판 요구'로 인해, 책이 절판되는 것을 예감한 이들이 생필품 사재기나 부동산 투기에 나서듯 경쟁적으로 책 사기에 나섰다.

동이라 할 만한 그늘을 경험한 다수 출판사들이 실재했던 탓이다. 특히 일부 불교서적 전문 출판사들이 겪어야 했던 이상 불황은 전례가 드문 것이었다. 그러나 독자 대중에 이르면 상황은 달라진다. 법정스님의 『무소유』(범우사)를 비롯해 『살아 있는 것은 다 행복하라』, 『맑고 향기롭게』(이상 조화로운삶), 『오두막 편지』(이레), 『아름다운 마무리』, 『일기일회』, 『인연 이야기』(이상 문학의숲) 등이 대거 베스트셀러 상위권에 든 것으로 인해 독자 대중이 받은 영향이 극히 제한적이기 때문이다.

물론 법정 열풍이 일었던 1차적인 원인은 '무소유'나 '자발적인 가난' '수행' '영성' 등의 주제로 일관하는 책의 대중적 호소력 때문이다. 무한 경쟁 속에서 하나라도 더 소유하기 위해 앞만 보며 달리다 지친 대중을, 가난과 무소유의 의미를 강조한 책으로 위로하거나 자기 최면적 면죄부를 베풀 수 있게 하는 건 출판의 주요 트렌드다. 그러나 법정스님의 책을 둘러싼 이상 열기는 이런 트렌드와도 완전히 부합하는 건 아니었다. 열풍을 부른 보다 큰 이유는 따로 있었다.

발단은 법정스님의 '절판 유언'과 저작권을 승계한 측의 '절판 요구'였다. 이런 내용들이 언론에 보도되고 출판사들이 울며 겨자 먹기로 이에 호응하면서 열풍은 시작됐다. 책이 절판되는 것을 예감한 이들이 생필품 사재기나 부동산 투기에 나서듯 경쟁적으로 책 사기에 나선 것이다.

여기서 각종 문제가 터져 나오면서 출판계엔 온갖 말들이 난무했다. 아무리 저자의 유언이 있다 하더라도 저작권을 승계한 측이 법규를 무시한 채 일방적으로 절판을 요구할 수 있는가, 수요가 있는 상황에서 책을 절판하면 해적판만 범람할 것 아닌가, 그렇게 저자가 일방적으로 절판할 수 있으면 글을 다듬고, 편집하고, 세상에 알린 출판사의 출판 편집권은 무엇인가…. 상황은 저작권을 승계한 측과 책을 낸 출판사들이 인지 발급 및 책 판매 기한 등에 합의하면서 진정돼갔지만 여진은 한동안 계속됐다.

어쨌거나 시간이 흘러 모든 것이 잦아든 지금, '법정 파동'을 거치며 불거졌던 문제와 유언비어들은 제대로 정리됐는가. 글쎄다. 당연하지만 새삼스럽게 깨닫게 된 것은 따로 있다. 소유를 위한 무한 경쟁과 투자, 또는 투기 대상에는 부동산, 그림, 튤립뿐만 아니라 책도 될 수 있다는 것. 그리고 그 책의 주제가 '무소유'든 '가난'이든 전혀 예외가 될 수 없다는 것.

_김종락

06 소셜네트워크와 책의 결합

전통적으로 콘텐츠는 미디어와 중요한 관계였다. 문학은 신춘문예를 거쳤고, 미디어 서평의 영향력은 컸다. 기자는 단행본을 집필했고, 매체 필자 경험은 저자 섭외시 중요한 고려사항이었다. 그러나 '개인이 곧 1인 미디어'란 말과 함께 블로거와 시민기자, 게시판 유저들의 영향력이 커지며 마침내 서평자 역할을 하고, 파워블로거들은 국내 기획물의 필자로 등장했다. 출판사들은 홈페이지와 함께 블로그와 카페 등 온라인마케팅에 힘을 쏟았다.

스마트폰의 보급과 함께 트위터 등의 SNS는 블로그 생태계보다 진일보한 형태로 나타났다. 개인은 소셜미디어 플랫폼을 통해 서로를

작가들은 SNS를 콘텐츠를 생산하는 공간으로 활용하기 시작했다. 이외수의 트윗을 묶은 『하악하악』은 종이책으로도 베스트셀러가 되었다.

연결하며 콘텐츠를 링크했고 블로거들은 점차 SNS에 더 많은 시간을 할애했다. 작가들 또한 예외는 아니었다. 출판사는 홈페이지, 블로그, 트위터를 모두 운영하며 최소 3개의 마케팅 채널을 가지게 되었다. 트위터는 파급력이 강하며 개인의 진정성이 담긴 소재가 이슈가 되기 때문에, 『삼성을 생각한다』와 같은 책들이 트위터에서 큰 화제가 되었다. 저자들은 자신의 책을 소개하고 서로 소통하는 흥미로운 모습을 독자들에게 보여주며 기존 오프라인의 장을 온라인으로 가져왔다. 작가들은 자신의 책을 소개할 뿐 아니라, 직접 콘텐츠를 생산하는 공간으로도 트위터를 이용했다. 트위터에서 좋은 책을 추천해주는 이들은 많은 팔로워들이 따랐다. 의외로 편집자나 마케터 등이 개인 성격을 드러내고 작가들과 직접 소통하거나 저자를 섭외하는 데 참고하게 되면서, 온라인상에서 에디터십을 구현하는 모습이 등장하기도 했다.

작가 이적은 트위터에 짧은 픽션을 연재했고, 소설가 백영옥은 미투데이에 소설 연재를 시작했다. 정동영 의원은 자신의 트윗을 묶어 책을 출간했고, 이외수의 트윗을 묶은 『하악하악』(해냄)은 종이책으로도 베스트셀러가 되었다. 트위터 사용자들이 모여 집필한 『함께 만들어가는 나눔 육아법』(서린) 전자책과 『모두가 광장에 모이다』(아이앤유)는 소셜미디어가 만든 집단 지성의 결과물이다. 작가들의 대거 진입, 전자책에 대한 일반인의 관심, 출판과 관련된 많은 계정들이 책에 관한 콘텐츠로 서로 시너지를 만들었고, IT 분야는 소셜미디어, 아이폰, 아이패드, 애플, 페이스북, 트위터 등을 다룬 책들이 출간돼 이 분야에 대한 담론을 유도하며 화제가 되었다.

이미 출판사의 공식 트위터 계정은 100개를 넘어섰다. 동영상에 대한 관심이 높아지며 많은 북트레일러가 등장했고, QR코드, 애플리케이션을 이용한 마케팅의 구심점으로 트위터는 중요한 플랫폼이 되었다. 창작자가 개인으로 확대될지, 파워 창작자들의 역할이 더 다양해지거나 마침내 콘텐츠의 분절 소비가 심화될지 아직은 모르지만, 앞으로 출판사들은 콘텐츠 소비 방식과 온라인 생태계에 대해 더 많은 것을 상상해야 함은 분명하다.

_김류미

07 전자책의 충격, 대안은 있나

아마존의 킨들과 애플의 아이패드가 등장한 이후 정보통신업체를 중심으로 전자책을 공중부양하려는 움직임 때문에 연초만 해도 전자책의 열기는 곧 끓어오를 것만 같았다. 문화체육관광부도 4월 26일 5년간 600억 원을 투입, 2009년 1,300억 원에 불과했던 전자책 시장 규모를 5년 뒤에는 7,000억 원 규모로 키우겠다는 졸속의 전자책 육성 방안을 내놓았다. 삼성전자, LG전자 등 국내 유수의 가전제품 업체들은 교보문고와 인터파크 같은 대형서점들과 손잡고 자체 개발한 전자책 단말기를 속속 출시했다.

　하지만 전자책의 열기는 한여름에 이르면서 오히려 차분하게 식어버렸다. 모든 단말기는 참패했다고 볼 정도였다. 그러다 연말에 아이패드와 삼성의 갤럭시탭 국내 출시를 앞두고 인터파크에서 자사에서 출시한 전자책 단말기인 '비스킷' 구매자에게 황석영, 신경숙, 공지영, 박완서, 김훈 등 한국문학을 대표하는 작가 10인의 전자책 10권

2010년 5월 28일 일본에서 아이패드가 출시되자, 에도시대에 등장해 개항을 종용하던 '흑선'에 비유했다. 그러나 아이패드의 충격은 그리 대단하지 않았다.

을 무료로 제공하고 일부 전자책을 도서정가제를 위반하면서까지 대대적으로 할인 판매하는 이벤트를 벌이면서 전자책의 매출에 대한 기대감을 잔뜩 내보였다.

그러나 우리는 일본의 경험에서 타산지석의 지혜를 찾아야 할 것으로 보인다. 올해 5월 28일 일본에서 아이패드가 출시되자 에도시대에 등장해 개항을 종용하던 '흑선黑船(구로후네)'에 비유했다. 그러나 아이패드의 충격은 그리 대단하지 않았다. 아이패드로는 한자를 작은 글씨로 설명하는 '후리가나'를 읽을 수가 없었다. 그러자 절단기와 스캐너가 대대적으로 팔려나갔다. 자신이 구입한 책을 절단한 뒤 스캔하여 아이패드에 넣어 보관하기 시작한 것이다.

이 사실만 보아도 앞으로 독자가 단말기를 중심으로 정보를 관리할 것은 자명하기에 전자책이 대세가 될 것만은 분명하다. 문제는 단말기에 담아낼 콘텐츠가 절대적으로 부족하다는 점이다. 물론 장르문학 등 일부 분야에서는 전자책의 의미 있는 성장세가 없지 않았다. 그러나 전자책의 스펙트럼은 무척 넓다. 앞으로 모든 콘텐츠의 공급과 소비가 이뤄지려면 전자책이 성장할 기본적인 준비가 이뤄져야 마땅하다. 국내에서도 아이패드로 인문서를 구입한 독자들이 각주를 읽을 수 없다는 항의가 적지 않았는데 이런 수준으로 전자책의 성장을 기대하는 것은 어불성설이다.

한국출판인회의와 한국출판콘텐츠KPC를 중심으로 전자책 시장을 열어가기 위한 중장기 대책을 위한 준비가 이뤄졌다는 것은 그나마 다행이다. 문화체육관광부의 예산을 지원받아 출판사에 무료로 제공할 전자책 제작 솔루션을 개발하고, 표준 DRM을 안착시키고, 가격과 인세 모델을 정립하고, 표준계약서 모델을 준비하고, B2B서비스 정책을 마련하고 기초 여건 정비에 주력한 것은 사태의 본질을 정확하게 인식한 결과라 할 것이다.

_한기호

08 중국을 주목하다

중국의 도약이 대단하다. 국제 뉴스에서 중국이 차지하는 비중은 이미 미국을 능가한다. 그렇다면 중국을 주목하는 이유는 무엇일까. 중국과 미국이 자국의 이익을 놓고 벌이는 환율 전쟁이나 중국과 일본이 영토를 놓고 벌이는 살바싸움은 우리에게 시사하는 바가 크다. 그럼에도 우린 여전히 중국을 모르고 무시한다.

우선 사회주의와 시장경제 체제가 공존하는 '중국식 사회주의 시장경제'를 이해해야 한다. 임프리마코리아 중국어권 담당자 신순항 차장도 위안화와 환율 전쟁으로 이어지는 중국경제에 주목하고 있다. 그는 중국 인문과 문학 관련 도서는 위축되고 경제와 정치 분야가 새롭게 주목받고 있다고 진단한다. 전적으로 동의한다.『화폐 전쟁』(랜덤하우스코리아)이 베스트셀러에 오르면서 중국을 주목하는 첫 단추를 채웠다.『위안화 경제학』(한스미디어)은 우리 학자의 시각으로,『중국과 미국의 헤게모니 전쟁』(에코리브르)은 미국의 시각에서 중국의 거대 경제화를 다루고 있다.

거대 중국을 다룬 책 중 단연 돋보이는 책은『중국이 세계를 지배하면』(부키)이다. 경제적인 측면을 넘어 중화사상으로 불리는 중국인의 국민성을 심도 있게 살펴보고 있는데, 에버리치홀딩스의 '중국총서' 시리즈와 함께 살펴보면 중국의 패권의식을 알 수 있다. 『중국이라는 새로운 국가모델론』, 『민주사강』, 『국가의 죄수』는 신자유주의 물결 속에서 중국이 세계를 바라보는 시각과 민주주의에 대한 부정적인 시각 등을 읽을 수 있다. 중국경제가 세계 2위로 성장했으나 정치체제는 사회주의라는 점을 사실을 간과해서는 안 된다.

10월, 서울에서 한중 출판학술회의가 있었다. 출판계가 주목하는 행사는 아니지만 벌써 12년 동안 진행하고 있다. 이번 학회에서 중국 학자들이 주목한 주제는 '판권 수출 활성화 방안'이었다. 2008년 기준 우린 중국에 755종을 수출하고 303종을 수입했다. 중국학자들은 이 간극을 줄이고 싶어 하며 역전을 꾀하고 있다. 중국 정부나 출판계는 판권 수출과 해외 진출에 매우 적극적이다. 하지만 중국 출판계의 노력은 바람일 뿐 쉽게 바뀌지는 않을 것이다. 중국의 경제와 정치는 2위일지 몰라도 문화는 아직 멀었기 때문이다.

한국의 독자는 일본과 미국의 세련되고 잘 다듬어진 책에 길들여져 있다. 중국의 투박하고 묵직한 책이 대중적으로 받아들여지기에는 무리가 있다. 중국 출판 콘텐츠의 저렴한 선인세가 매력적이었으나 옛말이 되었고 번역의 난맥은 여전히 숙제다. 판권 수출에 있어 인세 보고를 하지 않는 중국 출판계의 관행은 양적 성장에 비해 질적으로 출판 후진국임을 자처하는 행위이다.

그럼에도 방대한 문화 원형을 무기로 소프트 차이나를 향해 웅비하고 있는 중국을 주목해야 한다. 새로운 콘텐츠에 목말라하는 한국 독자를 위해, 지속된 불황을 탈출하기 위해 한국 출판계에게 중국은 가능성의 나라이다.

_이건웅

09 온라인서점 간 경쟁 격화

"일부 서적상에서 '떰핑'으로 도서를 방매放賣한다. 그들은 도서 판매류販賣類만 늘이기 위해 무질서하게 판매하기 때문에 독서인들로 하여금 정가대로 구입한다는 인식을 포기케 하며 따라서 서적상들로 하여금 정가판매를 불가능케 하여 결과적으로는 도서의 정가를 필요 이상으로 결정하게 만드는 혼란을 야기惹起케 하고 있는 것이다."(〈조선일보〉, 1959년 11월 19일)

50여 년 전 국내도서 유통시장이다. 그런데 낯설지 않다. 온라인서점이 등장했을 뿐, '할인' 방식은 유사하기 때문이다. '도서할인제'(신간 19% 할인, 구간·실용서·초등학습물 무제한 할인이 허용된 현행 제도는 '도서정가제'가 아니라 '도서할인제'이다)는 온라인서점의 급성장과 오프라인서점의 몰락을 불렀다. 오프라인서점은 공정해야 할 '법'으로부터 불공정한 대우까지 받았다. '출판문화산업진흥법'(옛 '출판및인쇄진흥법')에 따라 2003년부터 무려 4년 8개월 동안 오프라인서점은 신간 할인이 금지됐고, 온라인서점은 신간 할인이 허용됐다. '보호'받는 온라인서점은 쑥쑥 컸다. 통계청의 「2009년 전자상거래 동향」에 따르면, 서적 부문 전자상거래액은 1조 300억 원으로 2008년 8,750억 원보다 17.7%나 늘었다. 대한출판문화협회가 발표한 2009년 출판시장 규모가 2조 7,000여 억 원 정도이므로 종이책의 절반 정도가 온라인 유통시장에서 팔린 셈이다.(온라인전문서점 매출 비중은 2002년 9.7% → 2009년 32.8%)

이제 온라인서점은 강자다. 몇몇 온라인서점은 '할인율 0%(정가 판매)'라는 '합법'으로 출판사를 통제하면서 판촉 비용 부당 강요, 부당한 경제상 이익 수령, 서면계약체결 의무 위반 등을 저질렀다. 힘을 가진 온라인서점의 도서공급률 '후려치기'는 뉴스가 아니다.

온라인서점은 지방도 공략했다. 책값 할인과 당일 배송이 그 무기다. 결국 부산동보서적, 문우당서점, 울산 문화문고 등 오랜 역사를 가진 향토서점이 몰락했다. 온라인서점은 출판시장을 모두 잡아먹을 태세다. 온라인서점은 도매유통과 납품시장, 학습참고서 시장까지 넘보고 있고, 출판사를 소외시키면서 전자책 시장에도 뛰어들었다.

오프라인서점은 약자다. 도서 유통구조에서 쫓겨나고 있다. 오죽하면 출판계에서 상설기구로 '서점부도대책위원회'를 가동할 정도다. 「2010년 한국서점편람」을 보면, 2009년 말 현재 국내 서점 수는 2,846개로 2003년 3,589개보다 743개가 줄었다. 50평 미만 소형 서점은 2009년 2,242개로 2003년 3,123개보다 881개가 줄었다. 문화부의 「2009년 문화산업통계」에 따르면, 연매출 1억 원 미만인 '서적 및 잡지류 소매업'의 연평균 매출액은 2006년부터 매년 29.0%씩 감소했다. 2010년은 중형서점 폐업도 늘었다.

유통 채널의 쏠림 현상은 출판사의 도서공급률 '차별' 때문이다. 오프라인서점은 정가의 70~75%에, 온라인서점은 정가의 40~60%에 공급받는다. 이에 따라 오프라인서점은 3~10% 할인, 온라인서점은 19~50% 할인이라는 도서 가격 '차별' 시장이 형성됐다. 그러니 오프라인서점에선 책만 구경하고 온라인서점에서 책을 구매하는 소비자가 늘어난다. 스마트폰 보급이 증가하면서 오프라인서점에서 책을 고른 뒤, 스마트폰으로 온라인서점에서 책을 주문하는 고객도 생겼다. 지금 오프라인서점은 '스마트'하게 버려지고 있다.

_안용찬

10 『엄마를 부탁해』 해외 판권 수출

2010년 11월 10일 현재, 신경숙의 장편소설 『엄마를 부탁해』(창비)의 번역 판권은 영어권인 미국으로부터 아랍어권인 레바논에 이르기까지 모두 19개 나라에 팔렸다. 이미 알려진 바대로 계약금(선인세) 규모도 4억 원에 육박한다. 또한 미국 출판사 크노프Knopf는 2011년 4월 5일로 출간 예정된 초판을 10만 부를 찍겠다고 선언했다. 이 모든 사실들이 의미하는 것은 무엇일까. 영미권 출판물을 기획해본 경험이 있는 기획자나 편집자라면 잘 알 것이다.

해외도서 판권 수입을 기획할 때, 10개국 이상으로 번역 판권이 팔렸다고 말하면 일단 우리는 그 책이나 저자에 대해 신뢰와 관심을 갖는다. 그리고 한 나라에서의 선인세 규모가 5만에서 10만(식스 피겨) 달러 안팎을 보였다면 그 책이 지닌 잠재적, 상업적 성공 가능성에 또 한번 신뢰와 관심을 보인다. 그리고 초판 부수가 10만 부 이상이 될 것이라는 뉴스가 전해지면 관계자들은 그 책의 내용이 지닌 완성도나 범용성이 시장에 미칠 잠재적 파워에 또 한번 큰 신뢰와 관심을 보인다.

미국과 유럽을 포함한 세계 출판시장에서 신경숙의 『엄마를 부탁해』는 그 모든 조건을 갖춘 셈이다. 물론 아직까지는 책이 출간되어 시장에서의 반응을 확인한 단계는 아니지만, 현재까지 드러난 정보만으로도 그간의 국제 비즈니스 사례를 견주어볼 때 한국소설의 무한한 세계화 가능성을 확인한 본보기 사례라는 데에는 이견이 없을 것이다. 이는 결국, 각각의 상황이야 저마다 다르겠지만 한국소설이 해외 출판시장에서 원하는 코드를 충족시킬 수 있다면 얼마든지 그

『엄마를 부탁해』는 한국소설이 해외출판시장에서 원하는 코드를 충족시킬 수 있다면 얼마든지 그곳에서 멋지고 당당한 경쟁이나 승부가 가능하다는 것을 보여주었다.

곳에서 멋지고 당당한 경쟁이나 승부가 가능하다는 얘기이며, 궁극적으로 또 다른 한국작가와 그들의 소설들이 해외시장으로 진입하는 데 보다 수월한 기반을 마련하고 있다는 의미를 지닌다.

끝으로 『엄마를 부탁해』를 포함하여 지금까지 해외 출판시장으로 진출한 한국소설에 갈채를 보내고 싶은 대목이 하나 있다. 우리가 해외 출판사로부터 판권을 들여올 때에는 대부분 해당 도서의 최종 원고나 이미 출간된 책의 내용을 시종 꼼꼼히 검토하고 판권 계약 여부를 결정한다. 그런데 해외로 수출된 한국소설 사례 중 상당수는 50쪽에서 100쪽 안팎의 영문 샘플 번역 원고만으로 해외 편집자들의 판단과 결정을 이끌어냈으니, 그게 바로 박수받을 일 아닌가 싶다. 결과적으로 한국소설은 처음부터 불리하고 어려운 게임을 한 셈이다. 더구나 해외 에이전트나 편집자들에겐 낯설기 그지없는 작가와 작품이 아닌가. 그렇기에 그들이 일군 성과는 더욱 가치가 있다.

_이구용

11 하우스 푸어

집을 소유하고 있는 직장인 10명 중 3명은 자신을 하우스 푸어house poor라고 여긴다. '집 있는 가난한 사람들'이란 뜻의 하우스 푸어는 우리 시대가 만들어낸 슬픈 자화상이다. '집 있으면 부자'란 말도 이젠 옛말일 뿐이다. 내 집 마련의 꿈과 부동산 투자의 욕망이 만들어낸 하우스 푸어는 이제 한국사회의 골칫덩어리이다. "재건축 아파트를 담보로 5억 원 가까운 대출을 받아 집값이 오르기만을 기다리다 이자에 대한 부담과 재건축 상황의 악화로 결국 목숨을 끊고 만 A씨, 부동산이 폭등하던 시기에 4억 원이 넘는 빚을 내 집을 샀다가 자산만 2억 원, 이자와 거래 비용으로 1억 원 이상을 날리고 불면증에 걸린 B씨 등."(《레이디경향》 9월호, '끝없는 집값 하락! 김PD, 하우스 푸어를 말하다') 아파트의 거대한 신화가 무너질 줄은 꿈에도 몰랐던 대다수 서민들은 이제 엄청난 부채에 시달리고, 상대적 박탈감에 자살이라는 극단적 선택하기도 한다.

〈PD수첩〉에서는 이미 여러 차례 아파트 공화국의 이면을 파헤친 바 있다. 이 프로그램의 김재영 PD는 올해 『하우스 푸어』(더팩트)를 펴내 아파트 신화의 허상을 고발했다. 그는 하우스 푸어들 가운데 상당수가 부동산 매트릭스를 만드는 정부, 건설업체와 여기에 편승하여 각종 이권에 개입하는 언론의 삼각 동맹 속에서 희생된 사람들이라고 말한다. 그러나 하우스 푸어에 대한 대책을 이야기하며 부동산 규제를 풀어야 한다는 논리에는 반대한다. 하우스 푸어들 역시 부동산 투기에 대한 자신의 욕망에 걸려 넘어진 사람들이기 때문이다. 사회의 문제가 된다 해서 그들의 탐욕이 정당화될 수 있을까.

이제 사회가 돌아가는 틀을 바꿀 시기이다. 하우스 푸어 문제를 해결하기 위해선 집이 투기의 대상이 되는 현재 부동산의 구조를 바꿔야 할 것 같다. 집 있는 가난한 사람들을 위해, 집 없는 가난한 사람들에게 그 몫을 전가하는 악순환을 되풀이해선 안 되기 때문이다.

12 자서전

두 전직 대통령의 자서전과
『역사가의 시간』, 『시대의 불침
번』 등 진정성 있는 자서전이
상당수 출간되었다.

올해 우리 출판계는 자서전이 줄 수 있는 사회적 파급력을 새롭게 발견했다고 해도 과언이 아니다. 김대중 전 대통령의 『김대중 자서전』(삼인)과 노무현 전 대통령의 『운명이다』(돌베개)가 던져준 사회적 파장이 그만큼 깊고도 넓었기 때문이다. 가치 있는 일에 헌신한 사람들의 정직한 기록은, 비록 당대에는 높이 평가받지 못한다 해도, 역사가 평가해주는 것이다.

한국 출판계에서 아직도 제자리를 잡지 못한 분야가 있다면 바로 평전과 자서전이 아닐까 싶다. 그중 자서전에 대한 편견은 더더욱 심하다. 실제로 두 전직 대통령의 자서전이 나오기 전까지 국내 출판시장에 나온 대부분의 자서전은 외국 인물이 주인공이었다. 이렇다 할 인물의 부재도 그렇거니와, 자서전에 대한 국내 독자들의 해묵은 오해도 한몫했을 것이다. 최근 자서전이라는 이름을 달고 출간되는 책들의 대부분은 '자서전'이 갖는 원뜻에 미치지 못한 것들이 많다. 스포츠 스타나 연예인들의 책이 '자서전'을 부제로 달고 나오면서 독자들의 자서전에 대한 오해가 깊어졌을 수도 있다.

물론 자서전이 위인(?)들만의 몫은 아니다. 삶을 온몸으로 감당해낸 사람이라면 누구라도 자신만의 자서전을 가질 권리가 있다. 중요한 것은 자서전이 갖추어야 할 절대적 덕목, 바로 진정성을 얼마나 담보하고 있느냐는 것이다. 그렇고 그런 정치인과 기업인들의 자서전은 대부분 입지전적 성공담을 자랑하지만 실상 그 안에는 진정성이 보이지 않는 경우가 허다하다. 침소봉대된 사연은 거짓된 신화를 낳고, 거짓된 신화는 사회적 불신으로 이어질 수밖에 없다.

그런 점에서 두 전직 대통령의 자서전과 역사학자 강만길의 『역사가의 시간』(창비), 박형규 목사의 『나의 믿음은 길 위에 있다』(창비), 정경모 선생의 『시대의 불침번』(한겨레출판) 등이 올해 출판계의 키워드 중 하나로 자리매김한 이유는 바로 진정성 때문이다. 여전히 수많은 사람들의 이야기가 자서전이라는 이름으로 출간되고 있지만, 이것만 기억하자. 사실 그대로 기록하고, 그 정당한 평가는 독자들에게 받을 일이다. 그리고 결국에는 역사가 그것의 가치를 평가해줄 것이다. 결국 자서전을 내는 일은 역사의 길에 동참하는 일인 셈이다.

13 인권

인권의 범주는 어디까지일까. '인권' 하면 왠지 나와는 먼 얘기인 것 같고, 어딘가 급진적인 냄새가 풍긴다. 하지만 인권은 그다지 우리 생활과 멀지 않음을, 살아가면서 접하게 되는 많은 사건들을 통해 느낄수 있다.

2009년 추석에 이주노동자 미누의 강제 출국, 올해 베트남 여성 살해 사건, 그리고 10월 29일 강제 단속을 피하려던 이주노동자가 사망한 사건이 있었다. 이주노동자의 문제뿐만 아니라 장애인 인권 문제, 직장과 학교에서 일어나는 성희롱 문제, 청소년 인권과 체벌 문제 등 여전히 인권은 우리 사회에 뜨거운 감자다. 이러한 사회의 흐름과 무관하지 않게 인권에 관한 책들도 많은 주목을 받았다.

영화로 보는 인권 이야기 『불편해도 괜찮아』(창비), 주거권에 대해 이야기하는 『집은 인권이다』(이후), 청소년 인권에 대해 이야기하는 『인권은 대학 가서 누리라고요?』(끌레마), 이주노동자 인권 이야기 『우리 이야기 한번 들어볼래?』(삶이보이는창) 등 다양한 인권의 프리즘으로 세상을 보는 책들이 출간되었다.

최근 청소년 체벌 금지로 인해 논란이 일었다. 체벌 금지 시행 하루 만에 체벌 금지의 폐해에 대한 기사, 학생들도 체벌 금지를 반대한다는 이야기 등이 쏟아져 나왔고, 다시 한번 대한민국 사회의 인권 감수성을 진단할 수 있는 리트머스 시험지로 작용했다. 과연 체벌은 교육의 수단이 될 수 있는가, 교권을 지키기 위해 체벌은 필요악인 것인가. 여전히 논란이 분분한 지점이다.

인권의 중요성이 대두되는 21세기, 다양한 스펙트럼을 지닌 인권 관력 책을 통해 세상을 다른 시각으로 바라보는 것은 어떨까.

14 6·25 전쟁

아이돌 가수 탑의 출연으로 주목을 받고 인기를 끌었던 영화 〈포화 속으로〉는 6·25 전쟁 당시 학도병에 관한 영화였다. 그와 함께 이병헌, 김태희, 김소연 등 쟁쟁한 배우가 출연하여 화제가 드라마 〈아이리스〉 역시 분단의 현실에서 남과 북의 첩보전을 소재로 한 것이다. 6·25 전쟁 60주년을 맞은 올해는 유난히 6·25 전쟁을 기념한 행사나 그와 관련된 방송이 많이 이루어졌던 해였다.

6·25 전쟁을 겪었던 사람들의 체험담이나 회고록을 담은 책도 다수 출간되었다. 재미 수필가의 체험기인 『전란 중에도 꽃은 피었네』(글누림), 서울법대 58학번들의 전쟁 회고담을 담은 『6·25와 나』(까

치), 35명의 명사가 당시의 경험을 증언함으로써 전쟁의 참혹함과 자유의 소중함을 알린 『60년 전, 6.25는 이랬다』(조선뉴프레스), 6·25전쟁 당시 참전 연예인들과 가요계의 활약상을 정리한 『한국전쟁과 대중가요, 기록과 증언』(책이있는풍경) 등이 그것이다. 『1950 0625 한국전쟁 사진집』(대교출판), 『경계에서』(이안북스)와 같은 사진집도 출간되어 6·25 전쟁의 참상을 기록했다. 비전향 장기수의 인생 역정을 통해 분단의 아픔을 조명한 『나는 공산주의자다』(보리)는 만화임에도 굴곡진 역사의 무게를 잘 담아내어 주목받았다. 『625 미스터리』(가람기획)는 분단 배경의 미스터리, 의문의 38선, 전쟁 개시와 의혹, 역전과 재역전의 미스터리, 비극적 유산의 의미 등 6·25 전쟁을 둘러싼 5가지 의혹을 파헤쳐 기존에 우리가 알고 있었던 내용을 뒤집으며 눈길을 끌었다. 그런가 하면 장편동화 『봉주르, 뚜르』(문학동네)는 한 아이가 한국에서 체감하지 못했던 조국의 분단 현실을 프랑스의 작은 도시에서 마주하게 된다는 이야기를 담으며, 아동문학에서는 잘 다루지 않던 분단 문제를 담담하게 잘 표현했다는 평가를 받았다.

남북관계에 어려움을 겪고 있는 요즘, 6·25 전쟁의 기억을 떠올리며 전쟁의 참상과 분단의 비극을 되새기는 것은 의미 있는 일일 것이다. 북핵문제와 한반도 평화체제라는 쟁점을 중심으로 한반도 평화의 길을 제시하는 『다시 한반도의 길을 묻다』(삼인)처럼 분단을 넘어서기 위한 철학적 고민과 문화적 성찰을 담은 책은 당분간 유효할 것 같다.

15 천안함

천안함 사건의 진상이 허술한 결론으로 매듭지어지자, 진실을 묻거나 알리려는 도서가 여럿 출간되었다.

2010년 3월 26일, 104명의 승조원을 실은 1,200톤급 초계함 천안함이 백령도 서쪽 해안 북방한계선 남쪽에서 두 토막이 나 바다에 가라앉는 초유의 사태가 벌어졌다. 9월 13일, 국방부는 「천안함 피격사건 합동조사결과 보고서」(최종보고서)를 발표하여 천안함 사건을 "북한의 소형 잠수정이 발사한 중어뢰가 수중 폭발을 일으켜 천안함을 격침시킨 사건"으로 결론을 내렸지만, 최종보고서는 그런 주장을 뒷받침할 결정적인 증거를 제시하기는커녕 갖가지 모순들만 드러낸 허술한 보고서였다.

국방부에서 증거로 제시한 '1번' 어뢰나, 최근에 밝혀진 어뢰에서 서식하는 가리비 이야기는 네티즌들 사이에 빠르게 전파되어 비웃음을 샀다. 수사의 허술함을 국민들이 논리적으로 반박할 때마다 그들의 변명 또한 가관이었다. 1번은 북한체로 쓰여진 글씨이며, 가리비 역시 어뢰가 폭발한 이후에 붙은 것 같다니, 그들의 진지한 변명은 오히려 안쓰러워 보일 지경이었다.

천안함의 진실을 묻거나 알리는 책은 국방부의 『천안함 피격사건』을 시작으로 『봉인된 천안함의 진실』(한겨레출판), 『천안함을 묻는다』, 『과학의 양심 천안함을 추적하다』(이상 창비)까지 총 네 권이 출간되었다. 아직도 그 미스터리가 밝혀지지 않은 상황에서 이 책들의 목소리는 아직 유효하다.

정부는 언제까지 국민의 의혹을 덮어두고 외면만 할 것인가. 법치와 정의, 공정을 외치는 현 정부는 우선 천안함 사태를 국민들에게 한 점 의혹이 남지 않도록 명명백백 밝혀야 할 것이다.

16 빈곤

승자 독식의 사회는 필연적으로 빈곤의 문제를 유발한다. 미국 어디 선가는 옥수수가 남아돌지만 아프리카 어디선가는 한 톨의 옥수수도 먹을 수 없어 아사자가 속출한다. 재벌들은 이익이 되는 일이라면 소시민들의 밥줄까지 끊어가면서 사업을 벌이고, 그 틈에 설 자리를 잃어가는 사람들은 나락으로 떨어진다. 결국 빈곤의 문제는 없어서 생기는 문제가 아니라 나누지 않기 때문에 생기는 문제인 것이다. 조금이라도 배려하는 마음이 있다면 생기지 않는, 다시 말하면 경제적 문제가 아닌 양심의 문제인 것이다.

사실 이제까지 빈곤 문제를 접근하면서 가장 많이 회자된 것은 개인의 노력 여부였다. 가난은 나라도 구제 못 한다는 옛말을 진리인 양떠들었고, 결국 개인의 노력만이 빈곤을 해결하는 최선의 방책으로 제시되었던 것이다. 하지만 최근 빈곤은 개인의 문제가 아닌 사회적 이슈라는 문제의식을 공유하는 책들이 상당수 출간되었다.

우석훈은 『88만원 세대』(레디앙)에서 스펙 쌓기에만 열중했던 젊은 세대가 처할 수밖에 없었던 빈곤의 문제를 우리 사회에 환기시켰고, 『혁명은 이렇게 조용히』(레디앙)를 통해 젊은 세대의 빈곤 문제를 사회적 연대를 통해 해결하자는 대안을 제시했다. 한편 일본의 우석훈 격인 유아사 마코토 역시 『빈곤에 맞서다』(검둥소)와 『덤벼라, 빈곤』(찰리북) 등을 통해 사회적 연대만이 빈곤 문제를 해결하는 첫걸음임을 역설했다.

하지만 빈곤에 관한 책들은 여전히 인기가 없다. 가난 혹은 빈곤을 회피하고자 하는 인간의 심리 때문이기도 하겠지만, 나만 아니면 된다는 식의 생각이 여전히 유효하기 때문이다. 중요한 것은 이런 생각에서부터 빈곤의 세계화가 점차 확대된다는 사실이지만, 정작 빈곤 해결을 위한 적극적인 실천으로까지 몸이 움직이는 것은 요원해 보인다. 잊지 말아야 할 것은 우리 자신이 신자유주의 경제체제 아래에서 언제 잉여인간으로 전락할지 모른다는 사실이다. 빈곤의 문제는 강 건너 불구경이 아니라 지금 우리 곁에서 도사리고 있는 불구덩이라고 해도 과한 말은 아닐 것이다.

17 노년에 관하여

의학의 발달로 인간의 수명은 길어졌지만, 정년은 짧아지는 추세라 많은 사람들이 다가올 노년에 불안해한다. 이런 분위기를 감지한 출판계는 노년과 나이듦에 관한 책들을 부쩍 많이 내고 있다. 어떻게 하면 노년을 잘 맞이할 수 있을지, 불안해하지 않고 대비할 수 있을지를 이야기하는 책들이다. 누구도 피할 수 없는 노년을 잘 맞이하는 방법에는 어떤 것들이 있을까.

『노년의 기술』(오래된미래)은 세계적인 영성가 안젤름 그륀 신부가 노년에 대해 이야기한 책이다. 굳이 노력하지 않아도 노년은 오지만, 잘 늙어야 하는 것이 중요하다는 주장을 담고 있다. 늙어가면서 누구나 생각하는 문제들, 마주치는 문제들에 대한 해답을 들려준다. 『가치 있게 나이 드는 법』(중앙books)은 6남매를 미국의 명문 대학에 보낸 어머니이자 세계적인 사회학자로 잘 알려진 전혜성이 은퇴 후 막연한 삶, 불안한 미래를 어떻게 살 것인가에 대해 고찰한 책이다. 그는 은퇴 후에 삶을 더 새롭고 가치 있게 만드는 시대, 파워 시니어의 시대가 도래했다고 이야기한다. 『노년의 역사』(글항아리)는 시대별로 노년이 어떻게 변화했는지를 짚어보는 책이다. 노년의 역사를 보면서 그것이 실제 노인들의 삶에 어떤 영향을 미쳤는지 고찰하는 점이 흥미롭게 읽힌다.

현대는 이른바 저출산 고령화 시대다. 우리나라는 2000년에 이미 노인 인구가 전체의 7%를 차지하는 고령화 사회에 접어들었으며 2020년에는 14%를 넘어 본격적인 고령 사회에 진입할 것이라는 전망이 나오고 있다. 고령화 시대에 우리는 어떤 준비를 해야 할까. 노년을 잘 준비하라는 조언을 담은 책, 노년의 흐름을 짚은 책들을 읽으면서 어떻게 늙을 것인가를 준비해보는 것은 어떨까.

18 뇌

'뇌'는 최근 몇 년 사이 출판시장에서 사랑받는 키워드 중 하나가 되었다. 뇌과학을 통해 인생과 행복의 비밀을 분석하는 『뇌를 경청하라』(21세기북스), 뇌과학과 불교수행을 접목한 『붓다 브레인』(불광출판사), 뇌 영상 전문가인 저자가 건강한 뇌와 문제가 있는 뇌의 차이를 시각적으로 분석한 『뇌는 답을 알고 있다』(부키) 등의 책이 주목을 받았다. 출판사들은 심리학, 마음에 이어 뇌를 선점하기 위해 외서에 올인하는가 하면, 다양한 출판 장르와 뇌를 결합시키기 위해 몇몇 편집자들은 불면의 밤을 보내기도 한다.

하지만 여전히 뇌는 전인미답의 성소다. 뇌 관련 서적들이 갖가지

뇌 관련 서적의 범람은, 현대
사회가 개인화되고 파편화되
면서 나타나는 여러 현상들,
즉 마음과 정신, 인식과 감정
의 영역에 대한 뇌의 통제 기
능이 의학과 과학의 발전에 따
라 더욱 명확해지고 있기 때문
이다.

방법으로 뇌의 실체 규명에 나서지만 콕 짚어 '이거다'라고 말할 만한 책은 여전히 보이지 않기 때문이다. 명칭도 통상 '뇌과학'이라고 부르지만 정확한 정의는 아니라는 것이 전문가들의 공통된 견해다. 출판사와 독자들이 뇌에 관심을 갖는 이유를 하나의 해답으로 규정하기는 어렵다. 그야말로 뇌가 수행하는 여러 가지 질문과 답변에 대한 인과관계를 하나의 해답으로 규정할 수 없기 때문이다. 군이 출판계가 뇌과학에 관심을 갖는 이유를 들자면, 인간과 관련한 제반 현상이 인간의 뇌의 활동으로 귀결되기 때문이라는 대답을 해야 할 것이다.

한편으로 뇌 관련 서적의 범람은, 현대사회가 개인화되고 파편화되면서 나타나는 여러 현상들, 즉 마음과 정신, 인식과 감정의 영역에 대한 뇌의 통제 기능이 의학과 과학의 발전에 따라 더욱 명확해지고 있기 때문으로 분석할 수도 있다. 현대인들의 마음과 정신의 병은 대개 뇌의 문제인 것이다. 결국 뇌 관련 서적의 선전은 현대인들의 분열된 자화상을 대변하는 것이라고 봐도 무방하다.

아쉬운 것은 뇌과학으로 접근하는 책들의 깊이가 학문의 심화와는 무관하게 흐르고 있다는 점이다. 일찍이 심리학 관련 서적들에서 보았듯이 자기계발을 위한 수많은 기술과 결합하면서, 정작 심리학이라는 뼈대 있는 학문의 발전보다는 오히려 저급한 학문으로 오해를 받았던 것을 상기할 필요가 있다. 그런 점에서 최근 뇌 관련 서적들도 청소년들을 위한 공부의 기술을 가르쳐주는 형태나 미신, 주술적 영역과 결합된 형태의 책들은 경계해야 할 것이다.

19 민주주의

2009년 1월 용산 참사는 철거민 5명과 경찰 1명의 목숨을 앗아갔다.
그리고 11월 12일, 대법원은 농성자 7명에게 실형을 확정하며 1년
10개월 만에 이 사건을 마무리했다. 국민을 무력으로 통제하려는 공
권력과 잔혹한 건설자본이 불러온 용산 참사는 누군가의 말처럼 이
나라가 민주화된 인권국가라는 착각에서 완전히 깨어나게 했다.

　현 정권 들어 민주주의는 더 이상 국민의 손 안에 있지 않은 듯하
다. 천안함 사태의 진실은 미스터리에 싸여 국민들이 범접할 수 없는
곳으로 멀어져갔고, 4대강 사업은 국민의 반대에도 불구하고 여전히
진행 중이다. 언론의 자유와 집회결사의 자유를 비롯해 국민이 목소
리를 낼 수 있는 그 어떤 창구도 보장받지 못하는 지금, 각계각층에서
무참히 훼손되고 있는 민주주의의 가치를 회복해야 한다는 목소리를
높이고 있다.

　이런 상황과 맞물려 지금 민주주의 현실을 진단하고 민주주의에
대한 사회 구성원의 본격적인 사유와 행동을 촉구하는 책들이 눈에
띄었다. 우리 시대를 대표하는 12인의 행동하는 지성인이 오늘에 대
해 구체적인 진단을 내리고 더 나은 세계를 위해 사유할 기회를 제
공하는 『다시, 민주주의를 말한다』(휴머니스트), 1987년 민주화 이후
의 한국 민주주의는 구조적 한계에 직면해 있다고 말하며 정치적 대
안이 봉쇄된 보수적 패권체제의 기원과 구조를 밝히는 『한국의 48년
체제』(후마니타스), 미국 신좌파운동의 역사와 이들이 추구한 참여민
주주의의 의미에 대해 고찰하는 『민주주의는 거리에 있다』(개마고원)
등은 민주주의의 실체와 가치를 구체화시켜주는 책이다. 『도시생활

개발 독재의 전형이라고 평가되는 이명박 정권이 빈번하게 공권력을 남용하며 민주주의를 훼손시키는 동안 사람들은 민주주의의 개념을 보다 확실하게 체득하며 필요성을 절감했다.

자의 정치 백서』(북하우스)처럼 시민으로서 정치에 관심을 갖고 직접 참여할 것을 강조하며 실질적인 방법론을 이야기하는 책이 나오기도 했다.

흔히 개발 독재의 전형이라고 평가되는 현 정권이 빈번하게 공권력을 남용하며 민주주의를 훼손시키는 동안 사람들은 민주주의의 개념을 보다 확실하게 체득하며 필요성을 절감하고 있다. 국민이 민주주의에 대해 치열하게 사유하고 행동하는 데 출판이 어떤 역할을 하게 될지 귀추가 주목된다.

20 하버드

"하버드대 20년 연속 최고의 명강의"

올해 가장 주목받은 책『정의란 무엇인가』의 부제이다. 인문 분야 책으로는 드물게 10주 이상 베스트셀러 1위를 차지한 이 책은 마이클 샌델에 대한 대중의 주목도를 높이고 '정의'의 개념을 재성찰해볼 기회를 준 동시에, '하버드'라는 키워드로 출판계에 불을 붙였다.

기존에도 하버드 관련 도서는 있었지만, 대부분의 경우『스피드 영문법-하버드 박사의 영문법 단기 완성』과 같이 '하버드 졸업생이나 교수에게서 듣는 공부법, 성공학' 정도의 내용을 담아 콘셉트가 한정적이었다. 그러나『정의란 무엇인가』가 사회적으로 돌풍을 일으키기 시작하면서부터 좀더 다양한 색깔을 가진 하버드 관련 책들이 쏟아져 나왔다. 하버드 고전 선집 50권을 독파한 저자의 독서 노트『하버드 인문학 서재』(21세기북스), 하버드대 학부생들이 철학과 관련하여 세계적인 석학 14인을 인터뷰한 내용을 담은 『하버드, 철학을 인터뷰하다』(돌베개), 하버드대 강의를 바탕으로 완벽이 행복의 척도는 아님을 이야기하는 『완벽의 추구』(위즈덤하우스), 하버드 경영대학원의 전문 어드바이저들이 협상에 관한 종합적인 조언과 실질적인 해결책을 제시하는 『하버드식 협상의 기술』(청림출판) 등 분야도, 구성도 각양각색이다. 하버드는 적극적인 마케팅 전략이자 강력한 콘텐츠가 되었다. 특유의 지적인 아우라를 기반으로 독자의 신뢰를 얻고 텍스트에 대한 기대감을 높여주기 때문이다. 물론 『정의란 무엇인가』의 인기몰이가 한풀 꺾인 뒤에도 지금과 같은 마케팅 효과를 낼 수 있을지는 미지수이다. 그러나 무궁무진한 이야깃거리를 끌어낼 수 있는 콘텐츠로서의 가능성은 더욱 커진 듯하다.

기존의 하버드 관련 도서는 '하버드 졸업생이나 교수에게서 듣는 공부법, 성공학' 정도에 그쳤다면, 『정의란 무엇인가』 이후에는 좀 더 다양한 색깔을 가진 하버드 관련 책들이 쏟아져 나왔다.

21 세계문학전집

최근 몇 년 사이 세계문학전집 시장의 움직임이 활발하다. 전통적인 강자였던 민음사 '세계문학전집'의 독주 시대가 끝나고 펭귄클래식 코리아의 '펭귄클래식'과 을유문화사의 '을유세계문학전집', 문학동네의 '문학동네 세계문학전집' 등이 시장점유율을 높여가고 있다. 시공사도 창사 20주년을 맞아 '세계문학의 숲'을 선보였는데 "숨겨진 고전을 발굴 소개하는 데 역점을 두겠다"며 세계문학전집 시장에 뛰어들었다. 이외에도 몇몇 출판사들이 세계문학전집을 선보이고 있는 상황이다.

세계문학전집 시장이 춘추전국시대를 맞이한 이유는 사실 출판계의 불황과 연관이 없지 않다. 불황일수록 소비자들은 보수적인 소비 행태를 보이는데, 독자들도 책 선택에 있어서 보수적인 소비, 즉 오랜 시간 동안 검증 과정을 거친 세계문학이나 고전 등으로 선택의 범위를 좁혀가는 것이다. 청소년부터 성인에 이르기까지 다양한 독자층을 확보하고 있는 세계문학전집이야말로 출판계로서는 마르지 않는 젖줄인 셈이다.

다양한 세계문학전집이 출간되면 가장 큰 이득을 얻는 것은 사실 독자들이다. 장식용 세트로 세계문학전집을 구입하지 않을 심산이라면 목록의 다양성과 번역의 질을 철저히 비교해서 '나만을 위한 세계문학전집'을 구비할 수 있기 때문이다. 각각의 출판사들이 내세우는 세계문학전집의 특성과 번역자, 번역의 질, 해설 등을 꼼꼼히 비교하면 할수록 목록의 질은 높아질 수밖에 없다.

이즈음에 출판사들의 할 일도 적지 않다. 한 치 앞을 관망하기 어려운 게 출판시장의 현실이지만 낱권 판매에 일희일비하기보다 중장기적인 계획을 세워 자사 세계문학전집을 하나의 브랜드로 성장시킬 의지를 가져야 한다. 영미권 작품에 편중된 목록에서 벗어나 제3세계로 눈을 돌려 명실상부한 세계문학전집을 만드는 것도 출판사들의 핵심 과제 중 하나다. 한편으로는 우리 문학의 세계화를 위한 노력에도 게을리 하지 않아야만 모처럼 순풍이 불기 시작한 세계문학전집 시장의 활성화를 기대할 수 있을 것이다.

22 취업, 스펙 관련 책

해가 바뀌어도 나아질 기미가 보이지 않던 취업난은 올해가 저물어
가는 지금 시점에도 변함이 없다. 언론은 취업률이 높아졌다는 기사
를 연일 내보내지만 고용 없는 성장에 진통을 겪고 있는 취업준비생
들의 체감온도는 싸늘하기만 하다. 국가경제는 성장하여 생산이 늘어
났다고 하지만 고용은 늘지 않는 비정상적인 환경에서 청년실업 문제
는 심각한 지경에 이르렀다. 상황이 이러하니『한 번에 찾아가는 취업
로드맵』(비전비엔피),『이력서 자기소개서 상식 사전』(길벗)과 같은 수
험서 형태의 취업 관련 책이 쏟아지는 것은 당연한 일일 것이다. '이력
서나 자기소개서를 작성할 때 반드시 알아야 할 점'이나 '면접 시 주의
해야 할 사항'처럼 실용적인 방법론을 담아낸 책들이 쏟아졌다.

무한경쟁 사회와 맹목적인 스
펙 쌓기에 대한 경계를 담으며
진정한 자기계발에 대한 다양
한 길을 보여주는 책들이 독자
로부터 많은 관심을 받았다.

취업난에서 살아남기 위해 각종 자격증 및 영어 점수에 목매고 있
는 젊은 세대를 겨냥한, 스펙 쌓기에 관한 책도 많았다. 이런 책들의
경우 방법론보다는 무한경쟁 사회와 맹목적인 스펙 쌓기에 대한 경
계를 담으며 진정한 자기계발에 대한 다양한 길을 보여주는 책들이
독자로부터 많은 관심을 받았다. 스토리텔링을 개인의 진로 탐색 및
경력 개발에 적용한『스토리가 스펙을 이긴다』(갤리온)는 스펙 중심
사회에서 스토리 중심 사회로의 변화의 맥을 짚어내고 왜 스펙 쌓기
가 개인의 취업과 성공의 대안일 수 없는지를 이야기한다.『인문의
스펙을 타고 가라』(사회평론)는 인문학에 승부를 걸지 못하고 남들을
쫓아 스펙 쌓기에 열심인 인문사회계 학생들에게 스펙으로서 인문학
의 가치를 강조한다.

『덤벼라, 빈곤』의 저자 유아사 마코토의 말처럼 현대인은 열심지옥

에서 살고 있다. 아무리 열심히 해도 평균치를 따라가기 힘든 무한 경쟁 사회에서 젊은 세대는 취업을 통해 위태로운 미래를 견뎌내려 하지만 쉽지가 않다. 이러한 구조를 근본적으로 해체하지 않는 한 젊은 세대는 취업 공부를 위한 수험서에 갈증을 느낄 수밖에 없을 것이다.

23 북토피아 파산

국내 최대 전자책 업체인 북토피아가 지난 9월 2일, 결국 파산에 이르렀다. 매각 실패로 새로운 투자자를 찾지 못한 데다, 회사의 청산가치가 계속기업가치보다 더 높게 측정되어 기업회생절차 진행 자체가 불투명해졌기 때문이다.

북토피아는 1999년 김영사, 들녘, 박영사 등 120개 메이저 출판사와 주요 작가들이 공동출자해 설립됐다. 하지만 출판업계가 북토피아에 걸었던 기대는 점차 실망으로 변해갔다. 북토피아의 경영진이 경영권 분쟁과 도덕적 해이를 거듭하며 회사 경영을 등한시했기 때문이다. 북토피아 경영진은 콘텐츠 저작권료 지급을 차일피일 미뤘다. 이 과정에서 출판사들은 더 이상 신간을 제공하지 않았고, 프로그램 관리 소홀로 인한 시스템 오류에 이용자들마저 등을 돌렸다. 북토피아는 결국 지난 1월 출판사 미지급 저작권료 약 60억 원과 100억 원에 달하는 부채를 떠안고 기업회생 절차에 들어갔다.

북토피아 파산이 최종 결정되고, 10월13일 웅진OPMS가 북토피아 콘텐츠 자산을 경매를 통해 인수했다. 웅진OPMS는 기존의 전자책 사업에 북토피아 콘텐츠를 더해 전자책 시장에서 그 영향력이 만만치 않을 것으로 예측된다.

　일련의 북토피아 사태가 출판계에 시사하는 바는 적지 않다. 우리는 이 사태를 통해 앞으로 다가온 전자책 시장에 어떻게 대처해야 좋을지 아프게 배워야 한다. 북토피아는 B2C가 아닌 B2B모델이었다. 도서관이나 기업체 등 기관을 대상으로 한 영업을 해왔다. 이는 판매를 할수록 저작권이 소멸되는 모델이었다. 그리하여 국립중앙도서관에서 출판사로부터 전자책 파일을 강제로 납본 받아 전국 어디에서나 볼 수 있겠다고 나서는 일이 가능하게 된 것이다. 이러한 일들은 출판계에도, 책 문화에도 결코 이로운 일이 아니었다. 저작권 보호는 결국 출판계와 책 문화, 독자 보호를 위해 마지막까지 지켜야 할 보루임을 알아야 한다.

24 역사적 인물

올 한해 베스트셀러를 이야기할 때 빼놓을 수 없는 책 중 하나가 바로 『덕혜옹주』일 것이다. 표절 논란으로 얼마간 구설수에 오르긴 했지만, 흥미로운 인물상과 탄탄한 구성으로 많은 독자들에게 꾸준한 사랑을 받아온 것만은 분명하다. 망국의 옹주라는 비극적인 운명 앞에서 정치적 희생자로 살아가야 했던 그녀의 삶을 소설로 엮어낸 이 작품은 앞으로도 당분간 인기를 이어갈 것으로 보인다.

　2010년에는 좀처럼 알려지지 않았던 역사적 인물을 소설 속 주인공으로 부활시킨 작품이 인기를 끌었다. 이렇게 만들어진 콘텐츠는 다양한 미디어를 통해 재탄생하며 다시 대중적인 관심을 얻기도 했

소설보다 더 소설 같은 역사 속 인물들의 삶은 미시사에 대한 대중의 관심에 힘입어 꾸준히 발굴되어왔고, 더욱 다양하고 흥미진진한 이야기로 각색되어 나타났다.

다. 영조의 생모, 숙빈 최씨를 '최동이'라는 상상의 이름으로 되살린 『동이』(씨앤아이북스)는 드라마로 제작되며 화제가 됐다. 무수리 출신으로 당당하게 후궁이 된 뒤 철저한 신분제 사회에서 자신의 아들을 왕위에 오르게 한 숙빈 최씨의 존재는 독자로부터 흥미를 불러일으키기에 충분했다.

조선 역사에 조연으로 감춰져 있던 민본정치가 정도전의 생애를 역동적으로 부활시킨 『정도전』(쌤앤파커스)도 주목을 받았다. 민본정치의 대계를 세운 정도전의 정치철학이 현대인들에게 의미 있게 받아들여졌으리라 짐작된다. 6월에 출간된 『안용복』(산수야)은 조선시대 어부 안용복의 생애를 문학적 상상력으로 재구성했다. 힘없고 평범한 민초임에도 목숨을 걸고 일본으로 건너가 울릉도와 독도가 조선의 땅임을 밝히고 조선과 일본 간의 분쟁을 그치게 한 안용복의 이야기를 담았다.

위인들의 후광에 감춰져 주목 받지 못했던 사람들의 이야기에 대중이 본격적으로 열광하기 시작한 것은 드라마 〈대장금〉부터가 아닌가 싶다. 『조선왕조실록』에 실린 단 한 줄의 기록을 통해 흡입력 있는 이야깃거리를 만들어낸 〈대장금〉 이후 김별아의 『미실』(문이당, 2005), 신경숙의 『리진』(문학동네, 2007) 등 그동안 관심을 얻지 못했던 인물의 삶을 재구성한 팩션이 등장하여 인기를 얻었다. 소설보다 더 소설 같은 역사 속 인물들의 삶은 미시사에 대한 대중의 관심에 힘입어 꾸준히 발굴되어왔고, 올해에 이르러 더욱 다양하고 흥미진진한 이야기로 각색되어 나타났다.

25 〈성균관 스캔들〉붐

사람들은 스스로는 금기에 도전하지 않으면서 타인의 금기에는 관심을, 때론 열렬한 호응을 보이곤 한다. 깨닫지 못했지만 누구나의 마음에는 '한번쯤은' 하는 욕망이 내제되어 있기 때문일 것이다. 그런 점에서 『성균관 유생들의 나날』(파란)이 베스트셀러로 자리 잡은 것은 사람들의 마음에 똬리를 틀고 있던 욕망 혹은 금기를 뛰어넘고자 하는 도전 아닌 도전이라고 할 수 있다.

정조 시대의 '개혁 드라이브'라는 엄연한 역사적 사실과 남장 여자의 성균관 입성이라는 허구를 적절히 가미한 『성균관 유생들의 나날』은 세칭 TV 셀러의 계보를 이으며 큰 주목을 받았다.

『성균관 유생들의 나날』은 세칭 'TV셀러'의 계보를 잇고 있다. 하지만 실제로는 책이 처음 나온 2007년 당시에도 입소문이 돌면서 '재미'를 아는 독자들 사이에서 회자되곤 했다. 물론 최근 드라마의 흥행 덕으로 다시 베스트셀러에 진입한 사실은 부인할 수 없다. 드라마 〈성균관 스캔들〉, 일명 '성스 폐인'들과 주인공 이선준을 사모하는 여성 팬들의 '유천 앓이'가 책 구매로 직접 이어졌는지는 확인할 수 없지만, 드라마의 흥행과 베스트셀러 진입은 무관하지 않다. 비록 『성균관 유생들의 나날』이 드라마의 흥행에 힘입어 베스트셀러에 진입했지만, 어쩌면 이 책은 내러티브의 힘을 보여주는 하나의 사례가 되지 않을까 싶다. 정조 시대의 '개혁 드라이브'라는 엄연한 역사적 사실과, 그 시대로서는 파격에 가까운 남장 여자의 성균관 입성이라는 허구를 적절히 가미하며 이끌어낸 글맛이 새롭게 조명받은 것이다.

한편으로는 예나 지금이나 혼탁한 정치와 경제의 치부를 드러내면서 '정의'와 '공정'이라는 키워드에 새롭게 관심을 보이고 있는 젊은 독자들에게 어필한 부분도 없지 않다. 조선시대 음서제도와 외교통상부 고위직 관료 자녀들의 특채가 빚어낸 묘한 앙상블이 드라마 방영 초반 인기 상승세의 비결이었다는 신문 기사가 이를 대변한다. 하지만 역사물, 특히 팩션이 역사적 사실을 다루는 데 있어 조심해야 할 부분도 없지 않다. 초등학생들의 절반 이상은 조선시대 화가 신윤복이 여자라고 굳게 믿는다고 하니, 드라마와 영화, 그것의 원작이 된 책의 사회적 영향력은 얼마나 큰 것인가. 그런 점에서 『성균관 유생들의 나날』이나 이에 힘입어 판매고가 올라가고 있는 『규장각 각신들의 나날』(파란)을 비롯한 팩션들이 새롭게 벼려야 할 가치도 함께 고민해볼 시기가 되었다.

26 아프리카

올 여름은 세계인의 축제, 2010 남아공 월드컵으로 유난히 뜨거웠다. 특히 아프리카 대륙의 사상 첫 월드컵으로 주목받으면서 아프리카에 대한 관심이 높아져 다양한 이야깃거리가 쏟아졌다. 오랜 식민지배와 인종차별, 잦은 내전으로 상처가 깊은 아프리카 대륙에 대한 관심은 적극적인 후원의 형태로 이어지거나, 역사와 문화에 대한 심도 있는 연구로 나타나기도 했다.

출판계 역시 예외가 아니어서 월드컵이 시작되기 전부터 아프리카 관련 책이 다수 출간되었다. 『로망 아프리카』(여행마인드), 『동갑내기 부부의 아프리카 자전거 여행』(엘빅미디어)과 같은 아프리카 여행 에세이를 비롯해, 영국의 식민지배, 대학살과 쿠데타, 내전 등 나이지리아의 현대사를 담아낸 『태양은 노랗게 타오른다』(민음사) 등의 소설도 눈에 띄었다. 어린이 인신매매, 성매매, 종교 분쟁 등 아프리카의 참혹한 현실을 담아낸 소설 『한편이라고 말해』(은행나무)는 2009년 〈워싱턴 포스트〉 〈피플〉 〈월스트리트 저널〉 등에서 '올해 최고의 책' 으로 선정되는 등 많은 주목을 받고 올해 6월 국내에서 번역 출간되었다.

특히 기아와 가난, 게으름 등과 같은 아프리카에 대한 선입견을 깨려는 이야기가 많은 주목을 받았다. 『아프리카 – 열일곱 개의 편견』(한울)은 노예제와 식민 지배를 통해 서구인이 만들어낸 편견을 비판하고 재검증하고자 했다. 9년간 남아프리카공화국에서 살아온 저자의 경험을 바탕으로 아프리카인은 대부분 게으르다거나 에이즈에 걸려 위험하다는 식의 위험한 선입견을 깨준 『블랙 러브』(글로세움)도 눈길을 끌었다. 구호와 원조의 대륙이라는 막연한 이미지에 갇혀 있던 아프리카를 동정을 넘어 다양한 관점으로 바라보고자 하는 이러한 흐름이 앞으로도 이어질 수 있기를 기대해본다.

27 현실참여형 만화

만화는 아이들의 전유물이라는 고정관념이 지배하던 시대도 있었다. 그러나 이제 만화는 소설, 영화, 애니메이션, 드라마 등 여러 분야로 활용가능한 문화 콘텐츠로 주목받기 시작했다. 이미지와 텍스트가 함께 어우러진 만화는 어쩌면 가장 독자와 가까운 장르일지도 모른다. 상상력과 환상의 세계를 다룰 것만 같던 만화가 언제부턴가 우리의 현실을 그려내기 시작했다. 용산 참사의 아픔을 그려낸 르포만화집 『내가 살던 용산』(보리)은 가장 낮은 시선으로 생생하게 희생자들

현실과 만화가 만났을 때 상상 이상의 힘을 발휘한다. 소셜미디어의 시대에 짧고 강력한 사회적 메시지를 담은 풍자만화, 시사만화는 빠른 속도로 네티즌들에게 전파된다.

의 아픔을 그려냈다는 평가를 받았다. 얼마 전 〈시사IN〉에서 주최한 '만화, 르포를 만나다'를 통해 『내가 살던 용산』을 그린 6인의 만화가와 간담회를 가졌으며, 북콘서트도 성황리에 진행된 사실을 통해 이 만화가 사회에 얼마나 많은 시사점을 던졌는지 알 수 있다. 또한 최규석의 『울기엔 좀 애매한』(사계절)은 갑갑한 청소년들의 현실을 그려내 많은 이들의 공감을 얻어냈으며, 김태권의 『어린왕자의 귀환』(돌베개)은 신자유주의가 개인의 삶에 끼치는 폐해를 역설하여 많은 주목을 받았다. 현대사회의 권력관계와 욕심을 그려낸 『이끼』(재미주의)는 그 인기에 힘입어 영화로까지 제작되었다.

현실과 만화가 만났을 때 상상 이상의 힘을 발휘한다. 소셜미디어의 시대에 짧고 강력한 사회적 메시지를 담은 풍자만화, 시사만화는 빠른 속도로 네티즌들에게 전파된다. 이제 만화는 소설이나 타 문학작품이 할 수 없었던 생생한 현실 고발 능력을 대신하고 있는지도 모른다. 만화의 무한한 가능성이 기대되는 대목이다.

28 행복

대한민국이 OECD 가입국 중 자살률 1위, 청소년 행복도 꼴찌, 2,30대 자살률 1위를 기록한 것으로 나타났다. 연이은 연예인의 자살, 수능 때면 어김없이 들려오는 수험생의 자살 소식 등은 많은 국민들이 자신의 삶에서 불행을 느낀다는 것을 보여주는 듯하다. 서브프라임 모기지 사태로 인한 경기 침체로 들썩였던 대한민국 경제도 국민들의 불안과 불행을 가중시키는 데에 한몫 더했으며, 더이상 대중은 성공 매뉴얼이나 처세술을 알려주는 자기계발서에 자신의 희망과 미래를 기대하지 않는다. 그러나 행복을 제목에 달거나, 행복을 주제로 한다면 이야기는 달라진다. 지속적인 자기계발서의 몰락 속에서도 '행복'을 주제로 하거나 제목을 붙인 자기계발서는 지속적인 사랑과 관심을 받았다.

읽는 것만으로도 행복해진다는 유쾌한 행복론『행복은 혼자 오지 않는다』는 발간 두 달 만에 10만 부 판매를 달성했고, 시대의 변화에 대응하는 새로운 라이프 사이클을 제안하는『행복한 독종』(리더스북)도 이미 베스트셀러의 반열에 올랐다. 행복은 진부한 소재이고, 대중은 자신의 행복을 남한테 가르침 받는 것을 싫어하기에 제목에 '행복'을 달면 잘 팔리지 않는다는 속설이 지배했던 과거와는 사뭇 다른 흐름이다. 독자들에게 많은 사랑을 받았던 자기계발서『스무 살에 알았더라면 좋았을 것들』(엘도라도) 역시 자신만의 행복을 당당하게 찾는 방법을 이야기하는 스탠퍼드대 강의를 엮은 책이다.

행복은 어느 시대나 변치 않는 중요한 가치였지만, 물질과 속도를 추구하는 시대, 상대적 박탈감이 드높아진 시대에서 자신만의 행복이 무엇인지를 찾는 것은 더 절실하게 느껴진다. 남들과 비교하거나, 돈과 명예에서 오는 일시적인 행복이 아니라 온전히 자신만의 행복을 사람들은 찾는 중이다. 당분간 행복은 이 시대에서 중요한 테마가 될 것 같다.

행복은 어느 시대나 변치 않는 중요한 가치였지만, 물질과 속도를 추구하는 시대, 상대적 박탈감이 드높아진 시대에서 자신만의 행복이 무엇인지를 찾는 것은 더 절실하다.

29 청소년 잡지

청소년을 바라보는 관점이 다양해지고 새로운 문제의식이 형성되고 있는 시대의 추세에 맞게 청소년 잡지의 생김새는 점점 다양해지고 있다.

예전부터 〈십대들의 쪽지〉〈풋〉〈인디고잉〉 등 청소년을 대상 독자로 하는 잡지는 꾸준히 발간되어왔다. 2010년에는 〈학교도서관저널〉과 〈자음과모음 R〉이 창간되면서 그 대열에 합류했다. 이들 잡지는 청소년에게 유익한 콘텐츠와 건강한 담론을 제공한다는 공통점을 가지지만, 일상의 감정을 중심으로 담아내거나 인문학을 전면에 내세우는 등 저마다 조금씩 다른 정체성을 가지고 있다.

〈십대들의 쪽지〉와 〈인디고잉〉은 청소년을 독자가 아닌 적극적인 주체로 세운다. 특히 2006년부터 인디고서원에서 발행되고 있는 〈인디고잉〉은 "청소년이 직접 만드는 인문교양지"로서, 청소년들의 본격적인 참여를 유도한다. 올 4월에는 국제판을 출간하며 새롭게 발돋움하기도 했다. 〈십대들의 쪽지〉는 1984년부터 청소년의 말 못할 고민 등 소소한 이야기를 담아내고 있다. 〈인디고잉〉보다는 소극적이지만 당사자들의 이야기로 구성된다는 점에서 청소년과의 정서적 거리가 가깝다.

문학동네에서 펴내는 계간지 〈풋〉은 '청소년을 위한 전방위 문학문화잡지'이다. 하나의 교과목으로 전락해버린 문학을 신선한 관점에서 재기발랄하게 담아내 청소년들에게 부담 없이 다가간다.

올해 창간된 월간지 〈학교도서관저널〉은 지금까지의 청소년 잡지와는 성격을 달리한다. 학교도서관의 운영 및 활용에 관한 정보, 독서문화나 교육 정책에 대한 바른 목소리를 담아내고 아이들에게 독서의식을 키워줄 만한 글을 싣는 학교도서관 운영 가이드이다. 그러다 보니 대상 독자층이 비교적 넓다. 올 7월에 창간된 〈자음과모음 R〉은

'다음 세대 인문교양지'를 표방한다. 정치, 경제, 사회, 문화 등을 청소년의 시각에서 고민해볼 수 있도록 하며 인문학적 관점을 확립시키는 데 주력한다.

청소년을 바라보는 관점이 다양해지고 새로운 문제의식이 형성되고 있는 시대의 추세에 맞게 청소년 잡지의 생김새는 점점 다양해지고 있다.

30 저작권

11월 아이패드 출시로 전자책 시장에 대한 낙관적인 전망은 더욱 높아지고 있다. 전자책 담론이 활발해진 지금, 여전히 출판계가 전자책 시장에 선뜻 뛰어들지 못하는 이유는 무엇일까. 바로 저작권 때문이다. 아직 우리나라 전자책 시장에서는 출판계의 저작권을 보호하는 시스템이 확립되어 있지 않다. 오히려 저작권을 지켜줘야 할 정부에서 저작권을 훼손하는 상황이 벌어지기도 한다.

지난 7월 21일 출판과 서점계 11개 단체장이 성명서를 발표했다. 성명서의 제목은 "출판지식문화산업의 내일을 걱정한다". 정부의 안이하고 편향된 출판 정책에 항의하는 뜻으로 11개 단체장은 성명서를 발표하고 기자회견을 열었다. 성명서에선 저작권에 관한 항의도 포함되어 있다. 우선 출판계의 권리를 지켜줄 수 있는 실질적인 저작권법 개정을 요청하고, 전자출판 육성을 위해 출판사에 강제로 디지털 파일을 납본시키는 행위를 중단하라고 주장했다. 또한 국립중앙도서관이 그동안 출판계의 저작권을 위협했던 작은도서관(전국 농산

어촌 884개의 도서관)에 무료로 전자책을 제공했던 행위에 대해서도 강력하게 비판했다.

이렇게 저작권 보호가 미비한 상태에서 대세에 따라 무조건 전자책을 활성화해야 한다고, 출판계가 거기에 협조하라고 이야기하는 정부의 목소리는 매우 폭력적이다. 출판인의 권리를 지켜주지 않는 저작권법, 출판문화에 대한 지식이 전무하다고 볼 수밖에 없는 국립 중앙도서관의 횡포 등은 출판 저작권에 대한 정부의 인식이 매우 낮음을 잘 보여주는 사례라 할 수 있다.

저작권에 대한 확립과 보호 없이 출판계는 전자책 시장에 뛰어들 수 없다. 생존권을 통째로 흔들 수 있는 저작권을 자칫 잘못하면 공중 분해시킬 수도 있는 현재의 전자책 시장에 누가 나설 수 있겠는가. 출판 저작권에 대한 확립과 제도적 보호가 시급한 시점이다.

2011
출판계 키워드 40

▬▬▬▬▬ 이명박 집권 4년 동안 일자리 상황은 갈수록 악화되고, 치솟는 전셋값에 빚은 늘고, 아이 보육과 교육은 망할 대로 망해버리는 바람에 희망을 갖기 어려웠다. 연평균 7% 경제성장, 1인당 국민소득 4만 달러, 세계 7위 경제 대국을 이룬다는 '747공약'을 내걸고 당선된 이명박 대통령은 정책보다 홍보에 목숨을 걸었다. '친서민 중도실용'으로 못 가진 자들의 마음을 한 번 얻었지만 '공정사회'와 '공생발전'으로 말을 바꿔가며 자신이 얼마나 서민을 위해 일하는지를 알리기에 급급했다.

측근 비리가 연이어 터지자 발빠르게 "도덕적으로 완벽한 정권"이라고 자신들을 포장했지만 많은 국민은 "도둑적으로 완벽完癖한 정권"이라는 말로 들었다. 여기서 '벽'은 어떤 일에 미친다는 벽이다. 이 말이 나온 지 얼마 되지 않아 '내곡동 사저 사건'이 터졌으니 돈을 버는 것에 천부적인 감각을 가진 것은 틀림없었다.

이 해에 폭발적으로 팔려나간 김난도의 『아프니까 청춘이다』는 우리가 겪는 고단한 현실에 대한 인문사회과학적인 분석을 가하지도 않고 현실을 이겨낼 매뉴얼도 제시하지 않았다. 그저 세상의 아픔을 충분히 겪으면서 화가 잔뜩 나 있는 20대 청춘의 지친 어깨를 다독여주며 '위로'의 말을 건넬 뿐이었다. 스펙을 쌓으라는 협박에 지쳐 있던 젊은이들은 가르치려들지 않는 친구이자 선배 같은 멘토의 조언에 뼈저리게 '공감'했다. 이 책의 열풍에서 드러나는 '위로와 공감'이야말로 2011년 출판시장을 대표하는 키워드였다.

멘토가 날리는 '공감의 어록'이 넘쳐났다. 대표주자는 안철수였다. 안철수와 정신적 동지로 〈청춘콘서트〉를 함께 진행했던 '시골의사' 박경철의 『자기혁명』과 딴지일보의 팟캐스트 프로그램 〈나는 꼼수다〉를 정리한 김어준의 『닥치고 정치』가 가을 출판시장을 강타했다. 이명박 대통령이 국가권력을 어떻게 악용해 자신과 가족, 친인척의 이익을 채우고 있는지를 적나라하게 폭로한 〈나꼼수〉는 사실과 픽션을 절묘하게 조합한 '팩션'이었다. 막말 추임새와 반말에다 조롱과 비꼼이 넘치는 〈나꼼수〉에 많은 이들이 포복절도하며 위로와 공감을 동시에 얻었다.

이 해에 크게 인기를 끌었던 책들은 구어체 문장이었다. 구어체 문장은 '이론'이 아닌 강한 임팩트를 안겨주는 '팩트'(사람, 사물, 사건)를 제시함으로써 교감이 잘 이뤄진다는 장점이 있다. 구술문화에서 중요한 것은 이성이나 논리가 아닌 감성과 공감이다. 객관성보다는 얼마나 지지를 받는가가 중요하다. '비리의 종결자'인 이명박이 여론의 지지를 얻어 대통령에 당선된 것처럼 구어체의 책들은 일부 편향성이나 당파성에도 불구하고 '위로'를 안겨주고 '공감'을 얻기만 하면 인기를 끌었다.

01 『아프니까 청춘이다』

〈기획회의〉가 선정한 올해의 키워드는 '위로와 공감'이었다. 김난도 서울대 교수의 『아프니까 청춘이다』(쌤앤파커스)로 대표되는 위로와 공감의 키워드는, 한국인들이 그만큼 험난한 세월을 살고 있다는 반증이다. 특히 한 해 1,000만 원이 넘는 등록금을 내고도 졸업하면 백수와 비정규직 사이를 오가야 하는 20대 청춘들의 자괴감은 이루 헤아릴 수 없을 지경이다. 반값 등록금을 공약했던 대통령은 언제 그랬냐는 듯 오히려 대학을 더 깊은 경쟁의 골로 밀어 넣었다. 경제 대통령을 자임했으면 그만한 일자리를 만들어야 하는데 통계로 장난칠 생각만 할 뿐, 실제 우리경제는 나락에 빠져들고 있다.

『아프니까 청춘이다』는 그저 손 잡아주고 어깨 도닥여주면서 "힘들지"라고 말할 뿐이지만 위로와 공감의 힘은 150만부 판매 돌파라는 엄청난 결과를 낳았다.

이런 가운데 등장한 『아프니까 청춘이다』는 청춘들의 마음을 위로하기에 충분했다. 처참한 현실 인식을 위한 사전 설명도 없고, 난관을 돌파하기 위한 대책이나 대안도 없다. 그저 손 잡아주고 어깨 도닥여주면서 "힘들지"라고 말할 뿐이지만 위로와 공감의 힘은 150만부 판매 돌파라는, 실로 엄청난 결과를 낳았다. 인문학적 성찰이나 대안이 없다는 사실은 아쉬움으로 남겠지만, 그만큼 우리 사회가 젊은 이들의 상황을 이해하지 못했고 진정성을 가지고 소통하지 못했다는 사실만은 인정해야 한다. 중요한 것은 위로와 공감만으로 기성세대와 출판의 역할을 끝난다고 생각해서는 안 된다는 사실이다. '위로와 공감'이 2011년의 출판계를 아우르는 키워드였다면, 2012년 출판계 키워드는 '위로와 공감'에 바탕을 둔 실제적이고도 실천적인 대안이 되어야 한다.

02 안철수

올 상반기부터 뚜렷하게 나타나기 시작한 '안철수 열풍'은 지난 서울 시장 보궐선거를 기점으로 거대한 돌풍이 되어 정치, 사회에 막대한 영향을 미치고 있다. 이에 따라 출판계에는 『서른, 안철수처럼』(북씽크), 『안철수의 착한 성공』(비전비엔피) 등 기업가로서 안철수의 리더십을 조명하는 자기계발서를 비롯해 『안철수 밀어서 잠금해제』(메디치), 『안철수 대통령』(소금나무), 『대한민국은 안철수에게 무엇을 바라는가』(열다섯의공감), 『안철수는 바람개비』(커뮤니케이션북스) 등 '안철수 현상'이 우리 사회에서 어떤 의미를 갖는지 분석하고 새롭게 그려질 정치판을 전망하는 책들이 다수 출간되었다.

'안철수 현상'의 원인에 대해 각계각층의 다양한 분석이 이루어지고 있지만, 경제적 불평등의 심화와 생존에 대한 불안의 일상화에서 비롯된 기성 정치에 대한 불만을 주요 원인으로 꼽는 데는 이견이 없는 듯하다. 더불어 고통받는 대중의 아픔에 공감해주는 그의 '공감 능력'이 지지를 끌어냈다는 분석도 설득력을 얻고 있다. 박경철, 조국, 박원순, 김어준, 김여진 등 새로운 기성세대가 떠오르는 이유 역시 여기에 있다. 취업조차 어려운 20대, 절반 이상이 비정규직으로 살아가는 30,40대의 일상적 불안이 계속되는 한 '안철수 현상'과 이를 분석하고 새로운 정치판을 그려보려는 움직임은 계속될 것이다.

03 〈나는 꼼수다〉

스마트폰을 내려놓으면 스마트한 머리를 쓸 수 있다지만, 세상 모든
사람들의 손에 스마트폰이 들려질 날도 멀지 않았다. 그런 점에서 팟
캐스트로 수많은 사람들에게 서비스된 후 서울시장 선거의 판세를 가
른 〈나는 꼼수다〉의 위력은 전방위적으로 확대될 것이다. 딴지총수 김
어준의 책 『닥치고 정치』(푸른숲)는 이미 수많은 패러디를 낳으며 위
축될 대로 위축된 한국사회 분위기를 전환시키고 있다. 항상 편파 판
정을 하면서도 정당하다고 강변하던 보수 매체들은 〈나꼼수〉의 위력
앞에서 추풍낙엽이었고, 그 결과 '종북좌파'라고까지 매도했던 박원
순 변호사의 서울시장 입성을 지켜봐야만 했다. 〈나꼼수〉의 영향력은
출판계로도 이어졌는데, 김어준의 책은 물론 정봉주 전 의원의 『달려
라 정봉주』(왕의서재)와 시사평론가 김용민의 『조국 현상을 말한다』
(미래를소유한사람틀) 등도 제법 높은 판매고를 올렸다. 그런 점에서 소
셜테이너의 등장과 〈나꼼수〉 같은 전혀 새로운 방식의 의식화(?) 프로
그램들은 2012년 한국 출판계가 주목해야 할 대목 가운데 하나가 아
닐 수 없다.

김어준의 책 『닥치고 정치』는
이미 수많은 패러디를 낳으며
위축될 대로 위축된 한국사회
의 분위기를 전환시켰다.

04 청춘

'청춘'은 2011년을 지배하는 화두였다. 우리 사회는 신자유주의가 야
기한 온갖 모순을 청춘들에게 떠넘겼다. 이 시대를 살아가는 청춘들
에게는 '88만원 세대'라는 꼬리표가 붙었고, 20대의 태반이 백수라는

'이태백', 30대 초반에 인생을 땡친다는 '3초땡', 연애, 결혼, 출산을 포기하는 '3포 세대'라는 신조어까지 등장했다. 이런 상황에서 청춘을 위로하는 책들이 다수 등장하여 인기를 끌었다. 2010년 말 출간된 『이것은 왜 청춘이 아니란 말인가』와 『아프니까 청춘이다』를 시작으로 『청춘에게 딴짓을 권한다』(위즈덤하우스), 『열혈청춘』(휴), 『청춘에게 안부를 묻다』(바이북스), 『이기는 청춘』(21세기북스) 등 청춘을 주제로 한 책들이 무수히 쏟아져 나왔다. 『레알 청춘』(삶이보이는창), 『나는 이 세상에 없는 청춘이다』(시대의창)처럼 청년들의 삶과 그들이 처한 현실을 담아낸 책들도 다수 출간되었다. 특히 『아프니까 청춘이다』 성공 이후 '청춘'을 이름표로 달거나, 청춘에게 위로와 조언을 건네는 콘셉트의 책들이 무수하게 쏟아졌다. 그러나 청춘들의 현실을 함께 고민하고 해결하려는 의지를 보였던 책들은 드물거나, 주목받지 못한 점은 아쉬움으로 남는다. 이는 앞으로 출판계와 우리 사회가 '청춘'을 화두로 고민해야 할 과제일 것이다.

05 정치인 책

2012년 4월 국회의원 총선을 앞두고 정치인들의 책이 우후죽순처럼 난무한다. 함량 미달의 책들이 쏟아지고 정체불명의 출판사들까지 나서면서 정치인들의 책은 지금 서점가를 혼탁하게 하고 있다. 물론 그 와중에도 적잖이 반가운 책이 있으니, 2011년 출간된 정치인의 책 중 『문재인의 운명』(가교출판)은 단연 돋보인다. 실정을 거듭하는 가카의 도움(?)에 힘입어 23만 부 이상 판매된 『문재인의 운명』은, 그렇고 그런 정치인들의 책과는 질적인 면에서 확연히 다르다. 고故 노무현 전 대통령과의 우정을 진솔한 언어로 풀어낼 뿐 아니라 자서전 형식을 취하고 있음에도 자신의 존재감을 드러내는 일에는 거의 젬병이다. 이 같은 진정성이 결국 정치, 사회적 요인들과 결합하면서 '잠룡' 문재인에게 특별한 이미지를 만들어주고 있는 것이다. 2012년 연말 대선을 앞두고 안철수와 더불어 야권의 유력후보로 떠오른 문재인의 운명이 어떻게 전개될지 예측하고자 한다면 『문재인의 운명』을 먼저 읽을 일이다.

『문재인의 운명』에 드러난 진솔한 언어는 현 정치사회적 요인들과 결합하면서 '잠룡' 문재인에게 특별한 이미지를 만들어주었다.

06 춘추전국시대

2011년 연말, 때 아니게 서점가에서 춘추전국시대 바람이 불고 있다. 『마흔, 논어를 읽어야 할 시간』(21세기북스)이 독자들의 사랑을 받는가 하면, 공자를 재조명하는 책들이 속속 선보이고 있다. 김원중 건양대 교수는 『사기본기』 『사기세가』 『사기열전』에 이어 『사기 서』와 『사기 표』(이상 민음사)를 내면서 방대한 양의 『사기』를 완간했다. 또한 현장 철학자를 자처하는 강신주는 '제자백가의 귀환' 시리즈 중 『철학의 시대』와 『관중과 공자』(이상 사계절)를 펴내면서 춘추전국시대 사상의 흐름을 새로운 관점에서 해석해내고 있다. 춘추전국시대가 각광받는 이유야 여러 가지겠지만 오늘의 현실에 빗대 보면 원인은 자명하다. "전쟁과 살육의 시대였던 춘추전국시대는 무한경쟁, 약육강식으로 고통과 상처에 신음하던 시대"라는 강신주의 말처럼, 21세기는 신자유주의로 대표되는 무한경쟁, 약육강식의 시대인 것이다. 하지만

한국 출판계 키워드 2010-2019

명백한 차이도 존재한다. 춘추전국시대는 비록 무한경쟁, 약육강식의 시대일망정 시공간을 아우르는 철학적 근간을 남긴 데 비해 21세기 신자유주의의 무한경쟁은 그 자체로 공멸을 의미한다.

07 스티브 잡스

변화와 변혁을 갈망하는 대중의 열망은 멘토 열풍으로 이어졌고, 작고한 스티브 잡스의 혁신성이 더욱 관심을 끌었다.

2011년 한국사회는 멘토를 찾기 위해 동분서주했다. 각종 서바이벌 프로그램부터 정치권까지 멘토가 출현하지 않은 공간은 없다. 안철수, 김태원, 손석희 등 멘토들이 국내에서 활동하고 있다면 지난 10월 타계한 애플의 창업자 스티브 잡스의 멘토링은 전 세계를 무대로 하고 있다. 그 영향력은 국내 출판계에서 정점을 찍었는데『스티브 잡스』(민음사)는 출간 3달 만에 50만 부 가까이 판매되었다.

혹자는 스티브 잡스 열풍의 배경에 변화와 변혁을 갈망하는 대중의 심리가 작용했다고 말한다. 물론 스티브 잡스가 아이팟과 아이폰, 아이패드 등을 통해 보여준 기술적 변혁은 실로 놀라운 것이다. 하지만 좀 더 깊이 생각해보면, 애플의 기술적 진보는 공동체적인 변화와 변혁을 추구한다기보다 개인의 변화와 변혁에 초점을 맞추고 있다. 다시 말하면 스티브 잡스의 기술적 혁신이 파편화된 개인주의를 부추길 수도 있다는 것이다. 스티브 잡스 열풍을 기술적 영역뿐 아니라 사회적, 공동체적 영역에서 보아야 하는 이유가 바로 이 때문이다.

08 『분노하라』

정치에 대한 한국인들의 정서는 관심과 혐오 사이를 오간다. 특히 최근 몇 년 동안 제몫 챙기기에만 혈안이 된 인사들의 행태를 보면서 수많은 시민들은 혐오를 넘어 '분노'의 감정을 경험하고 있다. 이즈음 출간되면서 눈 밝은 독자들 사이에서 읽힌 책이 바로 스테판 에셀의 『분노하라』(돌베개)라고 할 수 있다. 프랑스에서 출간 7개월 만에 200만 부 넘게 판매된 『분노하라』에서 2차대전 당시 나치에 맞서 레지스탕스로 활동했고 이후 외교관을 지낸 저자는, 젊은이들에게 '분노'라는 화두를 던진다. 전후 프랑스 민주주의의 굳건한 토대였던 레지스탕스 정신은 무너지고, 사회적 양극화와 외국 이민자 차별 등 이전에 경험하지 못한 사회적 해악이 발생하고 있다. 원서는 13쪽이고, 한국에서 번역되어 나온 것은 34쪽에 불과한 이 작은 책에서 스테판 에셀은 무관심을 털어버리고 소외된 자들을 찾아가 연대하라고 호소한다. 젊은이들은 마땅히 분노할 의무가 있다는 저자의 지적은 우리 사회에도 실로 적확한 것이었다. 그런 점에서 이 책의 가장 큰 미덕은 2011년 현재 한국적 상황에 맞는 『분노하라』에 대한 기대감을 갖게 한다는 점이다.

34쪽에 불과한 이 작은 책에서 스테판 에셀은 무관심을 털어버리고 소외된 자들을 찾아가 연대하라고 호소했다.

09 SNS의 영향력

140자의 글이 세상을 바꾸는 시대다. SNS는 크레인 위에 올라간 김진숙의 싸움을 응원하고 희망버스를 조직한다. SNS는 서울시장 선거를 도모하고 박원순 시장의 당선을 이끌어낸다. SNS는 〈나꼼수〉의 어록을 인용하고 한미 FTA 반대 시위를 선전한다. 법원의 판사가 현 대통령을 가리켜 "뼛속까지 친미 대통령"이라며 SNS에 글을 올리는 세상. 가히 'SNS 혁명'이라 일컬을 만하다.

SNS가 영향을 미치지 않는 분야는 없다. 출판도 마찬가지다. 이외수 작가는 트위터 글을 모아 책을 냈다. 페이스북의 글을 책으로 묶은 '페북'도 출현했다. 올해 4월에 출간된 『페이스북 담벼락에 희망을 걸다』(북셀프)가 바로 그것이다. 페이스북을 통해 희망과 나눔에 대해 글을 썼던 권영민의 글을 모아 펴낸 책이다. 권영민은 이어서 5월에 조정훈, 최남수, 박재준과 함께 『희망에 입맞춤을』(북셀프)이라는 페북을 펴냈다. 한편 『마이크로 스타일』(반비)은 소셜미디어 시대에 글쓰기는 어떠해야 하는지를 안내하는 책이다.

시시각각 바뀌는 트렌드의 속도를 맞추려면 재빠른 기획이 무엇보다 중요하다. 소셜미디어의 위력이 날로 커지면서 출판기획자들은 학자나 문필가와의 직접 만남보다는 인터넷에서 무명의 저자를 찾는 경우가 늘어나고 있다. 출판시스템은 '선여과 후출판'에서 '선출판 후여과'로 빠르게 바뀌어간다. 과거에는 저자가 미리 써온 글을 출판기획자의 안목으로 여과한 다음 책으로 펴낼 가치가 있는 원고들만 책으로 출판되었지만 지금은 이미 소셜미디어에 '출판'된 것을 여과해 종이책으로 펴낸다. SNS 시대에 저자도 변화하고 출판의 역할과 방향도 변화하는 중이다.

10 『도가니』

2011년 한국 출판계가 새삼 확인한 것은 스크린셀러의 만만치 않은 영향력이다. 특히 영화 〈도가니〉의 영향력은 소설 『도가니』(창비)를 다시금 베스트셀러 반열에 올려놓았을 뿐 아니라 일명 '도가니법'을 통과시켰고, 문제 학교의 폐쇄까지 이끌어냈다. 2009년 6월에 출간된 『도가니』는 750만 명 이상의 관객몰이에 힘입어 올해에만 45만 부 이상 판매되었다. 영화 〈도가니〉 열풍의 이변에는 사학의 극단적 이기주의와 타락한 법조계의 야합이 도사리고 있다. 그런 점에서 독서와 비독서의 경계를 넘나드는 텍스트가 우리 사회에 주는 시사점에 대한 더 많은 논의가 있어야 할 것이다. 올해 주목받은 또 다른 스크린셀러는 〈완득이〉다. 영화가 300만 명의 관객을 모으는 사이 소설 『완득이』(창비)의 판매고도 10만 부 이상 늘어나 2008년 3월 출간 이래 모두 50만 부 가까이 판매되었다. 가난, 외국인 노동자 문제 등 사회적 이슈들을 밝게 묘사한 것이 주효했다는 평을 받고 있다.

하지만 스크린셀러가 많아진다고 해서 출판계로서는 무턱대고 좋아할 수만은 없는 일이다. 책은 전통적으로 여타 문화적 현상에 근간이 되는 텍스트를 제공하는 원천이었다. 그런데 최근에는 책의 영향력이 아니라 영화와 드라마 등의 영향력에, 심하게 표현하면 '기생하는' 역전 현상이 발생했다. 꼭 잘못된 현상이라고 말할 수는 없지만 책이 가진 본래의 기능, 사회에 지적 자양분을 제공하는 신뢰만큼은 다시 회복해야 할 것이다.

영화 〈도가니〉의 영향력은 소설 『도가니』를 다시금 베스트셀러 반열에 올려놓았을 뿐 아니라 일명 '도가니법'을 통과시켰고, 문제 학교의 폐쇄까지 이끌어냈다.

11 『뿌리 깊은 나무』

"우라질""지랄하고 자빠졌네" 세종대왕이 욕을 한다. 우리가 성군이라 칭하던 그 세종대왕이. 요즘 한창 인기몰이를 하고 있는 드라마 〈뿌리 깊은 나무〉에 나오는 세종의 대사다. 드라마에서 세종은 욕도 잘하고, 꾸밈없는 소탈한 모습을 보여준다. 덕분에 시청자들은 머릿속에만 그려왔던 세종대왕을 더 친근하게 느낄 수 있다. 국민을 위하고 생각하는 모습은 현실의 정치인들과 종종 비교되기도 한다. 드라마의 원작인 이정명의 소설 『뿌리 깊은 나무』(밀리언하우스)는 2006년에 출간되어 70만 부 판매고를 올린 베스트셀러다. 이 소설은 드라마의 인기로 다시 최근에 베스트셀러 상위권에 진입했다. 이정명의 또 다른 작품 『바람의 화원』(밀리언하우스) 역시 2008년 동명의 드라마로 인기몰이를 한 바 있다.

　TV를 통해 책이 대중적인 인기를 얻는 일은 이제 우리의 일상이 되어버렸다. 아주 잠깐 스쳐갔을 뿐이지만, 드라마 〈시크릿 가든〉에서 현빈이 읽었던 『왜 세계의 절반은 굶주리는가』(갈라파고스)가 베스트셀러가 된다거나, 예능 프로그램 〈1박 2일〉에서 유홍준이 함께 여행을 하는 덕에 그의 책이 주목을 받는 일은 이제 너무나 당연하게 느껴진다. 100건의 서평이나 기사 보도보다, 1분의 드라마 방영이 더 확실한 홍보가 되는 세상. 시대의 흐름이라기엔, 텍스트 매체가 영상매체에 의지할 수밖에 없는 현실이 씁쓸함을 남긴다.

12 『엄마를 부탁해』

미국 현지시각으로 11월 8일, 아마존닷컴이 선정, 발표한 '2011 최고의 책' 목록에 신경숙의 『엄마를 부탁해』(창비)가 포함됐다. 이 소설은 지난 상반기에도 '상반기 최고의 책'에 선정된 바 있다. 뿐만 아니라 매년 아시아 소설문학 작가 중 엄선하여 수여하는 '2011 맨 아시아문학상' 후보에도 올라 있다. 한국 작가로는 그가 처음이다.

『엄마를 부탁해』의 성공으로 한국 문단과 한국 출판계는 향후 해외 출판시장으로 진출하기가 한결 수월해졌다. 지난 10월 공지영의 『우리들의 행복한 시간』(오픈하우스)의 영어 판권이 영국에 팔렸다. 이 소설은 그간 중국, 일본, 태국, 이탈리아 팔렸으며 올해 들어서만 브라질, 네덜란드, 프랑스, 스페인, 세르비아, 영국, 폴란드 등으로 판권이 팔렸다. 공지영의 소설은 이제 더 넓은 세계로 뻗어나갈 것이다. 여기에 한강의 『채식주의자』, 편혜영의 『재와 빨강』, 김애란의 『두근두근 내 인생』(이상 창비) 등도 적극 가세를 하고 있어 해외 출판시장에 한국문학의 목록은 더 다양하고 풍성해질 전망이다. 제2, 제3의 신경숙의 탄생은 앞으로 계속된다.

13 추락하는 미국

11월 22일, 한미FTA가 날치기 통과되었다. 그날 국회에서는 최루탄이 터지고, 고성과 욕설이 오가고 그야말로 전쟁을 방불케 했다. 이 기만적인 사태에 대해 국민의 분노는 걷잡을 수 없이 커졌고, 영하의 날씨에 쏘아대는 물대포에 아랑곳하지 않고 한미 FTA를 반대하는 촛불을 들었다. 들불처럼 번져가는 국민의 분노는 어떻게 누를 것인가. 1%에 대항하는 99%의 월가 점령 시위에서도 그랬고, 미국의 경제, 정치, 문화 등을 비판한 책들이 쏟아지고 있지만 정계에서는 이런 추세를 전혀 모르는 듯하다. 올해 출간된 『우리가 아는 미국은 없다』(동아시아), 『미국이 파산하는 날』(중앙북스), 『미국처럼 미쳐가는 세계』(아카이브), 『미국의 굴욕』(아름드리미디어), 『나쁜 사회』(21세기북스), 『모든 악마가 여기에 있다』(자음과모음), 『미국에서 태어난 게 잘못이야』(부키), 『달러 제국의 몰락』(북하이브) 등의 책들은 더 이상 미국식 신자유주의에 희망이 없음을 경고한다. 그럼에도 현 정부는 이러한 경고를 철저하게 무시하고, 물대포를 쏘아대며 국민의 목소리를 막기에 여념이 없다

14 도서정가제 판결

출판문화산업진흥법에는 엄연히 도서정가제 규정이 명문화되어 있지만, 현실에서는 '무늬만 정가제'일 뿐이다. 온라인서점 간의 과다한 할인경쟁은 이미 출판유통구조를 붕괴 수준에 이르게 했다. 거기에 오픈마켓, 소셜커머스까지 가세하여 출혈적인 할인경쟁이 확대되고 있으며, 이는 출판계의 공멸을 불러올지도 모른다. 〈기획회의〉 306호 특집 '출판유통 지상 토론'에서 백원근 출판연구소 책임연구원은 "온라인서점이나 오픈마켓 등에서는 발행일로부터 18개월이 지난 구간은 정가 대비 80% 이상 또는 땡처리 가격에 파는 일이 일

상화되었고, 18개월 미만의 신간이라도 기본 할인율 19%(법정 할인율 10%+ 판매가의 10% 마일리지 적립)에 더해 500원부터 5,000원까지 추가 할인(할인쿠폰 또는 적립금 지급) 이벤트에 나서고 있다"(「출판유통 문제, 어떻게 풀 것인가」)며 이는 엄연히 정가제 위반이라고 말했다.

법에서 엄연히 명시한 도서정가제를 지키고자 출판·서점계는 이 문제에 대해 헌법재판소에 헌법소원 심판을 청구하고 민사소송을 제기했다. 그러나 결과는 모두 좋지 않았다. 2010년 9월 28일 대한출판문화협회, 한국출판인회의, 한국서점조합연합회 등 8개 단체 대표들은 출판문화산업진흥법의 10% 이내 할인제한 규정에 반하는 동법의 시행규칙(판매가의 10% 추가 할인 허용)이 헌법이 보장하는 재산권 등을 침해한다는 내용으로 위헌 확인을 청구했으나 올해 4월 28일 '각하' 선고를 받았다.

그로부터 5개월이 지난 2011년 10월 13일 서울남부지방법원 310호 법정. 출판, 서점단체 대표들(원고)이 대표적인 온라인서점인 예스24(피고)를 상대로 제기한 '위법행위 금지청구 등'의 소송에 대해 법원은 '기각' 판결을 내렸다. 출판문화산업진흥법에서 제한한 신간 10% 할인율은 직접적인 가격 할인일 뿐이기 때문에 물품, 마일리지, 할인권 등을 통한 추가 10%의 간접 할인을 가능하게 한 시행규칙에는 문제가 없다는 것이 법원의 판단이었다. 도서정가제 문제를 법적으로 해결하고자 하는 출판·서점계의 노력은 이로써 물거품이 되어버렸다. 법제도적으로 출판유통구조를 바로 잡는 길은 당분간 요원해 보인다. 앞으로도 출판계는 완전한 도서정가제를 쟁취하기 위한 출판문화산업진흥법 개정을 위해 노력을 기울여야 할 것이다.

15 홀로 사는 즐거움

올해는 자신만의 즐거움, 온전한 행복을 추구하자는 내용의 책들이 많은 주목을 받았다. 『생각 버리기 연습』, 『화내지 않는 연습』(이상 21세기북스)처럼 마음의 평화와 행복을 외부에서 찾지 않고 스스로 마음을 다스리며 자기 안에서 찾으려하는 책이 인기를 끌었고, 군중 속의 고독을 느낄 수밖에 없는 현대사회에서 이 세상에 단 한 명밖에 없는 '나' 자신에게 집중하며 혼자만의 즐거움을 찾도록 돕는 『혼자 사는 즐거움』(토네이도) 등도 많은 이들의 공감을 얻었다. 이밖에도 인생에서 절대 피할 수 없는 '외로움'을 고통이 아닌 즐거움으로 받아들일 수 있도록 안내하는 『지금 외롭다면 잘되고 있는 것이다』(위즈덤하우스) 등 '나만의 행복'을 권하는 책들이 강세를 보였다.

군중 속의 고독을 느낄 수밖에 없는 현대사회에서 이 세상에 단 한 명밖에 없는 '나' 자신에게 집중하며 혼자만의 즐거움을 찾도록 돕는 책들이 많은 이들의 공감을 얻었다.

16 박완서 작고

1월 22일, 병마와 투병 중이던 박완서 작가가 별세했다. 1970년 불혹의 나이에 『나목』으로 등단한 이후 지난 40년간 책을 내지 않은 해가 거의 없을 정도로 왕성한 작품 활동을 이어온 그의 별세 소식에 수많은 독자들이 매우 안타까워했다. 1990년 『그대 아직도 꿈꾸고 있는가』로 처음 종합 베스트셀러에 오른 뒤 『너무도 쓸쓸한 당신』, 『아주 오래된 농담』, 『그 많던 싱아는 누가 다 먹었을까』가 연이어 베스트셀러에 오르면서 박완서 작가의 작품은 나오기만 하면 10만 부 넘게 판매되는 기염을 토했다. 시대의 기록자로서 해방과 분단, 고도 성장기의 도시 중산층과 하층민의 삶 등 다양한 주제를 다뤘던 그는, 작품 곳곳에 인간에 대한 연민과 애정을 담아 독자들의 가슴을 울렸다. 박완서의 별세로 출판계는 우리 시대 최고의 작가를 또 한 명 잃었지만, 그의 작품이 주었던 감동은 오랫동안 남아 있을 것이다.

17 정유정

2009년에 출간된 『내 심장을 쏴라』로 이미 10만 부 이상 판매고를 올린 정유정의 『7년의 밤』(이상 은행나무)이 출간된 지 2개월 만에 출고 부수 7만 부를 돌파하며 대중적인 인기를 얻었다. 45개 출판사 대표들의 모임인 '책을 만드는 사람들'(책만사)은 '올해의 책' 대상에 『7년의 밤』을 선정했으며, 등장인물의 뚜렷한 캐릭터, 탄탄한 서사 구조 등 영화적 요소를 두루 갖춘 이 작품은 15곳에 이르는 영화사의 러브콜을 받았다. 『내 인생의 스프링 캠프』(비룡소), 『내 심장을 쏴라』는 이미 영화로 제작하는 중이라고 알려졌다. 추리적 기법과 시각적 문체를 강점으로 가진 정유정은 '충무로가 가장 주목하는 작가'가 됐다. 박진감 넘치면서도 치밀한 스토리텔링으로 흡입력을 높이는 정유정이 차세대 작가로서 한국문학계에서 어떤 역할을 하게 될지 귀추가 주목된다.

등장인물의 뚜렷한 캐릭터, 탄탄한 서사 구조 등 영화적 요소를 두루 갖춘 『7년의 밤』은 15곳에 이르는 영화사의 러브콜을 받았다.

18 김애란

6월 말에 출간된 김애란의 첫 장편소설『두근두근 내 인생』은 출간 10일 만에 소설 부문 베스트셀러 1위, 종합 베스트셀러 2위를 차지하고 두 달여 만에 13만 부가량 판매되는 등 대대적인 인기몰이를 했다. 작품성에 대한 문단의 평가가 엇갈려 논란에 휩싸이기도 했지만 등단 9년차의 젊은 작가에게 쏟아진 이 같은 관심은 그 자체로 작가의 파급력을 증명했다. 김애란은 2002년 단편「노크하지 않는 사람들」로 대산대학문학상을 수상하며 문단에 데뷔한 뒤『달려라, 아비』(창비),『침이 고인다』(문학과지성사)를 펴냈다. 한국 문단에서는 찾아보기 어려운 독특한 감수성과 언어로 우리 사회의 냉소적 시선을 유머로 돌파하는 그는 단숨에 21세기를 대표하는 주자로 떠올랐다. 17세에 아이를 낳은 철없는 부모와 조로증으로 17세에 부모보다 늙은 몸을 갖게 된 아이의 이야기를 담은『두근두근 내 인생』도 독특한 상상력으로 주목을 받았다. 특히 아날로그적 감수성으로 이루어진 문장들은 젊은 독자들의 감성과 잘 맞아 떨어져서 작가가 가진 네임 밸류가 결코 가벼운 것이 아님을 확인시켜주었다.

19 멘토

'멘토'란『오디세이아』에 나오는 오디세우스의 충실한 조언자의 이름에서 유래한 것으로, 현명하고 신뢰할 수 있는 상담 상대, 지도자, 스승의 의미를 가지고 있다. 2000년대 중반까지만 해도 '멘토' '멘토링'은 우리에게 생소한 단어였지만, 기업과 학교에서 너나할 것 없이 쓰다 보니 어느 순간 익숙해지게 되었고, 최근 오디션 프로그램 〈위대한 탄생〉을 통해 그 개념은 보다 확실하게 눈에 잡히는 것이 되었다. 출판계에서는 대중에게 멘토의 역할을 하는 이들의 책이 주목을 받았다.

청춘을 위로하는 '란도샘' 김난도의 『아프니까 청춘이다』는 올해 1월부터 9월까지 줄곧 베스트셀러 1위를 차지하며 무려 150만 부가 넘는 판매를 기록하였으며 일본, 중국, 대만, 이탈리아 4개국에 진출하기도 했다. 자기계발서의 새로운 유형을 보여준 이지성의 『스무살, 절대 지지 않기를』(리더스북), 청춘콘서트의 기록을 담아낸 박경철의 『시골의사 박경철의 자기 혁명』 등도 올해 많은 사랑을 받았다. 시대가 불안해질수록 사람들은 멘토를 갈구하게 된다. 지친 현대인들에게 따뜻한 위로와 인생의 나침반 같은 조언을 아끼지 않는 멘토들은 앞으로 더욱 늘어날 것이다.

20 어록

SNS로 인해 세상은 끊임없는 수다로 가득 차게 되었다. 넘쳐나는 말들의 시대에서 사람들의 마음을 사로잡는 한 줄 어록의 위력은 엄청나다. 안철수, 박경철, 김태원 등이 트위터에 방송에 책에 남긴 한 줄 어록은 SNS를 통해 빠르게 전파된다. "쫄지 마, 씨바" "불법은 경이롭게 성실하다" 등 시대의 흐름과 대중의 심리를 정확하게 꿰뚫어 비속어와 직설화법을 적절하게 섞어내는 김어준은 최근 가장 떠오르는 어록의 강자다. 이런 흐름을 캐치하고 출판계에선 말 검객들을 저자로 섭외하고, 안철수, 박경철, 스티브 잡스와 같은 멘토들의 어록을 묶어낸 책들을 펴내곤 한다. 특히 북바이북에서 나온 『공감의 한 줄』은 어록의 힘을 잘 보여주는 책이다.

21 소셜테이너

서거한 전직 대통령의 노제 사회로 인해 뜻하지 않게 여러 방송에서 하차한 김제동은 촌철살인으로 우리 사회를 풍자하며 젊은이들의 참여와 실천을 이끌었다.

트위터와 페이스북 등으로 대변되는 SNS 혁명은 모든 시민들이 함께 만들어낸 것이지만, 김미화, 김제동, 김여진, 박혜경 등 여러 소셜테이너들의 참여가 분수령이 되었다고 보는 것이 더 정확하다. 서거한 전직 대통령의 노제 사회로 인해 뜻하지 않게 여러 방송에서 하차한 김제동은 촌철살인으로 우리 사회를 풍자하며 젊은이들의 참여와 실천을 이끌었다. 그런가 하면 배우 김여진은 홍대 비정규직 문제와 한진중공업 사태 등 굵직한 사회적 이슈에 적극적으로 동참함으로써 소셜테이너가 보여줄 수 있는 '선한' 영향력의 롤모델이 되었다. 혹자는 '폴리테이너'라고 흠집을 내지만, 향후 소셜테이너의 활약상은 사회 전 분야로 확대되고 지속될 수밖에 없다. 출판계에서도 『김제동이 만나러 갑니다』(위즈덤경향)가 만만치 않은 독자들의 사랑을 받았다는 점을 감안하면, 소셜테이너로서의 확고한 역할모델이 되고 있는 김여진의 책이 나온다면 아마도 2012년 최고의 블루칩이 되지 않을까 조심스럽게 예상해본다.

22 서른과 마흔

서른의 나이를 뜻은 바로 세우는 때라 하여 '이립而立'이라 부르고, 마흔의 나이는 더 이상 유혹에 흔들리지 않는 때라 하여 '불혹不惑'이라 부른다. 젊은 시절의 방황을 끝내고 서른과 마흔에 접어들면 안정적인 자신의 길을 가야 한다는 의미일 것이고, 으레껏 그래야 하는 줄 알았다. 그러나 이 시대의 30,40대는 20대의 방황을 마치고 나면 안정된 직장에서 미래에 대한 희망을 가지고 살아갈 거란 기대와 달리, 여전히 불안하기만 한 미래에 두려움과 고독함을 느낄 수밖에 없었다. 그래서인지 서른과 마흔을 지나는 독자에게 위로의 말을 전하거나 생존 전략을 일러주는 책들이 많은 관심을 받았다.

미래에 대한 불안을 일상화시키는 무한경쟁 사회가 계속되는 한 서른, 마흔을 맞이한 이들에게 위로를 전하고 생존 전략을 일러주는 책들은 지속적으로 인기를 끌 듯하다.

『서른, 같이 걸을까』(스타북스), 『힘내라 서른 살』(마음세상), 『서른에서 멈추는 여자 서른부터 성장하는 여자』(웅진지식하우스), 『죽을 수도 살 수도 없을 때 서른은 온다』(이덴슬리벨) 등 서른을 타깃으로 한 책들은 아직 이루지 못한 것들에 대한 불안감에 조급해하는 이들을 위로하는 경우가 많았다. 『마흔, 논어를 읽어야 할 시간』(21세기북스), 『마흔 살의 철학』(토네이도), 『마흔이 내게 준 선물』(위즈덤하우스), 『마흔에 읽는 손자병법』(흐름출판), 『마흔 살의 책 읽기』(바다출판사) 등은 마흔을 제2의 인생을 위한 전환점이라고 말하며 새로운 도약을 위한 지혜와 삶의 전략을 소개한다. 미래에 대한 불안을 일상화시키는 무한경쟁 사회가 계속되는 한 서른, 마흔을 맞이한 이들에게 위로를 전하고 생존 전략을 일러주는 책들은 지속적으로 인기를 끌 듯하다.

23 박원순

2040세대의 압도적인 지지를 통해 당선된 박원순 서울시장의 행보는 파격적이다. 형식과 절차를 뛰어넘은 '온라인 취임식'은 새로운 민주주의의 모델을 보여준다는 찬사를 받았고, "복지는 국민들의 당연한 권리"라던 그의 말은 두고두고 회자되었다. 박원순 시장은 취임하자마자 초등학교 무상급식을 실행하고, '반값 등록금 실현'을 위해 예산을 편성하고, 원주민을 내쫓는 재개발은 하지 않겠다는 입장을 천명했다. 서울 시민들은 진짜 '친서민' 정책이 무엇인지를 눈으로 보는 셈이다. 그의 새롭고 파격적인 행보는 단순히 인기에 영합하거나 보여주기 위한 것은 아니다. 아름다운 가게를 통해 나눔을 실천하고 『마을이 학교다』, 『마을, 생태가 답이다』(이상 검둥소) 등 마을과 공동체를 강조한 책을 펴낸 그의 철학에서 나온 것이라 할 수 있다. 최근 박원순 시장의 50일간의 선거운동 기록을 담아낸 『박원순과 시민혁명』(두리미디어)이라는 책도 나왔지만, 그의 거침없는 행보가 계속될수록 그 순간을 기록한 책들이 앞으로 더 많이 나올 것으로 전망된다.

24 최인호

『별들의 고향』으로 1970, 80년대에 한국 최고의 감성적인 소설가로 정평이 났으며, 1990년대 이후 『길 없는 길』, 『왕도의 비밀』, 『상도』 등의 본격대하소설로 제2의 전성기를 맞이했던 작가 최인호가 지난 5월 『낯익은 타인들의 도시』(여백)로 돌아왔다. 발간 두 달 만에 20만 부가량 팔린 이 작품으로 최인호는 노익장을 과시하며 문학적 건재함을 보여주었다. 특히 두 달 만에 쓴 최초의 전작소설인 데다 몇 년의 암 투병으로 몸이 상한 상태에서 손으로 하루에 20~30매씩 총 1,200매를 썼다고 알려져 더욱 관심을 모았다.

최인호는 지난 30여 년 동안 몰두했던 역사, 종교소설 스타일을 과감히 버리고 이 작품을 통해 현대소설로의 회귀를 선언했다.

　작가는 지난 30여 년 동안 몰두했던 역사, 종교소설 스타일을 과감히 버리고 이 작품을 통해 현대소설로의 회귀를 선언했다. 뒤틀리고 붕괴된 일상 속에 내몰린 주인공의 이야기를 통해 질서와 무질서가 뒤섞인 혼돈의 시공간을 창조해낸 이 작품은 2011 동리목월문학상을 수상했다. 최인호 이름 석 자를 세상에 알린 현대소설로 다시 돌아온 그가 앞으로 어떤 작품 세계를 펼쳐나갈지 기대된다.

25 작가 에세이

1990년대 초반만 해도 학자, 시인, 소설가가 쓴 에세이를 잡문 취급하는 분위기였다. 그러나 최근 시나 소설이라는 본업만큼이나 에세이로 독자의 사랑을 받는 작가들이 늘고 있다. 2010년 11월 출간되어 올해까지 많은 사랑을 받아온 『공지영의 지리산 행복학교』(오픈하우스)의 공지영, 『꽃은 젖어도 향기는 젖지 않는다』(한겨레출판)의 도종환, 『칼과 황홀』(문학동네)의 성석제, 『우리가 사랑한 1초들』(톨)의 곽재구, 『뭐라도 되겠지』(마음산책)의 김중혁, 『생각의 일요일들』(달)의 은희경 등은 뛰어난 에세이스트로 각광받고 있다. 작가의 사유를 가장 정직하게 드러내는 에세이는 작가와 독자가 소통하기에 손쉬운 창구다. 이제 에세이를 잉여 글이나 잡문으로 폄하만 할 것이 아니라, 이를 통해 작가들이 자신의 색깔을 보다 선명하게 드러내는 계기를 마련하는 것도 좋을 듯하다.

26 유홍준

1993년 첫 권이 출간된 뒤 지금까지 밀리언셀러로 명성을 이어오고 있는 『나의 문화유산답사기』(창비)가 지난 5월, 10년 만에 6권으로 독자들을 찾아왔다. 우리 문화유산의 중요성을 일깨워주며 '문화유산답사기 열풍'을 일으켰던 이 시리즈의 인기는 6권으로도 어김없이 이어져 열흘 만에 10만 부 판매를 기록했다. 8월에 출간된 『국보순례』(눌와) 역시 많은 호응을 얻었다. 회화, 공예, 조각, 자기 등 우리 문화재 중 뛰어나다고 여기는 것을 저자 나름의 기준으로 선정하고 소개한 책으로, 우리 문화재에 대한 그의 남다른 관심과 애정을 엿볼 수 있었다. 한편 유홍준은 MBC 예능프로그램 〈무릎팍도사〉에 출연하기도 했는데, 백기완, 황석영 등과 함께 '대한민국 3대 구라'라고 자부하는 화려한 말솜씨를 보여주며 대중적인 인지도를 다시 한 번 높였다.

27 아까운 책

하루에도 수십 권씩 찍혀 나오는 책들 중에서 좋은 책을 찾아내기란 쉽지 않다. 베스트셀러 순위도 이젠 믿기 어려운 정보처럼 느껴지고,

바쁜 일상을 좇다 보면 읽고자 했던 좋은 책들은 어느 순간 기억에서 잊혀지거나, 넘쳐나는 신간들 속에 묻히기 일쑤다. 이런 상황 속에서 독자들의 안타까움을 읽어내고 시사주간지 〈시사IN〉에서는 '아깝다! 이책'이란 코너를 만들기도 했고, 출판계에서는 좋은 책을 추천하는 서평들을 묶어 책으로 출간하는 흐름이 만들어지고 있다. 이는 독자들을 위한 배려이기도 하고, 묻혀버린 좋은 책을 다시 읽히고자 하는 책을 사랑하는 서평가, 책 만드는 이들의 바람이 만들어낸 결과물이기도 하다. 도서출판 부키는 '아까운 책' 시리즈 1권으로 강신익, 강신주 등 전문가 46인이 함께 쓴 『지난 10년, 놓쳐서는 안 될 아까운 책』을 출간하였고, 한국출판마케팅연구소에서는 주제별로 중요도서 목록을 정리한 '앎과삶' 시리즈의 책 세 권을 한꺼번에 내놓았다. 서평을 전문으로 하는 블로거들의 책들이 나오고, 명망 높은 서평가들의 책들이 인기를 끌기도 한다. 이른바 '책에 관한 책'이라고도 할 수 있는 이런 책들은 앞으로도 지속적으로 출간될 것으로 보인다.

28 박경철

안철수의 정신적 동지이자 '시골의사'로 알려진 박경철은 파워 트위터리안이다. 그가 올리는 한 줄의 글에 대중은 열광하고, 수많은 리트윗으로 그의 말들이 전파된다. 안철수와 함께 지방 순회를 다니는 청춘콘서트는 늘 많은 사람들로 문전성시를 이룬다. 9월, 박경철은 지난 6년간 강연장에서 청춘들과 나눈 소통과 교감의 기록을 엮은 『시골의사 박경철의 자기 혁명』으로 하반기 출판시장을 강타했다. 박경

박경철은 지난 6년간 강연장에서 청춘들과 나눈 소통과 교감의 기록을 엮은 『시골의사 박경철의 자기 혁명』으로 하반기 출판시장을 강타했다.

철은 이 책에서 자신의 작은 성취를 앞세워 '인생은 도전'이라는 상투적인 조언을 남발하거나 감상적인 위로를 건네지 않는다. 다만 청년들이 반드시 알아야만 하는 냉엄한 현실을 전하며 따뜻하게 응원할 뿐이다. 현장에서 목도한 공감력 부재의 현실을 바꾸기 위해 청년들의 언어와 몸짓으로 소통을 시도했던 그의 메시지는 청춘콘서트에서, 트위터에서, 책에서 많은 이들의 가슴으로 퍼져 나가고 있다.

29 공부

갈수록 치열해지는 입시 경쟁, 취업 경쟁 속에서 '공부'는 '점수 따기 위한 공부' 정도의 협소한 개념으로 활용되고 있다. 명문대 입학을 위해 점수 경쟁을 하는 것 외에는 시선을 돌릴 여유조차 없게 된 탓이다. 『학원 끊고 사교육 없는 우리 아이 1등 공부법』(행복한미래), 『서울대 늦지 않았다』(북오션), 『상위 1%가 되는 초등 공부습관 만들기』(국민출판사), 『공부는 내 인생에 대한 예의다』(쌤앤파커스) 등 입시 위주의 공부 관련 도서가 끊임없이 나오는 것도 당연하다. 이미 제도권 교육을 벗어난 성인들을 대상으로 공부의 진정한 가치를 이야기하는 도서는 더 드물다.

하지만 그럼에도 행복한 삶을 위해 공부하자고 말하는 『@좌절+열공』(서해문집), 세상을 살아가는 데 기본이 되는 가치들이 무엇인지 고민해보는 『지금 우리에게 필요한 공부』(상상너머)처럼 '삶의 지혜를 얻기 위한 공부'를 주창하는 책들도 출간됐다. 또한 '앎의 기쁨'이라는, 진정한 공부의 가치를 되새겨보는 『공부의 즐거움』(생각의나무)

등도 있다. 이러한 책들은 행복한 삶을 만들기 위한 공부 본연의 목적을 떠올리게 해 의미가 깊다. 경쟁을 부추길 뿐인 입시 도구로서의 '공부'에서 벗어나 그 자체로 즐거움을 주는 공부의 개념을 되찾을 수 있도록 출판계가 노력해야 할 것이다.

30 철학

신자유주의가 가속화되는 동안 대중의 고민은 오로지 '어떻게 살아남을 것인가'였다. 그러다 보니 자기계발 이데올로기와 결합한 심리학 서적에 심취했고 인문서 시장을 심리학 서적이 독점하다시피 했다. 하지만 글로벌 금융위기를 겪으면서 신자유주의 체제 자체를 의심하기 시작한 대중은 심리적 위안을 줄 뿐인 심리학 서적을 외면하고 좀 더 깊은 성찰을 할 수 있는 자기계발서를 필요로 했다. 덕분에 삶의 의미에 깊숙이 천착하는 철학서가 주목을 받기 시작했다. 대표적인 책이 강신주의 『철학이 필요한 시간』(사계절)이다. 솔직함과 정직함이 인문정신의 핵심이라고 말하는 강신주는 "거짓된 인문학은 진통제를 주는 데 만족하지만, 참다운 인문학적 정신은 우리 삶에 메스를 들이대고, 우리의 상처를 치유한다"고 말한다. 나와 타자 그리고 나와 타자를 둘러싼 구조를 함께 변화시킬 철학서의 부활이 기대된다.

대중은 심리적 위안을 줄 뿐인 심리학 서적을 외면하고 좀 더 깊은 성찰을 할 수 있는 자기계발서를 필요로 했다. 덕분에 삶의 의미에 깊숙이 천착하는 철학서가 주목을 받기 시작했다.

31 출판평론가 타계

치열한 비평정신으로 무장한 출판평론가 최성일의 글은 독자들에게 더없이 정확한 책 길라잡이 역할을 했다.

책을 읽고 평하는 것을 평생의 업으로 삼으며 살아간 사람들이 있다. 책을 사랑하지 않고서는 도저히 하지 못할 엄청난 양의 독서와 치열한 비평 정신으로 살아가는 사람들, 출판평론가. 올해는 많은 출판평론가들의 타계 소식이 들려와 안타까움을 남겼다. 책을 사랑하는 이들에게는 나침반이 되어주고, 책을 만드는 이들에게는 격려를 아끼지 않으면서도 거침없는 비판으로 긴장을 끈을 놓을 수 없게 하는 출판평론가는 출판계에 없어서는 안 될 중요한 사람들이다.

〈출판저널〉 기자 출신의 최성일은 인문학을 사랑하고, 형편없는 책들엔 매서운 비판의 칼날을 겨누는 것을 서슴지 않았던 사람이다. 치열한 비평 정신으로 무장한 그의 글은 독자들에게 더없이 정확한 책 길라잡이 역할을 했다. 한국출판마케팅연구소에서는 평생 책을 위해 인생을 바쳤던 그의 업적을 기리고자 『책으로 만나는 사상가들』 1~5권을 묶어 묵직한 한 권의 책으로 펴냈다.

"비타민적 읽기" "아스피린적 읽기" 개념에 대해 말하며 21세기 독서의 과제를 논했던 출판평론가이자 한국문화복지협회 전 회장이었던 이중한 역시 2011년 초에 세상을 떠났다. "살아남으려면 읽어야 한다"는 그의 간절한 울림은 아직도 세상에 많은 생각거리를 던져주고 있다. 출판평론가 김영수와 강철주 역시 올해 타계하여 안타까움을 더했다.

한 사람의 인생을 책으로 비유한다면, 이들의 인생은 그야말로 텍스트로 범람하는 책 그 자체라고 할 수 있지 않을까. 〈기획회의〉 304호 특집 '읽고 쓰는 사람들'에서 저술가 장성익은 최성일을 두고

"도서관 같은 천국으로 떠난 사람"이라 했다. 도서관 같은 곳을 천국이라 생각하는 그들은 아름답다. 아름다운 그들이 세상에 남긴 유산은 참으로 크다.

32 교과서 작품 읽기

자기주도형 학습이 입시 전형에 반영되고 서술형, 논술형 평가가 현행 40%에서 2012년부터는 50%까지 늘어나면서 중,고등학생들의 독서 경험이 주요 평가기준으로 작용하고 있다. 이에 따라 학교 교과과정에 맞는 책을 읽으며 배경지식을 쌓는 게 중요해졌지만, 국어 교과서가 검인정으로 바뀐 뒤부터 중1은 23종, 중2는 15종, 고교는 16종으로 교과서 종수가 대폭 늘어나 국어 공부에 대한 부담도 늘었다. 이런 상황에서 독서의 방향을 제시해줄 국어교과서 작품집들이 출간돼 주목을 받았다. 특히 '국어교과서 작품 읽기' 시리즈(창비)는 전국 300명의 현직 교사들이 수십 종의 국어 교과서 가운데 중,고교생이 꼭 읽어야 할 중요한 문학작품만 엄선해 학생과 학부모들에게 많은 호응을 얻었다. 이 시리즈는 올해 11월에 '중3' 편을 내면서 완간되었다. 서울대학교 한국어문학연구소에서 선정한 『한국 단편소설 베스트 100』(휴이넘), 해냄에듀에서 출간된 '12종 문학 교과서 작품 풀어 읽기' 시리즈 등 역시 학생들의 교과서 연계 독서에 길잡이가 되어주고 있다.

33 황선미

암탉 '잎싹'을 통해 성장과 생명의 순환, 모성애를 담아내어 성인이 읽어도 감동적인 『마당을 나온 암탉』의 성공은 잘 만든 이야기의 힘이 무엇보다 중요함을 알려준다.

황선미 작가의 『마당을 나온 암탉』(사계절출판사)과 『나쁜 어린이 표』(이마주)가 각각 100만 부 판매를 돌파했다. 이는 올해 한국 어린이책 가운데 유일한 기록이다. 5월에는 두 책의 출판사 웅진주니어와 사계절이 힘을 합쳐 저자와 독자가 함께하는 기념행사를 열기도 했다. 최근 몇 년간 아동문학 전체의 위기라는 이야기가 끊이지 않았던 시점에서 황선미 작가가 이룬 기록은 단순히 베스트셀러 작가의 탄생으로 치부할 수 없는 소중한 성과이다. 황선미 작가는 언론과의 인터뷰에서 100만 부 판매라는 숫자에 연연하지 않고, 오래된 작품이 꾸준히 사랑받았다는 결과에 의의를 두고 싶다고 밝힌 바 있다. 또한 한국 애니메이션의 가능성을 열어준 〈마당을 나온 암탉〉의 원작으로 주목받으면서 황선미 작가는 승승장구 중이다. 저학년 생활동화의 붐을 일으키고, 아이들의 마음을 정확하게 읽어낸 『나쁜 어린이 표』와 암탉 '잎싹'을 통해 성장과 생명의 순환, 모성애를 담아내어 성인이 읽어도 감동적인 『마당을 나온 암탉』의 성공이 아동문학계에 주는 교훈은 무엇일까. 아동문학도 어디까지나 문학이라는 것, 잘 만든 이야기의 힘이 무엇보다 중요하다는 것 아닐까.

34 우리 그림책 라가치상 수상

2월 23일, 한국 그림책 『마음의 집』(창비)이 '아동출판계의 노벨문학상'이라 불리는 라가치상 논픽션 대상을 수상했다. 한국 출판계에서는 최초의 대상 수상이었으며, 잊혀지지 않는 장면으로 남았다. 심사위원들은 이 책을 놓고 "한 편의 우아한 시" "어린이 문학의 자랑이자 명예"라며 극찬을 아끼지 않았다. 『마음의 집』은 마음을 화두 삼아 '나'와 '너'가 연결되는 존재임을 노래하고 있으며, 이를 차분하고 인상적인 그림에 녹여냈다. 더불어 어린이 인권이라는 보편적인 주제를 이야기하여 세계인의 감성을 흔든 『거짓말 같은 이야기』(시공주니어) 역시 라가치상 논픽션 부문 우수상을 수상하는 쾌거를 이루어, 2011 볼로냐 국제아동도서전에서 한국 그림책은 그 어느 때보다 높은 관심을 받았다. 세계인의 마음을 사로잡은 한국 그림책의 앞날이 더욱 기대된다.

35 땅콩집

2011년 출간된 책 중 소시민들의 실생활에 영향을 준 것이 있다면 단연 『두 남자의 집 짓기』(마티)에서 소개한 '땅콩집'일 것이다. 땅부터 인테리어까지 3억 원에 해결할 수 있다는 땅콩집의 매력에 빠진 사람들이 속속 생겨났고, 전국에 땅콩집 열풍이 불었다. 아파트에 전 국민의 절반이 넘게 사는 세태에, 그러나 단독주택을 장만하고 싶다는 열망을 가진 현대인들에게 땅콩집은 복음이나 다름없었다. 『두 남자의 집 짓기』와 함께 주택과 건축에 관한 책들이 속속 출간되면서 주거에 관한 인식 변화를 가져온 것도 나름 의미 있는 일이다. 그러나 무분별한 공사와 투기 목적의 건축으로 인해 새로운 주거 대안으로 땅콩집을 만들었던 건축가는 이제 이 사업을 포기했다. 땅 혹은 주택을 투기

아파트에 전 국민의 절반이 넘게 사는 세태에, 그러나 단독주택을 장만하고 싶다는 열망을 가진 현대인들에게 땅콩집은 복음이나 다름없었다.

의 대상으로만 생각하는 한국인들에게 땅콩집은 시사점이 크다.

36 신정아

2007년 학력 위조 사건으로 세상을 떠들썩하게 했던 신정아가 3월
에 자서전 『4001』(사월의책)을 출간하여 또 한 번 국민적 관심사로
떠올랐다. 출간 당일 초판 2만 부가 매진되는 등 폭발적인 관심을 모
은 이 책에서 신정아는, 주요 인사의 실명을 거론하며 정계와 학계,
언론, 검찰 등의 부조리한 현실을 고발했다. 하지만 한국 엘리트 사회
에 대한 폭로보다는 또 다른 거짓말을 이용한 자기 변명에 그친다는
비판도 거셌다. 자신이 겪은 정황을 바탕으로 이야기한다는 점에서
독자들의 눈길을 끌지만, 사건을 자의적으로 확대 해석하여 보복하
려는 게 아니냐는 우려도 적지 않았다. 4월에는 또 다른 폭로서 『검사
와 스폰서, 묻어버린 진실』(책보세)이 출간됐다. 2010년 MBC 프로그
램 〈PD수첩〉을 통해 '스폰서 검사' 의혹이 폭로된 이후 특검이 수사
를 벌이고 그 결과가 나오기까지의 과정을 담은 책으로, 스폰서 정용
재가 관련자들의 실명을 거론하며 당시 사건을 증언했다.

　권력형 비리를 둘러싼 진실에 쉽게 접근할 수 없는 대중은 사건의
내밀한 정황까지 엿볼 수 있는 폭로성 도서에 관심을 가질 수밖에 없
다. 『4001』과 『검사와 스폰서, 묻어버린 진실』이 많은 주목을 받으며
이슈가 된 이유도 여기에 있다. 하지만 자기희생을 감수하며 권력형
비리의 실체를 드러내는 공익적 폭로와 개인적인 보복 심리로 타인
을 가십거리로 만드는 폭로는 구분되어야 한다. 신뢰할 수 있는 근거

를 바탕으로 공익적인 메시지를 담아내는 폭로서만이 사회정화의 역
할을 할 수 있을 것이다.

37 2011 국방부 불온서적

2011 국방부 불온서적 목록이 업데이트되었다. 2008년 불온서적 목
록이 나왔을 당시 국가인권위원회에서 불온서적 지정을 재검토하라
는 권고를 받고 '국방부 불온서적' 대신 '장병 정신전력 강화에 부적
합한 서적'이라고 이름을 바꾼 것이 눈에 띄는 대목이다. 2008년 리
스트에 추가된 19권의 책은 모두 '반자본주의' 분야에 속하는 책들
이다. 환경운동가 최성각의 생태에세이 『달려라 냇물아』(녹색평론사)
와 세계적 석학 노암 촘스키의 저서와 조선일보사에서 출간된 책이
함께 목록에 포함된 것은 여전히 선정 기준이 모호함을 보여준다.

21세기와 어울리지 않는 불온서적 목록이지만, 출판계에서는 은
근히 반기는 분위기다. 네티즌들은 이를 보고 "인문학의 위기에 양
서를 추천한 국방부 고맙다" "필독서 목록이네" 등의 반응을 보였다.
불온서적 목록에 선정된 책의 저자들도 대체로 황당하지만 영광이
다, 라는 반응이다. 이제 책 홍보를 위해 국방부에도 책을 보내야 하
는 걸까. 문화체육관광부의 추천도서가 군대에서는 '불온서적'으로
낙인 찍히는, 세상은 요지경이다.

38 진보

조국 교수는 '능력 있는 좌파, 섹시한 좌파'를 부르짖음으로써 진보세력이 집권할 수 있는 이론적 대안을 윤곽이나마 보여주었다.

2011년 한국인들이 겪은 일 중 최대 이슈는 아마도 시민운동가 출신 박원순 변호사가 서울시장에 당선된 일일 것이다. 박원순 서울시장의 당선은 젊은 세대의 정치에 대한 환멸과 새로운 세상에 대한 기대감을 가감 없이 보여줄 뿐 아니라 혁신과 혁명에 대한 새로운 아이디어를 제공한다. 짱돌과 바리케이트로 대변되는 이전 세대의 혁명은 '촛불'과 '광장'으로 이어졌고, 이제 'SNS'를 기반으로 한 전혀 다른 차원의 혁명을 우리는 목도하고 있는 것이다.

진보 진영의 이론적 토대를 제공하는 조국 서울대 교수의 활약상도 눈부시다. '강남좌파'라는 비아냥에 오히려 "우리 사회가 더 좋아지려면 강남좌파가 더 많아져야 한다"고 일침을 놓음으로써 민주화운동의 당사자였으나 지금은 기성세대로 편입해버린 강남 중년들의 정치의식을 자극하고 있다. 특히 조국 교수는 〈오마이뉴스〉 오연호 대표와의 대담집 『진보집권플랜』(오마이북)을 통해 '능력 있는 좌파, 섹시한 좌파'를 부르짖음으로써 진보세력이 집권할 수 있는 이론적 대안을 윤곽이나마 보여주고 있다. 불콰한 술자리의 안줏거리에 불과했던, 혹은 공허한 메아리만 양산했던 진보적 정치 지향을 『진보집권플랜』을 통해 하나의 틀거리를 선보였다는 점은 큰 수확이라고 할 수 있다.

39 스마트폰

스마트폰 이용자가 2,000만 명을 넘어섰다. 이제 사람들은 스마트폰으로 게임을 하고, 음악을 듣고, 영상을 보고, 카톡으로 연락을 하고, SNS를 통해 세상을 읽고 자신의 일상을 남긴다. 이런 상황에서 책이 끼어들 틈은 없어 보인다. 지하철에서 책을 읽는 장면은 찾아보기 힘들다. 출판계는 이를 돌파하기 위해 스마트폰에 적합한 콘텐츠를 개발하는 움직임을 보이고 있다. 특히 학습물이나 잡지, 실용서적에서 이런 경향이 도드라지고 있다. 길벗이나 북이십일은 외국어 학습 실용서를 모바일용 앱으로 출시했고, 삼성출판사는 앱 개발사인 '스마트스터디'를 통해 멀티미디어 콘텐츠 개발에 주력하고 있다. 스마트스터디에서 만든 캐릭터 액션 스티커북 '베비퐁'은 앱스토어 교육 카테고리에서 1위를 차지할 정도로 인기가 높다.

개인이 앱 출판을 통해 작가로 거듭나기도 하고, 오프라인에서 인기를 끌었던 책은 모바일용 앱으로 다시 출시되는 경향도 높아지고 있다. 이제 출판계에도 스마트폰의 바람이 불고 있는 것이다.

40 알라딘 중고서점

국내의 대형 온라인서점 중 하나인 알라딘이 종로2가 대로변에 '알라딘 중고서점 종로점'을 열었다. 알라딘은 몇 년 전부터 온라인 '중고숍'을 운영했다. 누구나 개인 판매자로 등록해 신간도 중고서적이라며 헐값에 팔 수 있다. 지금 사이트에는 파격적인 가격으로 책을 판매한다는 글이 즐비하다. 신간이 출간된 직후에 곧바로 중고서적으로 올라오기도 하고 스테디셀러도 반값에 할인해 판매하니, 말이 중고숍이지 실제로는 신간 서점과 다를 바가 없다. 독자의 입장에서는 신간을 사서 되팔 수 있고 또 값싸게 살 수 있으니 나쁠 것이 없어 보인다. 무조건 빠르게 많이 팔아치우려는 베스트셀러나 자기계발서의 순환에도 도움이 되는 측면이 있다.

그러나 중고서점에 중고서적이 아닌 신간이 돌아다니면서 차후 신간 판매에 위협을 줄 가능성은 충분해 보인다. 이는 양질의 좋은 책을 읽고자 하는 독자에게도, 출판계에도 결코 좋은 일이 아닐 것이다. 이에 대한 온라인서점과 독자의 현명한 판단이 필요하다.

2012
출판계 키워드 50

━━━━━━━ 이명박 집권의 사실상 마지막 해인 2012년, 대중은 '말도 안 되는 이야기'와 억지 항변에 울분을 달랬다. 〈개그콘서트〉의 한 코너인 '네 가지'의 하소연, 〈런닝맨〉의 '능력자' 김종국의 초능력적인 감각, 〈도둑들〉〈광해, 왕이 된 남자〉〈늑대소년〉 등의 영화와 〈전우치〉〈해를 품은 달〉 같은 드라마가 보여주는 판타지, KBS 〈안녕하세요〉의 평범한 사람들의 고민에 대한 힐링에 빠져들었다.

대중은 문제만 터지면 '브라우니'를 외쳤으며, 카카오톡이 유행시킨 애니팡, 캔디팡, 드래곤 플라이트 등의 게임을 하며 시간만 투자하면 게임 실력과 점수 앞에 누구나 평등한 가상현실에 중독되어갔다. 카카오톡 친구가 나보다 나은 능력을 가졌다 하더라도, 가상현실에서는 내가 게임 점수나 순위를 제칠 수 있다는 가능성에 열광했다.

이렇게 말도 안 되는 이야기에 취해 현실을 잊고 살던 이들은 스님을 비롯한 작가들의 경박단소한 에세이에 빠져들었다. 『멈추면 비로소 보이는 것들』 『스님의 주례사』『아프니까 청춘이다』 등의 에세이에는 열광했지만 10만 부가 팔리는 소설마저 실종됐다.

미래를 예측할 수 없는 상태에서 벌어지는 위기의 일상화로 고독과 슬픔, 좌절에 빠진 '가난한 노마드'는 기댈 곳이 없었다. 이들은 현실의 승자가 되겠다는 실낱같은 희망에 대한 고뇌와 따뜻한 위로로 지친 심신을 달랠 뿐 근본적

치유를 하지 못하는 고뇌에 동시에 빠져들었다. 더 이상 떠돌 곳이 없음에도 떠도는 삶을 살아야 하는 '노마드의 이중고뇌'를 겪었다.

이명박 정부가 출범한 2008년부터 2012년까지 5년 동안 〈기획회의〉가 한 해를 대표하는 키워드로 제시한 것은 자기치유, 소통, 자기구원, 위로와 공감, 노마드의 이중고뇌 등이었다. 하지만 이를 모두 관통하는 것이 셀프힐링이다. 그러니 이명박 정부 5년 동안 출판시장을 관통한 유일한 키워드는 셀프힐링이었다.

이념과 세대, 소득, 지역의 양극화가 갈수록 심각해짐에도 국가, 사회, 직장, 가정마저도 사회안전망이 되어주지 못하다 보니 자기계발과 내적 치유가 결합한 힐링 담론만 넘쳐났다. 문학적 상상력이 거세된다는 것은 인간이 원대한 꿈이나 구체적인 계획을 포기하는 것과 같다. 스스로의 내면을 다스리고 작고 사소한 일상에서 만족을 추구한다는 것이 꼭 나쁜 것만이 아니지만 위로받는다고 해서 삶이 달라지진 않았다. 문제의 본질을 내면에서만 찾는다는 것은 심각한 문제였다.

너무 힐링 서적만 유행하니 이건 위로나 치유가 아니라 자위 수준이라는 비판이 제기되기 시작했다. 사유와 성찰이 없다는 것은 자기변혁과 사회변혁의 의지가 사라진 것이나 마찬가지다. 개인 차원의 힐링과 공동체적 힐링이 결합해야 할 필요성이 서서히 제기되기 시작한 것이 그나마 성과였다.

01 노마드의 이중고뇌

〈기획회의〉가 2008년에 선정한 올해의 키워드는 '자기치유'였다. 그 뒤 2009년 '소통을 꿈꾸다', 2010년 '자기 구원', 2011년 '위로와 공감'을 올해의 키워드로 발표했다. 이들 키워드는 표현만 살짝 바꾸었지, 모두 '자기치유'의 범주에서 벗어나지 못했다. 2012년도 '자기치유'가 유일한 트렌드였다. 2008년 글로벌 금융위기의 충격 이후 이렇게 끈질기게 하나의 키워드가 출판시장을 지배한 적이 있었던가.

많은 이들이 '살아야 하는 이유'를 찾지 못하고 겨우 목숨을 부지하고 있다. 오늘보다 나은 내일을 꿈꾸지 못하는 모든 세대는 '가난한 노마드'일 뿐이다.

그럼에도 〈기획회의〉는 올해의 키워드를 '노마드의 이중고뇌'로 선정했다. 지금 세계는 휘청거리는 와중에도 정치 권력의 교체가 일어나고 있다. 2011년 12월 17일 김정일이 사망하고, 러시아, 중국에서 최고 권력이 교체됐다. 한국과 일본에서는 곧 선거를 통해 권력 교체가 이뤄질 것이다. 미국의 오바마 정권은 주요국 중 거의 유일하게 재집권을 이뤄냈다. 그러나 추락하기 시작한 경제의 고삐를 멈춘 나라는 아직 없다.

지금 세계는 "가볍고 불안정하며 통제가 불가능하고 국가 초월적인 권력과 불확실성이 존재하는 세계"이다. 강상중이 『살아야 하는 이유』(사계절)에서 말하는 '유동하는 근대(액상화하는 근대)'다. 그의 견해를 인용하여 오늘의 현실을 정리해보자. 우리는 "너무나 오랫동안 열에 들뜬 것처럼 '성장'을 바라고, 죽음을 싫어하고, 삶을 칭송하고, 자원을 탕진하는 데 열중"해왔다. 그러나 "번영의 시간이 지나고 어느새 빈곤이 커다란 그림자를 드리우고" 있다 "발밑에는 이웃의 행복이나 권력과 비교하며 늘 자신의 불운을 자책하고 무력감에 시달리는 바삭바삭하고 윤기 없는 사회가 펼쳐져" 있다.

너무나 많은 이들이 "장래의 위치는커녕 바로 내일도 보장받지 못하고 그저 하루 벌어 하루 먹고사는 생활 속에서 줄타기하듯 삶을 이어왔다." 이제 정보기술IT 혁명이 '1등'에게만 부와 명예를 몰아줄 뿐만 아니라 '고용 없는 성장'을 낳는 주범이라는 사실이 확인되고 있다. 자본주의의 심장인 미국에서는 세 명 중 한 명이 빈곤층으로 전락했지만 추락의 속도를 멈추지 못하고 있다.

한국사회는 "학력이나 자산, 소득이나 지위의 극단적인 격차와 함께 행복과 불행의 차가 역력하여 과거 어느 때보다 사회 안에 르상티망(원한)이 깊이 퍼져나가고" 있다. 이런 현실에서 극히 일부의 '부자 노마드'를 제외한 대부분은 '살아야 하는 이유'를 찾지 못하고 겨우 목숨을 부지하고 있다. 오늘보다 나은 내일을 꿈꾸지 못하는 모든 세대는 '가난한 노마드'일 뿐이다.

미래를 예측할 수 없는 상태에서 벌어지는 위기의 일상화로 고통과 좌절에 빠진 가난한 노마드가 기댄 것은 삶을 위로하는 따뜻한 에세이였다. 에세이 시장을 주도하는 이들은 스님이었다. 혜민 스님의 『멈추면, 비로소 보이는 것들』(쌤앤파커스)은 10개월 만에 130만 부가 팔려나갔고, 법륜 스님의 '즉문즉설'을 담은 책들도 100만 부 가까이 판매됐다. 정목 스님의 『달팽이가 느려도 늦지 않다』(공감), 불필 스님의 『영원에서 영원으로』(김영사)도 베스트셀러 명단에 이름을 올렸다.

스님들의 책은 불교 교리로 억압하려들지 않아 누구나 쉽게 읽을 수 있다. '무소유'를 역설했던 법정 스님처럼, 경쟁사회에 심신이 지친 이들은 어딘가로 훌훌 떠나 집착하지 않는 삶을 살고 싶어 한다. 스님들은 그들이 꿈꾸는 삶의 초상이었으며, 평범한 언어로 일상을 살아가는 지혜를 전해주었다. 이런 책을 읽고 대중은 지친 삶을 다소나마 위로할 수 있었다.

가벼운 주제의 따뜻한 이야기를 담은 에세이의 인기도 높았다. 힘 겨운 청춘을 위로한 밀리언셀러 『아프니까 청춘이다』의 저자 김난도가 사회에 첫발을 내딛는 젊은이들에게 던지는 격려를 담은 『천 번을 흔들려야 어른이 된다』(오우아), 『끌림』(달)으로 인기 에세이스트 반열에 오른 시인 이병률의 여행 산문집 『바람이 분다 당신이 좋다』(달), 소설가 공지영이 25년간 쓴 20여 편의 작품에서 골라낸 365가지 글귀를 모은 앤솔로지 『사랑은 상처를 허락하는 것이다』(폴라북스), '영혼의 연금술사' 이외수가 풀어낸 사랑의 비전秘典 『사랑외전』(해냄) 등이 베스트셀러 목록을 휩쓸었다.

저자의 사유를 정직하게 드러내는 장르인 에세이는 저자와 독자가 소통하기에 가장 손쉬운 창구다. 또 에세이는 트위터나 페이스북과 같은 소셜미디어에 매우 적합한 장르다. 혜민 스님, 공지영, 이외수 등이 모두 '파워 트위터리안'이란 것을 감안하면 이제 스마트폰을 비롯한 스마트 기기들이 저자와 독자를 잇는 결정적인 열쇠가 되고 있음을 알 수 있다.

정보과잉 시대에는 정보 자체에 대한 신뢰가 무엇보다 중요하다. 휴대전화가 '정보 송수신의 제왕'이 된 시대에 소셜미디어가 전달하는 짧은 글들은 문자언어가 아니라 임팩트가 강한 영상 이미지라 할 수 있다. 이제 세상은 자신이 말하고자 하는 바를 가능한 한 짧은 글로 '가장 잘' 표현할 수 있는 사람, 즉 공감의 한 줄 어록을 내놓을 수 있는 이가 주도하고 있다. 유장한 산문의 시대가 지고 경박단소輕薄短小한 단문短文의 시대가 뜨고 있다.

가난한 노마드는 고단한 현실을 극복해 승자가 될 수 있다는 실낱같은 믿음을 버리지 못하는 고뇌, 그리고 따뜻한 위로에서 지친 심신을 달래고 있지만 근본적인 치유를 하지 못하는 고뇌, 즉 이중고뇌에 빠져 있다. 그런 그들이 생명체가 아닌 인형 '브라우니'나 〈런닝맨〉의 '능력자' 김종국, 〈개그콘서트〉의 '네 가지'에 열광하고 있다. 인간에 대한 실망감과 내일을 기대할 수 없는 세상에 대한 절망감에서 헤어나지 못하는 이들이 '말도 안 되는 이야기'에 빠져들고 있는 셈이다. 이들이 2013년에 이중고뇌를 떨치고 어떤 '희망'을 찾아낼지 주목된다.

_한기호

02 스님의 힐링

스님들의 전성시대가 왔다. TV에 스님들이 등장하고, 서점가도 스님들이 대세다. 혜민 스님은 『멈추면, 비로소 보이는 것들』 한 권으로 올해 서점가를 석권했고, 법륜 스님은 『스님의 주례사』, 『엄마 수업』(이상 휴), 『새로운 100년』(오마이북)을 잇달아 선보이더니 최근에는 『쟁점을 파하다』(한겨레출판)를 통해 새로운 대한민국을 위한 미래 구상까지 선보였다. 설왕설래, 스님들의 책을 두고 말이 없는 것은 아니지만, 최근 스님들은 암울한 사회를 치유하는 '힐링'의 대명사가 되고 있다.

현대인들의 삶은 고되다. 사상 초유의 경제위기를 두 번이나 겪으면서 소시민들의 삶은 '멘붕' 수준이다 10대들은 이미 무너져버린 대학에 올인하고, 어렵게 대학의 관문을 통과한 20대들은 또 다시 취업의 문턱을 넘어야 한다. 그러나 문턱을 넘어봐야 비정규직이 대다수다. 30대와 40대라고 상황이 녹록한 것은 아니다. 50대들은 평생직장을 꿈꾸며 수십 년 전 첫 직장에 출근했지만, 이제 평생직장은 개념 정의조차 어려운 단어가 되었다. 노인들의 상황은 더 말할 필요도 없다. 상황이 이렇다 보니, 말 그대로 스님들의 힐링이 먹혀들기(?) 좋은 시공간이 되어버린 것이다.

멈추면,
비로소 보이는 것들

스님들의 책을 두고 말이 없는 것은 아니지만, 스님들은 암울한 사회를 치유하는 '힐링'의 대명사가 되었다.

사실 한국사회는 특정 종교의 영향력에 대해 알레르기 반응을 보인다. 그런데도 최근 스님들의 책이 사랑받는 이유는 '편안함' 때문일 것이다. 편안함이란 불교적 가치관이 오랜 시간 동안 우리 사회 저변에 흐르고 있었기 때문에 가능한 것이다. 기독교의 영향력이 제아무리 커졌다고 해도 불교는 한반도의 역사와 괘를 같이 했기에, 불교 신앙의 유무와는 상관없이 우리 사회는 불교에 대해 나름의 편안함을 갖고 있다.

또 하나, 스님들은 그 누구의 마음을 개조하자고 주장하지 않는다. 있는 그대로 받아들이고, 주변을 이해하자고 말한다. 문제는 나 자신이며, 거기서부터 답을 찾아야 한다고 강조한다. 삶에 대한 진지한 질문을 피하지 않으면서도 무겁지 않게 대답하는 법을 스님들은 이미 오래 전부터 삶으로, 또한 수행으로 체득하고 있었다. 중요한 것은 수행에 그치지 않고, 스님들 스스로 대중이 살고 있는 일상의 자리로 내려와 소통한다는 점이다. 속세와 담을 쌓고 살던 스님들이 어느새 TV 버라이어티쇼의 주인공이 되기도 하고, 숱한 북콘서트에 등장해 만만치 않은 입담을 선보인다. 모든 스님들이 그런 것은 아니지만, 소통하고자 하는 스님들의 노력에 독자들은 편안함을 느끼지 않을 수 없다.

한편으로, 독립과 민주화에 기여했던 기독교의 사회적 역할이 퇴화하고 보수적 색채가 더해진 것도 어찌 보면 스님들의 역할을 확대한 이유 중 하나다. 산중의 선문답에 그치지 않고 사회를 구제할 좀더 차원 높은 선문답을 대중이 바라고 있는 것이다.

하지만 스님들의 책, 특히 '힐링'이 출판가의 대세로 자리 잡는 것은 경계해야 할 일이다. 상처를 치유하고 새로운 삶을 꿈꾸는 것은 중요하다. 하지만 오늘날처럼 힐링만 강조하면 사람들은 삶의 구체성을 회피하게 된다. 상처와 아픔, 슬픔도 우리의 삶이며, 그것을 끌어안고 정면 돌파해야만 힐링, 즉 새로운 차원의 삶을 경험할 수 있다. 하지만 모두가 힐링을 외치는 사회에서는, 홍수에 마실 물 없듯 진정한 힐링을 경험할 수 없다.

_장동석

03 『안철수의 생각』

올해는 대선의 해였다. 그만큼 대선 후보와 관련한 책들이 다수 출간됐다. 후보 자신의 이름으로 출간된 책도 있었고, 후보들의 자질과 능력을 분석한 책도 있었다. 전자가 유권자의 선택을 받기 위해 출간됐다면 후자는 유권자 선택을 위한 가이드 형태를 띠고 있다는 점이 차이다.

여러 책 가운데 대중의 관심을 가장 많이 받은 책은 『안철수의 생각』(김영사)이다. 『안철수의 생각』은 '정치인' 안철수의 포부를 밝힌 책이었고, 대선 구도와 연결되면서 정치권 주요 이슈로까지 떠올랐다.

2011년부터 불기 시작한 '안철수 현상'은 이 책으로 정점을 찍었다.

하지만 『안철수의 생각』은 '생각'으로만 남게 됐다. 대선을 한 달도 채 남겨 놓지 않은 시점에서 무소속 안철수가 대선 후보를 사퇴했기 때문이다. 안철수 본인이 밝힌 '안철수의 생각'은 잠정 보류됐고, 많은 저자들의 대선 관련 분석과 전망도 모두 유보됐다. 안철수 현상은 미완의 과제로 남게 됐다.

대중의 환호는 안철수 개인에 대한 지지가 아니었다. 새로운 정치체제를 열망하는 국민들이 그를 통해 정치개혁이라는 큰 화두를 던진 것으로 봐야 한다.

2012년 대선은 박근혜 문재인 구도로 치러질 가능성이 커졌지만 안철수 현상이 우리 사회에 남긴 과제도 적지 않다. 우려되는 건, 안철수를 통해 우리 사회 변화를 열망했던 세대, 계층들의 기존 정치권에 대한 거부감이 더 커질 수 있다는 점이다. 이들을 어떻게 정치 쇄신의 주제로 끌어들일 것인가. 미완으로 끝난 안철수 한상이 기존 정치권에 남긴 과제다.

'무소속 후보' '제3후보' 불가론을 더욱 공고히 한 것도 안철수 현상이 남긴 과제 가운데 하나다. 사실 안철수 현상이나 『안철수의 생각』에 대한 대중의 환호는 안철수 개인에 대한 지지가 아니었다. 새로운 정치체제를 열망하는 국민들이 그를 통해 정치개혁이라는 큰 화두를 던진 것으로 봐야 한다는 얘기다. 문제는 새로운 정치체제가 대통령 혹은 대선후보의 도덕성이나 청렴성만으로는 실현되지 않는다는 점. 올해 출간된 대선 관련 책들, 이를 테면 『문재인 박근혜 안철수 그리고 선택』(자음과모음)과 『대통령의 자격』(메디치미디어) 저자들이 대통령의 도덕성과 청렴성보다 정치적 리더십이나 역량 등에 방점을 찍은 이유다. 원칙과 현실, 변화에 대한 열망과 현실정치 제도 사이의 간극을 어떻게 효과적으로 좁힐 것인가. 『안철수의 생각』, 『문재인 박근혜 안철수 그리고 선택』, 『대통령의 자격』이 우리에게 던지는 질문이다.

안철수 현상 자체가 가진 한계에 대한 고민도 필요하다. 안철수는 새로운 정치체제를 표방하며 정치 쇄신과 개혁을 약속했다. 하지만 정치에 대한 국민 불신을 어떻게 해소할 것인지에 대해선 구체적인 프로그램을 내놓지 못했다. 기존 정치권의 기득권도 문제지만 적절한 대안 제시가 미흡했던 것도 '안철수의 생각'이 미완으로 끝나게 된 원인일 수 있다.

어찌 됐든 '안철수의 생각'은 미완의 개혁으로 끝났다. 하지만 그의 '생각'은 여전히 우리 사회에 강력한 영향력을 미치고 있다. 안철수를 지지하는 사람들 가운데 일부가 부동층으로 돌아섰다는 건, 이들을 잡기 위한 각 정치세력들의 노력이 앞으로 가시화될 것이라는 의미다. 안철수는 사퇴했지만 '안철수의 생각'은 아직 현재진행형이란 얘기다. 그는 여전히 강력한 '대선 후보'다.

_민동기

04 에세이의 부흥

사람들이 책을 읽는 이유는 다양하다. 지식을 얻고 싶고, 흥미로운 이야기를 읽고 싶고, 세상 돌아가는 이치를 알고 싶은 것. 이런 이유가 전통적인 독서의 이유라면 최근의 베스트셀러 순위를 통해 엿본 '우리 시대 대중의 책 읽는 이유'는 좀 달라진 것 같다. 소설이나 교양서적보다는 '에세이'를 선택하는 최근 독자들의 마음속에는 이런 소망들이 읽힌다. 위로받고 싶고, 불안에서 벗어나고 싶고, 미친 듯이 달

려만 가고 있는 삶의 시계를 잠시 멈추고 싶은 마음. 이런 독자들의
마음을 가장 잘 알아준 책이 『멈추면, 비로소 보이는 것들』이었던 것
같다. 이 책의 매력은 제목에서부터 드러난다. '멈추면'과 '비로소 보
이는 것들' 사이에 붙은 '쉼표'야말로 이 책이 품고 있는 감수성을 잘
드러낸다. 삶의 무한 속도전을 잠시 멈추고, '빨리빨리'만 살아서는
결코 알 수 없는 삶의 진풍경을 엿보고 싶은 마음 말이다.

에세이가 눈에 띄게 예뻐지고,
환해졌다. 아름다운 사진과 일
러스트는 물론 깔끔한 편집으
로 독자의 눈을 사로잡고, 글
자 수가 현저하게 줄어들어 멀
리서 보면 시화집처럼 보인다.

　김난도의 『천 번을 흔들려야 어른이 된다』, 『아프니까 청춘이다』,
김미경의 『언니의 독설』(21세기북스), 정목 스님의 『달팽이가 느려도
늦지 않다』, 이병률의 『바람이 분다 당신이 좋다』 등 최근 출간된 에
세이는 기존 에세이보다 눈에 띄게 예뻐지고, 환해지고, 세련되어졌
다. 아름다운 사진과 일러스트는 물론 깔끔한 편집으로 독자의 눈을
사로잡고, 글자 수가 현저하게 줄어들어 멀리서 보면 시화집처럼 보
이는 여유 있는 편집. 그리고 올해는 특히 혜민 스님, 법륜 스님, 정목
스님 등을 비롯한 스님들의 에세이가 크게 주목받기도 했다. 경쟁과
생존의 수레바퀴에서 한 발 멀리 떨어져서 삶을 수행과 명상으로 단
련하는 스님들의 목소리에서 치유의 메시지를 얻으려는 소망. 이런
것은 '이야기'나 '지식'으로부터는 얻기 어려운 독서의 가치다.

　하지만 이렇게 에세이류가 베스트셀러를 독식하게 되면 독서의 다
양성이 크게 침해되는 것도 사실이다. 소설을 읽는 독자들은 다른 분
야의 책에도 다양한 관심을 보이지만, 에세이를 주로 읽는 독자들은
소설의 독자들만큼 다양한 관심 분야를 보이지는 않는다. 특히 최근
에 서점가에서 유행하고 있는 수많은 에세이들은 '위로'와 '질책'의
프레임에서 크게 벗어나지 않는다. 사람들은 책을 통해 어떤 '멘토'
의 캐릭터를 찾고 싶어 한다. 물론 이런 욕망도 중요하지만, 책을 통

해 더욱 다양한 지식을 얻고 깊이 있는 사유를 실험하기 위해서는 더욱 다양한 책들에 대한 관심이 필요하다. 특히 이렇게 쉽고, 빠르고, 트렌디하게 읽히는 책들은 '미래의 고전'이 되기 어렵다. 사람들의 불안을 공략하고 결핍을 공략하는 마케팅보다는, 사람들이 진정으로 알고 싶어 하는 것, 또는 알고 싶어 하는지도 모르는 채 그냥 지나쳐 가는 것들에 대한 창조적인 기획이 살아 숨 쉬는 다양한 책들이 선전하는 2013년이 되기를 소망해본다. 무엇보다도 '지식은 골치 아프고 어렵고 부담스러운 것'이라는 이미지를 탈피하고, 지식 자체가 즐거운 것, 삶에 꼭 필요한 것, 인생을 풍요롭게 해주는 것임을 일깨워주는 더 다양한 책들이 쏟아져 나오기를 기대해본다.

_정여울

05 『의자놀이』사태

운동의 시각에서 볼 때, 사회문제에 관심을 가진 베스트셀러 소설가를 쌍용자동차 문제에 끌어들인 것은 탁월했다. 『우리들의 행복한 시간』과 『도가니』의 성공을 통해 공지영 작가는 사형제 문제와 장애인 성폭력 문제를 사회적으로 이슈화했다. 그녀의 문학세계가 사회 문제와 접점을 찾는 시점에 우리 사회의 가장 첨예한 문제에 대한 그녀의 관심을 촉구한 것은 운동하는 이들에게도 고무적이었고, 작가에게도 나쁠 것이 없는 일이었다.

문제는 이 사건은 급박한 대처가 필요한 현재진행형의 것이었고, '소설적 개입'이 불가능했다는 데에 있다. 필요한 것은 소설이 아니라 비소설이었다. 애초의 기획은 공지영 작가뿐만이 아니라 이 문제에 오래도록 개입해온 송경동 시인, 그리고 해고노동자 이창근이 함께 쓴다는 것이었다. 아마도 쌍용자동차 문제의 심각성을 널리 알리기 위한 논픽션이었다면 이 기획이 훨씬 더 적절했을 것이다.

그러나 어느 시점에선가 기획이 뒤틀린다. 저자는 공지영 작가 일개인으로 바뀌었고, 무려 '공지영의 첫 르포르타주'라는 수식어가 붙었다. 공저가 주목받지 못하는 현실에서 이런 기획의 변경은 이해할 만한 일일 수도 있다. 하지만 이 와중에서 공지영 작가조차도 소외된 게 아닌가 한다. 공 작가 스스로 여기저기서 토로하듯이, 여러 권의 소설을 써낸 소설가에게도 논픽션의 저술은 전혀 다른 차원의 일이었고 엄청난 품이 들었으리라는 점을 짐작할 수 있다.

출판사는 이 무리한 작업을 급박하게 추진했다. 책에 대한 문제 제기 이후 출판사는 이 책이 담당 편집자가 야근을 하며 2주 만에 만들어낸 것이라 했다. '공지영 글'이니까 고칠 것 없이 그 정도 시간이면 된다고 여겼을 게다. 하지만 책에 대해 문제 제기를 한 하종강과 이선옥은 담당 편집자에게, 최초의 원고엔 타인의 글에 대한 출처 표기가 없어 편집자가 일일이 찾아서 표시했다는 말을 들었다고 한다. 그런 상황에서 출처 표기가 잘못된 부분도 생기고, 다른 이의 글이란 게 표시되지 않은 채 가필되어 나온 부분이 생겼다.

이에 대한 하종강과 이선옥의 문제 제기는 정당했다 그런데 논란 과정에서 출판사 측은 시종일관 '휴머니스트 편집부'의 이름으로 해명을 냈다. 무리한 기획이 만들어낸 사고에 대한 책임을 일정에 맞춰 일만 한 편집부에 전부 뒤집어씌운 것이다. 논란이 지속되며 공지영, 하종강, 이선옥 세 사람은 모두 상처를 받게 되었는데, 이런 상황을 만들어낸 것이 출판사의 자기 편의적인 처신 때문이란 생각을 지우기 힘들다. 10만 부까지의 이윤을 포기한 출판사 측은 단지 쌍용차 문제를 알리기 위해 그랬다 하겠지만, 이 사건의 난맥상이 출판시장 논리의 그릇된 적용 때문에 발생했다는 사실을 부인할 수는 없을 것이다.

_한윤형

06 편집자론

나는 남자인가 여자인가. 나는 남자를 사랑하는가 여자를 사랑하는가. 정체성에 대한 고민은 내부에서 온다. '나'로부터 출발하여 '남'과의 관계에까지 미친다. 그러나 자격에 대한 고민은 외부에서 기인한다. '남'이 규정하는 틀에서 '나'의 성질이 판단, 평가, 비교되고 결정된다. 그래서 갈 길이 멀다. 편집자의 정체성을 논하기에는 말이다.

'정체성'에 대한 고민이라면, 동의하든 거부하든 그 내용에 편집자들 자신의 마음에서 우러나와 요동치는 어떤 지향이 담겨 있어야 한다. 그런데 때로는, 아니 자주 편집자가 논하는 편집자의 정체성보다 사장이나 저자 혹은 출판평론가가 말하는 그것이 훨씬 더 화제가 된다. 척박한 환경이 당연한 것처럼 강요되고, '과거의 편집자'인 사장이나 출판 관련자가 쥐여주는 당위가 훨씬 강력한 소리를 낸다면 출판계가 논한 것은 편집자의 정체성보다는 자격과 의무일 것이다.

그 때문에, 올해 중요 키워드로 편집자론과 편집자의 정체성이 꼽혔지만 사실 출판계가 갑론을박한 것은 편집자의 '자격'에 대한 시시비비에 가까웠다고 느껴진다. 책을 만드는 현장에는 책의 내용보다 판매량에 대한 부담이 더 크고, 저자와의 관계가 책에 대한 진심보다 앞서야 하고, 하고픈 일보다 주어진 업무가 시급하고, 열정의 온도보다 턱없이 낮은 급여가 삶을 불안하고 불만하게 하는 상황에 놓인 편집자들이 많다. 이들에게 정체성에 대한 고민은 뜬구름 잡기다. 너무 요원한 일이다. 그래서 이론적으로 편집자의 정체성에 대한 훌륭한 담론을 제시할 수는 있지만, 실체적으로 편집자들이 공감할 수 있는 수준의 논의를 제안하기는 매우 어려운 상태다.

선생님은 선생님의 자격보다 선생님의 정체성을 고민해야 한다. 학부모나 학교장 혹은 학생이 요구하는 선생의 자격보다 선생님 자신이 어떤 교육자가 될 것인지 스스로 깊이 성찰할 때 좋은 선생님이 될 수 있다. 편집자도 마찬가지다. 사장이나 저자 혹은 출판계 주변인이 설파하는 편집자의 자격에 귀 기울이기에 앞서 편집자 스스로 자신의 정체성을 고민할 수 있어야 한다. 하지만 지금 대다수의 편집자들은 사고 치는 학생과 극성스러운 학부모와 박봉을 채울 야근, 특근수당을 쫓아다니느라 선생님이 아닌 직장인으로 사는 교사와 같다.

그럼에도 불구하고 내년에도, 내후년에도, 10년 후에도 편집자가 입방아에 오르내리는 일이 잦았으면 좋겠다. 자주 이야기될수록 생산적인 논의가 많이 나올 것이고, 빈번하게 인식되는 만큼 미진한 환경도 더 좋아질 테니 말이다. 다만, 정체성이라는 명분 아래 편집자의 자격 요건을 담는 논의는 이쯤에서 그치자. 편집자들이 고개 젓고 절망하는 논의는 그만두자. 이제 외부에서 기인한 '편집자는 이러해야 한다'는 잔소리 말고, 내부에서 우러난 '이런 편집자가 되고 싶다, 이런 책을 만들고 싶다'는 편집자의 목소리, 희망과 포부의 소리를 듣고 싶다.

_김서연

07 한국출판문화산업진흥원장 낙하산 인사

올해 신설된 한국출판문화산업진흥원 초대 원장 인사를 보면 이명박 정권이 왜 실패할 수밖에 없는 정권인지 자명해진다. 상식적으로, 정부가 사람을 쓰는 데는 몇 가지 기본 원칙이라는 게 있을 것이다. 공공기관 책임자를 제 편이라는 점을 빼고는 아무 원칙도 없이 제 마음대로 앉히면 나라가 망한다는 얘기를 우리는 어릴 때부터 학교에서도 수없이 듣고 자랐다.

한 기관(또는 업계나 분야)을 관장하는 책임자를 택할 때는 그 기관의 일에 훤해서 해야 할 일이 무엇인지 잘 알고 있는 사람을 고르거나, 그 일에 훤하지는 못해도 그쪽 사람이나 업계 돌아가는 것은 대충 알아서 내부 얘기를 잘 듣고 이해관계를 조정하고 이를 정부 쪽 의도와 잘 연결해줄 수 있는 사람을 물색하거나, 아니면 정부 자신이 그 분야를 자신의 기준과 전망에 맞게 확 뜯어 고치고 발전시킬 확실한 장단기 비전을 갖고 있어서 그것을 효율적으로 밀어붙일 수 있는 사람을 업계 바깥에서 골라 앉히면 된다. 이때도 인사 초점은 업계를 제대로 살리고 발전시킬 수 있는 사람이냐의 여부에 맞춰져야 한다.

이재호 초대 진흥원장 임명은 그 어디에도 맞지 않는 경우다. 첫째, 그는 대다수 출판인들이 지적했고 스스로도 고백했듯이 출판문화산업계 사정에 훤한 사람이 결코 아니다. 둘째, 그는 원장 임명 전후의 과정을 볼 때 출판업계 내부 이해관계를 조절하고 그들과 정부를 제대로 연결해줄 수 있는 인물 또한 전혀 아니다. 그가 이제까지 흉금을 털어놓고 자신을 지지하지 않은 쪽 사람들까지 포함해서 두루 만나 얘기해본 출판계 인사들이 도대체 몇이나 되는가. 셋째, 정부가 출판계에서 무슨 소리를 하고 어떤 사람을 천거하든 싹 무시하고 자신들의 계획을 밀어붙여도 좋을 출판계 쇄신 및 발전을 위한 획기적인 비전과 전망을 제시하면서 그 일을 해낼 적임자로 이재호를 내세웠다고 봐줄 설득력 있는 근거가 눈을 씻고 찾아봐도 없다.

그렇다면 10여 년 전부터 출판계가 출판, 독서시장 및 지식문화산업 전반의 위기적 국면 돌파를 위해 설립을 요구해온 진흥원 초대 원장 자리에 왜 굳이 그런 사람을 앉혔나? 그것도 격렬한 반대가 뒤따를 것이라는 걸 충분히 예상할 수 있는 상황에서 답은 하나다. 낙하산 인사. 출판업계가 거듭 지적했듯이 그가 최고 권력자 측근의 형이라는, 지극히 사적인, 반공공적 이유를 바탕에 깐 매우 정치적인 흥정의 산물이라고 생각할 수밖에 없는 인사. 출판계가 자신들의 생사가 걸린 문제를 정치권력의 사적 흥정물로 전락시킨 데 대해 분노하고 거부한 것은 당연했다. '소리 질러, 책을 불러!' 북콘서트 항의 집회에 수천 명이 모이고, 토론회와 포럼이 줄을 잇고, 몇 달째 1인 항의 시위가 이어졌다. 잡다한 이해관계로 얽힌 출판계가 이처럼 한 목소리를 낸 것도 실로 드문 일이다.

그래서 역설적이기는 하지만, 초대 진흥원장이 출판산업진흥에 기여한 최대 공헌은 오직 그와 그를 앉힌 정치꾼들에 대한 출판계의 공분을 불러일으킴으로써 출판계를 단결시켰다는 것, 출판계를 살리기 위해서는 한층 더 단합해 사태를 주체적으로 돌파해나갈 수밖에 없다는 자각을 출판계에 불러일으켰다는 것이다.

_한승동

08 온라인서점 불공정 거래

2012년은 그동안 출판계의 '몬스터'로 불리며 고속 성장을 거듭해온 대형 온라인서점들에게도 '위기'라는 말이 실감나게 찾아온 해였다. 예스24, 교보문고, 인터파크, 알라딘 등 이른바 '4대 온라인서점'의 2012년 상반기 매출은 2011년 같은 기간에 견줘 5%가량 줄어들었다. 이는 1997년 온라인서점이 등장한 뒤로 처음 나타난 마이너스 성장이다.

여기에 한때 4대 온라인서점의 뒤를 바짝 쫓기도 했던 온라인서점 대교리브로가 11월 폐점 소식을 알렸다. 이런 현상들은 이미 피폐해질 대로 피폐해진 출판계의 불황이 온라인 업체들에게도 번져가고 있는 현상으로 풀이 된다. 온라인서점들 역시 스스로 앞장서왔던 끝 모르는 '출혈 경쟁'에 목줄을 눌리고 있는 셈이다. 여기에 온라인서점들이 운용해온 책 추천 코너들이 사실은 출판사로부터 돈을 받는 광고의 수단이었다는 뒷말들이 사실로 확인됐다. 공정거래위원회(공정위)는 예스24, 교보문고, 인터파크, 알라딘 등 4개 대형 온라인서점이 "기만적인 방법을 사용하여 소비자를 유인했다"며 시정 명령과 함께 과태료를 부과했다고 11월 12일 밝혔다. 그동안 온라인서점들은 자신들의 홈페이지에 '기대 신간' '급상승 베스트' '화제의 책' 등의 수식어를 써서 마치 객관적인 척도나 판단에 따른 것처럼 책을 골라 소비자들에게 추천해왔다. 그러나 실상은 출판사로부터 돈을 받은 책들에 대해 적절한 포장으로 소비자들을 현혹하고 홍보를 해준 것에 불과하다는 사실이 밝혀진 것이다.

이 사건은 꺾이고 있는 성장세와 더불어 온라인서점의 진정한 위기가 무엇인지 잘 보여준다. 과연 온라인서점은 그동안 무엇을 핵심 역량으로 삼아서 고속성장을 이뤄왔던가. 많은 사람들은 '할인 판매'와 '줄 세우기' 등 두 가지로 거칠게 압축해 지적한다. 높은 할인율을 앞세워 책을 가치로 평가하기보단 가격으로 평가하도록 만들고, 이렇듯 싼 책을 찾아서 모여든 소비자들을 볼모로 내세워 출판사들에겐 더 낮은 공급율과 추가적인 광고, 마케팅 비용을 요구한다는 것이다. 책 선정 명목으로 광고비를 받는 것은 이렇게 고착된 '줄 세우기' 관행의 일부라 할 수 있다. 그리고 '싸게 팔수 있다'는 '줄 세우기'를 가능하게 하는 핵심 역량이 된다.

이런 식의 광고로 온라인서점들이 그동안 벌어들인 돈은 대략 얼마쯤 될까. 공정위의 자세한 발표 내용을 보면 예스24의 경우 2012년 2월부터 6월까지 넉 달 동안 '기대 신간'이란 타이틀로 광고를 해준 책은 87권이었으며, 이를 통해 2억 1,600만 원의 매출을 올렸다. 교보문고의 경우 2011년 9월부터 2012년 7월까지 열 달 동안 'IT'S BEST'라는 타이틀로 437권의 책을 노출시켰으며, 이를 통해서 2억 4,800만 원의 매출을 올렸다.

물론 이번 공정위의 불공정 행위 적발은 매우 시의적절했지만, 온라인서점의 영향력이 지속되는 한 소개와 광고를 교묘하게 줄타기하는 불공정 거래는 새롭고 다양한 껍데기를 쓰고 계속될 공산이 크다.

문제는 온라인서점 역시 '오염된' 출판생태계가 되돌려 보내는 부메랑을 피할 수 없다는 염연한 사실이다. 믿어주는 소비자들도, 줄 세울 만한 출판사들도, 이들이 만들어야 할 다양한 양서들도 없어진 뒤에 온라인서점들은 과연 무엇을 팔 수 있단 말인가.

_최원형

09 전자책 시장의 방향성 확립

올해는 전자책업계의 여러 주체들이 시장 활성화를 위해 많은 노력을 기울인 시기였다. 2012년 한 해 동안 전자책 시장의 여러 화두를 살펴보고 전자출판시장의 활성화를 위해 향후 어떠한 노력이 필요한지 생각해보자.

지난 2월 한국출판인회의와 e-kpc를 중심으로 '출판계 전자책 출시 본격화 선언' 행사를 진행하였다. 전자책 출시를 주저해왔거나, 개별적으로 대응해왔던 출판계가 개별 출판사의 이해관계를 넘어 대의적 공동목표와 정책을 가지고 장기적인 관점에서 공통된 목소리로 전자책 시장에 적극 대응하겠다는 의지의 표현이라 할 수 있다. 그러나 아직까지도 다양한 이해관계가 얽혀 있어 난항을 겪고 있는 실정이다. 우리는 이미 출판시장에서 종이책과 전자책의 공급률 악화라는 나쁜 예를 경험했다. 콘텐츠 생산자인 출판사는 전자책 시장의 주체로 적극적으로 시장에 개입하여 입지를 견고히 해야 한다.

올해 많은 업체들이 전자책 유통시장에 뛰어들었다. 현재 e-kpc와 제휴 중인 유통사는 무려 17개사이며, 계약을 진행 중인 유통사도

7개나 된다. 그 외에도 많은 업체들이 전자책 시장 진출을 적극적으로 타진하고 있다. 시장 규모의 성장세에 비해 과다경쟁의 양상을 띠고 있는 것으로 보인다.

많은 유통사들은 콘텐츠 부족에 대한 문제를 해결하고자 타 유통사의 데이터를 재판매(B2BC)하기도 한다. 이 경우 출판사의 수익배분구조가 악화되고 투명한 정산을 담보하기 어렵다. 더불어 출판사는 유통사 간 Non-DRM 파일이 전달되는 위험천만한 상황을 좌시해서는 안 된다.

또한 애플은 IAPIn APP Purchase 정책에 준해 수수료 30%를 부과하고 있으며, 안드로이드 또한 12월부터 IAP 정책을 반영할 예정이다. 유통사가 IAP 정책에 따를 경우 본인의 수익을 포기하거나 생산자와의 수익배분 구조를 바꿀 수밖에 없다. 만약 수익배분 구조를 바꾼다면 이는 B2BC의 형태가 된다. 물론 우회 결제를 통해 수익배분 구조를 유지할 수 있으나 독자는 웹에서 결제하고 앱에서 열람하는 불편함을 감수해야 한다. 출판사들은 이에 대한 유통사의 대응에 관심을 가지고 면밀히 살펴봐야 한다. 또한 B2B서비스에 대한 관심도 꼭 필요하다.

올해 발표된 스토리k와 크레마터치의 경우 상당한 매출을 기록했다고 한다. 그런데 우리의 일상에서 전자책 전용 단말기로 독서하는 광경을 찾아보기 힘들다는 현실은 아이러니다. 아직까지 전자책 전용 단말기의 갈 길이 멀고도 험하다는 의미로 봐야 하지 않을까. 물론 독자들이 다양한 통로와 여러 디바이스를 통해 전자책을 경험할 수 있도록 기회를 제공해야 한다. 그러기 위해서는 스마트기기와는 다른 전자책 전용단말기만의 장점을 부각할 수 있는 방안을 마련하려는 노력이 필요하다.

또한 아직까지 전자책 마케팅 방법은 도서와 차별화되지 못하고 있다. 분명 전자책 고유의 특성을 살릴 수 있는 방안이 있을 것이다. 매출 확대를 위한 유통사의 고민에 전자책 생산자인 출판사의 고민이 더해져야 한다. 도서의 온라인화가 아닌 콘텐츠의 특성에 맞는 기획과 구성이 가미된다면 더 많은 독자들이 전자책에 대해 흥미를 가질 것이다.

향후 전개될 전자책 시장 전반에 대한 정확한 판단과 예측은 쉽지 않다. 하지만 전자책 시장을 객관적으로 바라보고 원칙과 기준을 명확하게 하여 출판사와 유통사 모두 발전할 수 있는 방안을 강구해야 한다. 더불어 상호 신뢰할 수 있는 투명한 정산시스템 운영은 필수적 요소이다. 이를 바탕으로 다양하고 좋은 콘텐츠가 출시되고, 다양한 디바이스 환경에 대응할 수 있어야 한다.

전자책 시장의 수적 팽창에 질적 향상이 더해져야 더 많은 사람들이 전자책에 관심을 갖게 될 것이다. 독자의 요구를 적극적으로 수용하고 흥미를 지속적으로 유발하기 위해 노력하며, 출판사와 유통사가 함께 성장할 수 있는 상생에 대한 고민이 필요한 시점이다.

_정형선

10 『그레이의 50가지 그림자』

무엇이 베스트셀러를 만드는가. 시대의 변화에 따라 인쇄 매체에서 인터넷 블로그로 홍보의 중심이 옮아가기도 하고, 저자가 '스타'여야

(인기배우나 가수가 아닌, 출판계의 스타는 따로 있어왔다) 한다는 말도 있지만, 사실 그 요인은 현상 이후에야 분석이 가능할 뿐으로 예측은 늘 어느 정도 비껴가기 마련이다. 『그레이의 50가지 그림자』(시공사)를 필두로 한 '그레이' 3부작은 예견된 베스트셀러는 아니었다. 애초에 종이책이 아닌 e북으로 시작했던 이유는 출판사들이 출간을 꺼려서였다는 점을 기억하자. 『그레이의 50가지 그림자』는 입소문이 만든 최고의 기적이 되었다. 판매 면에서 이 시리즈와 비견되는 '밀레니엄' 3부작이나 '해리 포터' 시리즈, '트와일라잇' 시리즈 등이 있지만 그 책들과는 달라도 너무 다르다. 타깃층이 비교 불가할 정도로 좁기 때문이다. 성인 여성. 영미권에서 신드롬처럼 이 책이 읽힐 때 '엄마들을 위한 포르노'로 불렸던 것을 기억해야 한다. 아이가 학교나 방과후 활동을 마치기를 기다리는 동안 엄마가 차에서 e북으로 읽는 책. 흥미로운 점은 '그림자' 시리즈가 로맨스의 하위 장르인 에로티카 중에서는 특출날 게 없어 보인다는 점이다. 소위 '야하기'로 따져도 그렇거니와, 근사한 사랑 이야기라면 더 '훌륭한' 소설들이 세상에 얼마든지 있지 않은가.

이 책은 기존의 에로티카를 읽어온 여성이 아닌, '트와일라잇' 같은 주류 베스트셀러를 소비하는 보통 여성들에게 어필했다. 그러니까 그녀들에게 이런 소설은 낯선 신천지였던 셈인데, 원래 에로티카로 분류되는 소설들 특유의 시니컬함을 벗고 할리퀸 로맨스 식의 해맑음을 유지한 덕에 가능했던 일이다. E.L. 제임스만 해도, 원래 에로티카 작가가 아니라 '트와일라잇' 시리즈의 팬 아니었던가. 한국에서도 '그림자' 시리즈는 기존의 한국 '19금 로맨스'를 읽어온 층이 아니라 일반 베스트셀러에 관심을 갖는 여성 독자들에게 특히 사랑받은

'그림자' 시리즈는 기존의 에로티카를 읽어온 여성이 아닌, '트와일라잇' 같은 주류 베스트셀러를 소비하는 보통 여성들에게 어필했다.

것으로 보인다. 영미권 베스트셀러라는 야한 책에 대한 관심.

'그림자' 시리즈는 11월 중순까지 종이책 30만 부, e북 10만 부가 판매되었다. 3부인 『50가지 그림자-해방』을 제외한 1, 2부는 '19세 미만 구독 불가' 딱지가 붙었다. 1부 『그레이의 50가지 그림자』가 출간되고 사후 심의를 통해 '19세 미만 구독 불가' 판정이 나면서 오프라인서점의 매대에서 철수 조치가 취해졌는데, 그 직후 판매가 감소했지만 결국은 꾸준한 상승세를 탔다. 게다가 이 시리즈는 한국에서도 e북 판매 기록을 세우고 있다. 남의 눈치를 보지 않고 언제든 읽을 수 있다는 점이 e북 판매에서 유리한 것으로 보이는데, 실제로 (19금물을 포함한) 로맨스 소설들은 이미 e북 시장에서 종수 면에서 확고한 자리를 차지하고 있기도 하다. 이른바 '펄프 픽션'이라고 통칭되는 대중통속소설류가 '펄프'가 아닌 'e북'으로 유통되는 시대, 베스트셀러 소설이 문단이 아니라 아마추어 작가의 손에서 태어나는 시대. '그림자' 3부작의 히트가 상징하는 것들이 아닐까.

_이다혜

11 마흔

올해 출판계에서 가장 주목받은 세대는 40대다. 『마흔에 읽는 손자병법』(흐름출판), 『마흔, 논어를 읽어야 할 시간』(21세기북스)이 베스트셀러에 오르면서 '마흔'은 출판계에 중요한 화두가 되었다. 『마흔 이후, 이제야 알게 된 것들』(RHK), 『아플 수도 없는 마흔이다』(한국경제신문), 『흔들리지 않고 피어나는 마흔은 없다』(프롬북스), 『마흔의 서재』(한빛비즈) 등 마흔을 대상으로 한 책들이 수없이 쏟아졌다.

1970~80년대 이념의 시대와 1997년 IMF 사태를 경험한 40대는 '민주주의 실현'과 '물질적 풍요'를 모두 누린 세대이다. 고도의 경제 성장이 이루어지던 시기에 비교적 안정적인 생활을 영위했던 그들은 1997년 IMF 사태와 2003년 '카드대란' 이후 정리해고와 가족해체가 만연한 시대에 생존을 하지 않을 수 없었다. '불혹'이 아니라 '불안'의 나이라 해도 이상하지 않게 된 것이다. 돈과 교육 문제, 내 집 마련이 아직도 묵직한 과제로 남아 있는 마흔이지만, '나이듦'에 따라 고독과 쓸쓸함이 밀려오는 것도 어쩔 수 없다. 그리고 아직 살아갈 날이 너무나 많이 남아 있다. 불안한 마흔을 위로하고, 후반기 인생 설계를 돕는 책들이 인기를 끄는 것은 이러한 시대 상황과 무관하지 않다. 인간의 수명은 길어졌고, 사회가 불안할수록 후반기 인생을 잘 사는 것이 더 중요한 법이니까, '마흔'은 출판계의 화두일 뿐만 아니라, 후반기 인생 설계를 돕는 '실버 출판'의 출발점이라 할 수 있을 것이다.

12 397세대

영화 〈건축학개론〉은 처음에 흥행을 기대하지 않았다고 한다. 90년대 대학생들의 첫사랑 이야기에 사람들이 주목하리라곤 생각하지 않았다. 그런데 영화는 예상 외로 크게 성공했고, 그 성공의 배경에는 바로 '30대 관객'이 있었다. 90년대 문화를 그렸던 케이블드라마 〈응답하라, 1997〉도 30대의 추억과 맞닿아 있다. 90년대 복고 열풍의

'X세대' 'N세대'로 불렸고, 한동안 아무도 불러주지 않았던 397세대를 이 시대가 다시 새로운 소비세대, 정치혁신의 세대로 호출했다.

중심에는 30대가 자리하고 있다.

현재 30대이면서 1990년대에 대학을 다니고 1970년대에 출생한 '397세대'가 새로운 문화 소비 세대로 주목받고 있다. 음악, 영화, 드라마뿐 아니라 도서시장도 397세대가 주도하고 있다. 온라인서점 예스24에 따르면 2011년 도서 매출에서 30대의 비중이 37.3%에 달하는 것으로 나타났다. 지금 소비 시장은 이 397세대의 라이프 스타일과 취향을 연구하며 그들의 마음을 사로잡기 위해 노력을 기울이고 있다.

한편 397세대는 대학 시절에는 탈정치화를 경험하고, 대학을 졸업하고 취업을 준비할 쯤에 IMF 직격탄을 맞은 불안정한 세대이기도 하다. 그래서 '부모 도움 없이 중산층에 진입할 수 없게 된 첫 세대'로 불리기도 하고, 현 사회에 가장 분노하고 있다 하여 '앵그리 397세대'로 불리기도 한다. '안철수 신드롬'의 주역이 30대라고 지목한 『30대 정치학』(반비)은 30대의 불안정한 상황과 정치적으로 진보적인 성향에 주목했다. 신자유주의, 90년대 문화, SNS로 대변되는 이들 세대는 한국 정치를 리모델링할 수 있는 세대라고 이야기한다.

과거에는 'X세대' 'N세대'로 불렸고, 한동안 아무도 불러주지 않았던 30대를 이 시대가 다시 새로운 소비 세대, 정치 혁신의 세대로 호출하고 있다. 397세대는 이 부름에 어떻게 '응답'할 것인가.

13 출판사 옆 대나무숲

트위터에서 출판업계 내부 고발 역할을 하던 '출판사X' 계정이 폐지

되면서 지난 9월, 새로운 공용 계정 '출판사 옆 대나무숲'이 등장했다. 비밀번호를 공개해 누구든 글을 쓸 수 있도록 한 이 계정은 생긴 지 3시간 만에 250여 개의 트윗이 올라오며 폭발적인 반응을 보였다. 출판사 내부의 부조리를 폭로하는 출판인들의 사연이 꼬리에 꼬리를 물고 이어졌고, 순식간에 리트윗되어 퍼져나갔다. '출판사 옆 대나무숲'을 시작으로 방송사, 디자인 회사, 대학 등 다양한 업계의 대나무숲 계정이 생겨났다.

출판업계의 열악한 노동환경은 대나무숲을 울리는 출판인들의 상처받은 목소리를 통해 널리 퍼졌다. 이 계정은 출판인들에겐 그동안 쉬쉬할 수밖에 없었던 억울한 이야기를 서로 나누는 장이 되어주었고, 일반 독자들에게는 출판업계 노동 환경의 실체를 알리는 기회가 되었다. 그리고 무엇보다도 출판노동자들의 조직적인 연대를 꿈꾸는 발판이 되었다. 비록 잦은 테러를 견디지 못해 현재는 '휴업'중이지만 출판노동자들이 서로의 목소리를 확인하고 연대의 희망을 갖게 하는 데 큰 역할을 했음은 분명하다.

14 구글북스 국내 진출

올해 9월 구글이 아시아에서 최초로 한국에서 전자책 서비스를 시작했다. 구글북스의 국내 진출로 그동안 잠잠했던 전자책 시장이 활기를 띠게 되지 않을까 하는 출판계와 전자책 업계의 기대가 높아지기도 했다. 또한 구글에 이어 애플, 아마존 등 글로벌 플랫폼의 국내 진출도 시간문제 아니겠느냐는 예측도 제기되었다.

아직 국내 전자책 시장에서 구글북스의 영향력을 평가하기는 어렵지만, 전자책 시대가 서서히 시작되고 있음은 부인할 수 없는 사실이다. 글로벌 플랫폼이냐, 로컬 플랫폼이냐 의견이 분분하지만, 중요한 것은 이제 전자책 시대는 먼 미래가 아니라 눈앞에 다가온 현실이라는 것이다. 현실로 다가온 전자책 시대에서도 지속 가능한 출판을 위해 무엇을 준비해야 할지 출판계, 전자책업계, 유통업계가 함께 머리를 모아야 할 것이다. 구글북스는 우리에게 현실을 자각시키는 신호탄이었다.

15 유권자

유권자들의 표심은 어디로 쏠리고 있는지, 유권자들의 마음을 읽으려는 책들도 새로운 흐름을 형성했다.

2012년 대선을 앞두고 『안철수의 생각』을 비롯하여 대선 후보들의 책들이 쏟아져 나왔고, 각 후보들과 현 정치에 대해 비평하는 책들도 대거 나왔다. 그리고 그와 다른 한 축으로 지금 유권자들의 표심은 어디로 쏠리고 있는지, 유권자들의 마음을 읽으려는 책들도 새로운 흐름을 형성하고 있다. 지난 4월 총선 이후 출간된 『왜 가난한 사람들은 부자를 위해 투표하는가』(갈라파고스)는 시기에 걸맞은 제목과 내용으로 주목을 받았고 『우파의 불만』(글항아리)은 '불만'이라는 코드로 대중의 마음과 한국사회를 분석한 책이다. 시대의 분위기나 흐름과 상관없이 늘 진보적인 후보를 지지해왔다는 30대 유권자를 분석한 『30대 정치학』은 새로운 정치혁신세대로 주목받는 397세대의 눈길을 끌었다. 대선이 한 달도 남지 않은 시점에서 유권자들의 '마음'은 가장 큰 변수가 될 것이다.

16 보수의 뇌, 진보의 뇌

뇌과학의 줄기는 과연 어디까지 뻗을 것인가. 2011년까지 뇌과학에 행복을 접목하고, 심리학을 접목하고, 행동과학과 접목한 흐름에 이어 올해는 뇌과학과 '정치'를 접목시켰다. 보수주의자와 진보주의자는 뇌의 형태부터 다르다고 이야기하는 『똑똑한 바보들』(동녘사이언스)은 여론조사, 심리학, 뇌과학을 동원하여 정치 성향이 갈리는 이유를 분석했다. 그리고 인간의 선택과 취향, 라이프 스타일과 뇌과학의 상관관계를 조명한 『지능의 사생활』(웅진지식하우스)은 진화심리학의 관점에서 지능을 탐구한 책이다. 이 책에 따르면 진보주의자가 보수주의자보다, 채식주의자가 육식주의자보다, 동성애자가 이성애자보다 지능이 높다고 한다. 지능이 높은 사람일수록 '진화적으로 새로운 것'을 더 선호하고 쉽게 적응하기 때문이다.

인간의 뇌와 정치적 선택의 관계를 파헤친 뇌과학 관련서의 새로운 시각은 흥미롭다. 그러나 이러한 시각이 정치적 격변기에 나타난 일시적인 추세는 아닌지 시간을 두고 지켜봐야 할 듯싶다.

17 오프라인서점의 몰락

오프라인서점들이 급격하게 무너지고 있다. 1994년에 5,683개로 정점을 찍었던 오프라인서점은 2003년에 2,247개로 줄어들었으며, 2011년에는 1,752개가 되었다. 그리고 2012년 10월 기점으로 1,723개만 남았다. 전국의 읍면동 수는 3,468개이니 대략 읍면동 두

개마다 서점 한 개가 있는 셈이다. 각종 할인으로 독자들을 모으는 온라인서점의 확대로 서점 운영이 어려워진 데다 임대료는 올라 유지가 힘들어진 동네서점들이 잇달아 문을 닫았다.

동네서점은 동네 도서관과 함께 각 지역의 커뮤니티 형성에 기점이 되어주고 시민들에게 문화생활을 제공하는 사랑방 역할을 한다. 이런 동네서점이 몰락하고 있다는 것은 출판계뿐만 아니라 일반 독자들에게도 큰 불행이다. 더 큰 문제는 이 같은 '서점 붕괴' 현상이 동네서점에 이어 온라인서점으로도 확산되고 있다는 것이다. 온라인서점 대교리브로가 12월 문을 닫게 된 것이 그 시작이다. 출판계 불황과 유통 시스템의 구조적 문제가 겹치면서 지식 산업이 점점 '생존 경쟁'으로 치닫고 있다. 출판유통구조를 바로잡아줄 정책이 필요하다.

18 온라인서점에서 더 많은 책을 파는 방법

온라인서점 대교리브로가 12월에 문을 닫게 되었다. 대교리브로의 사업 철수는 오프라인서점과 마찬가지로 온라인서점의 붕괴 현상도 확산되는 것 아니냐는 우려를 낳고 있다. 독자들이 손쉽게 책을 접하고 구매할 수 있는 온라인서점의 붕괴는 출판계에도 큰 타격을 줄 것이다. 온라인서점 위기론이 대두되는 이 시점에서, 세계 최대의 온라인서점 아마존닷컴의 저자 및 출판사 담당부장 존 파인이 뉴욕에서 열린 컨퍼런스에서 한 연설은 많은 시사점을 던져준다. 장은수 민음사 대표는 자신의 블로그(http://bookedit.tistory.com)에 존 파인의 연설을 번역해 올렸다. 그에 대한 내용은 다음과 같다.

9월 뉴욕에서 디지털 북 월드DBW 주최로 열린 '책의 발견과 마케팅' 컨퍼런스에서 아마존닷컴의 저자 및 출판사 담당부장 존 파인은 아마존에서 신경 써야 할 세 가지 마케팅 비결에 대해 이야기했다. 독자들이 언제 어디서나 쉽게 책을 구할 수 있어야 한다는 '입수가능성Availability', 책에 관한 모든 정보를 온라인화한 '메타데이터Metadata', 책을 알리는 데 가장 적극적인 존재들이고 언제나 독자들과 편하게 소통할 수 있도록 신경 써야 한다는 '저자들'. 이 세 가지 마케팅 요소에 대해 역설한 존 파인은 결국 출판사와 저자는 "독자들이 쉽게 책을 살 수 있도록" 도와야만 한다고 말했다. 그는 또한 일반 독자들이 쓴 수많은 독자 서평이 스타 비평가가 쓴 소수의 서평보다 훨씬 가치가 있다고 덧붙였다.

19 세계문학전집

세계문학전집이 다시금 주목받고 있다. 얼마 전 창비가 세계문학전집을 선보였고, 민음사는 지난 10월 『이상 소설 전집』을 출간하면서 세계문학전집 300권 시대를 열었다. 민음사는 지난 15년 동안 꾸준히 세계문학전집을 출간하면서 이 시장의 '전통의 강자' 자리를 고수하고 있다. 그런가 하면 문학동네, 을유문화사, 열린책들, 문학과지성사 등의 출판사도 세계문학전집을 출간하고 있다. 출판사들이 다시금 세계문학전집에 주목하는 이유는 '불황' 때문이다. 불황에 지갑을 여는 소비자는 없다. 소비자는 철저히 검증된 제품만을 소비한다. 오히려 불황에 명품이 소비되는 이유는, 검증된 제품이기 때문이다. 독자도 마찬가지다. 불황의 여파로 문화 소비를 줄인 독자들은 검증된 세계문학전집에 관심을 가질 수밖에 없다. 불황에 제법 묵직한 인문학 서적들이 빛을 보는 이유도 바로 이 때문이다.

하지만 이런 이유만으로 독자들이 세계문학전집을 찾는다고 볼 수는 없다. 요즘 독자들은 읽을 만한 책이 없다는 말을 많이 한다. 그렇고 그런 자기계발서와 힐링 서적에 지친 독자들도 많다. 결국 오랜 세월을 거치면서 독자들의 사랑을 받았던 세계문학전집이 새롭게 인식되고 있는 것이다. 여러 출판사에서 세계문학전집을 출간하는 것은 독자들에게 선택의 다양성을 넓혀준다. 하지만 자칫 과도한 경쟁으로 작품이 지닌 고유한 결을 잃어버릴 수도 있다는 사실을 출판사들은 명심해야 한다.

20 피로사회

현대인들은 피곤하다. 회사원들은 밤을 낮 삼아 일하고, 끼니도 제대로 챙기지 못하고 일한다. 가정주부는 가정주부대로 하루 24시간이 모자란다. 아이들은 뛰어놀 시간도 빠듯한데, 학원을 전전한다. 다람쥐 쳇바퀴 도는 현대인들의 삶은 끝날 줄을 모른다. 피로를 훈장처럼 달고 사는 세상인 것이다.

하지만 가만히 보면 스스로를 피로하게 만드는 것은 바로 자신이다. 한병철의 『피로사회』(문학과지성사)에 따르면 현대인들은 과잉활동의 욕망을 억제하지 못한다. 또한 변해버린 세상에 적응하기 위해 성과에 집착한다. 결국 이 모든 것이 자본주의가 낳은 폐해다. 한 번의 성과는 더 큰 성과를 부추기고, 결국 개인은 욕망의 노예가 되어버린다. 거대한 시스템이 낳은 결과지만, 그것은 자발적 착취 양상으로 발전하면서 공동체의 와해도 가속화시킨다. 그래서 한병철은 수많은 성공 관련 도서가 말하는 "당신은 바로 당신 자신의 경영자입니다"라는 말을 "당신은 바로 당신 자신의 착취자입니다"라고 읽는다. 하지만 모든 사람이 피로를 달고 살면서도 그것을 떨쳐내려고 하지 않는다. 피로를 떨쳐내려는 순간 모든 것에서 도태되기 때문이다. 한병철이 말하는 대안은 "성과사회의 과잉활동, 과잉자극에 맞서 사색적 삶, 영감을 주는 무위와 심심함, 휴식의 가치를 역설"하는 것이다.

모든 사람이 피로를 달고 살면서도 그것을 떨쳐내려고 하지 않는다. 피로를 떨쳐내려는 순간 모든 것에서 도태되기 때문이다.

21 경제민주화

야권후보 단일화로 빛이 바랬지만, 2012년 연말 대선의 주요 아젠다는 다름 아닌 '경제민주화'였다. 경제민주화를 두고 여야는 물론 세간의 의견이 천양지차였지만, 우리 사회의 경제 시스템이 바뀌어야 한다는 사실만큼은 이구동성이었다. 선대인은 '버리고, 바꾸고, 바로잡아야 할 것들'이라는 부제가 붙은 『문제는 경제다』(웅진지식하우스)에서 경제민주화의 로드맵을 제시한다. 정권 교체도 중요하지만 경권 교체가 이 시점에서 가장 중요하다는 게 그의 생각이다. 그런가 하면 한때 안철수 캠프에 몸담았던 이원재는 『이상한 나라의 경제학』(어크로스)에서 '국가 대표 기업'이라는 허상을 적나라하게 고발한다. 『무엇을 선택할 것인가』(부키) 역시 신자유주의를 넘어선 새로운 자본주의에 대한 논의를 전방위적으로 펼친다.

경제민주화가 우리 사회의 화
두로 떠오른 이유는, 그만큼
서민들의 삶이 팍팍해졌다는
반증이다.

경제민주화가 우리 사회의 화두로 떠오른 이유는, 그만큼 서민들의 삶이 팍팍해졌다는 반증이다. 가진 자들은 대를 이어 배를 두드리지만, 없는 사람들은 미래마저 포기했다. 결국 경제민주화라는 주제는 공허한 이념이나 이상의 말잔치가 아니라 삶의 끈을 놓으려고 하는 절박한 사람들을 위한 현실적 해법이어야 한다. 수많은 책들이 경제민주화라는 타이틀을 달고 나왔지만, 아쉽게도 사람들에게 현실적이고 적용 가능한 해법을 제시한 책은 드물다. 몇몇 재벌을 해체한다고 경제민주화가 달성되지 않는다. 그것은 삶에 기반한 해결책이어야 하기에, 좀더 깊은 차원의 논의가 이뤄져야 한다. 출판의 향후 과제는 경제민주화를 위한 새로운 차원의 논의를 이끌어내는 데 있다.

22 부채사회

대한민국에서 아파트 가진 사람 치고 대출 없는 사람이 없다. 자동차를 살 때도 장기 할부를 이용하고, 신용카드로 이것저것 사들인다. 그런데 사람들은 이 모든 것이 '빚'이라고 생각하지 않는다. 언제부턴가 우리 사회에서 '빚'은 '자산'이라는 말과 동의어가 되었다. 하지만 그 자산이 서민들의 삶을 역습했다. 깡통 아파트들이 속출하면서 하우스 푸어가 양산되었고, 거리로 내몰린 사람들도 부지기수다. 금융기관뿐 아니라 정부도 주거 안정을 꾀하는 서민들에게 대출, 즉 빚을 더 받을 수 있도록 해주겠다는 세상이다. 부정하고 싶지만 한국사회는 '빚 권하는 사회'다.

『약탈적 금융사회』(부키)는 빚 권하는 한국사회를 적나라하게 해부한다. 이보다 더 우리 사회의 폐부를 찌른 책이 있었을까 싶을 정도다. 그런가 하면 『부채 인간』(메디치미디어)도 부채가 단순히 개인의 경제 문제가 아닌 사회적, 정치적 문제라고 주장한다. 『빚지기 전에 알았으면 좋았을 것들』(미디어윌)은 다양한 사례를 들어 빚 권하는 사회로 전락한 우리 현실을 조명한다. 부채사회에 관한 책들이 주장하는 한 가지 공통점은 개인적 차원이 아니라 사회적 연대를 통해 해결책을 모색해야 한다는 것이다. 빚을 자산이라 미화했던 언론도 오늘 우리 사회의 그늘진 모습에 책임이 있다는 사실 또한 명심해야 한다.

23 협상의 기술

『어떻게 원하는 것을 얻는가』(8.0)는 2011년 11월 출간된 이후 올해 상반기까지 베스트셀러 상위권을 유지했다. 원하는 것을 얻는 방법론을 소개하는 이 책의 저자는 진정한 협상이란 '상대의 감정이 어떤지 헤아리고 기분을 맞춰가면서 호의적인 분위기를 조성한 뒤 점진적으로 접근하는 것'이라고 강조한다. 인간에 대한 이해를 기반으로 하는 협상의 방법론에 많은 독자들이 관심을 보였다.

이 책이 연일 베스트셀러를 기록하는 동안 협상의 기술을 담아낸 책들이 다수 출간되었다. 『이기는 사람은 악마도 설득한다』(라이프맵), 『상위 1%만 알아왔던 비기, 협상』(미래북), 『3분 안에 상대를 내 뜻대로 움직이는 설득 기술』(나라원) 등이다. 『협상의 심리학』(경향BP)은 내가 원하는 것을 상대방으로부터 쟁취한다는 개념이 강한 다른 책들과는 달리 서로 원원하는 설득심리 기술을 소개하여 눈길을 끌었다.

24 북유럽 미스터리

'북유럽 미스터리'로 통칭되는 이들 소설은 차갑고 어두운 겨울의 스칸디나비아 반도를 배경으로 복지국가의 평화로운 모습 뒤에 벌어지는 범죄의 그림자를 다루는 것이 특징이다.

올해 북유럽 미스터리가 조용히 인기를 끌며 저력을 과시했다. 넬레 노이하우스의『백설공주에게 죽음을』(북로드)과 동명의 영화가 올해 국내에 개봉되어 다시 주목을 받은 스티그 라르손의 '밀레니엄' 시리즈(뿔)가 베스트셀러에 올랐고, 요 네스뵈의『스노우맨』(비채), 안네 홀트의『데드 조커』(펄프) 등 스웨덴, 노르웨이, 덴마크 등의 작품들이 줄지어 출간되었다.

'북유럽 미스터리'로 통칭되는 이들 소설은 차갑고 어두운 겨울의 스칸디나비아 반도를 배경으로 복지국가의 평화로운 모습 뒤에 벌어지는 범죄의 그림자를 다루는 것이 특징이다. 평범하고 인간적인 주인공과 부패한 조직과 사회의 대립을 그려내는 것 또한 이들 소설의 특징이라 할 수 있다. 우리에게 이상적인 사회로 보였던 복지국가에서 일어나는 끔찍한 범죄들을 보면서 과연 '이상 사회'란 존재하는 것인지 회의가 들기도 하지만, 되레 복지제도가 높은 국가일수록 범죄소설이 발달한다는 분석 역시 새겨들을 만하다. 위험이 없는 지루한 삶일수록 강력한 범죄소설을 찾는다는 것이다. 북유럽 미스터리에 관해 여러 분석들과 의견이 분분하지만 당분간 북유럽 미스터리에 대한 출판계의 러브콜은 끊이지 않을 듯하다.

어느 사회나 조직에도 부조리가 존재함을 보여주는 북유럽 범죄소설의 문제제기는 국경과 시간을 뛰어넘어 유효하다. 바로 옆에서 일어나는 현실 같은 소설, 이것이 북유럽 미스터리 인기의 진정한 비결은 아닐까.

25 유홍준

2011년 유홍준 교수의 『나의 문화유산답사기』가 '인생도처유상수'라는 부제를 단 6권으로 10년 만에 돌아왔다. 그리고 그 후 1년여 만에 7권 '제주도 편'이 발간되었다. 늘 그랬듯 발간 직후 베스트셀러 상위권에 진입한 이번 답사기는 전작들과 달리 오로지 제주만을 소개한다. 서문에서 유홍준은 "전작들이 문화유산에 집중했다면 이번 답사기는 그 폭과 깊이를 동시에 꾀했다"며 "궁극적으로는 '제주학'의 초석이 되기를 바란다"고 적었다.

올해 3월 『나의 문화유산답사기』 1~6권은 인문서 최초 300만 부 판매 돌파라는 기록을 세우기도 했다. 최근 언론과의 간담회에서 유 교수는 다음 답사기로 충북, 경기, 독도 편을 계획하고 있으며, 향후 일본 속 한국문화를 소개하는 후속편을 쓰고 싶다고 전하며, 그의 다음 작업에 대한 기대감을 높였다. 또한 유홍준은 제주 지역 및 여행사와 협력하여 특화된 여행상품을 개발하는 등 다양한 마케팅을 펼치고 있어 눈길을 끌고 있다. 그는 KBS 〈1박 2일〉, MBC 〈놀러와〉에 출연해 특유의 '구라발'로 친근하게 우리 문화유산을 소개하며 스콜라테이너(학자+엔터테이너)로서의 면모를 과시하기도 했다. 끊임없이 독자와 호흡하는 인문학자 유홍준의 다음 작업이 기대된다.

26 황석영 50주년 기념작

우리 시대의 이야기꾼 황석영 작가가 등단 50주년을 기념하여 자전

19세기의 이야기꾼에 대해 집
필한 이 소설은 이미 인터넷 연
재를 통해 열광적인 호응을 얻
으며 흥행을 예고한 바 있다.

적 소설 『여울물 소리』(자음과모음)를 펴냈다. 이 작품은 출간되자마
자 베스트셀러 상위권에 진입하며 작가의 변함없는 인기를 증명했
다. 조선 후기 서얼로 태어난 이신이 과거 시험을 포기하고 이야기꾼
으로 떠돌다 천지도에 입도해 혁명에 참가하는 일대기를 그린 이 소
설은 이미 인터넷 연재를 통해 열광적인 호응을 얻으며 흥행을 예고
한 바 있다.

　작가는 "당시의 이야기꾼은 어떤 사람들이었을까, 하는 것이 이 소
설의 출발점이 되었다"고 한다. 이야기를 만들고 들려주는 것을 자신
의 업이라 생각하는 그는 이야기꾼 이신통을 통해 자신의 담론을 마
음껏 펼쳐놓는다. 『여울물 소리』는 중국, 프랑스에서도 출간이 확정
되었다. 이는 한국문학의 살아 있는 역사 황석영의 저력을 널리 알리
는 기회가 될 것이다.

27 행복의 의미

불안이 높아진 시대일수록 행복해지는 길을 알기 어려운 법이다. 그
리하여 최근 몇 년간 불안한 시대를 타고 행복의 매뉴얼이나 방법을
가르쳐준다는 자기계발서들이 인기를 얻었다. 소설과 에세이, 경제
경영서, 심리학서 등 분야를 가리지 않고 행복을 이야기했다. 행복은
출판계의 오랜 화두였다. 그러나 우리는 행복해지는 법만 골몰했지,
무엇이 행복인지에 대해 묻지는 않았던 것 같다. 행복의 의미를 모르
고 어떻게 행복해지는 법을 논할 수 있을 것인가.

　올해 하반기에 출간된 『행복이란 무엇인가』(공존)와 『아무도 정확히 모르는 것에 관하여』(생각연구소)는 '행복의 의미'에 대해 인문학적으로 성찰한 책이다. 어떤 상태를 행복이라 부르는지, 행복은 역사적으로 어떻게 변화해왔는지 규명하고 나면 진정한 나의 행복을 찾을 수 있지 않을까. 인간 삶의 본질적인 목표라 할 수 있는 '행복'의 의미를 고찰한 이들 책이 눈길을 끄는 이유다.

28 메타북

모든 사람이 읽었으되 누구도 읽지 않는 책, 바로 고전이다. 고전에 대한 이 같은 정의는 앞으로도 불변의 진리가 될 것이다. 그럼 고전을 박제된 지식으로 계속해서 남겨두어야 할 것인가. 아니다. 메타북으로 고전을 새롭게 해석하고 정의하는 작업을 통해, 즉 쉽고 재미있는 책 이야기를 통해 고전에 접근할 수 있다.

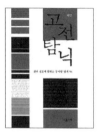

책을 설명하는 책인 메타북은 독서량이 현저하게 줄어든 요즘 시대에 적합하고 또 유용하다.

  사마천의 『사기』는 실로 방대한 분량이다. 읽을 준비가 되지 않은 독자에게 『사기』를 권하는 것은 어쩌면 폭력에 가까운 일이다. 그런 이들에게는 짧은 분량에 쉬운 언어로 정리된 허연의 『고전 탐닉』(마음산책)을 읽어보라 권할 수도 있다. 『사기』뿐 아니라 동서고금의 고전들이 그곳에서 그 의미를 펼치고 있으니, 일거양득이다.

  메타북은 책을 설명하는 책이다. 강창래 작가의 정의에 따르면 "책이란 무엇인가, 책을 읽는다는 행위는 무엇인가, 그리고 책에 담긴 내용인 '생각'의 정체가 무엇인가"를 다루는 책이다. 결국 독자들이 읽기 어려워하는 책들의 의미를 새로운 각도에서 조명한 책이 바로 메타북인 셈이다. 그런 점에서 메타북은 독서량이 현저하게 줄어든 요즘 시대에 적합하고 또 유용하다. 그래서인지 요즘 메타북이 홍수를 이룬다. 결국 선택은 독자의 몫으로 남는다. 박제된 지식을 불러내 새로운 인식을 심어줄, 메타북 중 메타북을 골라야 하는 책무를 지고 있기 때문이다. 그렇다고 출판사가 그 책무에서 자유로운 것은 아니다. 짱짱한 내용을 담은 메타북을 내놓을 원초적 의미를 지닌 것은 바로 출판사다.

29 강신주

"동방신기 최강창민의 가방 속에는 무슨 책이 들어있을까요? 바로, 강신주의 인문학 카운슬링 『철학이 필요한 시간』입니다. 연예계 스타와 인문학계 스타의 만남!" 11월 7일 사계절출판사 트위터(@sakyejul)에 올라온 트윗이다. 사연인즉슨 11월 6일에 방영된 예능 프로그램 〈강심장〉에서 동방신기 최강창민이 자신의 가방 속에 들어 있던 『철학이 필요한 시간』을 꺼내 보여주는 장면이 나온 것이다. 출판사의 발 빠른 홍보도 놀랍지만 아이돌의 마음까지 사로잡은 강신주는 정말 '인문학계의 스타'라 불려도 손색이 없을 듯싶다.

　강신주는 2011년 하반기에 '제자백가의 귀환' 시리즈(사계절)를 선보이며 전쟁과 살육의 시대였던 춘추전국시대를 돌파한 제자백가 철학에 주목했다. 그리고 올해 4월에 『김수영을 위하여』(천년의상상)를 출간했다. 시인이자 혁명가인 김수영의 인문정신을 탐구한 이 책은 강신주가 본격적으로 자기지향점을 드러낸 책이기도 하다. 이례적으로 편집자의 이름을 자신의 이름과 함께 책 표지에 올리는 '파격'을 행했던 그의 행보는, 진정한 자유를 꿈꾸었던 김수영과도 어쩐지 닮아 있는 듯하다. 강단의 철학자가 아닌, 늘 대중과 소통하는 철학자이길 원하는 강신주가 활발한 저작활동으로 독자들에게 즐거움을 안겨주길 기대해본다.

30 김두식

김두식은 한국 지성계에서 독특한 지형에 점하고 있는 저자다. 대개 '지성인입네' 하는 사람들은 자신의 삶을 감추고자 한다. 특별한 오점이 있어서가 아니라 사생활과 지적 성취는 별개라고 생각하기 때문이다. 이런 세상에서 김두식은 용감하게(?) 자신의 삶을 공개한다. 어린 시절부터 오늘에 이르기까지, 그의 삶은 까발려지지 않은 것이 없다. 묘한 것은 김두식의 고백이 지극히 매력적이라는 사실이다. 별나고 특별한 삶을 살아서가 아니라 나와 다르지 않은 유년을 보냈다는 점이 매력적이고, 그럼에도 장삼이사와는 다르게 오롯한 가치관을 형성했다는 점이 매력적이다.

또 하나, 김두식의 고백은 말 그대로 스스로의 고백이라는 점에서 의미가 깊다. 높은 자리에 앉겠다는 사람들의 행태, 즉 땅 투기나 위장 전입, 논문 표절 등이 다른 사람들의 대리 고백으로(?) 세상에 알려지는 데 반해 김두식은 스스로의 삶을 토해냄으로써 그것이 진솔한 고백임을 다시금 세상에 공표하는 것이다. 그런 점에서 김두식의 고백은, 기억으로 완성된 자신의 생각과 사상을 삶과 일치시키겠다는 일종의 결의로 봐도 무방할 것이다. 숱한 미디어 매체를 통해 어쭙잖은 고백이 난무하는 세상에서 순도 100%의 고백을 만나는 기쁨을 김두식의 책이 아닌 다른 저자의 책에서도 만나볼 수 있기를 기대해 본다.

31 조앤 K. 롤링 선인세 논란

조앤 K. 롤링의 신작 『캐주얼 베이컨시』의 판권을 따내기 위해 문학수첩에서 엄청난 선인 세를 지불한 것으로 알려졌다.

국내 출판계에 또 다시 선인세 논란이 일었다. 논란의 주인공은 세계적인 베스트셀러 '해리 포터' 시리즈의 작가 조앤 K. 롤링. "'해리포터' 시리즈와는 완전히 다른 이야기"라는 롤링의 성인소설 『캐주얼 베이컨시』는 출간 전부터 화제를 모았다. 9월 영국에서 출간되기 전부터 예약판매 100만 부를 넘어서기도 했다.

국내 출판계에서도 롤링의 신작 판권을 따내려는 경쟁이 치열했으며, 결국 문학수첩에서 100만 달러(약 11억 원)가 넘는 돈을 선인세로 지불하고 판권을 사왔다고 한다. 지난 12월 1일 국내에 번역 출간된 이 작품은 영국 현지에서 "완벽하다"는 평가와 "진부하다"는 상반된 평가를 동시에 받고 있다. 과도한 선인세가 출판계에 남기는 악영향은 차치하고라도, 국내 저자 수백 명을 육성할 수 있는 금액을 투자하며 수입한 롤링의 신작이 과연 출판사에는 얼마나 큰 이윤을 가져다줄 수 있을지 알 수 없는 상황이다.

갈수록 어려워지는 출판계에서 과도한 선인세 경쟁은 적지 않은 후유증을 남긴다. 국내 출판 유통질서를 무너뜨리고 작품의 다양성을 훼손시킬 뿐 아니라, 해외에서 한국 출판시장의 경쟁력을 하락시킬 수 있다. 이러한 적지 않은 부작용에도 불구하고 선인세 논란이 계속 불거지는 이유는 '한 방'을 노리는 출판사의 한탕주의가 자리 잡고 있기 때문이다. 지속 가능하고 건전한 출판시장을 회복하기 위해서는 출판사 스스로 이런 관행을 바로 잡으려는 노력이 있어야 할 것이다.

32 99%

2011년 9월 미국에서 빈부격차 심화와 금융기관의 부도덕성에 반발하는 반 월가 시위가 벌어졌다. 이 시위는 곧 미국 전역을 넘어 전 세계에 급속도로 퍼졌고 우리나라 역시 여의도 일대에서 시위가 벌어지기도 했다. '최고 부자 1%에 저항하는 99% 미국인의 입장을 대변한다'는 구호는 시위와 함께 폭발적인 호응을 얻었고, '1% 대 99%'까지 벌어진 빈부격차에 대한 세계적인 공감과 분노를 확인할 수 있는 사건이 되었다.

이후 서민으로 대변되는 '99%'를 키워드로 삼은 책들이 쏟아져 나왔다. 99%의 국민들이 맞닥뜨린 문제와 해결 방안을 고민한 『99%를 위한 대통령은 없다』(개마고원), '건강 불평등'을 극복시켜줄 무상의료에 대해 설명한 『무상의료란 무엇인가』(이매진), 시사만화 '장도리'의 연재분을 엮은 『나는 99%다』(비아북) 등 정치 분야를 비롯해 상위 1%가 부를 쌓기 위해 저질렀던 수많은 꼼수를 밝혀낸 『우리를 위한 경제학은 없다』(비즈니스북스), 세계 각국의 다양한 협동조합사례를 정리한 『협동조합, 참 좋다』(푸른지식) 등 경제경영 분야에서도 '99%'를 키워드로 한 책들이 다수 출간되었다. 극심한 빈부격차에 대한 전 국민적 불만은 12월 대선을 앞두고 한층 더 적극적으로 표출되어 '경제민주화'에 대한 담론을 만드는 데 한몫했다.

33 김정운

김정운은 대중의 눈높이에 맞춘 글솜씨와 말솜씨로 〈힐링캠프〉에까지 출연하며 '에듀테이너'로서 인기를 얻었다.

『남자의 물건』. 과연 김정운다운 제목의 책이다. 이 책은 출간과 동시에 참 '거시기'한 제목으로 주목을 받으며 베스트셀러에 올랐다. 그리고 여세를 몰아 김정운은 최고 인기 예능프로그램인 〈힐링캠프〉에 출연하기에 이른다.

『남자의 물건』(21세기북스)은 〈한겨레〉에 실려 화제가 되었던 '아이폰과 룸살롱' 등의 칼럼과 차범근, 신영복 등 13명의 남자들이 소중히 여기는 물건을 통해 풀어낸 인생 이야기를 묶은 책이다. 『나는 아내와의 결혼을 후회한다』(쌤앤파커스)에서 설파했던 "건강한 사회는 각자의 '내 이야기'가 풍부한 사회"라는 문제의식의 연장에서 진짜 남자들의 이야기로 발전시켰다.

김정운은 세 권의 책으로 문화심리학이라는 분야를 대중에게 알렸다. 글발을 배신하지 않는 말발과 함께. 한국에 이처럼 유쾌하고, 귀엽고, 소심하고, 당당한 중년 남자(아저씨가 아니라)는 여태껏 없었다. 나비넥타이, 아줌마 파마라 불리는 헤어스타일, 작고 동그란 안경. 김정운을 말할 때 독특한 외형 또한 빼놓을 수 없다. 그가 '에듀테이너'로 불리는 이유다.

2011년 〈중앙SUNDAY〉에 연재된 '김정운의 에디롤로지'는 삶의 각 영역에서 일어나는 '편집'을 통해 창조적 행위의 본질과 방법론을 다루었다. 그는 단지 '재미'만 있는 것이 아니라 '의미' 있는 지식을 대중의 눈높이에서 '재미'있게 다루는 저자로 인정받고 있다. 헬리콥터까지 타고 다녀야 할 만큼 바쁜 강의 일정을 소화하던 그는 명지대학교 여가경영학과 교수직을 버리고, 일본의 한 대학에서 공부를 하고 있다. 이 남자가 어떤 책으로 다시 찾아올지 궁금하다.

34 『현시창』

2010년 말 출간된 『아프니까 청춘이다』는 8개월 만에 밀리언셀러를 기록하면서 멘토 열풍을 일으켰다. 다른 한편으로는 청춘에게 진짜 필요한 것은 위로나 조언이 아니라 청춘을 아프게 하는 사회구조에 대한 반성이라는 비판도 있었다. 청년들의 목소리를 담은 『레알 청춘』(삶이보이는창), 텍스트출판사의 '우리 시대 젊은 만인보' 시리즈도 지속적으로 출간되었다.

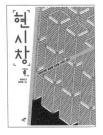

청춘들이 겪는 고통의 원인을 기성세대가 만들어놓은 시스템에서 찾는 책들이 다수 출간되었다. '현시창'은 '현실은 시궁창'의 줄임말로, 이상은 높은데 되는 일은 없는 상황을 뜻한다.

　올해도 여전히 제목에 '청춘'이라는 외피를 두른 책이 상당수 출간되었지만, 청춘 담론을 잇는 주목할 만한 책으로는 『청춘을 반납한다』(인물과사상사), 『청춘 착취자들』(사월의책), 『현시창』(알마) 정도다. 세 책은 공통적으로 현재 청춘들이 겪는 고통의 원인을 기성세대가 만들어놓은 시스템에서 찾는다. 『청춘을 반납한다』는 사회가 만들어놓은 문제에 의문을 제기하고 자신들만의 인생을 개척해나가는 이들의 목소리를 담아내며 『청춘 착취자들』은 청년에게 희생을 강요하는 '인턴 자본주의'의 실상을 파헤친다. 『현시창』은 야간작업을 하다가 용광로에 빠져 죽은 청년, 학자금 대출을 갚기 위해 일하다가 이마트 기계실에서 질식사한 청년 등 24명 청춘의 이야기를 다큐멘터리 형식으로 풀어낸다.

　'현시창'은 '현실은 시궁창'의 줄임말로, 이상은 높은데 되는 일은 없는 상황을 뜻하는 말이다.『현시창』의 부제는 '대한민국은 청춘을 위로할 자격이 없다'이다. 이제 위로는 충분히 받았다. 한국사회는 이 책들에 어떻게 응답할 것인가.

35 정리

날로 복잡해지는 사회와 개인의 일상 속에서 삶의 방향을 뚜렷하게 해줄 정리의 필요성이 더욱 대두되었다.

공간, 시간, 인맥 정리법을 다룬『하루 15분 정리의 힘』(위즈덤하우스)이 10만 부 이상 팔리며 인기를 끌었다. 저자 윤선현은 어질러진 물건뿐만 아니라 낭비하는 시간이나 쓸데없는 인맥까지 정리할 수 있는 정리법을 제시한다. '정리는 청소나 수납이다'라는 선입견에서 벗어나 공간, 시간, 인맥도 정리해야 할 필요가 있다고 강조한다. 이후『인생이 빛나는 정리의 마법』(더난출판사),『정리정돈의 습관』(알에이치코리아),『마흔 살의 정리법』(이아소) 등 '정리'에 관한 책들이 출간되어 많은 호응을 얻었다. 철학적인 사고를 통해 머릿속에서부터 책상 위까지, 넘쳐나는 생각과 물건들을 정리하는 법을 알려주는 인문서『철학은 어떻게 정리정돈을 돕는가』(어크로스)도 눈길을 끌었다. 물건 '수납'의 기술을 알려주는 책들은 기존에도 꾸준히 나왔지만, 올해는 특히 공간과 시간, 궁극적으로 자신의 삶까지 전략적으로 관리하는 '정리'의 기술을 담은 책들이 다수 출간되었다. 날로 더 복잡해지는 사회와 개인의 일상 속에서 삶의 방향을 뚜렷하게 해줄 정리의 필요성이 더욱 대두되고 있다.

36 먹거리

1일 3식의 식습관을 버려야 건강해질 수 있다고 주장하는 『1日1食』(위즈덤하우스)을 비롯해 『하루 한 끼, 공복의 힘』(이아소), 『아침 사과 혁명』(위즈덤스타일) 등 올해 주목받은 건강에세이를 살펴보면 먹는 것에 대한 대중의 욕구가 채움에서 비움으로 이동하였다는 것을 알 수 있다. 눈여겨볼 것은 앞의 책들이 대부분 일본에서 베스트셀러 순위에 오른 책이라는 것이다. 음식 문화가 비슷하다는 이유도 크겠지만, 음식으로 인생을 바꾼다는 자기계발서식 설득이 우리나라 독자들에게도 통한 것이 아닐까 짐작해볼 수 있다.

음식에 대한 불안감이 높아지면서, 대중은 먹거리에 대해 고찰하는 책들을 통해 그 불안감을 해소하려는 움직임을 보였다.

앞의 책들이 어떻게 먹을 것인가에 대한 고민을 담은 것이라면, 무엇을 먹어야 하는가에 대한 고민을 담은 책들도 눈에 띈다. 『기적의 채소』(청림Life), 『당신이 몰랐던 식품의 비밀 33가지』(경향미디어), 『밀가루 똥배』(에코리브르) 등은 음식과 그 재료에 대한 진실을 파헤친 책들이다. 최근 몇 년간 일어난 돼지구제역 사태나 일본 원전사고로 인한 방사능 위험으로 음식에 대한 불안감이 높아진 요즘, 대중은 먹거리에 대해 고찰하는 책들을 통해 그 불안감을 해소하려는 움직임을 보이고 있다. 앞으로 어떻게, 무엇을 먹을 것인가에 대한 관심은 더욱 높아질 것으로 보인다.

37 이정명

『뿌리 깊은 나무』와 『바람의 화원』(이상 밀리언하우스)으로 많은 독자들의 사랑을 받았던 이정명이 올 상반기에 신간『별을 스치는 바람』
(전2권, 은행나무)을 선보였다. 윤동주 시인의 일생과 미스터리 요소
를 결합시킨 팩션으로, 개연성 있는 인물과 문장력이 돋보이는 작품
이다. 이미 출간 전에 영어권, 프랑스, 폴란드 등 5개국에 작품의 판권
이 팔려 화제를 모은 바 있다 영국의 명문 출판사 팬 맥밀란의 편집
자 마리아 레즈트는 "문학성과 대중성을 완벽하게 갖춘 보기 드문 수
작"이라고 극찬했다.

소설 시장의 침체기가 장기화되고 심화되는 와중에도 이정명의 작
품은 10만 부 판매를 넘기며 변치 않는 인기를 입증했다. 빠른 속도
감과 치열한 시대의식, 깊이 있는 지적 탐구가 돋보이는 소설들로 독
자들의 호응을 얻으며 한국형 팩션의 새 장을 열었다고 평가받는 이
정명. 그의 다음 작품 행보가 더욱 기대된다.

38 정은궐

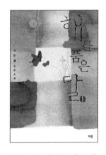

역사 로맨스『해를 품은 달』은
생생한 장면 묘사와 흡입력 있
는 스토리 전개로 영상시대를
살아가는 요즘 독자들의 마음
을 단숨에 사로잡았다.

『그녀의 맞선 보고서』(마음자리)로 데뷔한 정은궐은 2010년 그의 소
설『성균관 유생들의 나날』(파란미디어)을 원작으로 한 드라마 〈성균
관 스캔들〉이 폭발적인 인기를 얻으면서 대중적인 주목을 받기 시작
했다.『성균관 유생들의 나날』은 드라마의 흥행에 힘입어 80만 부 이
상 판매되었고, 이후 시리즈 격으로 나온『규장각 각신들의 나날』(파
란미디어) 역시 60만 부 이상 판매되며 베스트셀러에 올랐다. 대중은
새로운 스타작가의 등장에 환호했다. 하지만 정은궐은 독자들 앞에
나서지 않았다. '30대 후반의 미모의 회사원'이라는 소문이 돌았지만

누구도 확인할 길이 없었고 정체는 끝내 밝혀지지 않았다.

정은궐은 올해 초『해를 품은 달』(파란미디어)을 원작으로 한 동명의 드라마가 방영되어 인기를 끌면서 다시 주목을 받았다. 액받이 무녀와 일국의 왕이 사랑에 빠진다는 내용의 이 역사 로맨스는 생생한 장면 묘사와 흡입력 있는 스토리 전개로 영상 시대를 살아가는 요즘 독자들의 마음을 단숨에 사로잡았다. 소설 시장의 침체 속에서도 서사의 힘을 갖춘 그의 소설은 앞으로도 많은 사랑을 받을 듯하다.

39 스크린셀러

올해에도 많은 스크린셀러들이 독자들의 사랑을 받았다. 상반기에는『은교』(문학동네),『화차』(문학동네),『헝거 게임』(북폴리오) 등을 원작으로 한 동명의 영화가 개봉하여 스크린셀러 반열에 올랐다. 특히『은교』는 영화 개봉 이후 기존 판매량보다 네 배 이상 판매되어 영화 덕을 톡톡히 봤고, 영화〈하울링〉의 원작『얼어붙은 송곳니』(시공사) 역시 영화가 개봉된 후 전체 누적 판매량의 82%를 차지하는 판매고를 올리며 스크린셀러로 등극했다.

최근에는 영화〈광해, 왕이 된 남자〉가 흥행하면서 동명의 원작소설의 판매량이 급증했다. 이 소설은 앞서 말한 경우들과 달리 영화제작 단계부터 함께 기획된 것이다. 스크린셀러가 대중적인 인기를 얻으면서 이처럼 영화와 소설 기획을 병행해서 진행하는 경우도 생겨나고 있다.『늑대 소년』(이숲)은 동명의 영화가 개봉해 흥행한 뒤에 출간되었다.

현재까지도 영화 제작이 결정되거나 벌써 진행 중인 작품들이 수두룩하다. 올해에는 『오빠가 돌아왔다』(문학동네), 오쿠다 히데오의 『남쪽으로 튀어』(은행나무) 등이 영화 개봉을 앞두고 있다. 문학과 영화의 행복한 만남은 앞으로도 쭉 이어질 것으로 보인다.

40 학교교육 붕괴

무너져가는 교실을 살리기 위한 해답을 교육 현장에서 찾아보려는 교사들의 에세이가 다수 출간되었다.

2011년부터 현재까지 대구에서만 열 명이 넘는 청소년이 자살했다. 해당 교육청에서는 자살 방지 대책으로 교실 창문을 20~25cm 이하로만 열게 하라는 공문을 각 학교에 내려보냈다. 해마다 높아지는 청소년 자살률은 공교육이 자정 기능을 상실했음을 여실히 보여준다. 대구뿐 아니라 전국 곳곳의 학교에서 비슷한 풍경들이 비치고 있다. 2012년 한국의 교실보다 더 잔인하면서 무기력한 곳이 있을까.

올해는 무너져가는 학교교육을 세워보려는 선생님들의 책들이 돋보였다. 『달려라, 탁샘』(양철북), 『오늘 처음 교단을 밟을 당신에게』(문학동네), 『나는 왜 교사인가』(교육공동체벗), 『배움의 공동체』(해냄), 『교사를 춤추게 하라』(민들레), 『가르친다는 것』(양철북) 등 교실 살리기의 해답을 교육 현장에서 찾아보려는 교사들의 에세이가 다수 출간되었다. 저자들은 학교와 교육 살리기가 교사의 힘에 달려 있으며, 교육의 희망은 교사에게 있다고 입을 모아 말한다. 또한 『마을이 아이를 키운다』(한티재), 『생태공동체 뚝딱 만들기』(수선재), 『숲으로 가자』(호미) 등 학교 바깥에서 희망을 찾는 책들도 눈길을 끌었다.

41 바버라 애런라이크 '배신' 3부작

한동안 '긍정'이 유행이었다. 미국의 한 개신교 목사의 책 『긍정의 힘』(긍정의힘)이 전파한, 믿는 대로 된다는 말의 그 가공할 위력은 우리 사회를 세뇌시키고야 말았다. 뒤이어 긍정에 관한 수많은 책들이 쏟아졌고, 심리학과 교묘하게 혼합된 긍정에 관한 책들은 변종 자기계발서로서의 역할을 충성스럽게(?) 감당했다.

〈긍정의 배신〉〈노동의 배신〉에 이은
바버라 에런라이크의 '배신' 완결판

『희망의 배신』은 무너진 화이트 칼라들의 꿈을 묘사하면서 현대사회가 복마전으로 치닫고 있음을 경계한다.

하지만 굳게 믿었던 긍정이 배신하면서 우리 사회는 서서히 긍정에 대해 반문하기 시작했다. 그 마침표를 찍은 사람이 바버라 애런라이크다. 그는 『긍정의 배신』, 『노동의 배신』, 『희망의 배신』(이상 부키)을 통해 긍정만으로는 이 풍진 세상을 헤쳐나갈 수 없음을 역설한다. 『긍정의 배신』을 통해서는 긍정적 사고가 도리어 우리의 발등을 찍는 현실을 적나라하게 설명하는가 하면 『노동의 배신』에서는 긍정의 배신으로 태어난 워킹 푸어들이 얼마나 처참한 삶을 살고 있는가 묘사한다. 3부작의 완결편 격인 『희망의 배신』을 통해서는 무너진 화이트칼라들의 꿈을 묘사하면서 현대사회가 복마전으로 치닫고 있음을 경계한다.

바버라 애런라이크의 '배신' 3부작에 대해 지나치게 비관적이라고 화살을 돌리는 이들도 없지 않다. 하지만 실제로 우리 사회는 믿는 대로 되지 않으며, 지나친 긍정이 때론 엄청난 재앙으로 이어졌음을 두 눈으로 목도하고 있다.

42 백석

올해 시인 백석 탄생 100주년을 맞았다. 그동안 우리 문단에서는 월북시인, 재북 시인이라는 이유로 백석을 다루는 것을 꺼려했다. 분단 이후 오랜 시간 동안 백석의 존재는 베일에 가려져 있었다. 탄생 100주년을 맞아 뒤늦게 그의 천재성을 주목하며 학계에서는 백석 연구가 활발히 이루어졌고, 새로운 작품을 발굴하기도 했다. 그리고 새로 발굴한 작품들을 함께 수록한 '시인백석' 전집(전3권)과 '백석 시전집'(이상 흰당나귀)이 출간되었다. 수십 년간 백석 연구에 몰두한 작가 송준이 베이징 도서관, 옌벤 도서관을 샅샅이 뒤지며 백석의 성장 과정과 정신 세계를 총망라한 결과물이다. 이름도 백석의 시에서 따온 '백석 전문 출판사' 흰당나귀는 앞으로 지속적으로 백석 전집을 출간할 예정이라고 한다.

분단의 비극과 함께 오랫동안 공백으로 존재했던 백석. '한국이 가장 사랑하는 시인'으로 평가받기도 하지만, '자야'와의 러브스토리나 '모던 보이'로 더 잘 알려진 백석. 그의 시 세계는 오늘에서야 제대로 조명받기 시작했다. 새로 발굴된, 북 체제를 옹호하는 그의 시에 대해선 여전히 학계 의견이 분분하다. 다만 아름다운 언어로 상실과 고독을 노래하고 공동체적 삶을 꿈꾸었던 그의 시를 다시 조명하는 일은 환영할 만한 일이다.

43 자본주의의 대안

대선을 앞두고 진보와 보수 진영의 후보 모두 '경제민주화'를 외치고 있다. 양극화가 심화된 오늘날의 경제 상황이 정상이 아니라는 인식은 모두가 공통적으로 하고 있는 셈이다. 그러나 문제는 '경제민주화'가 아니라 '자본주의'라는 목소리도 한편에서 들린다. 더 이상 자본주의에 희망이 있느냐는 회의가 경제학자들 사이에서 번져가고, 다른 세상을 꿈꾸는 이들의 이야기에 세상은 주목하고 있다. 그리고 이러한 분위기는 출판계에 고스란히 반영되었다.

다시금 마르크스주의를 주목하는 『세상을 어떻게 바꿀 것인가』(까치글방), 『왜 마르크스가 옳았는가』(길) 등의 책들이 나오는가 하면, 고장 난 자본주의를 뜯어고치거나 뒤엎어야 한다는 『자본주의에 불만 있는 이들을 위한 경제사 강의』(이매진), 『자본주의 위기의 시대 왜 사회주의인가?』(책갈피) 등의 책들, 자본주의와 경제의 본질을 연구한 칼 폴라니의 고전을 망라한 『칼 폴라니, 반反경제의 경제학』(비르투) 등의 책을 통해 자본주의의 돌파구를 마련하려는 움직임이 포착되고 있다. 정치가 바뀌고 법과 제도가 바뀌어도 기형적이고 불안한 자본주의의 근본적인 변화가 이루어지지 않는다면, 다른 경제를 모색하는 움직임은 계속될 것이다.

44 저항

월가를 '점령하라'던 목소리도 이제 잠잠하다. 곳곳에서 신자유주의를 극복하기 위한 대안 모색과 운동이 여전히 벌어지고 있지만, 대세를 거스르기에는 역부족처럼 보인다. 그렇다고 우리 사회의 모순에 대한 분노의 목소리가 사그라졌다고 생각해서는 곤란하다. 여전히 진보적 외침은 다양한 경로를 통해 이어지고 있기 때문이다. 출판도 예외는 아니다. 『점령하라』(RHK), 『저항자들의 책』(쌤앤파커스) 등의 책이 소개되면서 1%에 도전하는 99%의 용감한 외침을 오롯이 전해주었다.

한편 스테판 에셀의 책이 여럿 출간됐는데 현실 문제를 인식하고 그것을 바꾸려는 노력에 더불어 참여해야 하는 이유들을 잘 설명하고 있다. 2011년 6월 『분노하라』가 처음 소개되면서 촉발된 스테판 에셀에 대한 독자들의 관심은 올해 『참여하라』(이루), 『분노한 사람들에게』(뜨인돌), 『지금 일어나 어디로 향할 것인가』(푸른숲)으로 이어졌다. 사회 발전과 진보를 거스르는 악한 권력에 저항할 것을 스테판 에셀은 누누이 강조한다. 노엄 촘스키도 『촘스키, 점령하라 시위를 말하다』(수이북스)를 통해 '점령하라' 운동이야말로 지난 30년간 이어진 신자유주의 정책에 대한 민중의 지속적 반응이라고 정의한다. 결국 저항을 키워드로 한 책들은 우리 사회의 민주주의 대한 새로운 이해를 요구한다고 볼 수 있다. 그런 점에서 저항은 미래의 역사를 움직일 중요한 키워드이다.

45 스티브 잡스

2011년 10월 스티브 잡스가 타계했다. 그리고 11월, 스티브 잡스의 공식 자서전『스티브 잡스』가 출간되어 출간 3주 만에 50만 부 가까이 판매되는 기염을 토했다. 이후『스티브 잡스의 세상을 바꾼 말 한 마디』(미르북스),『스티브 잡스의 본능적 프레젠테이션』(랜덤하우스), 『스티브 잡스와 26인의 부자들』(미루북스) 등 스티브 잡스의 삶, 리더십, 창의력을 다룬 도서들이 인기를 끌었다.

　출판계의 스티브 잡스 열풍은 올해까지 이어졌다.『스티브 잡스』는 올해 상반기까지 경제경영 분야 베스트셀러 순위 상위권을 지키며 높은 판매고를 올렸다. 그리고 잡스가 읽은 책을 따라 그의 인생에 대한 퍼즐을 맞춰가는『스티브 잡스의 서재』(에듀크라운), 잡스가 팬, 고객, 경쟁사 기자 등과 주고받은 이메일을 통해 소통형 리더로서의 면모를 읽어낸『스티브 잡스의 이메일박스』(서울문화사), 삶, 혁신, 리더십, 디자인이라는 4개의 키워드로 잡스의 삶을 분석한『잡스 사용법』(거름) 등 최근까지도 스티브 잡스에 관한 다양한 책들이 출간되고 있다. 드라마틱한 삶의 스토리를 기반으로 리더십, 창의력 등 여러 이야깃거리를 던질 수 있는 키워드인 만큼 앞으로도 꾸준히 출간될 것으로 보인다.

46 사재기

출판시장의 불황이 지속되고 출판사 마케팅이 온라인서점 베스트셀러 순위에 책을 올리는 것에 집중되다 보니 비정상적인 마케팅이 기승을 부리고 있다. 그 중 가장 고질적인 문제 중 하나가 바로 사재기이다. 출판인들 사이에서 "나 빼놓고 모두 한다"는 말이 돌 정도로 공공연하게 벌어지고 있는 사재기는 올해에도 잠잠해질 만하면 한 번씩 터져 나와 분란을 일으켰다.

이처럼 혼탁해진 출판시장을 개선하기 위해선 출판인들의 의식이 달라져야 한다. 그리고 법적인 규제를 강화시켜야 할 필요가 있다. 현재 출판계에서는 한국출판인회의 회원사가 주축이 되어 '출판물불법유통신고센터'를 설립해 운영하며 사재기 행위를 감시하고 있다. 그러나 이 센터는 2012년 지원비가 8,000만 원밖에 책정되지 않아 인건비를 빼고 나면 무언가를 진행하기가 어려운 열악한 상황이다. "사재기 모니터링 및 도서정가제 계도 활동을 전개"하고는 있지만 근본적으로 규제하기에는 한계가 있다. 그러다 보니 사실상 센터의 활동은 한 해 동안 사재기 몇 건을 적발하는 데 그치고 있다. 출판인들의 의식 변화와 함께 정부 당국의 전략적인 정책 지원이 없다면 사재기 근절은 요원한 일이 될 것이다.

47 언론 비판

2011년부터 시작된 팟캐스트 〈나는 꼼수다〉는 권력의 눈치를 보느라, 혹은 권력의 편을 드느라 현실 문제를 적나라하게 지적해주지 못한 기존 언론의 한계를 넘어, 보다 구체적인 사건과 프레임을 통해 비리를 밝히고 MB정부를 가감 없이 비판해 대중의 속을 시원하게 해주었다. 팬덤이 형성될 정도로 폭발적인 호응을 얻었던 〈나꼼수〉의 인기는 이제 한풀 꺾였지만, 대중이 언론의 정체성을 다시 고민해보도록 하는 데 큰 역할을 했다. 그리고 올해 초 MBC, KBS, YTN과 각종 언론사의 파업이 있었다. 낙하산 사장의 퇴출, 언론의 역할 회복 등을 목표로 한 이 파업은 비록 큰 결실을 얻진 못했지만 바람직한 언론에 대한 세간의 관심을 다시 한번 환기시켰다.

출판계에서는 이 무렵『주기자』(푸른숲)와『누가 거짓말을 하고 있는가』(샘앤파커스),『아마를 벗어야 언론이 산다』(서해문집) 등 한국 언론의 실체를 분석하고 비판하는 책들이 출간되어 주목을 받았다. 특히 〈나꼼수〉 패널이자 〈시사IN〉 기자로 각종 사회 비리를 파헤쳐온 주진우의『주기자』는 큰 호응을 얻으며 상반기 베스트셀러에 올랐다. 비리에 눈 감고 진실을 왜곡하는 우리 시대 언론에 대한 대중의 불신과 분노가 반영된 듯하다.

MBC, KBS, YTN과 각종 언론사의 파업이 이어지면서, 한국 언론의 실체를 분석하고 비판하는 책들이 출간되어 주목을 받았다.

48 이지성과 한국 자기계발

베스트셀러 자기계발 작가 이지성은 다작 저술가답게 올해만 일곱 권의 책을 출간했다. 동서양 인문고전을 통해 삶의 중심을 '나'로 재편하는 방법을 알려주는『고전혁명』(황광우 공저, 생각정원)을 시작으로, 일의 행복을 찾아가는 과정을 그린 힐링 우화『지금부터 행복해지는 일』(스토리 3.0), 부모들이 자녀에게 꼭 해주고 싶은 잔소리를 유쾌하게 담아낸 어린이책『돼지키오와 진짜 친구들』(국일아이) 등 대상 독자층도 다양하다.

누구나 읽기 쉬운 '서민체'로 독자들에게 가깝게 다가가는 그의 자기계발서들은 평소 책 읽기를 꺼리던 이들에게도 많은 호응을 얻어 높은 판매고를 올렸다. 하지만 한편에선 검증되지 않은 사실을 근거

삼은 부실한 논리, 책마다 엇갈리는 논리의 모순, 허술한 필력 등으로 비판을 받았다. 올해 6월 〈한겨레〉에 실린 김두식과의 인터뷰에서는 편집자를 폄하하는 발언을 해 논란을 일으키기도 했다. 그럼에도 여전히 많은 독자들이 그의 책을 선택하고, 읽고, 감명받는다. 한치 앞도 내다보지 못하는 불안한 사회에서 세속적 성공을 꿈꿀 수밖에 없는 대중에게 그의 명쾌한 정공법은 일종의 '복음' 같이 받아들여지는 탓이다. 이지성의 인기는 '닥치고 성공'을 외치는 자기계발의 현주소와 우리 사회의 단면을 보여주는 듯해 씁쓸함을 남긴다.

49 저작권 무료이용동의서 논란

'수업목적 저작물 보상금'을 둘러싸고 출판계와 대학협의체 간의 갈등이 심화되었다. 대한출판문화협회를 포함한 출판 관련 5개 단체는 지난 6월 25일 '출판사 동의 없는 저작권 무료이용동의서는 원천 무효다'라는 제목의 성명서를 주요 일간지 및 대학 관련 신문을 통해 알렸다. 이는 한국대학교육협의회 등으로 구성된 대학협의체가 수업목적 저작물을 무료로 이용하려는 의도로 대학 교수들에게 '저작물 무상이용동의서' 제출을 요청한 것에 대한 반발이었다.

대학협의체는 문광부와 한국복사전송권협회가 4년여에 걸쳐 고민하고 논의해서 올해 결정한 수업목적 저작물 이용 보상금 '학생 1인당 1,800원'을 받아들이지 않고 '학생 1인당 800원'을 요구하다가 급기야 교수들에게 '저작물무상이용동의서'를 요청하는 데 이르렀다. 그리고 교수 5만 7,000명에게서 '저작물무상이용동의서'를 받

은 뒤 대학 수업목적이면 이들의 저작물을 마음대로 사용해도 된다
는 입장만을 고수하며 보상금 감면을 주장하고 있다. 하지만 출판계
는 출판사 동의 없는 저자 일방의 무료이용동의서는 인정할 수 없다
고 비판했다. 수업목적 저작물의 무료 이용을 원하는 대학 측과, 최소
한 '학생 1인당 1,800원'의 보상금을 요구하고 있는 출판계의 갈등
은 당분간 지속될 것으로 보인다.

50 집과 건축

2011년부터 3만 부가 넘는 판매고를 올리며 전국에 '땅콩집 열풍'을
불게 했던 『두 남자의 집 짓기』를 시작으로 『아파트와 바꾼 집』(동녘),
『집을 순례하다』(사이) 등 집에 관한 책들이 출간되어 주목을 받았다.
그 흐름을 이어서 올해도 『작은 땅 내 집 짓기』(로그인), 『전셋집 인테
리어』(미호), 『집 짓기 바이블』(마티), 『숨고 싶은 집』(뜨인돌), 『행복한
집 짓기』(나무수), 『집을, 짓다』(사이) 등 집과 집 짓기에 대한 진정한
의미를 일깨워주는 책들이 연이어 출간되었다.

부동산 시장이 침체하면서 아파트나 집을 환금성이 있는 투자재로 보기보다는, 건축의 의미에 대해서 생각하는 영화, 다큐멘터리, 책들이 대중들에게 좋은 평을 받았다.

　이는 부동산 시장이 침체하면서 아파트나 집을 환금성이 있는 투
자재로 보기보다는, 영화 〈건축학개론〉에서처럼 삶을 즐기는 공간으
로 여기는 사람이 늘어나고 있기 때문이라고 할 수 있을 것이다. 다큐
멘터리 영화 〈말하는 건축가〉는 무주공공건축프로젝트, 기적의 도서
관 등을 남긴 건축가 故정기용의 일대기를 그리며 소유가 아닌 나눔
의 건축을 이야기했다. 이처럼 건축의 의미에 대해서 생각하는 영화,
다큐멘터리, 책들이 대중들에게 좋은 평을 받고 있다. 『오래된 것들

은 다 아름답다』(컬처그라퍼), 『제가 살고 싶은 집은』(서해문집), 『삶을 닮은 집, 삶을 담은 집』(더숲) 등 건축가의 철학이 담긴 에세이 역시 이런 분위기와 무관하지 않을 것이다.

2013
출판계 키워드 50

■■■■■■■ 2006년에 미국에서는 베스트셀러 네 권 중 한 권이 블룩blook 이었다. 블로그blog와 책book의 합성어인 블룩은 2002년에 웹사이트 '버즈머신'을 운영하던 미국 언론인 제프 자비스Jeff Jarvis가 자신이 인터넷에 올린 글을 책으로 내면서 세상에 알려졌다. 출판기획자인 정민영은 블룩을 '블로그형 에세이'라 부르며 "호흡이 길지 않은 글, 생동감 넘치는 사진, 일인칭 주어를 앞세운 글쓰기, 적극적인 자기노출, 마니아적 취향, 댓글" 같은 특징을 가진 블로그형 에세이는 "인터넷에 매혹된 독자를 종이매체로 불러내기 위한 한 처방이자 1인 미디어의 대중화가 빚은 우리 시대의 출판 스타일이다. 아니, 책으로 조형된 우리 시대의 초상"이라고 명쾌하게 정리했다.

2010년대 출판은 새로운 소셜미디어가 등장할 때마다 출렁거렸다. 2012년에는 "모든 것은 트위터로부터 비롯되었다"고 해도 과언이 아니었다. 스마트폰 보급 대수가 3,500만 대를 넘어섰고, 트위터에서는 공감과 위로의 메시지를 담은 한 줄 어록이 넘쳐났다. 한 줄의 어록은 문자언어가 아니라 영화 한 편 이상의 상상을 하게 만드는 영상이미지였다. 2012년 말의 대선 국면에서도 트위터는 큰 힘을 발휘했다. 국가권력을 동원한 트위터의 댓글은 이후 정치권뿐만 아니라 한국 사회를 강타했다.

2012년까지 '한 줄 어록'의 시대였다면, 2013년에는 '짧은 이야기'의 시대였다. 익명의 계정이 가능한 트위터는 인간관계를 심각하게 파괴하는 일이 자주 발생했다. 그래서 트위터에서 받는 상처를 완화하고자 하는 사람은 페이스북으로 옮겨갔다. 이런 변화로 말미암아 사진을 동반한 '짧은 이야기'가 대세가 되었다. 장편長篇이 아닌 장편掌篇소설의 시대. 손바닥으로는 너무 크고 '손가락 하나' 정도에 불과한 짧은 이야기의 시대가 되었다.

2013년에는 소설의 귀환이라고 해도 될 정도로 모처럼 소설이 인기를 얻었다. 조정래의 『정글만리』에는 액자 같은 짧은 이야기가 자주 등장했다. 신경숙의 『달에게 들려주고 싶은 이야기』는 장편掌篇 소설이었다. 김영하의 『살인자의 기억법』은 처음부터 끝까지 치매에 걸린 연쇄살인범 김병수의 길고 짧은 메모로 구성되어 있다. 이 소설은 주인공 김병수 휴대전화의 메모장, 혹은 페이스북의 글을 그대로 옮겨놓은 것처럼 보였다.

『끌림』에 이어 『바람이 분다 당신이 좋다』로 연속해서 인기를 끈 이병률 시인을 비롯한 문인들의 사진이 있는 에세이가 큰 인기를 끌었다. 그랬다. 2013년은 '짧은 이야기'가 대중의 힘든 마음을 치유했다. 그래서 〈기획회의〉는 2013년의 키워드로 '이야기의 힘'을 선정했다.

01 이야기의 힘

'모든 것은 트위터로부터 비롯되었다.'

2012년에 베스트셀러를 휩쓸었던 에세이들은 대부분 트위터에서 비롯된 것들이다. 이들 에세이에는 공감과 위로의 한 줄 어록이 담겨 있었다. 독자는 혜민 스님의『멈추면, 비로소 보이는 것들』, 법륜 스님의『스님의 주례사』,『아프니까 청춘이다』에 이은 김난도의『천 번을 흔들려야 어른이 된다』, 이외수의『사랑외전』, 공지영의『사랑은 상처를 허락하는 것이다』등의 에세이에서 치유의 메시지를 갈구했다.

2012년 대선 국면에서도 트위터는 큰 힘을 발휘했다. 여야의 싸움이 워낙 치열하다 보니 다급한 여권은 국가 권력마저 동원했다. 트위터를 뒤덮은 댓글들이 국가권력을 동원해 작성한 것이라는 사실이 드러나서 선거 후 지금까지 정치권은 '댓글 논란'에서 한 발자국도 헤어나지 못하고 있다.

'손 안의 컴퓨터'라 불리는 스마트폰의 보급 대수는 3,500만이 넘었다. 스마트폰 보급률 세계 1위를 차지한 한국은 넘치도록 스마트하다. 스마트폰이 우리의 일상에 자리 잡기 시작한 이후부터 소셜미디어를 즐기는 이들은 누군가를 지켜보는 관음증의 환자이거나 스스로를 노출하고 싶어 하는 노출증 환자로 변해가고 있다. 특히 트위터는 익명의 계정이 가능하다 보니 인간관계를 파괴하는 일이 자주 발생했다. 그래서 트위터에서 받는 상처를 완화하고자 하는 사람은 페이스북으로 옮겨가기 시작했다. 도식적인 이분법으로 보일 수 있지만 굳이 트위터와 페이스북의 차이점을 이야기하자면, 트위터가 '한 줄의 어록'이라면 페이스북은 사진을 동반한 '짧은 이야기'라고 할

박근혜 정부는 정상적인 사유와 합리적인 판단이 불가능할 것이라는 두려움을 안겨주었다. 상처받은 대중은 '이야기'에 위안을 받았다.

수 있겠다.

이 차이에서 우리는 2012년과 2013년 사이에 일어난 출판시장의 변화를 가늠해볼 수 있다. 2012년까지 치유와 공감의 '한 줄 에세이'의 시대였다면, 2013년에는 '짧은 이야기'의 시대가 도래했다. 장편이 아닌 장편掌篇소설의 시대. 손바닥으로는 너무 크고 '손가락 하나' 정도에 불과한 짧은 이야기의 시대가 되었다고 보는 편이 좋을 것이다. 『끌림』에 이어 『바람이 분다 당신이 좋다』(이상 달)로 연속해서 인기를 끈 이병률 시인을 비롯한 몇 문인들의 사진이 있는 에세이의 인기나, 소프트 인문학 서적 붐이 분 것도 넓게 보면 같은 맥락이다.

올해 출판시장을 주도한 것은 소설이었다. 100만 부 돌파가 확실해 보이는 조정래의 『정글만리』(해냄)는 만리장성의 나라인 중국을 무대로 무역 전쟁을 벌이는 젊은이들의 정글 같은 삶을 그리고 있다. 20만 부가 판매된 정유정의 『28』(은행나무)은 힘이 넘치면서도 치밀한 스토리텔링과 등장인물의 내면을 냉정하면서도 객관적으로 그리는 심리묘사가 장점이다. 이 소설들은 '문체의 힘'이 아닌 '이야기의 가능성'을 보여주었다. 무라카미 하루키의 『색채가 없는 다자키 쓰쿠루와 그가 순례를 떠난 해』(민음사)와 베르나르 베르베르의 『제3인류』(열린책들)가 담고 있는 '이야기'도 세상에 제대로 진입해보지도 못한 채 좌절하고 있는 젊은 세대에게 위안과 희망을 안겨주었다. 공지영은 『높고 푸른 사다리』(한겨레출판)에서 트위터의 단말마적인 '외침'이 아니라, 사랑은 자신을 투신함으로써 가능한 것이라는 성찰을 보여주면서 여전히 건재함을 과시했다.

올해는 표면적으로 새로운 정권이 등장할 때마다 나타나곤 했던 'IMF 사태' '카드대란' '글로벌 금융위기' 같은 대형 경제위기가 등장하지 않았다. 그러나 대중은 장기 불황에 지칠 만큼 지쳤다. 2월에 시작된 박근혜 정부는 '경제민주화'나 '노령연금' 같은 공약을 헌신짝처럼 던져버렸다. 끊임없이 불거지는 인사 파동, 전 국민을 아나키스트로 몰아가는 독불장군의 정책과 행정이 계속 불거졌다. 어떤 일이 벌어져도 사과를 할 줄 모르는 박근혜 정부는 정상적인 사유와 합리적인 판단이 불가능할 것이라는 두려움을 안겨주기에 충분했다. 이렇게 상처받은 대중은 '이야기'에 위안을 받았다.

직장인들의 싸움이 벌어지는 정글과 같은 상황에서 관시關係(연줄이나 뒷배, 네트워크 등을 뜻하는 말)나 부동산, 성형 문제 등 중국의 사회, 문화적 현안을 본격적으로 다룬 『정글만리』는 30~50대 남성 직장인들에게서 가장 많은 인기를 얻었다. 이제 중국이 G2에서 곧 G1로 올라설 것으로 보이는 상황에서, 독자는 이 소설을 자기계발서처럼 읽었다. 2000년대 초반에 중국에서 베스트셀러 1위에 오른 최인호의 『상도』(여백)가 그러했던 것처럼. 『정글만리』에는 액자 같은 짧은 이야기가 자주 등장한다. 신경숙의 『달에게 들려주고 싶은 이야기』(문학동네)와 박완서의 『노란집』(열림원) 1부 '그들만의 사랑법'에 실린 미발표 소설들은 모두 장편掌篇 소설이다. 김영하의 『살인자의 기억법』(문학동네)은 처음부터 끝까지 치매에 걸린 연쇄살인범 김병수의 길고 짧은 메모로 구성되어 있다. 내게는 이 소설이 김병수 휴대전화의 메모장, 혹은 블로그와 페이스북의 글을 그대로 옮겨놓은 것처럼 보였다. 김영하가 새로운 소설 형식을 실험한 것으로 여겨지지만 앞으로 이런 유형의 '짧은 이야기'가 큰 흐름을 이룰 것으로 보인다.

_한기호

02 소설의 귀환

소설이 2013년 여름 시장에서 이례적인 호응을 얻을 수 있었던 이유는 몇 년간 사회경제적 이슈가 크게 약화된 것과 무관하지 않다.

2013년 서점가에서 가장 도드라진 풍경은 소설의 귀환이었다. 소설 열풍이 본격적으로 위력을 발휘했던 지난 7월의 상황을 보자. 교보문고 종합베스트셀러 순위 1~4위를 모두 소설이 차지했다. 1년 전과 비교해 현격한 변화였다. 2012년 7월 종합베스트셀러 1~10위에 소설은 더글러스 케네디의 『빅 픽처』(밝은세상)뿐이었다. 한국 소설로는 신경숙의 『어디선가 나를 찾는 전화벨이 울리고』(문학동네)는 11위를 차지했다. 1~20위 사이에 소설은 이 둘이 전부였다. 여름은 전통적으로 소설이 강세를 보이는 계절이지만, 소설이 종합베스트셀러 1~4위를 독식한 것은 최근 10년 사이에 처음 있는 일이었다.

올 여름 서점가에서 소설이 전에 없이 높은 경쟁력을 보이리라는 것은 어느 정도 예상할 수 있는 일이었다. 무라카미 하루키, 조정래, 정유정, 김영하, 공지영, 정이현, 파울로 코엘료, 댄 브라운 등 지명도 높은 국내외 작가들의 신작 출간이 줄줄이 예고된 상황이었기 때문이다. 주목할 점은 시장의 반응이 기대 이상이었다는 점이다. 무라카미 하루키의 『색채가 없는 다자키 쓰쿠루와 그가 순례를 떠난 해』는 출간과 동시에 종합베스트셀러 1위에 오르는 괴력을 발휘했다. 조정래의 『정글만리』는 하루키의 아성을 무너뜨리고 1, 2, 3권 모두가 종합베스트셀러 10위 안에 들었다. 다른 작가들이 사실상 베스트셀러를 예약해놓은 작가였다면, 김영하의 경우는 이례적인 편에 속한다. 김영하는 인지도에 비해 시장에서 잘 팔리는 작가는 아니었다. 그러나 이번에 내놓은 『살인자의 기억법』은 출간 한 달 만에 판매 부수 5만을 넘기며 그의 작품 중 처음으로 종합베스트셀러 10위 안에 들었다.

소설이 올 여름 시장에서 이례적인 호응을 얻을 수 있었던 이유는 무엇일까. 최근 몇 년간의 상황을 살펴보면, 올해 서점가에서 사회경제적 이슈가 크게 약화된 것과 무관하지 않아 보인다. 2008~2012년까지 여름 서점가 베스트셀러들은 '무한경쟁' '자기계발' '정의' '힐링' 등을 다룬, 신자유주의 체제의 시대적 정서와 긴밀하게 맞물린 책들이었다. 예컨대 2010년에 출간된 마이클 샌델의 『정의란 무엇인가』를 보자. 인문서로는 8년 만에 종합베스트셀러 1위를 차지하며 우리 사회에 '정의' 열풍을 불러일으킨 이 책의 성공을 사회경제적 정의에 대한 대중들의 열망을 빼버린 채 출판사의 '하버드 마케팅' 덕분이었다고만 설명할 수 있을까. 2011년과 2012년을 휩쓴 힐링 관련 서적들의 강세 또한 우리 사회에 대한 대중들의 극심한 피로감이 투영된 결과물이었다.

올해 소설의 귀환은 이처럼 서점가에서 사회경제적 이슈의 폭발력이 빠져나간 자리에서 이뤄졌다. 이 자리를 채운 것이 바로 '이야기의 힘'인데, 이 힘이 앞으로 언제까지 지속될 것인지는 아직까지 명확한 전망이 나오지 않고 있다.

_정원식

03 에세이 전성시대

힐링 관련 서적과 대형 소설에 가려 큰 빛을 보지 못했지만, 올해 독자들에게 사랑 받은 장르 중 하나가 에세이다. 가히 에세이 전성시대

철학과 역사 등 인문학의 진중한 담론은 설 자리를 잃었고, 고전은 사람들의 뇌리에서 잊혀졌다. 그 빈자리를 가볍고 따뜻한 에세이가 메웠다.

라 부를 만했는데, 대표적인 책은 이병률의 산문집 『바람이 분다 당신이 좋다』이다. 2012년 7월에 출간된 이 책은 올해 초까지 독자들 사이에서 회자되면서 여행 에세이의 새로운 매력을 선보였다. 사람에 대한 따뜻한 관심을 글과 사진을 풀어내면서 시인 이병률의 글맛을 새삼 느낄 수 있는 책이다.

여행 에세이 분야에서는 아나운서에서 여행작가로 변신한 손미나의 『파리에선 그대가 꽃이다』도 돋보였다. 『스페인 너는 자유다』(이상 웅진지식하우스)를 선보인 이래 여행작가로서의 내공을 다진 손미나는 『파리에선 그대가 꽃이다』에서 3년 넘게 파리지앵으로 살며 더 단단해진 삶의 이야기를 들려준다. 이 책은 '여행작가 손미나'가 하나의 브랜드로 성장했음으로 여실히 증명한다. 작가 신경숙도 에세이 전성시대의 한 축을 담당했다. 올해 3월에 선보인 『달에게 들려주고 싶은 이야기』는 책 표지에는 '신경숙의 짧은 소설'이라고 적혀 있지만 달에게 우리의 이야기들을 들려주는 짧은 에세이에 더 가깝다. 평범하고 소소한 일상에서 발견할 수 있는 아름다움이 내내 펼쳐진다. 그런가 하면 지난 9월 타계한 최인호 작가의 작품집 『최인호의 인생』(여백)도 잔잔한 인기를 끌었다. 작가가 암과 싸우며 지낸 5년의 시간을 오롯한 언어에 담아 인생을 성찰한다. 암 투병 기간을 "고통의 축제"라고 표현한 최인호 작가만의 관조적 삶의 태도도 빛난다.

한기호 한국출판마케팅연구소장은 에세이에 대한 독자들의 관심을 "경박단소輕薄短小 시대의 증후"라고 이야기하기도 했지만 최근 에세이는 다양한 장르와 결합하면서 '읽음직한' 책으로 발돋움했다. 김형경의 경우 심리학과 에세이를 결합한 심리 에세이스트로 확실히 자리매김을 했고, 작가 이외수는 촌철살인을 담은 다양한 에세이로

뭇사람들의 멘토 역할을 하고 있다. 2009년에 세상을 떠난 장영희 교수는 문학과 일상을 접목한 에세이로 독자들의 사랑을 받았고, 지금은 뜸하지만 한비야 역시 여행 에세이의 새로운 장을 열었다. 최근에는 유명 인사들뿐 아니라 일반인들도 여행 에세이를 내고 있는 상황이다.

물론 에세이가 새로운 전성시대를 맞이한 데는 가벼워도 너무 가벼운 요즘 세대와 무관하지 않다. 철학과 역사 등 인문학의 진중한 담론은 설 자리를 잃었고, 고전은 사람들의 뇌리에서 잊혀졌다. 그 빈자리를 가볍고 따뜻한 에세이가 메우고 있는 셈이다. 문제는 시류에 영합하는 에세이들이 지나치게 많다는 점이다. 한동안 대부분의 에세이는 '힐링'을 전가의 보도처럼 사용했다. 이제는 20대에 이어 30대, 그리고 40대를 타깃으로 한 에세이가 우후죽순 쏟아져 나온다. 에세이에 군이 진중한 담론을 담아낼 필요는 없다. 삶의 소소한 일상과 행복을, 그 깨달음을 솔직하게 풀어내는 것이 에세이이기 때문이다.

_장동석

04 도서정가제 개정 추진

2013년 1월 9일 민주통합당 최재천 의원이 출판문화산업진흥법 개정안을 대표 발의했다. 발행 후 18개월간 적용하는 정가제 기한의 폐지(영속적인 정가제 적용), 도서분야별 정가제 적용 차별의 폐지(실용서 및 초등 학습참고서도 정가제에 포함), 도서정가제 적용 예외 대상이던 도서관과 국가기관의 도서 구입에 대한 정가제 적용(사회복지기관은 제외), 그리고 마일리지를 포함한 최대 할인 한도를 정가의 10%까지로 제한한다는 것이 골자이다. 10%의 할인 허용 등 여전히 불완전한 부분이 있긴 하지만 기존 '무늬만 정가제'에 비한다면 정가제 적용을 대폭 강화하는 방향임이 분명하다. 도서정가제의 본래 입법 취지를 실현하기 위한 '정상화 조치'이기도 하다.

이 개정안의 가장 큰 특징은 공정거래법과 공정거래위원회에 의해 규율되던 기존의 도서정가제 운용 방식이 개선됨으로써, 독립된 도서정가제 특별 조항으로서의 위상을 확립할 수 있게 된다는 점이다. 실용서 및 초등 학습참고서가 공정거래위원회 고시에 의해 정가제에서 제외된 모순이 사라질 것이다. 또한 발행 후 18개월 이내의 신간에만 적용하던 정가제 대상을 18개월이 지난 구간으로까지 확대함으로써, 할인율이 높은 구간 판매가 신간 판매를 앞지르던 폐단과 모순이 줄어들 것이다. 그리고 도서의 총 할인율을 정가의 10% 이내로 제한하고, 여기에 직접할인 이외의 마일리지, 할인쿠폰 제공 등 간접할인을 모두 포함시켜 과다한 할인 경쟁의 제한과 소비자 보호라는 두 가지 효과를 동시에 거둘 것으로 기대된다.

개정안이 발의되자 온라인서점 알라딘은 "소비자 이익에 반한다"며 반대 성명서를 내고 네티즌 대상의 개정안 반대 서명 운동을 대대적으로 펼쳤다. 그러나 개정안을 지지하는 유력 단행본 출판사들이 알라딘에 잇따라 거래 정지를 통보하며 강경 대응하자 알라딘은 백기 투항의 제스처를 내보였다. 그러나 예스24, 인터파크, 알라딘 등 온라인서점들은 여전히 개정안 반대 의사를 굽히지 않고 있다. 출판계와 온·오프라인 서점계가 정가제 개정의 합의안 도출을 위해 추진한 '출판유통 상생협의회'는 8월 말에 협상 결렬로 마무리되었다.

온라인서점 쪽에서는 무엇보다도 '10% 기본할인+10% 마일리지'를 적용하는 현행 방식의 유지를 주장한다. 사실상 핵심 조항인 '총 할인율 10%' 개정안에 동의하기 어렵다는 입장이다. 여당 쪽에서는 초등 학습참고서의 정가제 품목 편입에 관심이 더 크다. 가계의 학습참고서 가격 부담을 키우지 않을지, 소비자 반발은 없을지 우려하는 것이다. 그간 출판계와 서점계가 공들여 국회의원들을 설득하고 노력한 결과 교육문화체육관광위원회의 우선 처리 법안으로 분류되어 있다고 한다. 국회 일정이나 여러 정황을 감안해볼 때 12월 초 전후로 법안심사 소위원회에 회부될 예정이다. 출판시장 경색이 날로 심화되는 상황에서 이번 개정안의 통과 여부는 한국 출판과 독서 생태계의 지속 가능성에 중요한 방향타가 될 전망이다.

_백원근

05 사재기 파동

2013년 5월 7일, SBS 시사프로그램 〈현장21〉에서 출판사들이 책 사재기를 통해 베스트셀러 순위를 조작하고 있다고 폭로했다. 해당 작가들이 출판사와의 계약을 파기하고 관련 책을 절판했고, 출판사 대표가 자리에서 물러나는 등 '사재기 파동'이 거세게 몰아쳤다. 사재기 의혹과 폭로가 처음 있는 일은 아니었지만, 대형 온라인서점들의 구매목록 분석을 토대로 유명작가들의 작품과 특정 출판사 이름까지 구체적으로 거론하면서 일부 책들 매출의 70% 이상이 사재기를 통해 이뤄진 것이라는 보도의 충격파는 컸다. 비판과 자성의 소리가 무

성했고, 수사나 처벌 요구도 요란했다. 약 반년 뒤인 10월 29일 출판
계가 사재기 고질병 치유를 위한 '책읽는 사회 조성 및 출판유통질서
확립 자율 협약식'을 연 건 당연한 수순이었다. 그런데 거기에 대한
출판계 안팎의 반응들이 영 떨떠름하다. 한기호 한국출판마케팅연구
소장은 "이런 협약은 2010년에도 있었다"며 "그때 협약과 다른 것은
'건전유통감시인' 제도를 도입하기로 한 것뿐"이라고 했다. 박익순
한국출판저작권연구소 소장의 평가는 조금 후한 편이지만, 그가 제
시한 2010년과 2013년의 협약서와 베스트셀러 집계 가이드라인 비
교 분석을 보면 둘 사이에는 본질적으로 차이가 없다. 박 소장은 출판
계 자율규제만으로는 한계가 있다며 사재기 처벌을 현행 과태료 부
과에서 벌금형으로 바꿔 형사 처벌을 하게 하는 출판문화산업진흥법
개정, 사재기 가담 대형서점 등 유통사업자제재 강화, 출판유통심의
위원회의 법정 기구화, 사재기 신고자에 대한 공익신고자 보호법 적
용 등을 촉구했다. 소수의 대형 온·오프라인서점이 좌우하는 베스트
셀러 집계를 전국 단위 집계 시스템으로 바꿔 신뢰도를 높이자는 제
안도 나왔다.

　왜 사재기를 할까. 사재기를 해서 책이 베스트셀러 순위 상위권에
오르면 책 내용과 상관없이 그 책은 더 많이 판매되고, 그로 인한 이
익이 사재기 투입 비용보다 훨씬 더 크기 때문이다. 뒤떨어진 독서 수
준, 독서 풍토 등 독자들에게 돌아갈 책임도 적지 않겠으나, 그건 고
질병의 원인이 아니라 결과일 수 있다. 황석영은 '출판계 사재기 근
절'을 촉구하는 기자회견에서 한국 공공도서관 1년 도서구입비가 미
국 하버드대학 1년 도서구입비에도 미치지 못한다고 말하며, "출판
사들의 '서점을 통한 도서 기증 행태'와 '정가의 절반에도 못 미치는

할인 판매' '다른 도서 끼워 팔기'와 '과도한 경품 증정' 행위 등도 공개적인 사재기의 일종"이라고 했다. 그의 말이 정답일지도 모르겠다. 그렇게 도서관을 홀대하고 죽여놓으니 독서 인구가 줄고 출판사도 쇠락할 수밖에 없다. 비정상적인 도서기증과 과도한 할인 판매, 끼워 팔기 등이 모두 판매 수치를 높이기 위한 편법인데, 그게 일종의 사재기라는 지적도 맞다. 독서시장 불황 속에 이런 사재기가 통하면 출판사들은 그렇게 해서라도 베스트셀러를 만들어 살아남으려 할 것이고, 그런 편법 사재기가 중계되는 대형 유통회사와 결탁하거나 갑인 유통회사에 끌려다닐 수밖에 없다. 이 악순환을 끊는 최선책이 완전 도서정가제라는 주장은 그래서 설득력이 있다. 정가제를 실시하면 할인을 무기로 군림해온 유통사가 본래 자리를 찾고 서점과 출판사가 살고 사재기도 발붙이기 어렵게 된다.

_한승동

06 KBS 〈어린이 독서왕〉 사태

KBS 〈어린이 독서왕〉 대회는 올해 3월 중순에 선정도서 40종이 서점에 진열되고 상반기 참가를 결정한 7개 교육청이 4월부터 본격적으로 학생을 모집하면서 일반에 알려졌다. KBS 한국어진흥원의 기획안에 따르면, 초등학교 3~6학년 학생들이 선정도서를 읽고 도서마다 35~50문항의 예상문제를 풀고 진단평가를 치른 다음 합격생들을 대상으로 학교 수준의 독서골든벨과 교육청 수준의 독서골든벨을 차례로 치러 결선 참가자를 선발하기로 되어 있었다. 개인이 아닌

학교 단위로 접수한 참가 신청자는 5월 7일 기준으로 257개교 4만 9752명에 달했으나, 시민단체들의 반대로 학교들이 참가를 취소하면서 6월에 실제로 시험을 치른 학생은 174개교 2만 648명이었다. 11월 2, 3일 학교대표 100명이 참가한 결선은 어휘 중심의 독서능력 시험, 우리말 OX 게임, 선정도서와 교과 관련 문제가 절반씩 출제되는 독서퀴즈쇼의 3단계 시험으로 치러졌다. 애초 KBS 정규채널에 연속으로 방송될 예정이었지만 규모가 축소되면서 1회성 행사에 그쳤고, 12월 중에 KBS N에서 방영되는 것으로 모든 일정이 끝난다.

대회의 과정에서도 여러 문제가 드러났다. 수준 미달의 선정도서가 많았고, 전문 출판 경력이 없는 학원사업체의 교재형 도서와 접수일 이후 출간된 도서가 선정되는 등 선정과정에 의혹이 있었으며, 진행비(39여억 원) 조달 명목으로 출판사에서 정가의 45% 가격에 책을 공급받아 독점 유통했고, 참가 교육청과 일선 학교들이 평가 없이 도서를 일괄 구매했으며, 서점들은 우승 상금을 걸고 판촉 경쟁을 벌였다.

이 사태가 출판계에 남긴 상흔은 작지 않다. 첫째, 유통 중인 도서가 원저작과 상관이 없거나 성격상 배치되는 학습매뉴얼과 예상문제가 딸린 별도 출판물로 재출간되고 유통되는 사상 초유의 일을 겪었다. 일부 독자들이 선정도서의 저자와 출판사에 강한 배신감을 표현하기도 했지만, 아직도 초등 교과서에 원작이 심각하게 축약, 변용되어 수록되는 마당에, 어린이책 출판과 저자의 상대적으로 낮은 위상을 출판계 스스로 깎아먹은 꼴이 되었다.

둘째, 출판계가 사업 이권에 어떤 식으로든 개입했다는 의혹을 떠안게 되었다. 출간 2주 만에 베스트셀러 순위에 진입한 선정도서의 총 판매량이 20만 부를 넘겼다는 게 출판계의 추산이다. 개별 출판사와 대형서점의 생존 노력이 출판유통 시스템의 혼란을 부추기는 단발성 행사 수요와 비정규 시장의 창출로 쏠린다면 큰 문제다. 결국 출판의 명분이나 독서계와의 긍정적인 피드백을 고민할 여력이 없는 출판계 분위기를 어떻게 돌려놓을지가 숙제로 남았다. 여론의 주목을 받은 지 불과 한 달 만에 공영방송사가 당초 계획을 전면수정한 배경은 어디에 있을까. 논술고사 시행과 서술형 평가의 확대 등이 독서 사교육의 기형 성장을 낳으며 독서 본연의 가치가 왜곡된 현 상황에 많은 시민들이 문제를 느끼고 있었기 때문일 것이다. 이제 변화를 바란다. 공적 명분에 맞는 독서와 출판 진흥이 필요한 때이다.

_여을환

07 소프트 인문학

'소프트 인문학'은 사전에 등재돼 있진 않지만 대략 '쉬운 인문학'을 가리키는 것으로 보인다. 쉬운 인문학이라는 말도 모호한데 '인문학의 문턱을 낮춰 알기 쉽게 풀이해주는 인문학'이라고 해도 좋겠다. 어려운 걸 쉽게 풀어주는 건 사기가 아니냐고 인상을 찌푸리는 경우도 많다. 마치 어려운 고전을 다이제스트로 만들어서 읽기 쉽게 만들어주는 것과 무엇이 다르냐는 식이다. 하지만 그렇게 정색하는 이들은 보통 소프트 인문학을 과대평가하는 게 아닌가 싶다. 소프트 인문학은 '하드 인문학'과 경쟁 관계에 놓인 것도, '본격 인문학'을 대체하려는 것도 아니다. 정색하고 영역 관리에 들어갈 정도는 아니라는 말이다. 가령 판매 부수로만 보자면 '올해의 인문서'에 값하는 주현성의

인문학의 문턱을 낮춰 알기 쉽게 풀이해주는 소프트 인문학 도서가 꾸준히 출간되면서 이에 대한 수요가 일부 확인되었다.

『지금 시작하는 인문학』(더좋은책)만 해도 그렇다. '우리 시대가 알아야 할 최소한의 인문 지식'을 부제로 내걸었고, '한 권의 책으로 인문의 기초 여섯 분야를 꿰뚫는다'는 걸 콘셉트로 잡았다. 무모해 보이는 발상이지만 한 권으로 모든 걸 정리해주겠다는 책은 이전에도 있었다. '두꺼운 책' 붐을 가져왔던 디트리히 슈바니츠의 『교양』(들녘)이 나온 게 2001년이었다. 이 책이 계기가 되어 출판사에서는 아예 '사람이 알아야 할 모든 것' 시리즈를 펴내기도 했다. 소프트 인문학이 느닷없는 경향은 아니라고 볼 수 있다.

모든 것을 한 권으로 집약하겠다는 건 사실 어려운 일이면서 불가피한 일이기도 하다. 『역사란 무엇인가』의 저자 E.H. 카는 소련사의 권위자이기도 한데, 그가 펴낸 『소비에트 러시아의 역사』는 무려 열네 권짜리이다. 소련사 전공자라면 기꺼이 읽어나갈지 모르겠지만 일반 독자들에게 똑같은 관심과 열정을 요구하는 건 무리다. 카도 이런 사정을 고려해서 한 권짜리 다이제스트판 『러시아 혁명』(이데아)을 펴냈고 이게 국내에도 소개됐다. 오히려 너무 얇아서 불만스럽지만, 사실 소련사 말고도 읽어야 할 책은 부지기수이니 독자로서는 고마운 일이다. 『지금 시작하는 인문학』이 포착한 건 그런 책에 대한 수요. 이 책의 독자가 본격적인 인문서 독자와 얼마나 중복될지는 모르겠지만 상호배제적일 거라고 생각되지는 않는다. 소프트 인문학에 맛을 들인 독자가 어려운 책을 경시하게 함으로써 오히려 인문학에 해가 될까, 아니면 더 깊이 있는 공부와 독서로 이끄는 길잡이이자 촉매가 될까. 두고 봐야 알겠지만, 좀더 정확한 판단을 위해서라도 독자의 수요에 부응하는 책들이 더 나올 필요가 있다.

『지금 시작하는 인문학』에 대한 응답으로 읽을 수 있는 책이 뒤이어 나온 『지금 시작하는 인문학 2』와 김경집의 『인문학은 밥이다』(알에이치코리아)이다. 2권에서 주현성은 전작에서 다룬 범위를 더 확장했고, 김경집은 자연과학과 사회과학까지 포함하는 넓은 의미의 인문학 세계를 풍성한 상차림으로 안내한다. 더 읽어볼 책들에 대한 소개도 충실하다. 많은 분야를 다룰 뿐 결코 물렁하지 않다.

_이현우

08 국내 전자책 업체들의 경쟁

2013년은 전자책 업계가 본격적으로 서비스 확대 경쟁을 펼친 한 해였다. 새해 들어 가장 먼저 포문을 연 것은 교보문고였다. 1월이 되자마자 2012년부터 소문만 무성했던 교보문고의 새로운 전자책 서비스가 세상에 모습을 드러냈다. 전자책을 뛰어넘어 "책 시장의 패러다임을 바꾸고 본격적인 e북 시대를 여는 원년이 될 것"이라던 샘SAM 서비스였다. 일정 금액을 내고 보고 싶은 전자책을 빌려본다는 대여의 개념을 들고 나온 샘은, 전자책을 더 이상 소유가 아닌 대여의 개념으로 보았다. 하지만 시장의 반응은 생각보다 뜨겁지 않았다. 이미 만화와 장르물을 중심으로 대여 서비스가 존재했고, 함께 선보인 샘 단말기에 대한 초기 사용자 반응도 기대보다는 미흡했다. 시공사, 민음사, 창비는 물론 전자책 콘텐츠 공급에 공격적인 문학동네도 참여를 꺼리면서 콘텐츠 부족에 대한 문제도 해결이 안 되고 있다. 올해 목표로 한 가입자 10만 명 달성은 그리 쉽지 않아 보인다.

하반기에는 예스24, 알라딘, 반디앤루니스 등의 유통사에 전자책을 공급하는 한국이퍼브가 선보인 전자책 전용 단말기 크레마 샤인이 주목을 받았다. 아마존 킨들을 넘어선 '한국형 킨들'을 표방한 크레마 샤인은 작년에 출시된 크레마 단말기의 후속작이다. e잉크 단말기의 단점을 극복한 프론트 라이트를 탑재하면서 시간과 공간에 상관없이 전자책을 읽을 수 있는 기능을 넣었고, 지난 버전에서 지적되었던 소프트웨어의 문제를 개선했다는 게 한국이퍼브의 설명이다. 하지만 아마존 킨들이나 코보 같은 외국의 단말기와 비교해 지난 세대의 기술을 채용한 부분과 여전히 불안했던 소프트웨어의 문제로 초기 반응은 실망이 주를 이뤘다.

샘과 크레마 샤인이 e잉크 전용 단말기였다면 태블릿에 기반을 둔 전자책 단말기도 출시되었다. 인터파크가 출시한 비스킷탭은 넥서스7이나 갤럭시탭 단말기처럼 안드로이드OS를 기반으로 하는 태블릿PC이다. 하지만 일반 태블릿PC와는 달리 전자책 기능에 특화된 단말기이다. 저렴한 가격에 나쁘지 않은 하드웨어 스펙을 가진 비스킷탭은 전자잉크 단말기에 편중된 전자책 단말기 시장에 독자의 선택지를 넓혀주었다. 종이책 유통을 기반으로 하는 전자책 유통사들이 단말기를 경쟁적으로 출시하면서 시장 점유를 늘리려 했다면 리디북스나 네이버북스 같은 IT 기반의 전자책 회사들은 다양한 서비스와 기술 개발로 시장을 두드렸다. 리디북스는 태블릿PC와 전자책을 묶음상품으로 개발했는데, 아이패드 미니나 넥서스7 등의 최신 단말기와 펭귄클래식 고전문학전집 등의 상품을 연계해 가격을 낮춰 판매하는 리디샵을 론칭했다. 하반기에는 PC용 전자책 뷰어와 맥OS 기반의 뷰어까지 연달아 내놓으면서 독자들의 요구를 가장 앞서 수용하는 전자책 서비스 회사의 이미지를 다시 한 번 보여주었다. 한동안 잠잠했던 네이버도 하반기에 네이버북스의 서비스 강화를 위해 차세대 전자책 포맷인 이펍3.0을 전격 지원하기 시작했다. 이미 2011년 표준으로 업계에 소개된 이펍3.0이지만 국내에서는 유통사들의 뷰어 개발이 늦어지면서 확산이 더디었다. 신세계I&C의 오도독 서비스 정도가 이펍3.0을 지원했을 뿐이다. 다양한 멀티미디어와 레이아웃을 지원하는 이펍3.0의 확산이 네이버북스의 지원으로 계속 이뤄질지 주목할 만하다.

한편 스마트폰용 앱 기반의 전자책인 앱북을 전문으로 만드는 북잼에도 2013년은 도약의 해였다. 열린책들과 함께 만든 열린책들 '세계문학' 전집 앱은 기대를 뛰어넘는 좋은 반응을 이끌어냈고, 김진명의 전작, 베르나르 베르베르의 『상상력 사전』, 박경리 『토지』 등도 앱북으로 출간하면서 이펍 포맷의 한계를 극복한 앱 기반의 전자책 시장에서 선도적인 위치를 굳혔다. 최근 실리콘밸리 투자 유치 소식까지 들려오면서 전자책의 새로운 가능성을 인정받고 있다.

_서정호

09 지역 출판의 가능성

올해 출판계 화두로 꼽힌 '지역 출판의 가능성'은 사실 제목부터 지역 출판에 대해 의문을 던지고 있다. '가능성'이라는 단어 자체가 아직도 많은 이들이 지역 출판의 실현 여부에 대해 의심하고 있음을 내포하고 있으니 말이다. 그러나 지역 출판은 이미 오래전부터 하나둘씩 씨앗을 뿌리며 마땅히 가능한 것임을 스스로 입증해왔다. 10년 가까이 200여 종의 책을 출간하며 부산에 뿌리를 공고히 내린 산지니가 있고, 충남 홍성에서 뚝심 있게 작은 출판을 오래 해온 그물코도 여전히 건재하다. 제주의 향토 출판사와 경남 하동에 상추쌈출판사도 좋은 책을 펴내고 있다. 이들은 이제 지역 출판 입문 2년 차인 남해의봄날의 대선배들이다.

물론 우리보다 앞서 이 길을 걸은 그들도 어려움이 많았을 것이다. 그럼에도 지역 출판을 고집하는 이유는 대체할 수 없는 특별한 가치들이 존재하기 때문이다. 그 첫 번째는 바로 '새로운 콘텐츠의 발견'이다. 살아보지 않으면 절대 알 수 없는 지역의 콘텐츠를 하나둘 발견하고 세상에 드러내는 기쁨은 미지의 신대륙을 개척하는 것처럼 강렬한 카타르시스를 안겨준다. 그리고 편집자의 재능 역시 몸과 마음이 상대적으로 여유로워지는 지역에서 고도로 업그레이드될 확률이 높다. 서울에서는 보이지 않던 것들이 지역에서는 더 크게 보이기 때문이다. 그러나 경제성 부분에서는 속단하기 어렵다. 집값이 안정되어 높은 임대료에 대한 걱정은 덜하지만 물류나 유통에 드는 비용이 크고, 교통비도 만만치 않다(인쇄, 물류, 마케팅 등 모든 인프라를 지역 내에서 해결할 수 있다면 문제는 달라진다). 절대비용은 지역이 저렴하지만 그 부분에 너무 큰 가치를 두고 지역 출판을 선택하는 것은 권하고 싶지 않다.

사실 지역 출판의 가능성을 확신으로 바꾸는 데 가장 큰 걸림돌은 내 안에 있다. 나 역시 그랬다. 끊임없이 드는 의심과 불안, 그리고 두려움이 가장 큰 적이었다. 사실 따지고 보면 같은 나라 안에서 못 할 게 무어란 말인가. 작은 불편함은 어느 곳에서나 마찬가지 아닌가. 그래도 극복하기 어려운 한계는 분명히 있다. SNS가 아무리 발달했어

도 출판 인프라가 빈약한 지역에서 무시로 엄습하는 외로움은 잘 해
결되지 않는다. 직원들도 같은 업계 편집자를 만날 기회가 없으니 오
프라인 현장에서 접하는 생생한 소통의 기쁨과 정보 교류에는 약할
수밖에 없다. 이러한 한계를 갖고 있음에도 '지역 출판의 가능성'이
라는 화두는 틀렸다. 지역 출판은 이미 현재 진행형이고, 가능성을 넘
어 확산되고 있다. 여전히 간만 보고 있다면, 버려야 할 것과 얻어야
할 것의 계산을 끝내고 용기만 내면 된다. 모든 것을 다 가질 수는 없
는 법 아닌가.

_정은영

10 합리적 행복

2013년에는 새로운 정권이 들어섰다. 마땅히 새롭게 열린 변혁의
가능성을 기대와 설렘으로 맞이해야 옳을 터이다. 하지만 현실은 이
와 달랐다. 미래에 대한 전망이 부재한 상황으로 인해 상위 1%를 제
외한 모든 이들이 영혼까지 노동하는 지경(『노동하는 영혼』, 갈무리)에
이르게 되고, 사회 전체가 피로가 휩싸이며(『피로사회』), 불안이 영혼
을 잠식하게 되었기 때문이다(『불안증폭사회』, 위즈덤하우스). 내가 살
기 위해 네가 죽어야 하는 적대적 경쟁이 삶의 규범이 되고(『팔꿈치
사회』, 갈라파고스), 1%를 제외한 모두가 불행한 상황이다. 그래서 국
민행복시대가 박근혜 대통령의 기본 공약이 되었다. 기존의 신용회
복기금, 즉 연체자의 채무탕감 정책에 이 새로운 국정의 비전을 따라
'국민행복기금'이라는 새로운 라벨을 덧붙였다. 또한 희망주택이라

대중은 비전 성취의 적극적 행복 대신에 인생 용납의 소극적 행복을 추구하기 시작했다.

는 명칭을 지니고 있던, 저소득층 대상의 반값 임대주택에도 '행복주택'이라는 새로운 명칭을 부여했다. 물론 이것은 정치가 대중의 욕망에 민감하기 때문이다. 열정 강박에 지쳤고, 힐링 담론에 휘청대던 불행한 대중이 행복을 새롭게 찾아 나섬에 정치권이 주목한 것에 불과하다.

출판계 또한 대중의 이러한 상황에 주목하여 행복에 대한 서적들이 봇물 터지듯 쏟아져 나왔다. 사실 애초에는 정치계와 비슷하게 무늬만 흉내를 낸 사실상의 자기계발서들이 많았다. 가령 『행복의 신화』(지식노마드)를 포함한 행복 연구 관련 저술들이 그 좋은 사례일 것이다. 지금의 행복 연구는 긍정심리학의 다른 이름이라 해도 무방할 정도이다. 하지만 그런 속에서도 주목할 만한 두 가지 부류의 행복 서적들이 나오기 시작했다. 한 편에서는 행복에 대해 새롭게 성찰하고, 또 다른 한 편에서는 새로운 방식으로 행복을 추구하도록 안내한다.

행복에 대한 성찰을 담은 책으로 특별히 탁석산의 『행복 스트레스』(창비)를 꼽을 수 있겠다. 행복을 인생의 목적으로 추구하는 현재의 풍토의 기원을 근대의 공리주의에서 찾아내고, 나아가 행복한 삶에서 좋은 삶으로 인생의 목적을 수정할 것을 우리에게 제안하고 있다. 더불어 리처드 스코시의 『행복의 비밀』(문예출판사)은 행복에 대한 고전적 개념들을 네 가지 유형(쾌락, 욕망, 이성, 고통)으로 정리하고 있다. 행복의 다원주의를 주창하는 가운데 삶을 대하는 우리의 시야를 확장시켜준다. 새로운 행복의 매뉴얼로는 우선 올리버 버크먼의 『합리적 행복』(생각연구소)을 들 수 있다. 참된 인생은 행복과 불행, 기쁨과 슬픔으로 구성되어 있음을 우리에게 상기시킨다. 비전 성취의 적극적 행복 대신에 인생 용납의 소극적 행복으로 갈아치운 셈이다. 광수생각으로 유명한 박광수의 인터뷰집 『민낯』(소란)은 어떤가. 평범한 이들을 인터뷰이로 삼은 그 역시 행복의 목표를 낮춰 잡고 있다. 또한 『폰 쇤부르크 씨의 우아하게 가난해지는 법』(필로소픽)도 가난의 품격을 제시하며 행복의 다른 그림을 보여준다.

　행복 서적의 새로운 흐름이 보여주는 것은 문자 그대로 '합리적 행복'의 추구라고 할 수 있다. 이것은 우리 사회 전반의 흐름과 궤를 같이하고 있다. 지금은 작은 씨앗이 갓 싹을 틔우고 있는 것에 불과하지만, 이것이 내일의 우리 사회를 새롭게 바꾸는 데에 견인차 역할을 할 것이라고 확신한다.

_이원석

11 알라딘 중고서점

대형마트의 입점으로 전통시장이 설 자리를 잃고 소상공인들의 생계가 위협당하는 일이 출판계에서도 벌어지고 있다. 영세한 동네 헌책방이 전국 체인망을 가진 알라딘 중고서점의 등장으로 큰 어려움을 겪고 있는 것이다. 이로써 헌책방 시장의 양극화가 심화되고 있다. 알라딘 중고서점은 2011년에 종로 1호점을 시작으로 현재 전국 16곳에 매장을 열었고 계속 늘려나가는 추세다. 매입 판매 시스템이 규격화되어 있고 신간이나 베스트셀러도 다른 헌책방보다 많아서 독자들의 호응이 뜨겁다. 반면 소규모 헌책방은 찾는 사람이 없어 문을 닫는 숫자가 날로 늘고 있다.

알라딘 중고서점의 확대는 도서정가제와도 관련이 있어 간과할 수 없는 문제이다. 구간과 신간 구분 없이 할인율을 10%로 제한하는 도서정가제 개정안이 시행된다고 하더라도 중고서점은 신간을 대폭 할인하여 판매할 수 있기 때문이다. 새 책은 물론 출판사가 홍보용으로 배포한 책까지도 이곳에서 유통되고 있다. 소비자의 선택권을 존중해야 한다는 의견과 비양심적으로 홍보용 책을 내다 파는 사람이나 편법을 쓰는 출판사가 문제라는 반론도 있지만, 출판인들은 알라딘 중고서점이 건강한 출판문화를 저해하고 있다고 한목소리로 비판한다. 이제 알라딘도 사태의 심각성을 깨닫고 우려의 목소리에도 귀기울여야 하지 않을까.

12 온라인서점 매출 하락

출판계 불황이 확산되면서 온라인서점의 매출마저 감소세로 돌아섰다. 지난 10월 22일 대한출판문화협회가 발간한 『2013 한국출판연감』에 따르면 온라인서점은 2006년부터 꾸준히 성장세를 기록하다가 2012년에 처음으로 성장률이 전년보다 2.1% 감소한 것으로 나왔다. 2011년에 9,500억 원을 기록한 매출액이 2012년에 9,300억 원으로 줄어든 것이다. 오프라인서점의 연이은 폐점으로 도서시장에서 온라인서점의 매출비중은 더 늘었지만, 총 매출은 계속 하락하여 온라인서점의 고민은 더욱 깊어지고 있다. 지속적인 매출 하락의 상황을 타개하기 위해 온라인서점은 과도한 할인 경쟁을 벌이거나, 출판사로부터 광고료를 받아 추천도서를 조작하기도 하여 공정거래위

회에 시정명령을 받은 일도 있다. 2012년 12월 온라인서점 대교리
브로의 폐쇄, 매각 사태로 확산된 온라인서점 붕괴론은 여전히 그 위
력을 발휘하고 있다.

온라인서점의 공포는 출판계 불황에서 비롯된 것이다. 출판계가
살아나야 온라인서점도 살 수 있다. 할인과 사재기가 난무하는 시장
은 독자의 신뢰를 얻을 수 없다. 이제 유통질서를 바로잡고 공정한 경
쟁의 룰을 확립하기 위해 온라인서점과 출판계가 함께 힘을 모아야
할 때이다.

13 무라카미 하루키

무라카미 하루키에 대한 한국 독자들의 사랑과 관심은 1994년『상실
의 시대』(문학사상사)부터 여전히 식을 줄 모른다. 그 사이 노벨문학
상 후보에 오르면서 더 많은 마니아를 거느리게 된 하루키는 2013년
에도『색채가 없는 다자키 쓰쿠루와 그가 순례를 떠난 해』(『색채가 없
는』)로 여름 소설시장의 한 축을 형성했다. 일본에서 출간 7일 만에
100만 부가 판매되었다는 소식이 먼저 화제가 되었다. 내용 면에서
는 주인공 다자키 쓰쿠루가 자기를 찾아가는 과정이 20, 30대의 성장
담론과 맞물리면서 젊은 층의 관심을 이끌어냈다. 외적으로는 여름
소설시장의 정점에 내놓아 타이밍도 절묘했다. 그러나 아쉽게도(?)
높은 기대와 달리 30만 부가량 판매된 것으로 알려졌다.

무라카미 하루키를 이야기할 때 빠지지 않는 것은 바로 선인세
다. 전작『1Q84』에서 10억 원을 가뿐이 넘기더니『색채가 없는』은

16억 원을 훨씬 넘겼으리라는 추측이 나돌았다. 집단주의 사회인 일본에서 지극한 개인주의를 추구하는 주인공을 내세운 무라카미 하루키의 작품세계는 나름 한 방향성을 유지하는 작가적 뚝심으로 보인다. 하지만『상실의 시대』이후 반복되는 작품의 패턴만큼은 무라카미 하루키가 넘어야 할 숙제라고 많은 전문가들이 지적하고 있다.

14 조정래

거장이 귀환했다는 말밖에 달리 표현할 말이 없다.『태백산맥』,『아리랑』,『한강』(이상 해냄) 등의 대하소설을 통해 질곡의 근현대사를 파헤치는 데 평생을 바친 조정래 작가인지라, 중국을 배경으로 각국 비즈니스맨들의 고군분투를 다룬『정글만리』는 다소 의외였다. 지나친 설명조와 자기계발서 느낌 등 날선 비판도 이어졌다. 하지만 독자들은『정글만리』의 손을 들어주었고, 출간 석 달 만에 80만 부 이상 판매되었다. 사실 출간 전부터 베스트셀러의 전조가 있었다. 네이버 연재 당시 온라인 조회수가 무려 1,200만이었다.

조정래 작가가 롱런하는 가장 큰 이유는 철저한 자료조사에 있다. 소설 집필 당시 중국을 제집 드나들 듯했고, 그 결과물로『정글만리』도 태어났다.『정글만리』는 2014년 초 중국에서도 출간될 예정이다. 산업화에 따른 중국의 변화와 그 명암이 고스란히 드러남에도 중국에 판권이 판매된 것은 에이전트의 힘이기도 하겠지만, 무엇보다 조정래 작가의 이름값 때문이라고도 할 수 있다.

15 정유정

누군가 "정유정은 새로운 현상"이라고 했다. 그도 그럴 것이 『내 심장을 쏴라』와 『7년의 밤』 단 두 작품으로 한국 문단의 새 지평을 열었다는 평가를 받는 이가 바로 정유정이다. 올해 6월에 나온 『28』은 가상의 도시 화양에서 일어난 '빨간 눈 괴질'과 생사의 갈림길에서 드러나는 인간의 본성을 놀라운 짜임새로 보여준다. 이야기의 힘만으로 독자를 벼랑 끝으로 올려놓는 것이야말로 정유정이 가진 최대 무기이다. 이야기는 없고 관념과 사유에 집착하는 최근 한국 소설의 흐름에 반해 정유정은 오로지 이야기의 힘으로 작품을 엮어낸다. 접속사를 최대한 사용하지 않음으로써 작품을 빠르게 전개하는 것도 정유정만이 가진 독특한 매력이다. 하지만 이야기의 힘만으로는 정유정을 다 설명할 수 없다. 정유정은 이야기 사이사이 다양한 인간 군상과 그들이 보여주는 인간의 본질에 대해 천착한다. 결국 정유정의 이야기는 인간 본성에 대한 끝없는 고찰이며, 그것마저 이야기의 힘으로 밀고 가는, 한국 문단에서 독특한 위치를 점한 작가로 기억될 것이다.

16 로맨스 판타지

올해 상반기에는 로맨스 판타지가 대중문화 전반을 지배했다. 영화, 드라마, 소설 등의 분야에서 로맨스판타지를 바탕으로 한 작품들이 크게 인기를 끌었다. 작년 말에는 영화 〈늑대 소년〉이 여심을 사로잡왔고, 올해 상반기에는 드라마 〈나인〉, 〈너의 목소리가 들려〉 등이 높은 인기 속에 마니아를 양산하기도 했다. 출판시장에서도 로맨스 판타지는 높은 호응을 끌었다. '트와일라잇' 시리즈, '헝거 게임' 시리즈 등 몇 년 전부터 영미권에서는 로맨스 판타지 소설이 득세했고 영화화가 이루어지고 있다. 올해 8월에 국내에서 번역 출간된 『섀도우 헌터스』(노블마인) 역시 동명의 영화화가 이루어졌다.

로맨스 판타지가 대중을, 특히 여성의 마음을 사로잡은 이유는 무엇일까. 살아남기도, 사랑하기도 힘든 세상 속에서 어쩌면 이 시대 여성들은 세상에 없는 사랑을 찾고 있는지도 모르겠다. 초인의 힘을 발휘하여 사랑을 지켜내는 주인공을 통해 자신의 판타지를 충족시키고 있는 것은 아닐까.

17 북유럽 열풍

교육과 복지에 대한 관심이 불러일으킨 북유럽 열풍은 이제 사회 전 영역으로 확대되고 있다. 여행을 필두로 자수, 인테리어, 가구 등으로 그 폭을 넓혀가고 있는 것이다. 북유럽에 대한 관심은 우리 사회가 그만큼 살기 팍팍하다는 것을 보여주는 방증이기도 하다. UN의 「2013 세계행복보고서」에 따르면 1위 덴마크에 이어 노르웨이, 스위스, 네덜란드, 스웨덴 등이 10위권 안에 들어 있다. 이런 이유로 사람들의 관심이 북유럽에 쏠렸고, 출판계도 기회를 놓치지 않고 북유럽에 관한 책들을 쏟아내고 있다.

안타까운 것은 북유럽에 대한 관심이 자기계발적 성격을 취한다는 사실이다. 교육의 본질적 측면은 간과되고 '스칸디맘' 등 행태의 변화만을 주장하는 책들이 많기 때문이다. 복지에 관한 책들도 북유럽 복지 정책에 대한 근원적 고찰보다는 외부로 보이는 부분에 치중한다. 북유럽 스타일이 모두 우리 몸에 잘 맞지는 않을 것이다. 북유럽 스타일의 유행은, 결국 복지와 교육 등 다양한 분야에서 '한국 스타일'을 찾고 싶다는 독자들의 기대로 받아들여야 한다.

18 허영만 웹툰 유료화 선언

지난 4월, 허영만 화백이 카카오페이지에 만화 「식객 2」를 유료로 연재하기 시작했다. 한국 만화계의 거장 허영만이기에 가능한 시도였다. 만화는 무조건 공짜라는 사람들의 인식이 안 그래도 열악한 만화 창작 환경을 더 악화시킨다는 게 그의 의견이었다. 허영만의 이런 시도를 두고 문화계의 관심이 뜨거웠으며 여기저기에서 갑론을박이 벌어졌다. 허영만의 의견을 지지하는 사람들은 만화로 인한 대부분의 수익을 포털이 가져가기 때문에 영화나 캐릭터 등 제2차 저작권 수익이 없는 만화가들은 거의 3D 업종이라고 해도 과언이 아니라는 의견을 내놓았다. 그러나 포털에서 활동하는 웹툰 작가들의 생각은 달랐다. 여태껏 특정 독자층에만 의존해왔던 만화가 무료 웹툰을 통해 독자층을 넓혀간다는 것이다. 만화 유료화가 확산된다면 만화계가 다시 심각한 불황에 빠질 수 있다는 우려의 목소리도 있었다.

결국 카카오페이지의 유료화 전략은 생각만큼 빛을 보진 못했다. 허영만은 카카오페이지의 성과가 너무 미미해 실망스러웠다는 심경을 밝혔다. 비록 성공적인 결과를 낳진 못했지만, 허영만의 시도는 만화계를 비롯한 문화 전반에 저작권 화두를 던진 것만으로도 큰 시사점을 남겼다고 할 수 있을 것이다.

19 윤태호

윤태호 작가는 실존과 삶을 향한 본능을 오롯이 담아낸다. 우리 주변에서 볼 수 있는 친근한 인물들을 내세워 세상의 따뜻함을 보여준 것도 인기 비결 중 하나다.

웹툰의 인기가 식을 줄 모른다. 포털은 유명 만화가를 잡기 위해 안간힘을 쓰고 있다. 한때 웹툰 하면 강풀이었지만, 이제는 윤태호가 떠오른다. 『미생』(위즈덤하우스) 때문이다. 『미생』은 바둑기사가 꿈이었던 장그래가 입단에 실패한 후 샐러리맨으로 변신하는 과정을 그린 작품이다. 바둑과 샐러리맨의 결정적인 순간을 절묘하게 매치하는 작품은 연재 내내 화제를 몰고 다녔다. 장그래, 안영이 등 주요 등장인물의 프리퀄 영화가 제작되기도 했다.

　윤태호의 힘은 끝없는 취재에서 나온다. 한 장면을 그리기 위해 다양한 취재 방법을 동원하는 윤태호의 집념은 가히 놀라울 정도라고 한다. 『미생』의 인기 비결이 단지 샐러리맨들의 처세를 실감 나게 그렸기 때문만은 아니다. 전작인 『이끼』와 최근 〈한겨레〉에 연재하고 있는 '인천상륙작전' 등에서 보듯 윤태호는 인간의 실존과 삶을 향한 본능을 오롯이 담아낸다. 우리 주변에서 볼 수 있는 친근한 인물들을 내세워 더불어 사는 세상의 따뜻함을 보여준 것도 인기 비결 중 하나이다.

20 하상욱

"서로가/ 소홀했는데// 덕분에/ 소식 듣게 돼". 하상욱의 단편시 「애
니팡」의 전문이다. 스마트폰 사용자들의 높은 공감을 이끌어냈던 이
시 덕분에 '애니팡 시인'이라는 별명을 얻게 된 하상욱. 25자 내외의
짧은 글로 구성된 그의 시는 SNS 시대의 새로운 콘텐츠를 출현시켰
다는 평을 받았다. 축의금, 치약, 수수료, 포토샵, 미용실 등 일상적인
소재를 재치 있게 풀어낸 시는 SNS를 통해 빠르게 퍼져 나갔다. 이
시들을 모아 전자책 『서울 시』가 출간되었고, 이후 종이책으로 나오
기도 했다. 이 기이한 시집은 '시냐 아니냐'라는 논란 속에 4만 부 넘
게 팔렸다. 책 디자이너에서 단편시 시인으로, 그리고 각종 북콘서트
와 행사의 인기 게스트로 떠오르는 하상욱의 정체성은 무엇일까. 현
대인의 가슴 깊은 공감과 웃음을 이끌어낼 줄 아는 그는 시인이나 디
자이너라기보다는 'SNS 엔터테인먼트'라 부르는 것이 더 잘 어울려
보인다. 오늘도 도시인은 그의 시 한 줄이 트위터에 업데이트되기를
간절히 기다린다.

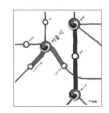

25자 내외의 짧은 글로 구성된
하상욱의 시는 SNS 시대의 새
로운 콘텐츠를 출현시켰다는
평을 받았다.

21 SNS 스타

소셜미디어 시대에 SNS는 책을 새롭게 알릴 수 있는 도구가 되고, 함
께 책을 읽고 수다를 떨 수 있는 커뮤니티가 되며, 그 자체로 책이 되
기도 한다. 또한 SNS는 무명의 저자를 스타 저자로 만드는 위력을 발
휘하기도 한다. 오로지 글로만 승부해야 하는 SNS에서는 촌철살인

의 글발을 뿜낼 수 있는 저자가 유리한 고지를 점령할 수 있다. 『잉여사회』(웅진지식하우스)의 저자 최태섭은 트위터에서 책이 출간되자마자 입대를 해야 한다는 애절한(?) 사연과 하루에도 몇 번씩 책을 사달라고 하는 간절한 호소로 화제가 되었다. 그의 눈물겨운 호소를 외면할 수 없어 책을 샀다는 후문이 종종 들려왔다. '조낸 시바' 시인 류근은 각광받는 페이스북 스타다. 그가 페이스북에 올린 글들을 묶어 펴낸 산문집 『사랑이 다시 내게 말을 거네』(곰)는 출간 이틀 만에 2쇄에 들어가서 주목을 받았다. 페이스북에서 'Sophie Ville'이라는 필명으로 유명한 이서희 작가는 자신이 올린 글들을 모아 『관능적인 삶』(그책)이라는 책으로 펴냈다. 유려한 문체, 인간적인 매력이 돋보이는 책이라는 호평이 자자하지만 이 책이 나오게 된 배경에는 페이스북이 있었다. 이 외에도 SNS 공감 시인 하상욱, 혜민 스님의 패러디로 유명해진 트위터 스타 혜밑 스님 등 SNS는 끊임없이 새로운 스타 저자를 발굴하는 중이다.

22 출판사 팟캐스트

올드한(?) 매체인 책을 만드는 출판사들이 요즘에는 가장 '핫'한 매체인 팟캐스트를 직접 만든다. 위즈덤하우스가 2012년 5월 〈이동진의 빨간책방〉을 연 이래 올해는 창비의 〈라디오 책다방〉, 푸른책들의 〈푸른책방 BOOK소리〉, 문학동네의 〈문학동네 채널1 – 문학이야기〉가 문을 열었다. 독특하게도 휴머니스트 팟캐스트는 『박시백의 조선왕조실록』만을 집중적으로 다룬다. 이 외에도 공중파 방송들의 책 관련 프로그램들이 팟캐스트로 제작되면서 독자들의 귀를 즐겁게 하고 있다.

사람들의 손마다 스마트폰이 들려지면서 팟캐스트는 사람들이 가장 즐겨 찾는 매체가 되었다. 신문과 책이 사라진 지하철에서 사람들이 무언가를 듣는다면 팟캐스트일 확률이 높다. 이처럼 시대의 변화에 따라 출판사도 홍보와 마케팅을 위해 직접 팟캐스트 제작에 뛰어들 수밖에 없는 상황이 되었다. 중요한 것은 조급하게 성과를 탐하지 말아야 한다는 사실이다. 팟캐스트를 통해 책을 읽는 환경을 조성하고, 독자를 책과 친해지도록 하는 역할을 할 뿐, 그 자체로 수익 모델이 아님을 명심해야 한다.

시대의 변화에 따라 출판사도 홍보와 마케팅을 위해 직접 팟캐스트 제작에 뛰어들었다.

23 자기계발서 비판

한때 자기계발서가 출판시장을 지배하던 때가 있었다. 미국에서 들어온 우화형 자기계발서부터 '믿으면 이루어진다'는 식의 주술을 들이민 자기계발서, 성공하는 사람들의 습관을 알려준다는 자기계발서 등 마치 책 한 권만 읽으면 성공을 이룰 수 있다는 마법의 주문 같은 자기계발서들이 서가에 넘치고 흘렀다. 사람들은 열심히 자기계발서를 읽으면서 성공하기 위해 자신을 끊임없이 채찍질했다. 그러나 2008년 미국발 금융위기가 터지고, 개인의 노력으로 성공을 이룰 수 없는 사회가 도래하면서 자기계발서 신화도 함께 무너지기 시작했다. 여전히 자기계발서는 인기를 끌고 있지만 예전과 같은 인기는 아니고, 자기계발서를 비판하는 목소리도 높아졌다.

이원석은 『거대한 사기극』(북바이북)에서 '자기계발서 권하는 사회의 허와 실'을 꼬집었고, 논객 김규항은 자기계발서에 대해 "맹랑한 약장수"들이라고 지적했다('맹랑한 약장수와 어른들', 〈경향신문〉, 2013.10.21). 이들은 자기계발서가 현실의 문제를 가리고 사회구조의 문제를 개인의 몫으로 돌리는 최면제에 가깝다고 주장한다. 개인이 감당해야 할 고통은 점점 더 커지고 있는 세상 속에서 자기계발서도 '노력하면 성공할 수 있다'는 주문만 외울 것이 아니라 이제 변화를 꾀해야 할 시점이 다가온 듯싶다.

24 출판에 관한 책

지금은 사라졌지만 한때 '출판정신'이라는 말이 쓰이곤 했다. 꼭 내야만 하는 책을 출간하고, 그것으로 출판 본래의 사명을 다했다는 만족감이야말로 출판정신의 핵심이다. 하지만 요즘은 누군가의 말처럼 출판의 정신은 사라지고 돈의 정신만 횡행할 때가 많다. 그렇기에 출판에 관한 책은 더 많이 출간되어야 할 장르가 아닐까 싶다. 『출판이란 무엇인가』(안그라픽스)는 그런 점에서 반가운 책이 아닐 수 없다. 편집과 디자인, 제작, 마케팅 등 출판의 실무에 대한 설명을 통해 출판정신의 핵심에 근접하고 있기 때문이다. 4월 출간된 『서점은 죽지 않는다』(시대의창) 역시 출판과 생명줄을 잇대고 있는 서점의 명암을 설명하면서 책과 출판, 서점의 상생이 어떻게 가능한가를 보여주는 책이다. 한국출판마케팅연구소가 펴낸 『디지털 콘텐츠 퍼블리싱』과 『한국 전자출판을 말하다』 역시 책의 한 장르로서 전자책의 가능성을 짚어냄으로써 출판의 미래를 전망한다. 앞으로 출판에 관한 책들은 관련 업계 종사자들만을 위한 책이라는 편견을 깨고, 미래 사회를 조망하는 한 방법으로서의 출판에 대한 비전을 제시해야 할 것이다.

25 열린책들 '세계문학' 앱

올해 2월 8일에 출시한 열린책들 '세계문학' 앱은 3일 만에 다운로드 2만 건을 돌파하는 기록을 세웠다. 이날 아이패드 최고 매출 앱에 올라섰고, 무료 앱 다운로드 4위, 아이폰 전체 매출 8위와 무료 앱 다운로드 17위를 기록하기도 했다. 도서 관련 앱으로서는 처음 있는 일이었다. 업계 관계자들은 '세계문학' 앱의 성공 요인으로 질 높은 콘텐츠를 스마트하게 알려낸 점을 꼽고 있다. '오픈파트너'라는 독특한 콘셉트의 마케팅도 독자들의 흥미를 끌었다. 149.99달러라는 고가의 가입비에도 불구하고 많은 독자들이 오픈파트너에 가입했으며, 2차 서비스 요청이 쇄도했다고 한다. 당시 책을 염가에 판매했다는 비판과 새로운 마케팅이라는 지지 의견이 분분하기도 했지만, 강무성 열린책들 주간은 오픈파트너를 진행하면서 "편집자 생활 30년 만에 처음으로 독자를 실체로 만나고 있다"('여는 글', 〈기획회의〉 340호, 2013.3.20)는 소회를 밝혔었다. 지난 10월 1일, 열린책들은 '오픈 리더스 170'이라는 세계문학전집 묶음 판매 상품을 출시했다. 세계문학 170권을 399.99달러(약 43만 원)에 판매하는 서비스로, 한 권당 1,250원에 내놓은 셈이다. 이 역시 단행본 전자책 시장에서 묶음상품의 가능성을 실험하는 시도로 여겨질 수도 과도한 할인 판매라는 비난을 받을 수도 있다. 다만 강무성 주간이 이야기했던 "명분보다 다양한 시도가 필요한 한국 전자책 시장"(같은 글)에서 그 '다양한 시도'를 한 것만은 분명해 보인다. 그 시도가 국내 전자책 시장에 어떤 시사점을 남길지 귀추가 주목된다.

26 빅 데이터

빅 데이터란 디지털 환경에서 생산되는 그 수치를 가늠할 수 없을 정도로 규모가 큰 데이터를 말한다. 디지털 경제가 확산되면서 우리 주변에 가늠할 수 없을 정도로 많은 정보와 데이터가 생산되는 빅 데이터 환경이 도래했다. 데이터의 종류도 다양해져서 사람들의 행동은 물론, 위치 정보와 SNS를 통해 생각과 의견까지 분석하고 예측할 수 있다. 빅 데이터는 사회 조사, 의료보험, 기업의 경영전략과 인재 발굴 등 다양한 분야에서 활용이 가능하다. 특히 기업에서 선도적으로 빅 데이터를 연구하고 활용하고 있으며, 공공부문에서도 부정행위 방지, 공공데이터 공개 정책 등 빅 데이터를 활용하기 위해 다양한 노력을 기울이고 있다.

이러한 추세와 맞물려 출판계에서도 빅 데이터와 여러 분야를 접목한 책들이 쏟아져 나왔다. 『빅 데이터를 말하다』(클라우드북스), 『빅 데이터, 승리의 과학』(이지스퍼블리싱), 『소셜네트워크 세계와 빅 데이터 활용』(파워북), 『빅 데이터가 만드는 세상』(21세기북스), 『빅 데이터, 인재를 말하다』(인더비즈), 『빅 데이터, 게임화 전략과 만나다』(처음북스) 등 올해에 나온 책들만 해도 그 종류와 내용이 무궁무진하다.

미래 세상을 예측하고 거머쥘 핵심 키워드로 떠오르고 있는 빅 데이터. 빅 데이터를 알고 싶어 하고 활용하고 싶어 하는 수요가 높은 만큼, 이에 관한 책들도 계속 나올 전망이다.

27 박근혜 정부 출범

2013년에 출범한 박근혜 정부가 제일 먼저 내세운 키워드는 '창조경제' '국민행복' '문화'였다. 언뜻 좋은 말은 다 갖다 쓰거나, 뜬구름 잡는 소리처럼 보이기도 한 이 열쇳말은 박근혜 정부가 추구하는 방향을 나타낸다. 그래서 올해 상반기에는 '창조경제' '행복'을 제목에 단 책들이 우후죽순 쏟아져 나왔다. 그리고 하반기에는 복지공약을 헌신짝처럼 내다 버리고, '국정원 댓글 사건' 등 끊임없는 부정과 비리로 점철된 정부의 실정에 분노하고 지친 대중들이 소설과 에세이를 읽으면서 마음을 달랬다.

'창조경제'와 '문화융성'을 내세운 정부는 문화의 근간이라 할 수 있는 출판에 대해서는 도무지 관심이 없는 듯하다. 갈수록 독서 인구는 줄어들고 출판계 침체는 극심해지고 있는 상황에서 정부는 오히려 출판 예산을 삭감하고 도서정가제 개정과 같은 출판계 현안에도 모르쇠로 일관하고 있다. 백원근 한국출판연구소 책임연구원은 현정부가 "책과 관련한 위기를 단지 책으로 밥벌이하는 사람들의 위기로 몰아가고 있다"며 "한마디로 무식한 정부"라고 일갈했다.(《내일신문》, 2013.5.21) 정부가 진정 문화융성을 이루고자 한다면 우선 위기로 치닫고 있는 독서생태계를 살피고, 그 대책을 강구해야 할 것이다.

28 현대사 열풍

〈나는 꼼수다〉가 인기를 얻으면서 정치나 사회 문제에 별 관심이 없었던 독자들이 역사와 사회 분야의 새로운 독자층으로 확대되었다.

2012년 대선 이후 올해 초까지 현대사 관련 도서 판매가 급증했다. 온라인서점 알라딘의 집계를 보면 『다시 쓰는 한국현대사』(돌베개), 『대한민국사』(전4권, 한겨레출판), 『사진과 그림으로 보는 한국현대사』(웅진지식하우스), 『살아 있는 한국 근현대사 교과서』(휴머니스트) 등 현대사 서적의 판매량이 대선을 전후로 10~30배 급증했다. 현대사 열풍에 힘입어 올해 『대한국民 현대사』(푸른숲), 『사건으로 읽는 대한민국』(역사비평사), 『역사교육으로 읽는 한국현대사』(책과함께) 같은 책들이 출간되었다. 이러한 현상은 대선 기간에 불거졌던 박근혜 대통령의 역사 인식 논란을 계기로 많은 이가 '역사 바로 알기'에 관심을 가져서 나타난 것으로 보인다. 특히 팟캐스트 〈나는 꼼수다〉의 출현이 큰 역할을 했다. 〈나는 꼼수다〉가 인기를 얻으면서 정치나 사회 문제에 별 관심이 없었던 독자들까지 역사와 사회 분야에 관심을 가지며 새로운 독자층으로 확대되었다.

역사는 미래학이다. 문학을 통해 과거를 익히고, 철학을 하며 현재를 반추한다. 그리고 역사를 통해 우리는 미래를 짐작할 수 있다. 현대사 열풍이 단지 현대사를 아는 것에만 그치지 않고 역사를 바로 아는 것이 얼마나 중요한지, 오늘날의 여러 문제들의 근본적인 원인이 어디에 있는지, 그리고 우리는 앞으로 어떤 역사를 만들어가야 할지 반추해보는 데까지 나아가야 할 것이다.

29 교학사 한국사 교과서 파동

교학사 한국사 교과서 파동은 과거로 회귀하는 한국사회의 민낯과
도 같다. 좌편향에 대항해 우편향 교과서를 만들어야 한다는 발상부
터 치졸하고, 교과서의 내용과 구성마저 허술하다. 문제는 교학사 한
국사 교과서 사태에 대응하는 정치권의 반응이다. 군사정권에 뿌리
를 두고 있는 당답게 새누리당은 교학사 한국사 교과서의 필자를 불
러 한국사 강의를 들었다. 역사를 30~40년 전으로 되돌리고 싶은 사
람들다운 발상이다. 한술 더 떠 정부는 역사 교과서를 국정 교과서 체
계로 바꿔야 한다고 주장한다. 유신시대처럼 국가 이념을 보편화하
기 위한 가장 빠른 방법이 바로 국정 교과서라는 사실을 모르는 사람
은 없다. 이런 맥락에서 국사 과목을 대입수능에서 필수 과목을 지정
하는 문제도 짚어봐야 한다. 한국사 국정 교과서 - 대입 수능 필수 과
목 지정 - 획일적 역사관 주입의 의도된 수순을 읽어야 한다.

30 교육 불가능의 시대

2013년 11월 8일 오전, 고3 여학생이 비닐을 머리에 쓴 채 헬륨가스
를 마시고 자살했다. '먼저 가서 죄송하다. 19년 동안 과분한 사랑 감
사드린다'는 내용의 유서가 수능 성적을 비관하여 자살한 것임을 짐
작게 했다. 올해는 제발 들리지 않았으면 하는 소식이었다. 해마다 이
맘때면 들려오는 안타까운 죽음들. 매번 이런 비극이 반복된다면 개
인의 불행으로 치부할 수 있는 문제일까. 언제까지 아이들을 죽음으

로 몰아넣을 것인가. 아이들이 미치거나 죽고, 교사들이 두려움에 떨고, 부모가 아이의 삶을 떠받쳐야 하는 시대에 교육이 설 자리는 없다. 무너지고 폐허가 남은 자리에 교육은 완전히 해체하고 새로 조립해야 한다.

올해 7월에 개정판이 나온 우치다 타츠루의『하류 지향』(민들레)은 오늘날 교육의 살풍경을 전하고 있다. 일본 저자가 쓴 책이지만, 생기를 잃고 성장을 거부하고 배움을 흥정하는 아이들의 모습이 한국과 닮아 있다.『이것은 교육이 아니다』(교육공동체벗)는 학교 현장에서 벌어지는 참상을 기록했다. 이 책은 '학교는 교육적일 것이다'라는 마지막 기대마저 여지없이 무너뜨린다. 엄기호의『교사도 학교가 두렵다』(따비) 역시 현장에서 소진되어버리는 교사들의 목소리를 통해 학교의 진실을 전하고 있다. "약에 쓰려 해도 어디 한 군데 쓸모가 없는 것이 학교"라는 냉소는 오늘날 교육이란 무엇인가에 대해 아프게 묻는다.

31 진로 교육

직업의 세계가 분화되고, 새로운 직업이 늘어나는 시대에 우리 아이들에게 진로 교육을 하기란 쉽지 않다. 더구나 저성장 시대에 접어들고 양질의 일자리가 줄어들고 있어서 아이의 특성이나 소망과 상관없이 안정적인 공무원, 교사 등의 직업을 추천하기 십상이다. 성격도 장점도 다양한 아이들이 똑같은 목표를 향해 똑같은 공부만을 해야 한다면, 그보다 우울한 일이 또 있을까. 진로 교육을 어떻게 해야 할지 갈피를 잡기 어려운 때에 그나마 한 줄기 빛이 되어주는 책들이 꾸준히 나오고 있다는 점은 위안이 된다.

명진의 '청소년 롤모델', 사계절 '일과 사람', 꿈결의 '꿈결진로직업 시리즈 꿈의 나침반' 등은 최근까지 청소년이나 어린이들에게 다양한 직업의 세계를 안내하는 책들을 선보이고 있는 시리즈들이다. 특히 사계절의 '일과 사람'에서 올해 9월에 선보인 『책 만드는 이야기, 들어볼래?』는 '책 만드는 사람'을 조명하여 출판계 종사자들의 눈길을 끌었다. 수많은 진로교육서, 진로에 관한 책 중에서 어떤 것을 읽어야 할지 모르는 학부모와 교사, 아이들을 위해 진로직업 책을 소개하는 『진로직업 365』(학교도서관저널)가 출간되기도 했다. 길 잃은 진로교육의 나침반이 되어줄 책이라 많은 독자의 호응을 얻었다.

32 주거 문제

한국인의 50% 이상이 아파트에 산다. 아파트 숫자로만 보면 이미 전 국민이 아파트에 살고도 남는다. 그런데도 아파트는 계속 지어진다. 한국인들의 아파트에 대한 신념은 가히 종교적이다. 재테크의 가장 손쉬운 수단이면서 가장 짭짤한 수단이었기 때문이다. 하지만 거품이 걷히면서 아파트는 더 이상 재테크의 수단이 아니다. 깡통 아파트가 속출하면서 이제는 가장 버거운 짐이 돼버렸다. 그래서인지 아파트에 관한 성찰을 담은 책들이 올해 여럿 선보였다.

아파트 연구에 천착해온 박인석 명지대 건축학부 교수의 『아파트 한국사회』(현암사)는 대형 단지로 구획된 아파트가 도시 환경과 주거

한국인의 대표적 주거 공간인 아파트를 통해 한국사회를 고찰하는 책이 다수 출간되었으며, 다양한 주거 형태를 모색하는 책들도 눈길을 끌었다.

환경은 물론 사회 양극화에 어떻게 작동하는지 세세히 설명한다. 그런가 하면 서울시립대 건축학부 교수 박철수가 쓴 『아파트』(마티)는 한국형 아파트의 탄생 비화, 강남 중산층과 아파트 단지의 결합, 공적 투입을 최소화하는 단지 개발의 정치경제학, 발코니 확장과 공정사회 등을 속속들이 파헤친다. 2011년에 『콘크리트 유토피아』(자음과모음)에서 아파트를 통해 한국사회 전반을 고찰했던 박해천은 올해 9월에 나온 신간 『아파트 게임』(휴머니스트)에서 본격적으로 '아파트 문제'에 천착한다. 이 책은 한국인의 대표적 주거 공간인 아파트에 녹아든 중산층의 욕망과 삶을 그린 우리 시대의 자화상이라 할 수 있겠다.

한편 『셰어하우스』『컬렉티브하우스』(이상 클) 등 타인과 생활공간을 공유하거나, 『작은 집을 권하다』(책읽는수요일), 『행복의 가격』(북하우스) 등 작은 집을 권하며 다양한 주거 형태를 모색하는 책들도 눈길을 끌었다. 집은 삶의 질을 높이는 기본적인 요소다. 주거 환경을 다룬 책들이 비평적 관점에서 출간되는 것은 반가운 현상임이 분명하다.

33 혼자 사는 삶

홀로 사는 연예인 다섯 명의 생활을 담은 예능 〈나 혼자 산다〉가 '나홀로족'들의 공감과 열렬한 지지 속에 큰 인기를 끌고 있다. 이뿐만 아니라 '1인 노래방, 칸막이 식당, 1인 여행상품, 반려동물' 등 1인 가구를 위한 소비시장도 점차 확대되고 있다. 2012년 통계청 조사에서 우리나라 1인 가구는 약 454만 가구로 전체 가구의 25%를 차지할 만

큼 그 수가 많다. 결혼 적령기가 늦어지고, 이혼율도 높아졌으며, 평균
수명이 길어짐에 따라 홀로 사는 사람들이 늘어난 것으로 보인다.

1인가구가 증가함에 따라 혼자
사는 삶을 고찰하거나 혼자 사
는 이들에게 필요한 정보를 제
공하는 책들이 늘었다.

혼자 산다는 것의 참된 의미를 담은『혼자 사는 즐거움』(토네이도)
이 2011년 출간 이후 지금도 꾸준히 독자의 사랑을 받았다. 최근에
는 사회학자 노명우 교수가 혼자 사는 삶에 내재된 다양한 고통과 즐
거움의 문제를 대변한『혼자 산다는 것에 대하여』(사월의책)가 큰 인
기를 끌고 있다. 저자는 혼자 살기에 대한 과도한 낭만이나 오해 섞
인 두려움을 벗어던지고, 혼자 사는 사회가 눈앞에 와 있음을 담담
하게 받아들이라고 권한다. 그리고 나아가 어떻게 사회와 '함께' 살
아갈 것인지 모색하고 있다. 싱글이 어떤 과정을 거쳐 '완벽한 싱글'
로 진화하고 사회를 어떻게 바꾸고 있는지 살핀『완벽한 싱글』(부키)
도 눈에 띈다. 혼자 사는 사람에게 꼭 필요한 76개의 정보를 제공하
는『내 생애 첫 싱글 라이프 입문서』(나너우리) 같은 책들도 있다. 1인
가구가 점점 증가함에 따라 혼자 사는 삶에 대한 관심은 더욱 높아질
전망이다.

34 공부

공부는 필요할 때 잠깐 하는 것일까, 아니면 평생 해야 하는 것일까.
그동안 공부에 관한 책이라고 하면 주로 시험에서 높은 성적을 얻기
위한 비법을 전하는 책들이 대부분이었다. 그러나 최근에 수많은 공
부법 책 중에서 이색적인 내용으로 눈길을 끈 책들이 있다.『공부하
는 삶』(유유)은 '공부는 평생 해야 하는 것'이라고 말하면서 앞에서

얻는 기쁨을 다룬 책이다. 『공부하는 인간』(예담)은 세계 여러 나라의 학습 현장을 살펴본다. 이 책에서 '공부 전쟁'이 일어나고 있는 중국, 일본, 한국의 사교육 열풍을 확인할 수 있다. 〈타임〉 선정 '21세기리더 100인'에 뽑힌 김진애 박사는 『왜 공부하는가』(다산북스)에서 자신의 삶을 지배해온 공부에 대해 이야기하고 있다. 김진애 박사는 세속적인 성공을 이루기 위한 공부가 아니라 자신만의 이유를 찾아 공부하라고 권한다.

명성과 이익을 추구하기 위해서만 공부를 해야 한다고 생각했다면, 공부의 본질적인 의미에 대해 묻는 이들 책을 들여다보길 권한다. 이 책들은 배우고 익히는 행위 자체에 오는 충만한 기쁨을 이야기하며 지적인 삶을 살고 싶게 하는 욕구를 자극한다.

35 화

한국사회 이면에는 분노가 곳곳에 도사리고 있다. 청소년들은 숨 쉴 구멍도 없이 학교와 학원을 오가며 원인도 알지 못한 채 화가 나 있고, 20대는 황금 같은 청춘을 누리기는커녕 치솟는 등록금과 취업의 높은 문턱에 분노한다. 중년층은 대출이자와 높은 교육비에, 노년층은 막막한 노후를 눈앞에 두고 분노한다. 대한민국은 그야말로 '분노공화국'이다. 이러한 분노를 사회적 부조리에 저항하는 힘으로 표출시키라고 권하는 목소리에 독자들이 주목했다.

젊은이들에게 "분노하라"라고 일갈했던 스테판 에셀은 『분노한 사람들에게』(뜨인돌)에서 분노에서 국적과 계급, 인종과 종교를 뛰어넘는 '공감'으로 나아가야 함을 강조하였다. 반면 분노가 현대인의 삶과 인간관계를 망치는 가장 위험한 감정이라면서 분노의 실체와 그 해법을 파헤친 『디퓨징』(더퀘스트) 같은 책도 관심을 받았다. 그리고 『화에 대하여』(사이)처럼 '화'의 문제를 철학적으로 접근한 책도 있었다. 관점은 조금씩 다르지만, 현대인들이 분노라는 감정의 실체를 궁금해하고 이를 긍정적인 감정으로 변화시키고자 한다는 점에서 공통점이 있다. 이제 한국사회가 국민들의 분노에 근본적인 해결책으로 응답할 차례인 듯하다.

36 ○○사회

우울증 같은 신경성 질환이 만연한 현대사회를 '성과사회' '자기착취 사회'로 규정한 『피로사회』가 큰 파문을 남긴 이후, 사회를 새롭게 규정하려는 목소리들이 다양하게 펼쳐졌다. 마치 성공한 베스트셀러를 따라 한 제목의 책들이 쏟아져 나오는 것처럼 '○○사회'라는 제목의 책들이 올해 지속적으로 출간되었다. 『잉여사회』(웅진지식하우스), 『부품사회』(레인메이커), 『자기 절제 사회』(민음사), 『절벽사회』(21세기북스), 『격차사회』(세움과비움), 『팔꿈치 사회』(갈라파고스) 등 제목들의 면면만 보더라도 우리가 이토록 복잡하고 규정하기 힘든 사회에 살고 있었나 하는 생각이 든다.

현대인은 잉여로 살거나, 부품으로 소진되어 피로하거나, 절제할 수 없는 욕망에 허덕이거나, 좁힐 수 없는 격차에 좌절하거나, 나락으로 떨어질 절벽 앞에서 불안에 떨거나, 팔꿈치로 경쟁자를 밀어버려

현대사회를 '성과사회' '자기착취사회'로 규정한 『피로사회』가 큰 파문을 남긴 이후, 사회를 새롭게 규정하려는 목소리들이 다양하게 펼쳐졌다.

야 하는 사회에 살고 있다. 현대인의 고통은 극단으로 치닫고, 사회의 성격은 복잡성을 띠는 시대에 그 원인을 규명하고자 하는 시도는 앞으로도 계속될 것으로 보인다.

37 저자들의 타계

2013년에는 유독 많은 저자들이 타계했다. '영원한 청년' 작가로 기억될 최인호가 지난 9월 세상을 떠났다. 젊어서는『겨울 나그네』,『별들의 고향』 등을 통해 청춘의 방황과 고뇌를 그려냈고『유림』(열림원),『상도』 등 굵직한 역사소설로 치열한 역사의식을 표출했던, 그런가 하면 잔잔한 에세이를 통해 일상의 아름다움을 전해준 작가가 바로 최인호다.

10월에는 한국학의 대가 김열규 교수가 타계했다. 60여 년 동안 한국인의 질박한 삶의 궤적을 조명했던 김열규 교수는『한국인의 자서전』(웅진지식하우스)과『메멘토 모리, 죽음을 기억하라』(궁리) 등으로 독자들의 사랑을 받았다. 앞선 4월에는 한국형 자기계발서의 시작을 알렸던 구본형이 세상을 떠났다. 구본형은『익숙한 것과의 결별』,『낯선 곳에서의 아침』(이상 을유문화사) 등을 통해 한국인에게 잘 맞는 자기계발 방법을 제시했다는 평을 들었다.

그런가 하면『분노하라』로 불합리한 모든 것에 도전할 것을 권했던 스테판 에셀이 2월에 타계했다. "모두가 평등한 사회는 없다 해도, 지금의 불평등은 너무나 심각하여 이대로 방치하면 얼마 가지 않아 커다란 불행을 초래하게 될 것"이라는 스테판 에셀의 외침은 세계적인 파장을 가져왔다. 불의한 정권과 신자유주의를 향한 거침없는 일갈, 스테판 에셀의 부재를 당장 실감하게 된다.

38 이오덕 10주기

어린이를 위해 평생을 살아온 이오덕(1925~2003)은 44년 동안 우리 교육 현장을 지켜온 교육자이자 수많은 글을 쓴 문학가이고, 우리글 바로 쓰기를 주창한 언어학자였다. 올해 8월, 이오덕 10주기를 맞이하여 몇몇 출판사에서 그의 글과 삶을 재조명하는 책들이 출간되었다.

『이오덕 일기』(양철북)는 산골학교 교사로 재직하던 1962년부터 2003년 8월 세상을 떠날 때까지 42년간 쓴 일기를 정리한 것으로, 가난하고 힘없는 민중의 삶에서 자신의 사상을 찾아가는 이오덕 사상의 뿌리를 발견할 수 있다. 또한 이오덕 선생이 교육과 문학에 관해 쓴 글 모음 『삶·문학·교육』(고인돌)은 아이들의 교육에서 삶과 문학이 있는지를 되묻는 계기가 되었다. 유고시집 『애들아 너희들의 노래를 불러라』(고인돌)에서도 어린이란 무엇인지 살피며 어린이에 대한 희망과 믿음, 자연을 비롯한 여러 대상에 대한 마음 등을 담은 시를 만날 수 있었다. 아이들 교육에 평생을 힘써온 이오덕의 뜻과 열정은 그가 떠난 지 10년이 지난 지금까지도 우리들 마음에 여전히 뜨거운 가르침으로 살아 숨 쉰다.

39 지그문트 바우만

지그문트 바우만은 현대인의 불안정한 삶의 양식을 다양한 방식으로 설명하며 개인의 각성과 사회적 연대를 주장한다.

폴란드 출신의 사회학자 지그문트 바우만은 지금, 여기서 필요한 삶의 철학을 이야기하는 독특한 사상가이다. 유동하는 근대라는 개념을 통해 현대 사회의 공포를 실감 나게 표현했던 지그문트 바우만의 저작들은 지난해『고독을 잃어버린 시간』(동녘)이 적잖은 반향을 일으킨 이후 올해에만『리퀴드 러브』(새물결), 『현대성과 홀로코스트』(새물결), 『방황하는 개인들의 사회』(봄아필), 『유행의 시대』(오월의봄), 『왜 우리는 불평등을 감수하는가』(동녘), 『부수적 피해』(민음사), 『이것은 일기가 아니다』(자음과모음) 등이 속속 번역 출간될 정도로 눈 밝은 독자들의 사랑을 받았다.

탈근대 사상가로 전 세계적인 명성을 얻고 있는 지그문트 바우만의 학문적 관심사는 전방위적이다. 마크르스적 관점에서 사회를 읽어내는 그의 통찰력은 홀로코스트에서부터 SNS에 이르기까지 집요하고 그만큼 체계적이다. 그는 현대인의 불안정한 삶의 양식을 다양한 방식으로 설명하면서 개인의 각성과 사회적 연대를 주장한다. 현대 사회의 모순과 치유책을 설명하는 지그문트 바우만의 저서들이 더 많은 독자의 손에 들려지기를 기대한다.

40 남자와 여자

최근〈아빠 어디 가〉〈꽃보다 할배〉〈진짜 사나이〉 등 남자 예능이 인기를 끌고, 얼마 전 남성연대 대표 성재기의 투신이 큰 이슈가 되었다. 여성의 사회적 지위가 상승하고 경제 활동이 활발해짐에 따라 출판계에서 남자와 여자의 본성, 욕망에 대해 분석하는 책들이 올해 눈길을 끌었다.

남자를 다룬 책들은 삶의 무게에 짓눌려 허덕이거나 자신만의 공간조차 허락되지 않은 대한민국 아빠들을 위로하는 책들이 독자의 공감을 얻었다. 『남자의 교과서』(퍼플카우), 『남자의 공간』(21세기북스), 『남편의 본심』(디자인하우스), 『이젠 아빠를 부탁해』(비움과채움) 등이 그 예이다. 반면 올해 주목받은 여성 관련 책들은 누군가의 아내나 엄마가 아닌 독립된 주체로서의 욕망을 충실히 반영하고 있다. 물론 '마스다 미리 여자 만화 시리즈'(이봄)나 『진짜 여자가 되는 법』(돈을새김)처럼 연애, 결혼, 육아, 취업 같은 과거의 담론을 이은 주제들도 있지만, 『월경독서』(생각정원)처럼 읽고 사유하는 여성을 그린 책들도 있었다. 개인의 자아를 중시하는 풍토가 점점 강해지는 만큼 남성과 여성의 욕망에 대한 관심은 더 높아지리라고 예상된다.

41 아버지

불황이면 아버지가 출판가의 화두가 된다. IMF 사태 직전에는 김정현의 『아버지』(문이당)가 있었고, 2000년 어간에는 조창인의 『가시고기』(밝은세상)가 인기였다. 모두 '찌질한' 아버지들이다. 2013년에도 불황의 그늘이 깊어서인지 아버지가 출판가의 작은 키워드였다.

박범신의 소설 『소금』(한겨레출판)에는 충직하게 봉사했던 아버지가 등장한다. 자식들에게 은행 창구 직원 취급을 받던 아버지는 가출

「소금」, 「아들의 아버지」 등의 소설은 아버지의 자아 찾기 과정을 통해 우리 시대 아버지상의 새로운 관점을 제시한다.

후 새로운 세상, 자신을 온전히 의지하는 사람들을 만나 새로운 세상을 열어간다. 김원일은 『아들의 아버지』(문학과지성사)를 통해 어머니에게는 원망의 대상이지만 자신에게는 예술적 성향과 감수성을 물려준 아버지에 대해 이야기한다. 두 작품은 결국 아버지의 자아 찾기 과정을 통해 우리 시대 아버지상의 새로운 관점을 제시한다.

잘나가는 잡지 편집장을 그만두고 여섯 살 아들과 여행에 나서는 기타무라 모리의 에세이 『도중하차』(새로운현재) 또한 아버지의 자아 찾기를 주제로 한다. 폐소공포증을 이기고 아들과 여행을 함으로써 스스로의 삶을 개척하는 이야기는 오늘 우리 시대 아버지의 표상과도 같다.

42 김영하

올 여름은 유독 소설들이 독자의 사랑을 받았다. 최후의 승자는 『정글만리』로 판명 났지만, 여름 시장을 달군 소설 중 유난히 눈에 띄는 소설이 있었으니 바로 소문난 이야기꾼 김영하의 장편소설 『살인자의 기억법』이다. 이 작품은 장편소설에서는 찾아보기 힘든 독특한 형식으로 되어 있다. 장편의 맛을 살리던 긴 단락의 호흡은 온데간데없고, SNS에서나 볼 법한 분량의 글들이 사이좋게 늘어서 있다. 알츠하이머를 앓고 있는 주인공이 자신의 기억을 기록으로 남겨놓은 형식인데, 짧은 분량으로 끊어놓은 메모 덕분에 장편소설임에도 빠르게 읽힌다.

읽을거리가 넘쳐나는 세상, 독자가 원하는 것은 빠르게 읽을 수 있는 짧은 이야기가 아닐까. 올해 노벨문학상이 '동시대 단편 소설의 대가'라는 찬사를 받은 앨리스 먼로에게 돌아간 것이 결코 우연만은 아닌 것 같다. 『살인자의 기억법』은 소설의 새로운 형식 발견이라는 측면에서 김영하의 트렌드세터다운 면모가 느껴지는 소설이었다.

43 이병률

2005년에 발간한 이병률의 산문집『끌림』은 누적 판매 50만 부를 기록했고, 그의 여행산문집『바람이 분다 당신이 좋다』은 30만 부 판매를 기록했다고 한다. 올해 9월에 나온 그의 신간 시집『눈사람 여관』(문학과지성사)도 출간 한 달 만에 1만 부 판매를 넘어섰다. 시집으로서는 드문 판매 기록이다. 신형철 문학평론가는 이병률 시집이 사랑을 받는 이유에 대해 "두 권의 여행에세이가 독자들의 큰 호응을 얻었기 때문에 이병률이 하나의 브랜드가 됐다고도 할 수 있지만, 시가 갖고 있는 절제된 슬픔의 정서가 독자들에게는 소월시 이래로 보편적 호소력을 갖는 점도 중요하다"고 말했다.

7년 전, 여행에 대한 글을 빼곡하게 채우던 여행서 일색이던 시장에『끌림』은 신선한 충격을 던졌다. 사진과 짧은 글로 이루어진 이 책에 청춘들은 열광했고, 여행서의 판도를 바꾸는 중요한 사건이 되었다. 시간이 지날수록 그의 에세이는 퇴색되거나 뒤처지지 않고 더욱 빛났다. 여행, 외로움, 청춘, 사랑 등 현대인이 좋아하는 것들을 시적 감수성으로 이야기하는 그의 글은 휴대전화로 읽고 친구와 공유하고 싶은 글이기 때문이다.

44 협동조합

협동조합 열풍이 공조와 상생을 향한 사회적 열망의 소산인지, 아니면 유행처럼 사라질 바람인지는 시간을 두고 지켜봐야 할 듯하다.

2013년은 '협동조합의 해'라고 불러도 좋을 만큼 협동조합에 대한 국민들의 관심이 높았다. 2012년 12월 1일 협동조합기본법이 개정되면서 이제는 누구라도 5명 이상이 모여 뜻을 합하면 협동조합을 만들 수 있게 되었다. 협동조합에 대한 관심은 출판계에도 반영되었다.

협동조합의 의미와 역사적 유래, 다양한 사례를 소개한 『협동조합으로 기업하라』(북돋움), 21세기에 걸맞은 협동조합의 새로운 역할을 모색한 『깨어나라! 협동조합』(알마) 등이 주목받았다. 이 밖에도 『협동조합, 참 쉽다』(푸른지식), 『우리, 협동조합 만들자』(겨울나무), 『당신의 쇼핑이 세상을 바꾼다』(알마) 등이 나와 눈길을 끌었다. 협동조합 열풍이 공조와 상생을 향한 사회적 열망의 소산인지, 아니면 유행처럼 사라질 바람인지는 시간을 두고 지켜봐야 할 듯하다.

45 출판사 노사갈등

2012년에 편집자의 정체성에 관한 논쟁이 화두였다면, 올해 상반기에는 출판사 노사갈등이 뜨거운 감자가 되었다. 한 출판사의 노조와 사측의 성명서 공방전이 논란의 계기가 되었다. 업무상 과실을 빌미로 평소 곱게 보지 않았던 노조원을 과하게 징계했다는 노조 측의 주장과, 해당 노동자가 보였던 업무 태도는 징계 사유가 될 만한 것이었다는 사측의 주장이 팽팽하게 맞섰다. 진보적이라 여겨졌던 출판사에서 벌어진 갈등이었기에 충격파는 컸다.

노조와 사측, 어느 쪽의 주장이 옳다 그르다를 가르기에 앞서 이 사건은 여러 가지 생각 거리를 던져준다. 왜 해묵은 노동자성에 관한 논란이 21세기 출판계에서는 여전히 계속되고 있는가, 왜 출판계 노사 갈등은 개인의(노동자든, 사용자든) 인성이나 태도에 관한 문제 제기가 유독 많이 불거지는가, 출판노동자는 정말 다른 노동자들과 다른 성격을 지닌 노동자인가…. 산업구조가 다른 산업에 비해 전근대적이고, 사람의 힘에 의존하는 비중이 큰 출판산업에서 이런 논란이 끊이지 않는 것은 당연한 일일지도 모른다. 그러나 산업의 성격이 전근대적이라 하여, 구성원들조차 과거에 머물러 있어서는 안 될 것이다. 21세기 독자들의 마음을 사로잡을 고민을 하는 만큼, 21세기에 어울리는 기업의 모습을 갖추기 위해 노력하는 것도 결국 구성원들의 몫이다. 오늘날 출판사와 노동자의 위치는 어느 시계의 숫자를 가리키고 있는가. 이 질문이 '편집자의 정체성'에 이어 우리의 머리를 쥐어뜯게 할 질문이다.

46 저작권법 개정

올해 국내에서 헤르만 헤세의 책이 50권 넘게 출간되었다. 헤르만 헤세의 책이 이토록 많이 출간된 이유는 그가 1962년에 별세하여 사후 50년 저작권 보호기간이 끝났기 때문이다. 저작권이 소멸하여 공공저작물이 된 헤르만 헤세의 책들을 너나 할 것 없이 많은 출판사에서 출간했다. 반면 헤르만 헤세보다 1년 뒤에 사망한 『나니아 연대기』의 작가 C.S. 루이스의 저작물은 앞으로 20년을 더 기다려야 저작권이 소멸하게 된다. 이유인즉슨 한 EU FTA에서 개정된 저작권법에 따라 2013년 7월 1일부터 저작권 보호기간이 저작자 사후 50년에서 사후 70년으로 연장되었기 때문이다. 이 저작권 개정법은 저작권 보호가 끝난 작품에는 적용되지 않았고, 따라서 1962년 12월 31일 이전에 사망한 헤르만 헤세, 헤밍웨이, 윌리엄 포크너 등의 저작권은 자유롭게 이용할 수 있지만 1963년 1월 1일 이후에 사망한 작가의 저작권은 20년을 더 보호해줘야 한다.

저작권 보호 기간 연장이 국내 출판계에 미치는 여파는 상당하다. 저작권 수출보다 수입의 비율이 높은 국내 출판계에서는 인세 부담이 늘어날 수밖에 없고, 저작권이 소멸된 작품을 출간할 기회만 엿보던 출판사들도 출간을 포기할 수밖에 없다. 헤밍웨이와 헤르만 헤세처럼 다양한 번역, 다양한 출판사의 책들이 쏟아져 나오는 광경을 향후 20년간 목격하기는 힘들 것 같다.

47 세계문학전집 경쟁

세계문학전집은 출판가의 마르지 않는 샘물이다. 가장 확실한 콘텐츠이기 때문에 불황이 없다. 사람들은 경제 침체기일수록 세계문학전집을 더 찾는다. 모험하기보다는 이미 내용이 검증되어 신뢰할 만한 세계문학전집을 선호하는 것이다. 세계문학전집 시장의 큰손은 민음사다. 25개 나라 작가 170여 명의 작품을 가지고 있고, 출간작만 해도 315권이 넘는다. 문학동네, 열린책들, 펭귄클래식, 을유문화사, 창비 등이 가세해 세계문학전집 시장을 풍성하게 만들고 있다.

최근 전공자와 번역자가 확대되면서 번역의 질이 높아졌고, 이에 따라 독자들의 선택의 폭도 넓어졌다. 출판사들이 세계문학전집을 구성하면서 잊지 말아야 할 것은 목록의 고유성을 확보해야 한다는 사실이다. 『위대한 개츠비』가 위대한 작품임은 분명하지만 대여섯 개의 출판사가 경쟁할 필요는 없다. 더 다양한 언어로 눈을 돌리고 우리 독자들이 꼭 읽어야 하는 세계문학전집을 구성한다면, 그것 자체로 탄탄한 콘텐츠가 될 것이다.

48 고전 문학

2012년 연말 뮤지컬 영화 〈레 미제라블〉의 영향으로 원작 『레 미제라블』의 판매가 증가했다. 영화 〈안나 카레니나〉가 개봉하면서 톨스토이 원작 역시 적잖은 판매고를 올렸다. 레오나르도 디카프리오 주연의 영화 〈위대한 개츠비〉의 개봉에 맞춰 민음사, 문학동네, 열림원 등이 마케팅 각축을 벌이기도 했다. 이른바 고전이라 불리는 문학 작품들의 귀환을 반가운 현상이지만, 영화의 개봉과 흥행에 책의 판매고가 좌우된다는 사실은 아쉬움이 남는다. 사실 우리가 아는 대부분의 고전문학을 영화를 통해 내용을 파악하는 경우가 많다. 마거릿 미첼의 『바람과 함께 사라지다』가 그랬고, 보리스 파스테르나크의 『닥터 지바고』역시 그렇다. 책이 세상 모든 콘텐츠의 원전임을 재론할 필요조차 없다. 하지만 요즘처럼 영화나 드라마를 통해 책이 부각되는 시절이라면, 출판이 새로운 미디어 환경에 어떻게 적응해야 할 것인가를 고민해야 한다.

〈레 미제라블〉, 〈안나 카레니나〉, 〈위대한 개츠비〉 등의 영화를 통해 고전이라 불리는 문학 작품들이 귀환했다.

49 디지털 치매

스마트폰으로 인해 손 안에 작은 세상이 들어왔다고 열광하는 한편, 디지털미디어가 인간을 어리석게 만든다는 우려의 목소리도 들려왔다.

컴퓨터 없는 세상을 상상할 수도 없게 된 지 불과 얼마되지 않았건만, 이제 사람들은 스마트폰 없는 세상을 염려하게 되었다. 지하철과 버스, 심지어 길거리에서도 사람들은 스마트폰에 온 정신을 집중하고 있다. 혹자는 손 안에 작은 세상이 들어왔다고 호들갑을 떨지만, 사람들은 기억력 장애와 주의력 결핍 장애, 집중력 장애는 물론 감수성 약화 등 이른바 '디지털 치매'에 걸릴 수밖에 없다.

『디지털 치매』(북로드)의 만프레드 슈피처는 "디지털미디어는 우리를 실제로 뚱뚱하게, 어리석게, 공격적으로, 외롭게, 아프게 그리고 불행하게 만든다"면서 그 사례들을 열거한다. 읽기와 쓰기 대신 복사하기와 붙이기를 사용하고, 뇌에 저장할 것을 클라우드cloud에 저장하면서 결국 모두가 바보가 되어간다고 주장한다. 멀티태스킹이 가능한 인재를 찾는다고 하지만 실제로는 주의력 결핍인 사람들이 더 많다. 전자책으로 교과서를 대체하겠다는 우리 교육의 현실은 결국 디지털 치매를 가진 학생들을 양산하겠다는 말과 다르지 않음을 알아야 한다.

50 한국출판문화산업진흥원 출범 1년

2013년 7월 27일 한국출판문화산업진흥원(진흥원)이 출범한 지 1년이 되었다. 작년 이명박 전 대통령의 측근 이재호가 진흥원장에 임명되면서 '낙하산 인사'라는 오명과 함께 시작부터 출판계의 반발을 일으켰었다. 1년이 지난 지금까지 눈에 띄는 행보도 찾아보기 어려워 그 비판이 이어지고 있다.

사상 최대 불황 속에 출판인들이 힘겨운 분투를 하고 있는데도 진흥원은 그 어떤 사명감이나 책임의식은 찾아보기 힘들다. 올해 진흥원의 예산은 68억으로 2012년 예산보다 늘었음에도 소위 '잔챙이' 사업들만 생겨났을 뿐, 출판인들에게 실질적인 도움이 되는 사업은 딱히 거론할 만한 게 없었다. 완전도서정가제 실시 및 출판진흥관련 법 개정에 가장 앞장서야 함에도 진흥원은 정부의 눈치 보는 데만 급급했다. 5000억 원 출판진흥기금 조성, OECD 수준의 도서관 장서 확보, 학교 독서교육 강화 등에서도 여전히 제자리걸음이다. 진흥원이 신뢰는커녕 오히려 원망의 눈초리만 받고 있다. 진흥원이 먼저 그 자리에 걸맞은 자격을 갖추고 출판계의 불황을 타개하기 위해 적극적으로 노력해야만 잃어버린 신뢰를 회복할 수 있을 것이다.

2014
출판계 키워드 30

━━━━━ 2014년 4월 16일 인천에서 제주로 향하던 여객선 세월호가 진도 인근 해상에서 침몰하면서 승객 304명(전체 탑승자 476명)이 사망·실종된 대형 참사가 벌어졌다. "한국전쟁 이후 최대의 참사"로 인해 한국사회가 지닌 부조리는 바닥까지 완전히 드러났다. 박근혜 정부는 참사가 일어난 직후에 우리 사회의 적폐를 완전히 해소하겠다고 공개적으로 약속했지만 스스로 적폐의 울타리 안으로 들어가버렸다.

박근혜 정부는 이명박 정부보다 더욱 심각한 불통정권이 되었으며, 야합밖에 모르는 여야 정치권은 대안 세력을 찾게 만들었다. 20대 이하의 청춘은 절망의 긴 터널에서 벗어날 줄 모르고, 렌트 푸어로 전락한 30대와 하우스 푸어로 전락한 40대의 절망도 깊어만 갔다. 이미 은퇴했거나 은퇴를 앞둔 50대 이상은 신빈곤층의 늪으로 빠져들었다.

7월에 개봉된 영화 〈명량〉은 1760만 관객 동원이라는 전무후무한 기록을 남겼다. 12척의 배뿐이었던 이순신은 전쟁도 치르기 전에 무수한 두려움과 맞서야 했다. 이순신이 토란을 맛보며 "살아서 먹을 수 있으니 좋구나"라고 말하는 장면이나 칠천량 전투에서 죽은 부하들이 꿈에 나타나자 산발을 한 채 "내 술 한 잔 받으시게"라고 쫓아가는 장면에서 많은 이들이 눈물을 흘렸다.

2014년에 대중은 역사를 자기중심으로 상상하는 것을 즐겼다. 한강 장편소설 『소년이 온다』는 1980년 한국 광주를 배경으로 학생 시위가 폭력적으로 진압된 후 한 소년이 친구의 시신을 찾는다는 이야기로 과거의 상처를 어떻게 치유해야만 하는가를 감동적으로 보여줬다. 성석제 장편소설 『투명인간』의 주인공 만수는 압축성장의 시대를 살아내면서 평생 게을렀던 적이 한 번도 없다. 어떤 일이 있어도 늘 가족들을 옹호했다. 사랑하는 가족이 있기에 "한 번도 내 삶을 포기하지 않았다"고 말하는 만수는 결국 다리 위에서 차에 치여 인생을 마감한다.

막장에 몰린 사람도 결국 이겨내고 살아내야 한다. 그런 욕망을 가진 사람들이 요나스 요나손의 『창문 넘어 도망친 100세 노인』을 열렬히 찾았다. 20세기 역사를 혼자서 이끌었다고 자랑하는 100세 노인 알란 칼손에게서 한 시대를 살아낸 자신감을 얻고자 했다. 인문서로서는 유시민의 『나의 한국현대사』가 있었다. 유시민은 "모든 역사는 주관적 기록"이라고 말했다. 그는 역사 분류 기준을 자신이 태어난 해부터 지금까지로 설정했다. 개인에게는 자신이 과연 살아남을 수 있느냐의 여부가 최고의 관심사였다. 그러니 나를 중심으로 역사를 바라볼 수밖에 없다.

2014년에 대중은 지난날을 되돌아보며 스스로 자긍심이나 존재감을 찾지 않으면 살아내기가 힘들었다. 그들은 순수와 열정이 가득했던 시절을 되돌아보며 오늘의 '나'라는 존재가 갖는 진정한 의미를 반추하는 가운데 최소한의 자긍심을 찾아가고자 하는 욕망이 분출했다. '추억의 반추'였다.

01 추억의 반추

2014년 한국사회의 화두는 단연 '역사'였다. TV 드라마 〈정도전〉에서 시작된 정도전에 대한 관심과 영화 〈명량〉에서 비롯된 이순신 열풍은 리더십으로 귀결되면서 한국사회의 현실을 직시하는 하나의 잣대가 되었다. 역사적 인물들을 통해 새로운 리더십을 찾아보자는 사회적 함의가 확산된 것이다. 역사적 인물을 찾는 것이 꼭 사회적 함의만으로 귀결되지는 않았다. 오히려 개중(개인+대중)은 사회적 함의가 아닌 내게 맞는 영웅을 찾았다. 내남없이 먹고살기 힘든 현실을 견디며 역사적 인물을 자신만의 영웅으로 만들어 새로운 살 길을 찾길 원했던 것이다. 2014년의 출판계 최고 화두를 '역사'가 아닌 '추억의 반추'로 잡은 이유는 바로 이 때문이다. 그런 점에서 추억의 반추는 사회적 함의와 개인적 가치 지향을 포괄하는 말이라고 할 수 있다.

장안의 화제인 드라마 〈미생〉을 보자. 원작 웹툰의 탄탄함이 단행본으로 이어졌고, 이내 드라마로 만들어지며 젊은 세대는 지금 미생 앓이에 빠져 있다. 장그래의 직장 생활을 이끌어가는 힘은 무엇인가. 장그래가 그토록 떨쳐내고 싶어 하는 바둑이다. 장그래는 비록 바둑 세계에서는 꽃을 피우지 못했지만, 바둑의 추억을 통해 현실의 삶을 이겨낸다. 장그래를 미생에서 완생으로 나아가게 하는 방법은 결국 추억의 반추인 셈이다.

최근 상종가를 치고 있는 영화 〈인터스텔라〉는 또 어떤가. 미처 알지 못했던 과학적 사실, 그것을 영상으로 표현해낸 크리스토퍼 놀란 감독에 대한 감탄 등이 영화에 대한 관심을 증폭시켰다. 하지만 관객들을 눈물짓게 만든 대목은 단연 가족이었다. 주인공 쿠퍼가 우주로

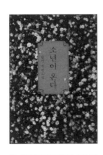

한 사회가 집단적으로 반추하는 추억을 우리는 역사라고 부른다. 특히 2014년에는 다양한 장르의 책들이 역사를 짚고 넘어갔다.

향한 단 하나의 이유는 가족을 위해 살아갈 수밖에 없는 숙명을 지닌 아버지의 책임감, 아니 사랑 때문이다. 가족은 오늘을 살아가게 만드는 힘인데, 그 힘은 좋았던 시절에 대한 기억, 즉 추억에 기인한다. 추억을 반추함으로써 오늘 더 사랑하고 더불어 함께 내일을 꿈꾸는 것이 가족이 아니던가.

한 사회가 집단적으로 반추하는 추억을 우리는 역사라고 부른다. 특히 올해는 다양한 장르의 책들이 역사를 짚고 넘어갔다. 한강의 『소년이 온다』와 성석제의 『투명인간』(이상 창비)이 침묵을 강요하는 시대를 이겨내고 역사적 시야를 넓혀주었다. 유시민은 『나의 한국현대사』(돌베개)에서 자신의 경험에 비추어 현대사의 모순을 고발한다.

『창문 넘어 도망친 100세 노인』(열린책들, 2013)은 또 다른 지점에서 역사를 반추하게 한다. 허무맹랑한 이야기의 연속이라고 비판할 수도 있지만, 알란 칼손이 경험했다는 20세기 현대사를 오늘 우리 앞에 펼쳐놓는다는 점만으로도 가치가 있다. 스페인의 독재자 플랑코, 미국 대통령 트루먼, 중국 혁명의 기수 마오쩌둥, 러시아 철권통치의 장본인 스탈린, 북한의 김일성과 김정일 등은 20세기 현대사를 격동한 인물들이다. 이들의 이름을 한 번 더 불러봄으로써, 우리가 반드시 반추해야 할 역사가 있다는 점을 분명히 하는 것이다. 한 해 동안 출판가를 들썩이게 했던 도서정가제와 피케티 열풍 등을 제치고 '추억의 반추'를 첫 번째 키워드로 꼽은 이유는, 결연한 반성과 성찰을 통해 오늘 우리 삶을 단단히 하고, 새로운 내일을 함께 열어가자는 〈기획회의〉의 다짐을 새삼 기억하기 위해서다.

_장동석

02 도서정가제 개정

여러 논란과 진통, 우여곡절 끝에 2014년 11월 21일부터 개정 도서
정가제가 시행되었다. 신구간 가릴 것 없이 국내에서 발행되는 모든
책의 총 할인율 한도가 정가 대비 15%로 제한되고(10% 이내 가격 할
인+마일리지 등 경제상의 이익), 도서관 판매 도서도 정가제 대상에 포
함되었다. 이로써 구간 도서의 광폭 할인이 사라지고 출판시장 질서
가 다소 잡힐 것으로 기대된다. 기존 법에 비해 외견상 할인 시장 및
거품 가격의 여지가 줄어들기 때문에 책값에 대한 사회적 신뢰도가
제고되면서, 가격 경쟁보다는 콘텐츠 경쟁의 토대를 만드는 데 일부
기여할 것이라는 점도 분명하다.

하지만 개선해야 할 문제도 산적해 있다. 15% 할인율 허용에 따른
15%만큼의 '제도적 거품가격 조장', 15% 할인율 이외의 추가적인
우회할인 허용(경품, 무료 배송, 제휴카드 청구할인 등), 당초 출판, 서점
계가 시행령에 담으라고 요구했던 사항들(출판문화산업진흥법의 15%
할인 한도 준수 관련 세부 요구들)이 문화체육관광부의 뒤늦은 약속과
달리 시행령에 거의 반영되지 못함으로써 민간의 '자율협약'으로 넘
겨진 점 등이 대표적이다.

또한 18개월 이상 지난 구간은 출판사가 자유롭게 재정가를 책정
할 수 있도록 한 점이다. 물론 출판사와 독자 모두에게 유용한 장치
가 될 수도 있다. 그렇지만 법 개정 시행을 기해 특별히 실시한 재정
가 책정 신청(146개 출판사가 2,993종의 정가를 평균 57% 인하 가격에 신
청함) 사례에서도 알 수 있듯이, 구간이라면 으레 신간 가격보다 대폭
인하된 가격을 붙이는 방식으로 기존의 광폭 할인이 모양만 바꾸어

재연될 개연성 또한 많다. 정가 대비 57% 인하된 재정가 책정 가격에 할인율(총 15%)을 적용하면 기존 정가 대비 평균 63.5%, 즉 실질 할인율이 1/3이나 된다. 온라인서점 등의 제휴카드 할인율도 추가로 40%까지 할인 가능한 경우가 많고, 법으로 담보하지 못한 사항을 규율하기 위한 '울며 겨자 먹기'식의 관련업계 자율협약 역시 실효성에 의문 부호가 찍힌다.

따라서 시행령 재개정과 모법 재개정이 꾸준히 추진되어야 하지만 '완전한 100% 정가제' 추진 의사가 거의 없는 정부 연관 부처 및 관련업계 내의 이해관계 충돌 등으로 인해, 정가제에 기반한 출판시장 안정화와 출판산업 발전을 기하기 위해서는 많은 후속 진통들이 따를 것으로 보인다. 또한 지역 서점들이 완전한 정가제와 함께 바라는 출판사의 공급률 차별 금지도 독일의 경우처럼 새로운 정가제에 반영해야 할 필수 규정으로 꼽히고 있다. 출판계의 의지에 비례해 도서 정가제와 출판시장의 합리적 작동 수준이 결정될 것이다.

_백원근

03 『자본』의 귀환

마르크스의 유령이 지금 출판계를 배회하고 있다. 『자본』을 새로 읽어내는 책들이 중반기부터 봇물 터지듯 쏟아지고 있는 현실을 가리키는 것이다.

6월에는 와타나베 이타루의 『시골 빵집에서 자본론을 굽다』(더숲)와 프랜시스 윈의 『자본론 이펙트』(세종서적). 7월에는 요한 모스트의 『자본과 노동』(한울). 8월에는 김수행의 『자본론 공부』(돌베개)와 강신준의 『오늘 『자본』을 읽다』(길), 그리고 신승철의 『욕망 자본론』(알렙). 9월에는 황태연의 『21세기와 자본론』(중원문화). 10월에는 양자오의 『자본론을 읽다』(유유). 11월에는 데이비드 하비의 『자본의 17가지 모순』(동녘)과 박세준의 『Why? 마르크스 자본론』(예림당)이 출간됐다. 실로 죽은 마르크스가 무덤에서 살아 돌아와 출판계를 뒤흔들고 있는 셈이다.

불평등이 심화되자, 현재 자본주의를 냉정하게 들여다보며 『자본』을 다시 읽으려는 시도가 이루어졌다.

심지어 마르크스의 『자본』을 다시 읽는 것도 부족하여 새로운 『자본』을 내놓는 이도 있다. 드미트리 클라이너의 『텔레코뮤니스트 선언』은 정보경제에, 그리고 크리스티안 마라찌의 『자본과 정동』(이상 갈무리)은 포스트포드주의에 초점을 맞추어 새로 쓴 『자본』(혹은 『공산당 선언』)이라 할 수 있다.

가장 돋보이는 것은 역시 토마 피게티의 『21세기 자본』이다. 제목부터가 '21세기의 『자본』'을 뜻하지 않는가. 올해 가장 주목받은 사회과학서답게 이에 대한 비판과 해설도 계속 나오고 있다. 가령 김동진의 『피게티 패닉』(이상 글항아리)이나 『왜 자본은 일하는 자보다 더 많이 버는가』(시대의창), 『왜 우리는 더 불평등해지는가』(바다출판사), 심지어 『21세기 자본』보다 먼저 나온 공저작인 『피케티의 『21세기 자본』 바로읽기』(백년동안) 등을 들 수 있다. 이건 그저 인문고전 열풍의 하나가 아니다. 『자본』 자체가 새롭게 주목받고 있는 것이다. 프로이트 식으로 보자면 억압된 『자본』이 회귀한 것이다.

왜 '지금' 『자본』인가. 새로운 정권이 들어선 지가 2년이 지나도 살림살이가 나아지긴커녕 더 팍팍해지고 있기 때문이다. 이제야 우리 현실을 냉정하게 들여다볼 준비가 된 것이다. 가령 피게티는 세습 자본주의의 전망으로 세상을 조망하는데, 마침 이번에 삼성SDS 상장으로 이건희의 자녀 셋이 얻은 수익은 물경 5조 2,334억 원에 달한다고 한다. 드라마 〈미생〉이 보여주듯 하루하루 힘겹게 살아가는 노동자들로서는 기운 빠질 이야기다. 우리는 영혼까지 털려가며 노동에 종사하는데도 가계부채 1,000조에 짓눌리고 있다. 허니문 푸어, 하우스 푸어, 에듀 푸어, 실버 푸어 등이 우리가 처한 현실이다. 실로 이 시대 자본주의의 위기가 피부로 와닿는다. 이제 불행한 우리네 삶을 규정짓는 '자본주의 체제에 대한 냉철하고 뜨거운 분석'과 더불어 '진정한 삶의 가치와 노동의 의미'를 모색할 때이다. 그렇기에 오늘 『자본』을 읽으려고 하는 것이다. 『자본』을 읽는 것은 이제 교양의 충족이 아니라 생존의 조건이 되고 말았다.

_이원석

04 여행서의 변신

tvN의 예능 '꽃보다 ○○' 시리즈가 시청자들의 사랑을 받으면서 그 영향으로 여행서 분야에 '꽃보다' 붐이 일었다. 후지타 아키오의 『꽃보다 라오스』(동아시아)처럼 제목에 쓰이거나 '꽃보다 ○○ 여행지 기념 특별 할인' 같은 마케팅 소스로도 활용되었다.

패키지여행보다는 자유여행을 선호하는 이들에게 여행가이드북은 여행의 필수품이다. 휴대하기 좋은 크기에 여행지에 대한 거의 모든 정보를 집약한 알찬 가이드북은 '읽는 책'이라기보다 '사용하는 책'이다. 권역별, 테마별로 나열된 추천 방문지 중 구미에 맞는 것을 선택하고, 동선을 짜고, 선배 방문자가 알려준 깨알 같은 팁들을 챙긴다. 그러나 이런 정보들은 출판되는 순간 낡은 것이 돼버리는 경우가 많다. 시시각각 교통 사정과 문화지도가 달라지는 대도시의 경우에는 가이드북만 믿었다가는 낭패를 보기 십상이라 인터넷과 현지 신문의 도움이 반드시 필요하다. 게다가 구글맵, 관광앱, 스케줄앱 등 수많은 인터넷 서비스들을 일별해보노라면 여행가방에 넣어둔 여행서가 천덕꾸러기처럼 여겨진다. 요즘 나오는 여행서들은 해외로밍 관련 팁과 현지 인터넷 사정, 유용한 사이트와 앱에 대한 정보까지 담고 있고, 적어도 한 해 걸러 한 번씩 개정판을 내고는 있지만 여행자들이 많이 방문하는 대도시는 이제 잡지 형태의 정기적 간행물로 전환해보면 어떨까 싶다. 여행지에서 보고 듣고 느낀 것의 감흥을 지속시키고 기억을 강화하며 정보를 업데이트해주는 책이 계속 출판된다면 여행자에게 그것만큼 고마운 일도 없을 것이다.

여행이 단순한 유흥과 소비가 아니라 '작은 유학'으로 개념이 변화하면서 독자가 여행서에 거는 정보와 인문학적 깊이에 대한 기대도 커졌다.

여행서를 찾는 이유는 다양하다. 여행을 가지 못하는 상황의 대리 만족일 수도 있고, 여행을 계획하거나 꿈꿀 때 자료 조사를 위해서일 수도 있다. 그런데 매대를 꽉 채우고도 넘쳐나 바닥까지 내려앉은 여행서 시리즈들을 보고 있노라면 가슴이 울렁거린다. 안 가본 곳이 저리도 많고 정보는 흘러넘치니 심장 고동이 빨라지면서 호흡이 가빠진다. 가이드북 '100배 즐기기' 시리즈(알에이치코리아), '저스트 고' 시리즈(시공사), '론리플래닛' 시리즈(안그라픽스) 등 종류도 다양하다. 그러나 여권에 도장을 찍으며 얼마나 멀리 많이 다니는가로 경쟁했던 시대가 저물면서, 이런 디렉토리식 여행서만으로는 부족해졌다. 여행자들은 속도를 늦추고, 낯선 곳을 좀더 자세히 들여다보며, 여행지의 삶과 문화는 직접 체험하는 슬로우 트래블을 꿈꾼다. 유홍준의『나의 문화유산답사기』이후 사람들은 "아는 만큼 보이고 보이는 만큼 사랑하게 된다"는 말을 금과옥조로, 관광이나 유람이 아닌 여행, 유흥이 아닌 문화 향유, 타인이 아닌 자신의 관점으로 자기만의 여행을 구성하는 법을 궁리하게 된 듯하다.

그런 의미에서 다른 사람들의 여행을 엿볼 수 있는 책들이 인기를 끌기 시작했다. 사람들은 같은 곳에 있어도 다른 생각을 하고, 같은 것을 보아도 다른 것을 느끼는 사람들의 감성을 배우고 싶어 한다. 소설가이자 사진작가, 여행기자인 최갑수의『당분간은 나를 위해서만』(예담, 2007)과 시인인 이병률의『끌림』(달, 2010) 등은 해마다 수차례 쇄를 거듭하며 여행서 코너에서 베스트셀러 자리를 양보할 줄 모른다. 유명관광지를 스쳐지나가는 것이 아니라 머물며 느끼고, 자기만의 감성과 스토리를 자기만의 스타일로 엮어내는 이들의 능력을 훔치고 싶어 하는 독자들의 욕망이 이런 책들을 꾸준히 소비하게 한다. 여행을 가서 무엇을 보고 느낄 것이며 그것을 어떻게 표현할 것인가가 여행자들의 화두가 된 것이다. SNS의 발달로 자기표현의 장이 펼쳐진 것도 이런 맥락을 뒷받침한다.

여행이 단순한 유흥과 소비가 아니라 '작은 유학'으로 개념이 변화하면서 독자가 여행서에 거는 정보와 인문학적 깊이에 대한 기대도 날로 커지고 있다. 각 분야 전문가들에게 여행서 집필 의뢰가 쏟아지면서 전문가들의 여행서도 꽤 폭넓은 흐름을 이루고 있다. 이제 독자들은 책 한 권과 함께 유럽의 유서 깊은 오페라 극장과 음악축제들, 역사적인 건축물들, 헌책방과 묘지에 이르기까지 가지 못할 곳이 없다. 이제 여행서는 백과사전식 지식의 나열이 아니라, 저자의 개인적인 삶과 체험이 녹아든 고도의 '스토리텔링'이 요구되는 지점까지 와 있다. 손미나의 『스페인, 너는 자유다』(웅진지식하우스, 2006)가 그 포문을 열었다. 개인적인 고뇌와 도전, 선택의 순간들이 여행과 버무려져서 스토리텔링이 되었을 때 그 여행과 책이 삶을 어떻게 바꾸는가를 보여주는 이런 책들은 그 자체로 시대의 아이콘이 된다. 태원준의 『엄마, 일단 가고봅시다!』(북로그컴퍼니, 2013)는 출간 이후 방송 요청이 쏟아져 책의 판매를 꾸준히 견인하고 있다. 어디를 가는가보다 누가, 왜, 어떻게 떠나게 되었는가의 스토리가 있는 여행서는 그 생명력이 길다.

정여울의 『내가 사랑한 유럽 TOP10』(홍익출판사, 2014)은 젊은 층의 구미에 맞는 키워드로 짜인 목차와 짤막한 분량의 꼭지들로 이뤄진 경쾌한 구성으로 20대 독자층을 사로잡았다. 대한항공과의 콜라보레이션으로 마케팅 효과를 극대화한 것도 출판계 안팎의 주목을 받았다. 대한항공이 고객들을 상대로 진행한 여행사진 공모전을 통해 모은 사진들을 문학평론가의 수려한 문장과 함께 배치함으로써, 팔리지 않을 수 없는 문화상품을 만들었다. 인문학 열풍이 자본과 조직을 움직이게 하고 있는 건지, 자본과 조직이 인문학 열풍을 만드는 건지 이제는 모호해져버렸다. 어떻게든 서로 손을 내밀고 그 손을 잡아주면서 서로 도움이 되는 것이 중요해졌다.

_이하영

05 단행본과 잡지 사이

2014년 출판계의 수확 중 하나는 잡지의 특징과 장점을 적극적으

THE
KINFOLK
TABLE

실시간으로 날아드는 정보와 감성을 자극하는 환경 속에서 단행본은 편집과 디자인, 내용 구성에까지 잡지 스타일을 적극적으로 수용했다.

로 수용한 단행본이 뛰어난 완성도를 보이며 새로운 가능성 하나를 열었다는 것이다. 『킨포크 테이블』(월북), 『MANAGA』(거북이북스), 『1년의 아침』(책읽는수요일) 등이 그 대표적인 경우라고 할 수 있다. 이 책들은 모두 패션 잡지만큼이나 완성도 높은 비주얼을 지니고 있다. 『킨포크 테이블』의 경우 무엇보다 사진의 완성도라는 측면에서 압도적인 수준을 보여주어 독자들의 좋은 반응을 얻는 데 성공했다. 기막히게 잘 표현된 아름다운 사진 한 장이 얼마나 위력적으로 독자의 감성을 파고들 수 있는지를 증명해준다.

한편 만화가들의 시간과 공간, 일상과 작품을 절묘하게 직조해 편집상에서부터 창조적 예술성을 표현한 『MANAGA』의 경우는 '편집이 곧 책의 철학을 담는 그릇'이라는 점을 독자들에게 적극 상기시켰다. '만화가의 자유로운 상상력을 독자들도 자유롭게 상상할 수 있는 편집'으로 이끌어냈다는 점은 특히 눈여겨봐야 할 부분이다. 또한 무크지(부정기간행물)의 형식을 채택하고, 국문과 영문을 병용하는 구성을 취함으로써 세계시장에 우리 만화를 적극적으로 알리는 포트폴리오 역할까지, 한 권의 책에 다양한 임무를 부여하고 있다.

『1년의 아침』도 독특하다. 이 책은 꽤 많은 서사적 요소들을 보유한 기획이지만, 막상 본문에는 글이 하나도 없다. 저자 서문에 해당하는 부분만 책의 앞부분에 등장할 뿐, 두 저자들이 각자 찍은 사진만이 나란히 짝을 지어 모든 페이지를 채우고 있다. 대신 제목과 카피, 저자 프로필과 서문 등을 활용해 책 자체의 기획 과정을 적극적으로 표현하고 있다. 즉 책의 내용으로서의 스토리텔링이 아니라, 책이 기획되는 과정 그 자체를 스토리텔링으로 만들어 보여주고 있는 것이다. 그래서 마치 영화의 메이킹 필름을 보는 것과 같은 느낌을 받게 된다.

이 역시 잡지가 종종 활용하는 전략이다.

표지디자인, 타이포그래피, 판형과 본문의 편집까지 별로 흠잡을 데가 없는 디자인적 완성도를 보여준다는 것도 이 책들의 공통점이다. 그리고 본문 편집에서도 혁신적인 방식을 채택했다. 가독성에만 집중했던 기존의 단행본 편집디자인에 크게 변화를 준 것이다. 이것은 '스타일로서의 책 읽기', 혹은 '디자인으로서의 책 읽기'를 중요시하는 최근 독자들의 독서 트렌드 변화에 그 배경이 있다. 현대의 독자는 책의 내용만 즐기지 않는다. 책을 읽는 자기 모습도 동시에 즐길 수 있어야 한다. 인터넷과 스마트폰과 SNS의 일상화가 가져온 변화 중 하나다.

게임처럼 하나의 행위로 여러 가지 미션을 동시에 수행한다. 한 권의 책을 읽으며 지식과 정보도 얻어야 하지만, 동시에 아름다움도 느껴야 하고, 그런 책을 읽고 있는 자신도 멋지게 보여주어야 하고 또한 자신도 그렇게 느껴야 하는 것이다. 그들은 의미뿐 아니라 스타일에서도 충족감을 느끼고자 한다. 말하자면 독서 행위에서의 멀티태스킹을 스스로에게 요구하는 것이다. 실시간으로 날아드는 엄청난 양의 정보와 감성을 자극하는 파편들까지 무수함 그 자체가 오가는 환경. 이것이 현대의 단행본이 편집과 디자인, 내용 구성에까지 잡지 스타일을 적극적으로 수용해가는 배경이라고 할 수 있을 것이다.

_김성신

06 말만 무성한 아마존

'온라인 공룡' 아마존의 한국 진출에 대한 이야기가 많다. 크게 보면 전자상거래와 콘텐츠 사업을 두고 '언제 어떤 방식으로 들어올 것인가'에 대한 논란이다. 아마존은 전 세계 전자책 시장의 65%를 차지하고 있는 압도적인 사업자다. 2014년 7월에는 무제한 전자책 구독 서비스인 '킨들 언리미티드'를 출시했다. 아마존은 오프라인서점에서 구매하던 책을 온라인서점에서 구매하게 하고 종이책을 디지털 책으로 바꾸더니 책을 권당 구매하는 패턴도 구독형으로 바꾸겠다는 전략이다. 최근 아마존은 새로운 전자책 전용 단말기인 '킨들 보이지'를 선보였다. 기존 킨들보다 얇고 가벼워졌으며 화면 해상도와 밝기도 개선됐다. 수백만 종의 전자책 콘텐츠와 플랫폼 확장을 통해 세계 전자책 시장의 지배적 사업자 자리를 놓치지 않고 있다.

기본적으로 아마존의 한국 진출은 시기의 문제다. 그런데 11월 21일 시행되는 도서정가제 확대 개정은 종이책과 전자책 모두 진출을 모색하고 있는 아마존 입장에서 변수가 될 것 같다. '빠르게 성장하라Get big fast'를 통해 사업 확장을 추진하고 있는 아마존도 진출 국가의 법제도를 침해할 수는 없기 때문이다. 진출 국가별로 아마존의 거센 도전과 시장지배력을 방어하기 위한 노력도 상당하다. 프랑스는 아마존의 과도한 할인과 무료 배송을 금지했고, 독일은 토리노 얼라이언스를 통해 킨들에 맞서고 있다.

아마존의 한국 진출 모델은 전자책 분야가 선도할 것으로 보인다. 브라질, 호주, 네덜란드 등 최근 아마존이 진출한 국가들을 보면 전자책과 킨들 기기부터 출시했기 때문이다. 이는 대규모의 물류시설 확보가 필요하지 않고, 진입 초기 고객 기반 확보에 유리하다. 킨들 스토어를 기반으로 전자책, 음원, 비디오 서비스로 카테고리를 확장하고 종이책, 가전, 식음료 등 일반 쇼핑서비스로 이어지는 전략이다.

아마존의 한국 진출이 국내 출판업계에 어떤 영향을 미칠까. 킨들 플랫폼은 이미 서비스 경쟁력과 이용자의 편의성 관점에서 세계 최고 수준이다. 헤비 리더에서 라이트 리더까지 구매력을 이끌어갈 다양한 콘텐츠 서비스를 계속 선보일 것이다. 더불어 저자와의 직접 계약을 통한 콘텐츠 소싱과 유통 지원에도 지속적인 투자가 예상된다. 그동안 콘텐츠와 기술투자 등에 미흡했던 국내 업체들의 자성과 함께 전략적인 행보가 기대된다. 그만큼 전자책 업체 간 '합종연횡'이 이어질 것이다.

콘텐츠의 원천 생산자인 작가와 출판사를 위해 아마존과 기존의 출판유통 및 콘텐츠 사업자들의 전략적 투자도 기대된다. 이를 통해 출판 콘텐츠 생태계의 성장은 단계적으로 높아질 수 있다. 문제는 아마존이 독점적인 시장지배력을 구축할 경우다. 이를 위한 물리적인 제도와 장치를 만들지 논란이 제기될 수 있다.

최근 아마존이 프랑스 대형 출판사인 아셰트와 수익 배분을 둘러싼 긴 분쟁을 끝냈다. 아셰트의 강경 대응에 아마존이 전자책 가격책정 권한을 포기하며 한발 물러섰다. 새로운 출판 생태계를 만들기 위한 산업의 대응이 절충점을 만들었다고 본다. 아마존의 국내 진출에 대해 무작정 두려워하거나 반가워할 필요는 없다. 플랫폼을 활용하는 관점과 생태계의 절충점을 만들기 위한 각자의 고민과 노력이 필요한 시점이다.

_류영호

07 아빠 전성시대

자식의 성공과 행복을 위해서라면 모든 것을 희생할 각오가 되어 있는 요즘 아빠들은 무엇이든 배우는 데도 적극적이다.

'88만원세대'라는 용어의 창시자이면서 자칭 '함께 잘사는 방법을 모색하는 C급 경제학자'인 우석훈 박사는 올해 8월 출간된『불황 10년』(새로운현재)에서 호황과 불황을 구분하는 재미있는 방법을 소개한 바 있다.

"호황과 불황, 그걸 가르는 키워드 한마디가 있는데, 오빠의 시대인가, 아빠의 시대인가. 지내보니 딱 그렇다. 시대적으로 사람들이 오빠 이야기를 더 많이 하는지, 아니면 아빠 이야기를 더 많이 하는지 보면 된다. 사람들이 오빠라는 단어를 많이 쓰는 시대는 호황이고, 불황기에는 어쩔 수 없이 아빠라는 단어를 많이 쓰게 된다." 올해 유난히 TV예능을 비롯한 각종 문화콘텐츠에서 '아빠 전성시대'가 이어졌다. 우리가 지금 어떤 시대를 살고 있는지를 단적으로 보여주는 증거라고 하겠다.

1998년 우리나라가 IMF에 돌입했을 때에도 아빠 관련 콘텐츠들이 범람했다. 김정현 작가의『아버지』, 조창인 작가의『가시고기』와 같은 소설들이 대중들의 심금을 울렸고,『부자 아빠 가난한 아빠』(황금가지)처럼 새로운 경제 패러다임에 걸맞은 새로운 아빠상을 비전으로 제시하는 책들도 큰 인기를 끌었다. 그리고 "IMF 때보다 더 힘들다"는 말이 나올 정도로 극심한 불황에 시달렸던 2014년 출판시장에서도 다시 한 번 아빠 전성시대를 실감할 수 있었다. 성석제 작가는『투명인간』이라는 소설에서 '김만수'라는 주인공을 등장시켜 가진 것도 없고 잘난 것도 없지만 마치 투명인간처럼 헌신적으로 가족과 사회를 지켜나가는 우리 시대 아버지들의 모습을 형상화시켰다.

하지만 2014년 우리 사회 전반에 불어 닥친 아빠 전성시대는 과거 IMF 시대의 불안함에 아빠를 찾던 양상과는 분명한 차이가 발견된다. 2014년 아빠 전성시대에는 '스칸디 대디Scandi Daddy'로 대변되는 북유럽 스타일 육아관이 반영된 결과라고 할 수 있기 때문이다. '스칸디 대디'란 육아에 적극 참여하며 자녀와 최대한 많은 시간을 함께 보내고 교감하는 북유럽 아빠들을 통칭하는 말로, 자연친화적이고 실용적인 북유럽 인테리어와 라이프스타일 트렌드가 유행하면서 자연스럽게 대중들의 입에 오르내리기 시작했다. '엄부자모嚴父慈母'라고 해서 아버지는 자식을 엄하게 다루고, 어머니는 자식을 깊은 사랑으로 보살펴야 하는 것이 우리나라의 전통적인 육아관이었다면, 요즘 부모 세대들에게는 이런 육아관이 통하지 않는다. 특히 '딸바보'라는 말이 생겨날 정도로 자식의 성공과 행복을 위해서라면 모든 것을 희생할 각오가 되어 있는 요즘 아빠들은 무엇이든 배우는 데도 적극적이다.

그들의 적극적인 육아관은 출판 시장에도 반영되고 있다. 올해 출간되어 많은 사랑을 받은 『내 아이를 바꾸는 아빠의 말』(애플북스), 『아빠가 필요한 순간들』(카시오페아), 『아빠의 자존감이 아이의 자존감을 높인다』(경향BP), 『내 아이를 위한 아빠의 3분 육아』(한국경제신문), 『푸름 아빠의 아이 내면의 힘을 키우는 몰입 독서』(푸른육아), 『최효찬의 아들을 위한 성장 여행』(글담출판) 등은 자녀들과 더 많이 대화하고 교감하려는 아빠들의 열의가 만들어낸 결과라고 하겠다.

_홍순철

08 글쓰기 권하는 사회

글쓰기는 권력이고 이모티콘은 스타일링이다. 읽는 이를 매료시키는 글재주와 이모티콘만 있다면 주연이 되는 세상이다.

지금까지 만난, 글쓰기 초보자 중 가장 기억에 남는 이는 '욕 쓰는 아빠'였다. 50대 중반의 그는 첫 문장을 주저하지 않았다. 자신감의 근원은 바로 '욕 일기'였다. 화가 치밀어 오를 때마다 15년간 다른 이에 대해 욕을 써왔다는 것이다. "신기할 정도로 마음이 편안해져요." 욕 일기를 쓰고 난 후로, 자연스레 글쓰기 부담이 줄어들었다고. 이른바 '치유용 욕 일기'였다. 하지만 일기장은 모두 소각해버렸다. 보기 위한 것이 아니었기 때문이다. 자신조차 보지 않는다는 전제로 썼기에 늘 자유로웠다.

나는 글쓰기 고민의 7할은 자신감 부족이라고 믿는다. 그런데도 많은 글쓰기 책은 방법론만 말할 뿐, 쓰지 못하는 원인에 대해서는 침묵한다. 너도나도 글쓰기의 이점을 주장하느라 바쁘다. 그러나 한 줄조차 쓸 수 없다면 어디서부터 어떻게 시작해야 할까.

눈을 떠 감는 순간까지 우리 삶을 지배하고 있는 SNS는 늘 "쓰라"고 말한다. 쓰지 않으면 소통할 수 없고 소외된다. 끝까지 스마트폰을 거부했던 지인도 카카오톡 채팅을 위해 휴대전화를 바꿨다. SNS 글쓰기는 생존이다. 잘 쓰는 사람은 주연, 리액션 좋은 이는 조연, 못 쓰는 자는 유령이 된다. 글쓰기는 권력이고 이모티콘은 스타일링이다. 읽는 이를 매료시키는 글재주와 이모티콘만 있다면 주연이 되는 세상이다. 쓰지 못하는 자는 도태된다.

이런 붐을 타고 올해 유독 수많은 글쓰기 책이 쏟아져 나왔다. 한 달에 10여 권의 신간이 나올 때도 있었다. 그중 청와대 연설비서관을 지낸 강원국의 『대통령의 글쓰기』(메디치미디어)는 잘 읽히는 글을 꿈꾸는 블로거부터 보고서 쓰기로 막막한 직장인까지 활용 범위가 넓다. 절필 선언을 했다가 돌연 신간을 낸 고종석의 『고종석의 문장』(알마)도 눈에 띈다. 이 책의 가장 큰 특징은 '자기해체'이다. 고종석은 자신이 쓴 문장을 바탕으로 '잘못된 글'의 예를 펼쳐 보인다. 그리고 그 문장들을 어떻게 고쳐야 하는지 세심히 보여준다. 무의식중 쓰는 잘못된 습관, 비문을 날카롭게 짚어낸다. 대학 강연을 엮은 책이기에 말하듯이 썼다. 고종석의 책을 어려워했던 독자라도 편히 읽을 수 있다.

월간 〈작은책〉 발행인 안건모의 『삐딱한 글쓰기』(보리)도 주목할 만하다. 수년간 글쓰기 모임을 이끌고 있는 필자의 생생한 목소리를 담았다. 옥스퍼드 대학이 출간한 『힘 있는 글쓰기』(토트)는 방대한 분량에도 불구하고 좋은 반응을 얻었다. 글쓰기의 기초부터 실용 체계까지, 알찬 구성이 돋보인다. 해외 작가들의 글쓰기 책도 꾸준히 나왔다. 폴 오스터의 『글쓰기를 말하다』(인간사랑)와 안톤 체호프의 『안톤 체호프처럼 글쓰기』(청어람미디어)는 문학 독자에게 도착한 선물이다. 폴 오스터는 말한다. "왜 쓰는지는 나도 모릅니다. 답을 안다면 아마 쓸 필요가 없겠죠. 하지만 쓸 수밖에 없기에 쓰는 겁니다. 우리가 글쓰기를 선택하는 게 아니라, 글쓰기가 우리를 선택하는 겁니다." 그처럼 쓸 수밖에 없기에 쓰는가. 그렇다면 당신은 훌륭한 예비 저자다.

_김민영

09 한국문학 정중동

소설만으로 이야기해보자. 문학 계간지, 월간지, 웹진 등을 통해 발표되는 중단편소설들을 하루에 한 편씩만 본다고 치면 시간이 아니라 소설이 남는다. 등단 10년 이내의 작가로만 추려도 평일마다 한 편씩은 읽어야 한다. 쓰는 이들만 많은 게 아니다. 1990년대 중반과 비교했을 때에 연평균 독서량은 큰 변화가 없으며, 그중 문학에 대한 선호도는 여전히 높다. 문학 분야 베스트셀러 상위권에서 외국문학의 강세가 만만치 않다고는 해도, 이미 외국에서 검증을 마친 그 작품들과 나란히 경쟁하고 있는 것이 한국문학이다. 두말할 필요 없이 이 작품들은 우리와 함께 지금 여기를 살아가는 이들의 치열함이 만들어낸 것들이며, 평론가로서 그 '현장'에 동참하려는 이들이 적지 않다는 게 반가울 따름이다.

이러한 선전의 지속을 위해 필요한 것은 좋은 작품을 쓰기 위한 작가의 노력만은 아니다. 생산자와 소비자가 존재하는 한, 작품도 엄연한 상품이기에, 홍보뿐 아니라 생산 과정 자체에 소비자의 요구를 수용하기 위한 출판계의 적극적인 고민이 있어야 함은 당연하다. 올해 경장편 소설의 연이은 출간은 그 대표적인 결과물이라 할 수 있을 것이다.

여기에는 더 많은 이가 소설에 손쉽게 접근할 수 있도록 하려는 출판사 측 욕구, 그리고 독서에 할애할 시간이 줄어드는 와중에도 소설을 찾는 독자들의 욕구가 반영돼 있다. 장편소설의 경량화가 작품의 질에 영향을 미친다는 우려가 없진 않으나, 그보다는 이러한 시도를 통해 또 하나의 미학적 성취를 기대하는 편이 현명하다.

아울러 SNS나 온라인 커뮤니티, 문학 관련 팟캐스트, 오프라인 등에서 활발하게 이루어지는 작가와의 소통도 독자를 배려한 시도들이다. 이를 단순히 홍보의 측면에서만 이해해서는 안 된다. 소통의 창구가 많아짐에 따라 독자는 작품뿐만 아니라 작가에게 더욱 쉽게 다가갈 수 있으며, 작가 또한 자신의 작품이 어떻게 읽히는지를 가늠해볼 수 있다. 작가와 독자의 만남은 최종적으로는 작품을 통해 이루어져야 하지만, 그 만남의 계기와 과정에 도움을 줄 수 있는 다양한 가능성을 애써 무시할 필요는 없다. 인간관계의 많은 부분을 온라인이 담당하고 있는 지금, 그 공간을 활용하는 이들이 누리고 있는 것은 과거 책을 읽고 생각을 공유하던 이들의 즐거움과 다를 바 없다. 물론 작가나 독자 모두 본령이 작품에 있음을 잊어서는 안 될 것이다.

작가는 열심히 쓰고, 또 그만큼 독자는 열심히 읽어야 한다는 말은 당연하지만 언제나 중요하다. 출판계 또한 자기만족에 빠져서는 안 된다. 위와 같은 변화들이 책을 읽어오던 이에게 많은 즐거움을 더해준 것은 분명한 사실이지만, 이것이 과연 새로운 수요 창출에 기여했는지는 눈앞의 가시적인 성과로 확인할 수 없다. 문학은 단순히 '이야기'로만 환원되지 않는 예술이며, 지금의 한국문학은 그 예술성 측면에서 첨단을 달리고 있다. 그것이 예술인 만큼 진입 장벽을 낮추기 위한 더 많은 이들의 지속적인 관심이 요구된다.

_황현경

10 진짜 공부, 함께 공부

공부책 열풍이 불고 있다. 판을 거듭하면서 인기를 끌고 있는 『공부의 달인, 호모 쿵푸스』(북드라망)부터 작년에는 『공부하는 인간』(예담), 『공부하는 사람들』(라이팅하우스), 『왜 공부하는가』(다산북스), 올

인터넷이 열어젖힌 집단지성이 오프라인 공부 모임도 바꾸었다. 공부와 학습도 연대하는 중이다.

해에는 『공부란 무엇인가』(책담), 『내가 공부하는 이유』(걷는나무), 『왜 나는 법을 공부하는가』(다산북스), 『말공부』(흐름출판) 등의 책들이 쏟아져 나왔다. 급기야 형제간의 『공부 논쟁』(창비)까지 벌어졌다. 아예 공부 전문 출판사라 할 만한 유유는 그간에 『단단한 공부』, 『공부하는 삶』, 『부모 인문학』에 이어 『공부책』, 『평생 공부 가이드』, 『엔지니어의 인문학 수업』, 『번역자를 위한 우리말 공부』, 『단단한 독서』까지 연달아 출간했다.

이런 공부책 열풍은 인문학 열풍에 이은 현상으로 볼 수 있다. 인기 강연자 위주로 강의를 들었던 사람들이 이제 직접 공부를 시작하면서 참고할 만한 입문서들을 찾기 때문이다. 인문학 열풍 이후 『인간이 그리는 무늬』(소나무), 『고미숙의 몸과 인문학』(북드라망), 『인문학은 밥이다』(알에이치코리아), 『지금 시작하는 인문학』(더좋은책) 등의 인문학 입문서가 쏟아져 나온 것과 같은 맥락이다.

그런데 새로운 흐름으로 주목할 만한 점은 공부공동체의 책들이 나오고 있다는 점이다. 『공부하는 엄마들』(유유), 『이젠, 함께 읽기다』(북바이북), 『함께 읽기는 힘이 세다』(서해문집) 등이 그런 예이다. 각각 주부와 성인, 교사들이 함께 공부하고 토론한 결과물들을 담았다. 이런 책들은 혼자서 지식을 채우는 공부가 아니라 여럿이 지혜를 나누는 공부라 할 수 있다. 인터넷이 열어젖힌 집단지성이 오프라인 공부 모임도 바꾸고 있는 것이다. 공부와 학습도 연대하는 중이다.

인문학 열풍이 한때의 유행이 아닌 일상으로 정착되기 위해서는 함께 공부하는 도반과 아지트가 필요하다. 수유+너머, 감이당, 대안연구공동체 등 조금은 문턱이 있는 인문학 공동체와 더불어 도서관을 중심으로 생활 밀착형 독서토론 모임이 부쩍 많아졌다. 교사들도 사회구조를 문제 삼으며 교육 불가능성을 탐색하기보다 "교실에서 실천하며 겪은 어려움을 기록하고, 실패를 고백하고, 그 실패 속에서 찾아낸 성공의 길"을 함께 정리한다. 이제 푸념을 넘어 담론으로, 사담을 넘어 공론으로 가야 한다. 사회학자 엄기호는 『단속 사회』(창비)에서 푸념과 징징거림은 상대에 대한 고려가 없으니 사적인 투덜거림이라 하더라도 모두의 이야기, 적어도 사회적 관심을 가질 만한 소재로 만들어야 한다고 제안했다. 독백이 아니라 타인에 대한 말 걸기와 자신의 경험을 나누기 위한 초대가 필요하다는 것이다.

그의 지적대로 이야기의 전달이 아니라 나눔이 필요하고, 상대가 참여할 때 우리의 공부와 삶은 더 풍부해질 수 있다. 이런 경험의 과정을 통해 공동체가 만들어진다. 지금은 "의사소통은 경험이 공동소유가 될 때까지 경험에 참여하는 과정"이라는 존 듀이의 말을 되새겨야 할 시점이다. 아직은 강연을 통해 힐링하려는 '소비자'가 많지만, 독서모임을 통해 오롯이 자신의 생각과 가치, 주관을 세우려는 '공부하는 사람들'이 점차 많아지고 있다. 우리의 미래는 이런 공부공동체에서 찾아야 할지도 모른다.

_신기수

11 에디톨로지

"모든 창조적 행위는 유희이자 놀이다. 이같이 즐거운 창조의 구체적 방법론이 바로 '에디톨로지'다. 세상의 모든 창조는 이미 존재하는 것들의 또 다른 편집이다. 하늘 아래 새로운 것은 없다. 하나도 없

정보의 저장이나 보관, 이동 능력은 컴퓨터에게 맡기고 유용한 지식만을 연결해 새로운 지식을 만들어내는 편집력이 중요해졌다.

다. 창조는 편집이다." 김정운은 『에디톨로지』(21세기북스)에서 편집의 중요성을 이렇게 강조했다. 어딘가 기시감이 드는 이 이야기가 하반기 출판시장에서 크게 주목받았다.

『호모 스마트쿠스로 진화하라』(해냄)의 저자 김지현은 콘텐츠 산업에서는 편집력이 중요한 역량이 될 것이라고 말한 바 있다. UCC가 주목받았듯이 UECUser Editing Contents가 주목받을 것이라고도 했다. 검색을 통해 접근하기 쉽게 하고, 주목받을 만한 콘텐츠는 적절히 분류하고 배치해서 보기 좋게 제공하는 편집력이 중요하다고 말이다.

유영만은 『브리꼴레르』(쌤앤파커스)에서 다양한 기존 지식을 융합해 이제까지 존재하지 않았던 제3의 지식을 자유자재로 창출해내는 새로운 지식인, 즉 '브리꼴레르'가 되어야 한다고 역설했다. 자신의 지식을 세상의 지식과 끊임없이 융합시킴으로써 자신의 좁은 지식만으로는 도저히 생각할 수 없는 해법을 생각하고, 다다를 수 없는 높은 경지에 도달해야한다고 말이다. 토머스 L. 프리드먼은 『렉서스와 올리브나무』(21세기북스)에서 정보의 원천적인 생산보다 여러 정보를 연결해 설명하는 '정보의 중개'가 중요하다고 했다.

이런 능력을 키우기 위해서는 책을 읽는 방법부터 달라져야 한다. 정희진은 『정희진처럼 읽기』(교양인)에서 책을 읽는 방법을 크게 '습득習得'과 '지도 그리기mapping'의 둘로 나눴다. 습득은 "말 그대로 책의 내용을 익히고 내용을 이해해서 필자의 주장을 취하는take 것"이고, 지도 그리기는 "책 내용을 익히는 데 초점이 있기보다는 읽고 있는 내용을 기존의 자기 지식에 배치(trans/form 혹은 re/make)하는 것"이다. 일본의 대표적인 그래픽 디자이너 스기우라 고헤이는 이를 '중층성'으로 설명했다. 누구나 평생의 경험이 자신의 머릿속에 켜켜

이 쌓인다. 그러다 어느 계기가 되면 그것이 한순간에 기억 속에서 확 튀어나온다. 사람이 깜짝 놀랄 때에는 "한순간 신체는 한 덩어리가 되어 공중에 붕 뜬다. 부분이 아니라 전체가 '하나'가 되는 것, 이렇게 하나가 되는 순간을 온몸이 최고조에서 움직이는 한순간이 된다."

이밖에도 통섭, 융합, 크로스오버, 큐레이션, 콜라보레이션 등 유사한 개념이 적지 않았다. 그런데도 왜 새삼 에디톨로지가 주목받을까. 지식의 개념이 바뀌고 있음을 이제야 절감하고 있기 때문 아닐까. 정통 인문학자 김용규는 『생각의 시대』(살림, 2014)에서 "2030년이 되면 지식이 3일마다 2배씩" 늘어난다고 했다. 지식의 양이 폭발하는 시대에 그 많은 지식을 암기할 능력이 인간에게 있을 리 없다.

인간이 할 수 있는 능력 중에서 컴퓨터가 할 수 없는 유일한 능력은 '삭제Delete'이다. 그러니 인간은 이제 삭제만 잘해도 된다. 달리 말하면 그것은 '망각'하는 능력이다. 책을 한 권 읽고는 핵심만 남겨놓고 나머지는 잊어버리면 된다. 정보를 저장하는 능력보다 정보를 망각하는 능력이 중요해진 것이다. 이제 인간은 정보의 저장이나 보관, 이동 능력은 컴퓨터에게 맡기고 유용한 지식만을 연결해 새로운 지식을 만들어내면 그만이다. 그게 편집력이다.

졸저 『20대, 컨셉력에 목숨 걸어라』(대산초당, 2009)에서 내가 말한 '컨셉력'은 편집력의 다른 이름이다. 올해 초 펴낸 『한국의 출판기획자』(한국출판마케팅연구소)의 서문에서 나는 '퍼블리터(퍼블리셔+에디터)'의 중요성을 강조하기도 했다. 참, 이런 글을 쓰는 능력 자체가 편집력이지 않은가!

_한기호

12 세월호와 출판

한국사회는 세월호 이전과 이후로 나뉜다. 역사의 기록자인 출판계도 세월호와 관련한 여러 책을 선보이며 '잊지 않겠다'는 의지를 보여주었다.

6·25전쟁 이후 최대의 참사인 세월호 사태는 지금도 현재진행형이다. 바다에서 생을 마감한 꽃다운 나이의 학생들 중 일부는 여전히 돌아오지 못하고 있다. 한국사회는 이제 세월호 이전과 이후로 역사를 구분할 수밖에 없다. 역사의 기록자인 출판계도 세월호와 관련한 여러 책을 선보이며 '잊지 않겠다'는 의지를 보여주었다.

우석훈의 『내릴 수 없는 배』(웅진지식하우스)는 세월호 참사가 "전형적으로 내릴 수 없는 배 구조" 때문이라고 주장하면서 한국사회가 세월호 그 자체임을 강조했다. 『눈먼 자들의 국가』(문학동네)는 〈문학동네〉 2014년 여름호와 가을호에 게재된 문인들과 사회과학자들의 글을 엮은 책이다. 진실마저 수장될 위기에 처한 한국사회에 대한 안타까움을 고스란히 드러낸 이 책은 슬픔이 거리에서 조롱받아야만 하는 한국사회의 야만에 대한 비판도 시의적절해 보인다.

민주사회를 위한 변호사 모임의 『416 세월호 민변의 기록』(생각의 길)은 세월호뿐 아니라 기록 부재에 시달리는 우리 사회의 민낯을 질타하는 책이다. 민주사회를 위한 변호사 모임은 '세월호 참사 진상규명과 법률지원 특별위원회'를 구성했고, 이를 통해 세월호 참사의 실체적 진실에 육박한다. 세월호 참사 이후 한국사회를 진단한 책들도 여럿 출간되었다. 『사회를 말하는 사회』(북바이북, 2014)는 세월호 사태 이후 사회 각 분야에서 드러난 한국사회의 맹점을 피로사회, 잉여사회, 승자독식사회, 부품사회 등 30개의 '○○사회'를 통해 풀어내며 우리 사회가 새롭게 벼려야 할 가치를 정리했다.

_장동석

13 요나스 요나손

스웨덴 작가 요나스 요나손의 데뷔작 『창문 넘어 도망친 100세 노인』은 낙관으로 가득한 소설이다. 주인공 알란은 폭탄 제조 기술자로서 수도 없는 위기를 넘기며 살아남은 100세 노인이다. 소설은 알란을 세계사의 주요 장면에 등장시켜 때로는 필요 이상으로 복잡하게 돌아가는 세계와 그 속에서 그저 자신의 인생을 살아갈 뿐인 개인을 극명하게 대비시킨다.

『셈을 할 줄 아는 까막눈이 여자』(열린책들)도 마찬가지다. 여기 등장하는 남아프리카공화국의 분뇨 수거인 놈베코는 명석한 두뇌의 소유자로서 우연히 자신에게 주어진 원자폭탄을 마침내 훌륭히 처리하는 데 성공한다. 이 황당무계한 서사를 통해 소설은 국제적으로 작용하는 힘의 논리가 우스꽝스러운 것임을 폭로한다. 작가가 전달하고자 하는 바는 알란이 되뇌곤 하는 어머니의 말처럼 "세상만사는 그 자체일 뿐"이라는 것이다. 그 자체로서의 긍정되는 삶 이상으로 무언가를 추구하는 이들의 허위가 폭로된다.

이 과정을 내내 유머를 잃지 않으며 그려내는 작가는 '인생은 멀리서 보면 희극'이라는 것을 알고 있는 이다. 그러니 이 소설들의 성공은 '가까이서 보면 비극'인 인생을 살고 있는 이들이 그만큼 많다는 것의 반증이기도 하다.

_황현경

요나스 요나손은 주인공을 세계사의 주요 장면에 등장시켜 때로는 필요 이상으로 복잡하게 돌아가는 세계와 그 속에서 그저 자신의 인생을 살아갈 뿐인 개인을 극명하게 대비시킨다.

14 파주출판도시 지혜의숲

365일 24시간 개방되는 도서관(?)이 있다. 소장도서는 20만 권, 장기적으로 100만 권이 목표다. 각계 명사들과 여러 출판사들이 책을 기증한 이 도서관은 여러 언론에서 열린 도서관, 신개념 도서관이라는 극찬을 받았다. 이름마저 찬란하다. 지혜의숲. 그럼에도 파주출판도시에 자리 잡은 지혜의숲은 적잖은 논란을 일으켰다. 논란의 핵심은 한마디로 '진짜 도서관이 맞냐'는 것이다. 책이 있고, 그것을 보기 위해 모여드는 사람이 있으니 도서관 맞지 않으냐고 항변할 수 있다. 문제는 도서관은 책을 '읽기' 위한 곳이지 '보기' 위한 공간이 아니라는 사실이다. 높이 8미터에 이르는 책장 맨 위의 책을 어떻게 읽을 것인가. 각계 명사가 기증했다지만 주식 투자에 관한 책들도 종종 눈에 띄고, 이미 세월의 흐름과 더불어 용도 폐기됨 직한 책들도 적지 않다.

더 큰 문제는 인력이다. 도서관을 구성하는 3대 요소는 공간, 자료, 사람이다. 그중 제일은 사람, 즉 책과 도서관 활용에 대한 전문적인 지식을 갖고 있는 사서라고 할 수 있다. 아쉽게도 지혜의숲에는 사서가 없고, 자원봉사자인 권독사만 있을 뿐이다. 자원봉사자들의 순수한 뜻을 폄하할 의도는 없지만, 권독사에게서 책과 도서관에 대한 전문성을 담보할 수 없다. 지혜의숲 이용자들은 책을 구경할 수 있지만, 함량 높은 서비스를 받을 수는 없다. 더 큰 문제는 제대로 된 도서관을 만드는 것도 아닌데, 7억 원이라는 적잖은 정부 재원이 들어갔다는 점이다. 책이 많을지는 모르지만, 도무지 책을 읽을 수 없는 해괴한 (자칭) 도서관에 국고를 낭비한 셈이다. 책을 보호하고 보존하기 위한 기본적인 항온, 항습 기능도 없는, 데이터베이스화도 진행되지 않은 도서관 아닌 도서관을, 기왕 만들어졌으니 제대로 운영할 방법을 찾자고 주장해야 할까.

_장동석

15 영어덜트 소설의 변화

과거 100년의 변화가 불과 1년 만에 벌어지는 세상에서 부모가 자식에게 물려줄 지혜란 없다. 그렇다고 자식에 대한 부모의 애정이 결코 식을 리는 없다. 그래서 21세기에 접어들면서 출판시장에서의 최고 화두는 '영어덜트young adult 소설'이었다. '영어덜트'는 청소년과 20대 초반의 독자들을 주요 타깃으로 삼지만 그들의 부모나 교사도 함께 읽어 가장 넓은 시장을 형성하고 있다.

최근 주목받는 로맨스 판타지는 삶에 대한 극한의 고뇌를 겪는 전통적인 로맨스를 강화하기 시작했다.

　최근 영화화가 동반되는 영어덜트 소설에서도 변화의 조짐이 보인다. 과거에는 주로 현실을 초월하거나 도피할 수 있는 판타지를 제공하는 로맨스 판타지였다. 스테파니 메이어의 '트와일라잇' 시리즈나 수잔 콜린스의 '헝거 게임' 시리즈(이상 북폴리오), 베로니카 로스의 『다이버전트』, 『인서전트』, 『얼리전트』(이상 은행나무) 3부작 등이 대표적이다. 그러나 최근 주목받는 로맨스 판타지는 삶에 대한 극한의 고뇌를 겪는 전통적인 로맨스를 강화하기 시작했다. 존 그린의 『잘못 우리 별에 있어』(북폴리오)의 주인공인 16세 헤이즐은 갑상선 암이 폐에까지 전이되는 잔인한 운명의 소유자다. 교통사고로 가족을 잃고 홀로 살아남은 17세 첼리스트가 주인공인 게일 포먼의 『네가 있어준다면』(문학동네), 모두가 잃어버린 감정을 찾기 위해 나서는

12세 소년의 이야기인 로이스 로리의 『기억전달자』(비룡소) 등 새 흐름을 이루는 영어덜트 소설의 주인공들은 삶 아니면 죽음이라는 가혹한 선택을 해야만 한다.

곧 1,000만 관객을 동원할 것으로 보이는 영화 〈인터스텔라〉에서 우주의 질서마저 바꾸는 것은 아버지의 딸에 대한 사랑과 딸의 아버지에 대한 굳건한 믿음이다. 기술의 발달에 질려 있던 인간이 이제 기술이 갖지 못한 장점에 눈을 돌리기 시작했다고나 할까. 영어덜트 소설이나 공상과학영화의 변화가 예사롭지 않다.

_한기호

16 컬러링북

도안에 따라 다양한 색을 선택해 채우는 컬러링북이 나오자 독자들은 단순한 행위에 아무 생각 없이 집중할 수 있어 힐링이 된다는 반응을 보였다.

2014년 11월 현재 『비밀의 정원』(클)이라는 컬러링북이 종합베스트셀러 1, 2위를 다투고 있다. 컬러링북이란, 말 그대로 독자가 직접 책 속의 도안에 색을 칠하는 책이다. 책 속에 그려져 있는 도안에 따라 그 안에 다양한 색을 선택해 채우면 되는 형태다. 이 책의 뜨거운 반응에 힘입어 컬러링북들이 쏟아져 나오고 있다. 컬러링북이 대중적 인기를 끄는 배경을 보자. 일단 주 독자층의 일관된 반응은 '아무 생각 없이 집중할 수 있어 힐링이 된다'는 것이다. 세밀하게 색을 칠한다는, 지극히 단순한 행위가 만들어주는 몰입의 즐거움이다.

그렇다면 이러한 방식의 몰입은 우리에게 왜 이렇게 절실할까. 이유는 간단하다. 현대사회에서의 효율은 대중이 활용할 수 있는 효율이 아니다. 한마디로 지배의 효율일 뿐이다. 이를 배경으로 노동환경은 나날이 더 가혹해져간다. 또한 현대의 노동환경은 근본적으로 개별적 존재에게 성취감을 허용하기 어려운 시스템이다. 따라서 이러한 현실을 순간 잊을 수 있는 몰입과 성취감, 그것에 쉽게 중독되는 것이다. 이 지점에서 컬러링북은 현실 망각, 현실 도피의 기능을 수행하고 있다. 즉 뇌종양 환자의 두통에 처방하는 아스피린과 비슷하다. '힐링'은 치료를 뜻하는 말인데, 컬러링북이 그것은 아니다. 고통을 잠시 멈출 수는 있겠지만 치료가 되진 않으니 말이다.

_김성신

17 베스트셀러 집계 방식 변경

지난 9월 말 교보문고가 베스트셀러 집계방식을 '해당 주간 판매량'에서 '누적 판매 부수'로 바꾸었다. 사재기를 예방하고, 책의 수명을 늘리기 위한 조치라고 교보문고는 밝혔다. 사실 교보문고의 베스트셀러 집계는 그간 책을 사랑하는 독자들에게 책을 선택하는 하나의 좋은 기준이었다. 시대의 흐름을 읽을 수 있고 양서를 발견할 수 있는, 신뢰할 만한 목록이라는 인식 때문이었다. 하지만 언젠가부터 대형서점과 온라인서점의 베스트셀러 목록이 사재기를 부추기는 방편으로 인식되기 시작했다. 대형서점과 온라인서점으로 출판시장이 재편되면서 마케팅 기법은 사실상 획일화되었다. 그중 하나가 독자들이 신뢰하는(?) 베스트셀러 목록에 '빨리, 오랫동안' 올려놓는 것이었다. 양서를 소개받을 다양한 창구를 갖지 못한 우리 현실에서 베스트셀러 목록은 가장 확실한 홍보 방법이었다. 베스트셀러에 대한 의존도가 높아지면 팔리는 책 위주로 시장이 형성된다. 가장 큰 피해자는 결국 독자다. 출판의 궁극적인 목적인 다양성이 사라지면서 읽을 직한 책을 찾아볼 기회를 원천적으로 박탈당하기 때문이다.

교보문고가 베스트셀러 집계방식을 바꾸었다고 해서 모든 상황이 일시에 좋아질 리 없다. 한 회사의 목록이 아닌 전국적인 통계를 바탕으로 신뢰할 만한 목록을 만드는 것이 필요한 시점이다. 한국출판문화산업진흥원이 발족한 지 꽤 긴 시간이 흘렀다. 가시적인 사업은 지금까지 많이 했다. 그러니 지금부터 가장 중요한 사업, 세계 출판 10대 강국이라는 자랑에 어울리는, 한국출판의 좌표를 제시할 수 있는 통계를 만들어주길 바란다.

_장동석

18 정치인 출판기념회

정치인이 책을 써서 유권자들과 소통하는 것은 민주주의와 출판문화 발전을 위해 환영할 만한 일이다. 세계적으로도 유력 정치 지도자들의 책은 각종 현안에 대한 정책 소신과 비전을 세상에 밝히고, 그 해법을 중심으로 지지자를 확산시키는 순기능이 적지 않다. 문제는 우리나라 정치인들의 출판기념회가 음성적인 정치자금 모금 창구 혹은 정치 헌금 창구로 잘못 활용된다는 데 있다.

지난 6월 4일 실시된 제6회 전국동시지방선거 과정에서도 정치인 출판기념회의 문제점이 부각되면서 국민의 공분을 샀고 사회적 논란 또한 커졌다. 결국 중앙선거관리위원회는 출판기념회 개최 방식을 비롯한 정치관계법 개정 의견을 10월 8일 국회에 제출했지만 각 당에서는 정치 혁신을 내세운 의견만 분분할 뿐, 정치인 스스로의 자금 문제에 대한 정치적 해법조차 만들어내지 못하고 있다.

중앙선거관리위원회는 출판기념회 현장에서 정가 판매 이외의 금품 모금 행위를 처벌하는 방안과 정지차금제도에 포함시켜 양성화하는 방안에 대한 검토 끝에, 우선은 전자를 택해 순수한 출판기념회만을 허용해야 한다는 의견을 제시했다. 국회는 세비 인상안만 만장일치로 신속하게 결정하지 말고, 출판기념회 개혁안 의결도 조속히 하길 바란다.

_백원근

19 『구름빵』 논란

"『구름빵』 책이 40만 부나 팔려 출판사는 부가가치 등을 포함해 4400억 원의 매출을 올렸는데, 작가 수익은 1850만 원뿐이다." "작가와 출판사 간의 이러한 불공정 관행이 지속되어 왔고, 이를 개선하기 위해 상위 20개 출판사에 시정조치 명령을 내렸다." 문화체육관광부는 언론을 통해 이러한 내용을 발표하면서 '출판 분야 표준계약서'라는 것을 제시했다. 이 소식을 접한 대중들은 들끓었지만, 출판계에서는 정부 측이 여론몰이를 통해 대다수 출판사들을 범죄자 취급했다며 반발했다.

『구름빵』(한솔수북) 논란의 핵심은 '매절 계약'이라는 관행 때문이었다. 매절 계약이란 저작권 양도 계약의 한 방법으로, 원고료를 일시

불로 지급하고 저작권 사용에 대한 일체의 권리를 출판사가 양도받는 것을 말한다. 일반적으로 문단에 처음 데뷔하는 신인과의 계약이나, 번역자와 출판사 간의 번역 계약에서 자주 사용되는 형태였다. 최근에는 인세 계약이 일반적이지만, 과거에는 출판 비용과 위험 부담을 함께 감수하자는 차원에서 매절 계약이 관행적으로 이루어졌었다. 창작자의 권리는 가장 중요하며, 저작권 사용에 대한 정당한 대가는 반드시 지불되어야 한다. 하지만 현실과 동떨어진 정책을 일방적으로 발표하면서 출판사들을 윽박지르는 태도를 보였던 정부의 일방통행식 커뮤니케이션 또한 『구름빵』 논란의 또 다른 문제점으로 지적되었다.

_홍순철

20 마스다 미리

"둘이 영화를 본다는 건 친구라는 경계가 아슬아슬해지는 지점. (중략) 들키지 않도록 그의 옆얼굴을 계속 훔쳐보는 나. 이미 영화 따위어찌되는 상관없어!! 말 그대로, 지금 사랑에 빠지고 있는 내게, 영화보다 이 이후, 그가 어떤 식으로 식사 초대를 할까 하는 쪽이 중요해진 것이다." 최근에 출간된 에세이 『나는 사랑을 하고 있어』(이봄)의한 구절이다. 여자들의 감성을 단단히 자극하고 있는 저자 마스다 미리는 30대 여성을 주인공으로 한 여성공감만화 '수짱 시리즈'로 이미 국내에 많은 팬을 확보하고 있다.

　『내가 정말 원하는 건 뭐지?』, 『결혼하지 않아도 괜찮을까?』, 『지

금 이대로 괜찮은 걸까?』,『아무래도 싫은 사람』(이상 이봄) 등 그녀의
작품들은 제목부터 연애와 결혼, 직장생활 그리고 인생문제까지 싱
글족이라면 누구나 한 번쯤 해봤을 고민들을 담고 있다. 그렇다면 왜
여성 독자들은 이토록 '수짱'에게 열광하는 걸까. 그 배경에는 먼저
'1인 가구의 증가'를 꼽을 수 있다. 결혼과 육아보다는 자기 자신을
위한 삶을 사는 여성들이 늘어나면서 그들의 고민을 공유하는 데 관
심과 지지를 보내고 있는 것이다. 게다가 그녀는 어쭙잖은 위로를 건
네기보다는 일상 속 에피소드를 담담히 보여준다. 그 일상에는 혼자
사는 즐거움도, 계속 혼자일지도 모른다는 불안감도 있다. 그런 솔직
한 모습을 그림으로써 자연스럽게 담백한 공감을 자아내고 있다.

결혼과 육아보다는 자기 자신
을 위한 삶을 사는 여성들이
늘어나면서 그들의 고민을 다
룬 마스다 미리의 만화와 산문
집이 공감을 얻었다.

　최근에는 '수짱' 시리즈의 뒤를 이어 산문집『어느 날 문득 어른이
되었습니다』,『여자라는 생물』(이상 이봄)을 통해 서른의 싱글들보다
좀더 단단해지고 재미있는 진짜 어른의 일상을 보여주고 있다. 마스
다 미리 책을 읽어가며 우리도 그녀 작품 속 주인공들처럼 자신에게
진지한 고민을 던지며 '진짜 어른'이 되어가고 있는 건 아닐까.

_김세나

21　PPL에 목매는 출판계

올해 들어 소위 '드라마셀러'의 위세가 거세지면서, 출판사들이 자사
의 책을 PPL Product Placement을 통해 드라마에 노출시키려는 노력이
더욱 가열됐다. 심지어 몇몇 출판사는 드라마 제작사들로부터 "5억
원을 주면 전회 간접광고를 해주고 주조연의 직업으로 설정해주겠

다"는 구체적이면서도 노골적인 제안을 받기도 했다. 드라마 제작사들은 '미니시리즈 제작지원 제안서'라는 것을 출판사에 전달하면서 제작지원금으로 '출판사 5억(VAT 별도)'을 명시한 뒤, 해당 책에 대한 에피소드 5회, 간접광고 전회, 주조연 직업으로 설정, 전반적인 메인 배경 사용, 제작지원 표기 등을 약속하기도 했다. 제작비 부족에 허덕이는 드라마 제작사들의 고충을 이해하긴 하지만, 과다하면서도 노골적인 드라마 제작사의 제안은 출판계 전체의 공분을 사기에 충분했다.

하지만 PPL의 효과는 실제로 대단했다. 드라마 〈별에서 온 그대〉에 등장한 『에드워드 툴레인의 신기한 여행』(비룡소)의 경우 2009년에 출간된 구간이었지만, 드라마의 흥행과 함께 2014년 최고의 베스트셀러 중 한 권으로 꼽혔다. 2013년에 출간된 박웅현의 『여덟 단어』(북하우스)의 경우도 인기가 차츰 사그라질 무렵, 드라마 〈응급남녀〉에 등장하면서 다시 베스트셀러 상위권으로 급상승하는 등, 드라마 PPL은 베스트셀러 제1의 공식으로 자리 잡았다.

_홍순철

22 프란치스코 교황 방한

지난 8월 14일, 프란치스코 교황이 사목을 위해 4박 5일간의 일정으로 한국을 방문했다. 이와 관련해 그에 대한 책이 100여 종이 넘게 출간될 만큼 출판계는 교황 특수를 만들어냈다. 특유의 검소함, 사회적 소수자들에 대한 관용, 다양한 배경과 신앙을 가진 사람들의 소통을 강조하는 교황의 모습은 종교를 넘어 많은 이들에게 울림을 주었다. 올 3월에는 미국의 〈포춘〉이 선정한 세계에서 가장 영향력 있는 리더 50인 중 1위를 차지하기도 했다.

자연히 이러한 교황의 면모와 신념이 담긴 어록들을 담은 책이 독자들의 사랑을 받게 되었다. 교황이 방문한 8월에 가장 주목받은 책은 교황의 공식적인 권고문『복음의 기쁨』(한국천주교중앙협의회)이었다. 이 책에서 교황은 자기 안위에만 힘쓰고 폐쇄적인 교회보다는 거리로 나와 다치고 상처받고 더럽혀진 교회가 되자고 권고한다.

교황의 삶과 가치관, 리더십을 다룬 책들도 많았다.『무신론자에게 보내는 교황의 편지』(바다출판사),『교황 프란치스코』(알에이치코리아) 등이 그것이다. 이제 교황 방한이 한국사회에 남긴 의미와 과제를 돌아보는 일만 남았다.

_김미향

특유의 검소함, 사회적 소수자들에 대한 관용, 다양한 배경과 신앙을 가진 사람들의 소통을 강조하는 교황의 모습은 종교를 넘어 많은 이들에게 울림을 주었다.

23 우리 모두는 '미생'

지난 11월 25일, 위즈덤하우스는 2013년 9권으로 완간된『미생』이 판매 부수 200만 부를 넘겼다고 밝혔다.『미생』은『이끼』의 작가 윤태호가 포털 사이트 다음에 선보인 웹툰을 출간한 것으로, 바둑을 두던 주인공 '장그래'가 직장생활을 하는 모습을 그린 작품이다. 최근 동명의 드라마도 만들어져 큰 인기를 끌고 있는데, 삶이 지옥이라서 사후 지옥이 안 무섭다는 직장인들의 공감이 가히 열풍 수준이다.

따지고 보면 지금까지 직장인의 일상을 이렇게 사실적으로 그린 작품은 거의 없었다. 이제까지는 일상을 뒤흔드는 '사건'이 있어야 드라마든 소설이든 될 수 있었다. 그러나 누구도 깊이 들여다보지 않았던 회사에서의 일상은 모든 순간순간이 그 어떤 사건보다 역동적이고 그래서 더욱 치열했다.

그리고 사람들은 이내 깨닫게 되었다. 밥벌이의 고단함이 주는 신성함을. "난 그냥 열심히 하지 않은 편이어야 한다. 난 열심히 하지 않아서 세상으로 나온 것이다"라고 자위하는 장그래는 우리의 자화상임을. 그리하여 우리 모두는 완생을 꿈꾸는 미생임을. 우리가 이토록 장그래를 응원하는 것은 그 때문일 것이다.

_김미향

24 결정장애 세대

올리버 예게스는 2012년에 독일의 일간지 〈디 벨트〉에 하나의 칼럼을 기고했다. 여기에서 그는 무한대로 확장된 선택의 가능성 앞에서 외려 자기결정권을 포기하고 무력감에 시달리고 있는 신세대에게 '메이비족generation maybe'이라는 명칭을 부여한다. 이 칼럼은 SNS를 타고 유럽 전역의 청년들에게 퍼지며 널리 공감을 받았고, 마침내 『결정장애 세대』(미래의창)라는 한 권의 책으로 확장되었다. 그의 말에 따르면, 결정장애는 모든 지역을 막론하고 신세대가 공유하는 경험이며, 디지털 사회에 그 원인이 있다. 『결정장애 세대』는 디지털 시대에 상응하는 새로운 세대 분석인 셈이다.

하지만 이게 과연 젊은 세대만의 처지일까. 레나타 살레츨의 『선택

이라는 이데올로기』(원제 The Tyranny of Choice, 후마니타스, 2014)
가 보여주듯이, 현대사회는 정보의 과잉과 기회의 범람을 통해 거의
모든 현대인에게 선택(의 부담)을 강제하고 있지 않는가. 이러한 이데
올로기가 상정하는 주체상은 (인간 의식의) 자율성의 환상을 내포한
다. 환상이라 함은 무한히 확장된 가능성이 오히려 우리 자신이 스스
로를 삶의 진정한 주인으로 경험하기 어렵게 만들기 때문이다. 그러

고 보면 소비트렌드분석센터 김난도 교수 팀이 2015년 소비 트렌드
의 1순위로 이러지도 저러지도 못함을 뜻하는 '햄릿증후군'을 제시
한 것도 놀라운 일은 아니다. 결정장애는 현대인 특유의 질환이다.

『결정장애 세대』는 무한대로
확장된 선택의 가능성 앞에서
외려 자기결정권을 포기하고
무력감에 시달리고 있는 신세
대를 분석한 책이다.

_이원석

25 북버킷

올해 루게릭병 환자를 위한 사회 운동인 '아이스 버킷 챌린지'가 페
이스북 설립자 마크 주커버그, 마이크로소프트 창업자 빌 게이츠, 축
구스타 베컴 등 많은 유명인사와 연예인들이 동참하며 전 세계적으
로 유행했다. 이와 같은 맥락으로 최근 SNS 이용자들 사이에서 '북
버킷'도 큰 인기를 끌며 확산되고 있다. 북버킷은 SNS에 '나에게 영
향을 줬던 책' 10권을 그 이유와 함께 간단히 적고, 다음 지정자 두세
명을 지목하는 방식의 놀이이다. 이는 미국, 영국 등에서 시작되었는
데, 그곳에서 가장 많이 언급된 책은 해리 포터 시리즈, 『앵무새 죽이
기』, 『반지의 제왕』, 『호빗』이라고 한다. 여하튼 이러한 북버킷 운동은
자신에게 영향을 준 책을 고르면서 자신의 독서 스타일뿐 아니라 자

기 삶도 돌아볼 수 있어 고무할 만하다. 더불어 지인들에게 책을 추천하는 역할도 함으로써 색다른 책 읽기 운동으로 확산될 가능성도 있으니 얼마나 바람직한가.

그런데 북버킷 운동이 자칫 이벤트성 자기과시로만 그치는 게 아닌가 싶은 우려도 있다. 본래의 취지대로 자신의 독서인생을 돌아보고 이를 지켜보는 사람들이 그 추천에 영향을 받아 '책 읽는 행위'로 이어져야 마땅한데, 그저 단순히 '나 이런 책 읽어봤다' 식의 허세로만 그쳐버린다든지, 지속적인 독서운동이 아닌 일회성 이벤트로만 끝날 수도 있기 때문이다. 북버킷 운동이 실천으로 이어질 때 그 진정한 의미가 퇴색되지 않음을 유념해야 할 것이다.

_김세나

26 『제국의 위안부』 역사 논란

지난 6월 '위안부' 생존자 9명이 『제국의 위안부』(뿌리와이파리)에 대해 명예훼손 혐의로 가처분 소송을 냈다. 이 책은 소송으로 인해 출간 1년 만에 유명세를 타게 되었다. 원고 측은 위안부 생존자들과 일본군이 "동지적 관계"였다고 표현하는 등의 내용을 지적했다. 또한 "책을 읽어보고 객관적인 일반인으로서 느껴지는 맥락과 의도"가 문제라고 느꼈기 때문에 소송을 제기했다고 밝혔다. 생존자들의 고통을 별것 아닌 것처럼 묘사하여 왜곡했다는 것이다.

저자와 출판사는 책의 의도를 오해했다고 반박했다. 저자는 민족의 시련으로 받아들여지는 위안부의 고통을 전쟁과 성적 위계의 본성까지 고려하여 이해할 수 있도록 저술했다고 주장했다. 저자는 군인들이 소녀들을 길거리에서 끌고 간 것 같은 묘사나 위안부로 동원된 조선인 여성들이 20만 명이나 된다는 설 등은 근거 없다고 반증했다.

저자는 사실에 기초하여 위안부 문제를 제기하면 일본도 충분히 받아들일 수 있다고 말한다. 한일 간의 화해를 위한 저자의 노력은 전작 『화해를 위해서』(뿌리와이파리)부터 찾을 수 있다. 하지만 저자가 일본을 설득하기 위해 인정하는 자료의 폭은 너무 좁다. 또한 저자 자신의 주장에 맞는 두어 명의 증언만을 일반화하여, 일본 정부의 사과를 요구하는 생존자들의 증언을 기각해버리는 것은 또 다른 편향이다. 이러한 문제가 있더라도 이 논란이 법정까지 가게 된 것은 안타깝다.

_백승덕

'위안부' 생존자 9명이 『제국의 위안부』에 대해 명예훼손 혐의로 가처분 소송을 냈다.

27 『이방인』 번역 논란

2014년 3월 새움출판사는 '이정서'라는 필명의 번역자가 새로 번역한 『이방인』을 출간했다. 이 번역본이 크게 화제가 된 것은, 알베르 카뮈의 권위자로 알려진 김화영 교수의 기존 번역에 문제가 있다는 주장을 제기했기 때문이다. 문제 제기 방식부터 매우 도발적이었다. 이정서는 책의 거의 절반을 할애해 지금까지 나왔던 『이방인』의 한국어판 중 가장 많이 알려진 불문학자 김화영 교수의 번역본이 '오역투성이'라고 비난했고, 심지어 "지금까지 우리가 읽은 '이방인'은 카뮈의 '이방인'이 아니다"라고까지 표현했다.

이러한 공격적인 문제 제기로 크게 화제가 되면서 책은 곧바로 고전 분야 베스트셀러 2위까지 올랐고, 4주 동안 6000부가량 판매됐다. 그러나 곧이어 러시아문학자이자 번역가인 '로쟈' 이현우가 이에 대해 제동을 걸었다. 그는 블로그 '로쟈의 저공비행'에서 필명의 번역가 '이정서'가 사실은 새움출판사의 대표라고 주장하는 글을 올리며 객관적으로 충분히 수긍될 만한 증거를 제시했다. 이와 함께 학계와 출판계는 기존의 번역에 문제가 없음을 재차 확인했으며, 이 논란을 출판사의 노이즈 마케팅으로 규정하며 출판사의 도덕성을 비판하였다.

_김성신

28 예스24 두산동아 인수

올해 추석 무렵에 온라인서점 1위인 코스닥 상장사 예스24가 69년 전통의 교육출판사인 두산동아 인수에 나섰다고 해서 주목을 받았다. 예스24가 두산동아 지분 100%를 200억 원대에 인수하는 제안을 했다는 소식이 알려졌다. 그러자 예스24가 두산동아가 갖고 있는 초등학생 교과서 및 참고서 고객을 기반으로 도서, 디지털콘텐츠, E러닝 등의 분야에서 사업 시너지 효과를 노리고 있다는 분석이 나왔다. 그리고 이런 소문은 현실이 됐다.

그러자 다른 분석도 나왔다. 예스24가 2013년 매출액 1636억 원, 영업이익 72억 원인 두산동아를 인수한 것은 콘텐츠가 아닌 총판조직일 것이라는 예측이다. 11월 21일 새로운 도서정가제가 시행된 이후에도 주도권을 유지하기 위한 하나의 방안일 것이라는 의견이 설득력을 얻었다. 오프라인 매장이 있는 교보문고, 중고서점이 있는 알라딘, 종합쇼핑몰인 인터파크에 밀리지 않으려면 지방 총판조직을 이용한 납품매출을 늘릴 수 있어야 하기 때문이다.

하지만 교과서 업계의 강자들인 천재교육과 비상교육 등이 자사 총판들의 도서관 납품 능력을 키우려드는 바람에 이런 의지 자체가 아무런 효과를 발휘할 수 없게 됐다는 후문이다. 그러나 이번 합병은 사실상 전국의 중형서점들이 새 조직을 꾸려 연대하게 만들고, 일부 출판사가 지방 도매조직과 결합해 납품시장의 경쟁력을 키우는 방안을 모색하게 만드는 데 촉매제가 되어 향후 출판유통시장의 재편에 불씨를 던진 효과만은 확실하게 있었다.

_한기호

29 올해도 미디어셀러

2014년 초, 서점가는 디즈니 영화 〈겨울왕국〉 관련 서적으로 도배되다시피 했다. 스티커북, 스토리북, 컬러링북, 악보집, 회화책 등 다양한 파생 출판물은 물론이고 원서, 워크북, 오디오북, MP3, 한글번역 PDF로 구성된 종합 세트도 나왔다. 시장에서는 다양한 상품을 만들어 파생 이윤을 창출할 소지가 많은 콘텐츠를 요구하며 거기에 대한 투자 규모는 날로 막대해진다. 더불어 극도로 양극화된다.

이런 비유는 적합하지 않을지도 모르지만 대부분의 범죄가 면식범에 의해 일어나는 것처럼, 요즘 소비자들의 문화콘텐츠 소비 패턴

문화콘텐츠 소비 패턴이 일단 안면이 있는 것, 한 번 호감을 가진 것에 집중되면서 미디어 셀러가 각광을 받았다.

역시 일단 안면이 있는 것, 한 번 호감을 가진 것에 집중되고 있다. 영화가 흥행하면 원작의 판매고가 오르는 것은 원론적인 이야기이고, (그닥 많이 팔리는 것도 아니란다), 드라마에 나오는 책이나 음악, 뉴스에서 다뤄진 사회현상 및 인물과 관련된 책들의 판매지수가 일시적으로 상승한다.

이런 현상은 평소에 책을 구매해 읽는 독자들의 움직임이 아니라 인터넷 검색을 통한 정보 노출의 효과로, 말하자면 쏠림 현상이다. 대중들이 그 키워드에 '쏠려서' 소비 활동에 나섰는데, 거기 책이라는 문화 상품이 걸린 것뿐이다.

그러나 〈내 이름은 김삼순〉의 『모모』(비룡소), 〈청담동 앨리스〉와 〈시크릿 가든〉의 『이상한 나라의 앨리스』, 〈별에서 온 그대〉의 『에드워드 툴레인의 신기한 여행』 등 드라마를 통해 노출된 책이 베스트셀러에 오르고 지속적으로 판매가 이뤄지는 현상은 그런 쏠림 현상이 일시적으로 끝나지 않을 수도 있음을 보여준다.

드라마 제작사에게 방송국의 본방 시청률은 큰 의미를 갖지 않게 된 지 오래됐다. 언제 어디서나 원하는 것을 볼 수 있는 유비쿼터스 시대에는 얼마나 더 널리 퍼질 수 있고 오래 사랑받을 수 있는 이야기인지가 훨씬 중요해진 것이다. 이런 미디어 환경의 변화와 수용자 소비 패턴을 오래전부터 추적해온 대자본들은 지금 '트랜스 미디어 콘텐츠'라는 거대한 트렌드에 과감한 투자를 하고 있다. 재미있는 영화 한 편을 보고 OST 음반도 사고 원작도서를 구매하고 캐릭터 상품을 사는 수준의 '원 소스 멀티 유즈'를 넘어 드라마의 세계를 각종 미디어로 구축하는 것이다.

이는 온오프라인, 현실과 허구, 가상과 실재를 넘어서는 무궁무진한 영역에서 수용자의 반응에 따라 정교하게 진행된다. 드라마를 주축으로 영화, 게임, 일상용품, 팬클럽, SNS, 신문, 광고, 음반, 책, 잡지, 인터넷 등 각 매체의 특성에 맞게 이야기가 새롭게 만들어지면서 원작의 세계를 더욱 풍성하고 정교하게 만들어가는데, 사실 그 세계로 들어오지 못할 것은 거의 없다고 봐도 무방하다. 잘 설계된 스토리는 휴대전화가 모든 것을 빨아들인 것보다 더 빠른 속도로, 모든 미디어와 소비재들을 빨아들일 것이다. 다른 미디어가 소비자들에게 각인시켜놓은 드라마와 스타를 쫓아다니며 미디어셀러로 자족하는 출판이 될 것인지, 트랜스 미디어 콘텐츠, 그 무궁무진한 세계에 원천 스토리를 제공하는 드라마틱한 출판이 될 것인지, 이제 그 꿈의 크기를 선택해야 할 때다.

_이하영

30 크라우드 퍼블리싱

출판이 작가와 출판사, 서점의 전유물로 인식되는 시대가 저물고 있다. 최종 소비자인 독자가 직접 출판 기획과 작가 지원에 적극적으로 참여하는 시스템이 등장하고 있기 때문이다. 크라우드 펀딩을 통해 진행되는 크라우드 퍼블리싱Crowd publishing이 대표적이다. 크라우드 펀딩(또는 소싱)은 소셜네트워크서비스(SNS)를 이용해 소규모 후원이나 투자 등의 목적으로 인터넷과 같은 플랫폼을 통해 다수의 개인들로부터 자금을 모으는 활동이다. 이러한 프로세스가 출판으로 연결된 것이 크라우드 퍼블리싱이다. 대표적으로 킥스타터의 퍼블리싱과 아마존의 킨들 스카우트가 있다.

2009년에 설립된 킥스타터는 전형적인 크라우드 펀딩을 적용한 서비스로 퍼블리싱 코너는 프로젝트 진행율에 있어서 최상위권에 있다. 지난 9월 아마존이 크라우드 소싱 플랫폼으로 선보인 '킨들 라이트 온'은 독자들이 미완성된 출판 원고에 대해 의견을 개진할 수 있다. 이 프로그램에 참여하는 독자는 금전적인 투자자가 아닌 최종 완성을 위한 원고의 수준을 높일 수 있는 조력자가 되어준다. 이는 사전에 출간 직후의 대중적인 선호도에 대한 전망에도 긍정적인 영향을 미칠 수 있다. 일정 수준을 넘는 작품과 작가에 대해 아마존이 인세 계약을 정식으로 체결하고 전자책 출간과 마케팅을 지원한다. 결국 작가 – 플랫폼 – 독자의 연결고리가 충성도 높은 커뮤니케이션을 통해 상업적인 성과도 만들어지는 구조다. 고정 독자층을 확보하고 있는 기성 작가들에게도 자기주도적인 출판기획과 마케팅에 활용 가치가 높아서 성장이 기대된다.

_류영호

2015
출판계 키워드 33

━━━━━ 2014년에 세월호 참사가 있었다면 2015년에는 메르스(중동호흡기증후군) 파동이 있었다. 5월 20일에 첫 환자가 확진되면서 6월로 예정됐던 서울국제도서전은 가을로 연기됐다. 2014년 11월 21일부터 시행되기 시작한 개정 도서정가제로 인해 과다한 할인을 할 수 없게 되자 출판 마케팅은 새로운 전환기를 만났다. 책을 찍어 배본만 해서는 책이 팔리지 않는 시대가 도래했다. 책을 진열만 한 서점들은 급격하게 줄어들었다.

2015년은 '윈도95' 출시 20주년이었다. 네트워크는 갈수록 진화했다. 그로 인해 출판의 생산 패러다임은 완전히 바뀌었다. 책 비즈니스의 열쇠를 스마트폰이 쥐기 시작했다. 미디어이기도 한 스마트폰은 하나의 상점이자 판매 채널이면서 만남의 공간이기도 하는 등 모든 인간 행동의 출발점이 되었다. 출판사가 신인 작가(저자)를 발굴해 광고나 홍보 같은 프로모션으로 엘리트 저자로 키우는 시스템이 작동하지 않기 시작했다. 인기저자들마저 추풍낙엽처럼 사라져갔다.

누구나 책을 쓸 수 있는 시대가 되었다. 책은 저자의 인격을 반영한다. 달리 말하면 저자의 포트폴리오다. 제대로 된 포트폴리오를 만든 사람들은 이제 현장에서 뛰는 선수들이 되기 시작했다. 책이 얼마 팔리지 않더라도 확실하게 형성된 브랜드 이미지를 이용해 강연으로 먹고살 수 있는 사람들이 급격하게 늘어나기 시작했다. 세상이 그런 사람들을 필요로 했다. 공공도서관에서는 함께 읽고, 쓰고, 토론하는 프로그램이 점점 늘어났다.

학령인구마저 급격하게 줄어들면서 비독자를 독자로 만드는 실천이 없다면 출판 비즈니스는 저절로 붕괴되고 말 것이라는 우려감이 커졌다. 언론에서의 책 소개 지면은 대폭 줄어들었으며, 소개된다고 해도 책의 판매에 기여하는 효과가 격감했다. 온라인서점의 매출 집중과 오프라인서점의 위축으로 말미암아 독자가 서점에서 원하는 책을 찾기가 어려워졌다. 이미 꽉 차버린 도서관은 출간된 책의 극히 일부만을 구비할 뿐이었다. 학교도서관과 공공도서관의 도서구입 예산은 줄어들었다. 그로 인해 책의 수명은 갈수록 줄어들었다. 태어나자마자 곧바로 사망하는 책들이 점차 늘어났다.

본격적인 CT Contents Technology시대가 열렸다. 1인 미디어가 급격하게 늘어나고, UCC 등 개인의 창조적 활동이 급속히 증가하고, 공급자와 소비자의 융합 현상이 확산되어 능동적 프로슈머가 급증하는 세상이 되었다. 누구나 글을 쓰고, 책을 펴내고, 읽고, 유통하고, 소개할 수 있게 되면서 책에 대한 정보를 주고받는 플랫폼의 중요성이 부각됐다. 이 플랫폼을 만듦에 있어 가장 중요한 것은 공공성과 연결성이다. 좋은 책과 꼭 필요한 책을 발견해서 연결하는 일이 중요하다는 것을 한국사회는 2015년에서야 절실하게 깨달았다.

01 책의 발견과 연결성

2014년 11월 21일부터 모든 도서의 할인을 10%(직접할인)+5%(간접할인)로 묶는 새 도서정가제가 발효된 이후 출판시장이 재편되고 있다. 고가 전집의 홈쇼핑 판매가 어려워짐에 따라 대형 출판사들의 매출이 반토막 날 정도다. 싸게 제공하는 중질의 책들을 우수도서로 선정해 사세를 키우던 한우리독서운동본부 같은 독서상업주의 업체가 직원들도 모르게 회사를 전격 매각해버리는 촌극이 벌어지게 된 배경에도 도서정가제가 있다. 개정된 도서정가제는 이렇게 양서가 유통될 수 있는 환경을 만들어가고 있다. 가격 경쟁이 불가능해진 책 시장이 가파르게 가치 경쟁 체제로 바뀌고 있는 것이다.

'제2의 IT 혁명'이라 불리는 모바일 혁명의 시대에 콘텐츠의 생산과 소비는 급격하게 모바일로 옮겨가고 있다. 대중은 스마트폰으로 소통하고, 콘텐츠를 생산하거나 소비한다. 따라서 텍스트의 질부터 크게 달라진다. 드라마 〈송곳〉에서 등장인물들의 대사를 들어보라. 뺄 것은 모두 빼고 압축과 절제가 이뤄진 대사는 모두 스마트폰에서 '누르며' 쓴 글처럼 보이지 않는가! 이제 지식산업의 선두에 있는 출판은 이런 변화를 선도할 수 있어야 한다.

과거의 출판 비즈니스 모델은 붕괴되고 있다. 한때 연매출 1,000억 원을 꿈꾸던 웅진씽크빅 단행본사업본부는 작년과 올해 두 차례에 걸쳐 절반의 직원을 내보냈다. 신인 저자를 키우는 데 선구자적 모습을 보여줬던 민음사는 계간 〈세계의문학〉을 휴간함으로써 문학 출판에서 크게 발을 빼는 모습을 보여줬다. 세계화와 정보화의 추세에 맞추어 새로운 교양에 값하는 인물이나 테마에 대한 베스트셀러를 양산하던 김영사는 내부 경영권 분쟁에 휘말려 있다. 그야말로 우리 출판의 베테랑들이 크게 흔들렸다. 신인작가(저자)를 발굴해 언론과 평론가의 도움을 받아 엘리트 저자로 키우던 시스템은 더 이상 작동되지 않기 시작했다. 웹툰의 성공 사례에서 확인할 수 있듯이 이제 문화 상품은 주로 플랫폼에서 생산되고 있다. 생산자이면서 소비자인 일반 대중이 특정한 목적성을 가지지 않은 채 우연히 플랫폼에 들렀다가 그곳에 올라와 있는 작품에 대해 공감하고 소통하고, 심지어 자신도 콘텐츠를 생산하는 일이 일반화되었다. 소비자들이 2차 생산자 또는 유포자가 되어 작품을 공유함으로써 팬덤이 형성됐다. 이런 흐름이 문학시장에까지 급격하게 확산되면서 순문학 시장은 붕괴되기 시작했다.

출판 마케팅의 가장 큰 화두는 이제 생산자와 독자를 어떻게 연결할 수 있는가다. 이른바 책의 발견과 연결성이 시급한 화두로 떠올랐다. 과거의 출판마케팅은 올드미디어를 활용한 광고, 홍보, 이벤트, 프로모션 등에 주력했지만, 모바일 시대에 등장한 소셜미디어는 출판사가 독자와 어떻게 만나고 소통할 것인가를 고민하게 만들었다. 이제 출판 편집자가 책을 잘 만드는 일도 중요하지만 모바일 환경에서 독자가 어떻게 책을 발견하게 만드는가도 중요한 과제로 떠올랐다. 다가오는 웹 3.0의 시대에는 정확한 데이터를 기반으로 한 추천 알고리즘 기능이 더욱 강화될 것으로 예측되고 있다.

기시미 이치로의 『미움받을 용기』(인플루엔셜)는 '헬조선'을 부르짖는 스마트폰 세대의 정서에 정확하게 맞아떨어져 올해 내내 베스트셀러종합 1위를 독주할 수 있었다. 인문서 최대 베스트셀러인 채사장의 『지적 대화를 위한 넓고 얕은 지식』(한빛비즈)은 '팟북'(팟캐스트를 책으로 옮겨놓은 것)의 중요성을 일깨워줬다. 제목을 제외하고는 검색할 것이 별로 없고, 친구가 소곤소곤 이야기해주는 것 같은 이 책은 팟캐스트로 상당한 팬덤을 확보한 저자의 책이었기에 출간 즉시 베스트셀러에 오를 수 있었다.

세계 출판시장은 지금 포식성 플랫폼인 아마존에 대항하기 위해 대규모 출판사들이 합병을 통해 출판의 규모를 키워가고 있다. 세계 1, 2위 업체인 랜덤하우스와 펭귄의 합병으로 슈퍼공룡이 된 펭귄랜덤하우스는 온라인에서 독자 커뮤니티를 직접 구축해 독자들의 빅 데이터를 모으는 한편, 소규모 출판사의 책 홍보도 도와주고 있다. 게다가 독립서점의 개점도 돕고 있다. 다른 출판사들도 슈퍼공룡과 경쟁해서 살아남기 위해서 흡수 또는 합병을 통해 규모를 키워가고 있다.

이렇게 세계 출판이 하나의 상권으로 묶이고 있는 현실에서 우리 출판의 과제는 무엇일까. 흡수나 합병을 통해 경쟁력 있는 기업을 만들기 어려운 풍토이지만 모두가 연결해 상생할 수 있는 그리드형 플랫폼부터 만들어야 하지 않겠는가. 이 플랫폼을 통해 책의 발견성을 키우고 독자와 연결하지 않으면 출판의 침체를 이겨낼 방법은 없다. 플랫폼 구축을 하루 빨리 서두르는 것이 옳다.

_한기호

02 『미움받을 용기』

2015년 대한민국 출판계는 『미움받을 용기』가 휩쓸었다. 이 책이 이렇게 큰 인기를 얻을 것이라고 아무도 예상하지 못했고, 그래서 출

『미움받을 용기』의 성공으로 기시미 이치로가 쓴 거의 모든 책들이 경쟁적으로 번역 출간됐고, 이른바 '기시미 신드롬'으로까지 불렸다.

판인들 사이에서 더욱 화제가 되었다. 프로이트, 융과 함께 심리학의 3대 거장으로 꼽히는 알프레드 아들러의 심리학을 대중적으로 소개한 『미움받을 용기』의 인기는 저자인 기시미 이치로에 대한 주목으로 이어졌다. 『아들러 심리학을 읽는 밤』(살림), 『버텨내는 용기』(엑스오북스), 『행복해질 용기』(더좋은책), 『늙어갈 용기』(에쎄), 『아버지를 위한 상처받을 용기』(스타북스), 『나답게 살 용기』(RHK), 『아들러에게 사랑을 묻다』(한스미디어) 등 기시미 이치로가 쓴 거의 모든 책들이 경쟁적으로 번역 출간됐고, 이른바 '기시미 신드롬'으로까지 불렸다.

『미움받을 용기』의 성공 요인은 '탄탄한 내용' '가독성' '차별화된 마케팅' 이렇게 3가지로 압축할 수 있다. 그리스 철학을 전공한 철학자답게 기시미 이치로는 '소크라테스의 대화법' 기법으로 서술했다. "그러면 다시 묻겠습니다. 세계는 아주 단순하다는 것이 선생님의 지론입니까?" 이 책은 자신의 삶에 대해 불만이 많은 청년의 질문으로부터 시작한다. 청년의 질문에 철학자는 아들러의 심리학을 근거로 반론한다. 아들러 심리학을 공부한 철학자와 세상에 부정적이고 열등감 많은 청년은 다섯 번의 만남을 통해 행복한 인생에 대한 해답을 함께 찾아간다. 상당수의 인문형 자기계발서를 표방하는 책들이 두 마리의 토끼를 쫓다가 한 마리도 제대로 잡지 못했지만, 이 책은 두 마리 토끼를 모두 잡았다. 가볍게 읽히지만, 트라우마 극복, 과제의 분리 등 진지한 주제의식이 포함되어 있다. 철학자인 저자의 인문학적 토대 위에 쓰인 탄탄한 내용이 이 책의 첫 번째 성공 요인이다.

두 번째 성공 요인은 '가독성'이다. 『미움받을 용기』는 기시미 이치로 혼자만의 작품이 아니다. 고가 후미타케라는 공저자가 이 책을 더욱 빛나게 만들었다. 고가 후미타케는 수많은 베스트셀러를 만들어본 작가다. 그는 어떻게 글을 써야 독자들이 좋아하는지를 연구하고 있는 사람이다. 『미움받을 용기』는 마치 청년과 철학자가 실제로 논쟁하는 장면을 옆에서 지켜보고 있는 듯한 착각이 들 정도로 생생한 구어체 대화로 쓰여 있다. 공저자인 고가 후미타케는 자칫 지루하거나 따분할 수 있는 내용을 스토리텔링의 대화체 문장으로 매끄럽게 풀어낸 것이다.

'차별화된 마케팅' 또한 『미움받을 용기』가 '역대 최장 기간 연속 베스트셀러 1위'라는 기록을 세울 수 있게 만든 요인이다. 강연 전문 기업으로 출발한 인플루엔셜은 이 책을 기획하고 론칭하면서 다른 출판사들이 시도하지 않는 '대면 마케팅'을 사용했다. 책에 대한 브로슈어를 제작해 서울 시내 한복판에서 잠재적인 독자들과의 직접 접촉했다. 제목과 카피에 대한 반응을 확인했다. 프로젝트 펀딩을 통해 투자자문회사로부터 마케팅 자금을 확보하고, 단계별로 마케팅 전략을 수립하고 발 빠르게 대응했다. 2등 전략을 추구하는 미투상품들이 쏟아지면서 시장이 확대될 것을 예상했고, '용기' '아들러' 등 몇 가지 키워드를 뽑아놓고 인터넷과 소셜미디어에서 확산시켰다. 이렇듯 『미움받을 용기』는 어쩌다가 운이 좋아서 터진 베스트셀러가 아니었다. 철저한 기획과 치밀한 마케팅의 승리였다.

_홍순철

03 『지적 대화를 위한 넓고 얕은 지식』

"그 책 읽어봤어요? 발음이 어려운데, '지대넓얕'인가?" 올봄 출판사

인문학 자체가 스펙과 트렌드가 되면서 정보 과잉 시대에 쉽고 간편한 방법으로 정보를 취득할 수 있는 콘텐츠가 각광받았다.

대표들과의 술자리에서 등장한 『지적 대화를 위한 넓고 얕은 지식』 (『지대넓얕』) 열풍은 연말까지 꾸준히 이어졌다. 출간 열흘 만에 베스트셀러에 등극한 『지대넓얕』 1권 '현실 세계' 편은 새 집계방식으로 산출한 '한국출판인회의 집계 11월 2주 주간 베스트셀러'에서 2위에, 2권 격인 '현실너머' 편은 10위에 올랐다. 연초부터 베스트셀러에 올랐는데 연말이 다가오는 현재까지 50만 부 이상 팔려나갔다.

책을 펴낸 한빛비즈 측은 "현재 종이책 기준 누적매출액은 1, 2권 합쳐 62억 원으로, 올 연말까지 67억 원을 내다보고 있다"고 밝혔다. 무명 저자에 빵빵한 마케팅도 없던 책이 종합 베스트셀러에 오른 이유는 무얼까. "어떤 직종이든지 대략적인 세상의 틀을 보는 눈을 가질 수 있을 것 같다." "학교에서 배웠던 다양한 이론들이 흐릿해지게 마련인 삼십대 후반에게 권하고 싶다." 『지대넓얕』에 대한 독자들의 수많은 후기가 인기를 간증한다.

유명인사들의 정치, 시사 주제 팟캐스트를 제치고 1위를 수성 중인 동명의 팟캐스트 역시 인기 비결은 비슷하다. '대중음악 속 과학'이라는 주제의 최근 〈지대넓얕〉 팟캐스트를 들어보자. "살면서 누구나 궁금해하지만 아무도 정확히 알려주지 않는 주제를 선정해서 얕게 한번 파보겠습니다. 오늘은 브라운아이드걸스의 신작 'BASIC' 속에 나오는 세상의 본질, 물리학적 철학적 소재에 대해 파보죠." 채사장 및 진행자들은 〈웜홀Warm Hole〉, 〈신의 입자〉, 〈Fractal〉 등 브라운아이드걸스 앨범 제목에 나타난 물리학을 분석해낸다. 방송 주제는 철학과 정치, 과학 외에 초병렬 독서법, 비트겐슈타인과 반민특위, 주식, 천연화장품, 게임까지 아우른다. 필기하며 듣는 강의가 아니라 설거지할 때, 퇴근 시 지하철에서 들으며 그 세계를 살짝 들여다볼 수 있는 것이다.

팟캐스트에서의 인기는 종종 책 판매로 이어진다. 팟캐스트 10위권을 벗어나지 않는 〈노유진의 정치 카페〉나 〈법륜스님의 즉문즉설〉을 보라. 노회찬, 유시민, 진중권의 『폭넓은 생각을 위한 역사 속 말빨사전 101』(웅진지식하우스)은 예스24 10월 5주 전자책 분야에서 1위를 차지했고, 법륜스님이 세계 각국에서 연 즉문즉설 강연을 엮은 『야단법석』(정토출판)은 종이책 판매 10위에 올랐다. 인문학 자체가 스펙과 트렌드가 되면서 정보 과잉 시대에 쉽고 간편한 방법으로 정보를 취득할 수 있는 콘텐츠인 덕이다.

전파로 날아가버린 방송 내용을 책으로 묶은 『지대넓얕』이 주간 베스트셀러를 유지할 수 있었던 비결은 바로 이것 아닐까. 맞춤형 실용서가 팟캐스트를 타고 온 것이다. "신자유주의가 뭔지, 보수와 진보가 무엇인지 몰라서 대화 자리가 두려운 당신에게"라는 소개글 역시 책을 집는 손길을 부추긴다. 물론 방대한 양을 피상적으로 풀어내고, 단순화, 도식화한다는 비판도 있을 수 있으나 엄청난 양을 한정된 지면으로 풀어내며 이 정도 몰입도를 유지한다는 것은 쉽지 않은 일. TV 예능과 연예인 스캔들, 상사 뒷담화에 열 올리며 금방 들통나는 지식의 한계가 부끄러운 이들에게, 지식이 단순히 구조화되는 카타르시스를 선사한 것이 『지대넓얕』의 인기 원인이 아닐까.

_**홍순철**

04 왜곡 번역 논란

국내 출판시장에서 번역서가 차지하는 비중은 20%가 훌쩍넘는다. 좀 팔린다 싶은 책은 집계하는 곳마다 편차는 있지만, 적게 잡아도 번역서가 절반 이상이다. 비중이 높은 만큼 말도 많고 탈도 많은 게 번역이다. 언젠가 대리번역 논란도 있었고, 지금은 눈에 띄게 줄었지만 여전히 대학원생들을 번역에 동원시키는 대학 교수 이야기가 회자되기도 했다. 또 하나의 사건이 터졌다. 2015년 노벨경제학상 수상자 앵거스 디턴 교수의 저서 『위대한 탈출』(한국경제신문)의 왜곡 번역 논란이 그것이다. 어쩌면 그간 번역에 관한 논란 중 화룡정점이라고 할 만하다.

해당 출판사는 극구 중복된 내용을 빼고 합치는 등의 '편집상의 변화'라고 주장했지만, 원저를 발행한 프린스턴대학교출판부는 한국어판 판매 중단을 요구할 정도로 단호했다. 결국 해당 출판사는 사과하기에 이르렀다. 문제는 왜곡의 수준이다. 부제뿐 아니라 부part, 장chapter, 절section의 제목이 대부분 바뀐 것은 그렇다 치자.

솔직히 말해 대개의 번역서들이 제목까지 바꾸는 마당에 그 정도는 애교라 여길 수 있다. 하지만 신자유주의의 명백한 폐해를 지적한 저서에 한국어판 서문, 그것도 디턴을 『21세기 자본』의 저자 토마 피케티와 대척점에 놓은 글을 버젓이 실은 것은 그야말로 왜곡이다. 김공회 한겨레경제사회연구원 연구위원의 "마케팅을 위해 반대의 입장인 것처럼 왜곡했다"가 사실이라면 더 큰 문제가 아닐 수 없다. 책을 팔 수만 있다면 어떤 일이든, 심지어 한 학자가 평생에 걸쳐 이룩한 학문적 성과마저 뒤바꿀 수 있다는 생각은, 지금 한국 출판은 물론

사회적 현실과 잇닿아 있다.

해당 출판사는 억울할 수도 있다. 얼마나 많은 번역서들이 수준 이하로 번역되고 있으며, 또 본의 아니게 왜곡되는 경우가 많은가. 그런 와중에 무려 1년 전에 석학의 책을 번역해 한국사회에 불평등에 관한 관심을 불러일으킨 것을 칭찬해도 모자랄 판이었다. 디턴 교수가 올해 노벨경제학상을 수상해 유명세를 타지만 않았어도 유야무야될 일이었다.

번역서는 독자들의 이해를 돕기 위해 윤색되는 경우가 종종 있다. 직역이냐 의역이냐는 여전한 번역의 화두다. 문제는 여러 책들이 번역되는 과정에서 왜곡 뿐아니라 어떤 경우에는 아예 새로운 책이 되는 경우도 있다는 것이다. 미국의 유명한 미학자 아서 단토가 쓴 앤디 워홀 평전이 청소년 자기계발서로 나온 적도 있다. 어떤 출판사는 20년 전에 타계한 사람의 이름을 번역자로 올리기도 했다. 자신의 번역만이 진리라고 주장하는 추태 아닌 추태도 있었다. 이 같은 일은 원작자의 권리를 침해하는 일이다. 동시에 독자들을 기만하는 행위다. 번역서의 비중이 높은 한국 출판계가 이 문제에 대한 좀더 높은 도덕적 수준을 찾아야 한다. 왜곡 번역 논란은 모든 문화의 원천인 텍스트를 다룬다는 자부심이 사라진 한국 출판의 자화상인지도 모른다.

_장동석

05 도서정가제 시행 1년

2014년 11월 21일에 개정된 현행 도서정가제가 시행된 지 만 1년이 지났다. 그 취지는 18개월이 지난 구간, 실용도서 및 초등참고서를 포함한 모든 도서로 적용범위를 확대하고, 도서관 등 공공기관에 납품하는 도서에도 적용하며, 최대할인율을 19%에서 15%로 축소함으로써, 책값의 거품을 빼내 소비자에게 이익을 주고 출판사와 동네서점을 보호하는 것이다. 책의 생산과 공급, 소비와 관련된 이들에게 모두 영향을 미쳤지만, 그 평가는 각양각색이다. 개정 도서정가제 시행 1년의 명암과 과제를 살펴본다.

긍정적인 성과로는 첫째, 광적인 할인경쟁의 중단이다. 구간 도서의 반값 할인이 사라지고, 할인을 위해 문학 도서를 실용서로 둔갑시켜 판매하던 꼼수도 없어졌다. 둘째, 신간의 가격이 안정화(평균 6.2% 하락, 문체부)되고 베스트셀러도 신간 위주로 재편되었다. 셋째, 공공도서관과 학교도서관이 지역서점에서 장서를 구입하는 현상이 확산되고 있다. 넷째, 독특한 독자 서비스로 독자들과 소통하는 출판사와 서점들이 늘고 있다.

부정적인 측면은 첫째, 제휴카드 청구할인과 한도를 초과한 사은품 증정 등 편법 할인과 도서정가제 위반이 여전하다. 둘째, 매체의 변화에 따른 독서환경의 급격한 변화와 결합되어 출판산업의 생산, 유통, 소비 지표들이 하락한 가운데, 대형 온라인서점은 수익이 늘어나는 '불황형 흑자'와 '쏠림 현상'이 지속되고 있다. 필자가 '2015년 3분기 출판산업 지표 잠정분석' 보고서에서 밝혔듯이, 2015년 1~3분기 우리나라 서적출판업 생산지수(11.7%↓), 서적문구류 소매판매액(5.7%↓), 가구당 월평균 도서구입비(8.3%↓)가 지난해 같은 기간에 견줘 줄어들었다. 또 8개 상장기업 출판사의 매출액(2.1%↓)과 영업이익(9.7%↓)은 감소했으나 2개 대형 온라인서점의 매출액

(2.2%↑)과 영업이익(112.5%↑)은 증가했다. 대형 온라인서점들은 판매량과 매출액이 감소했더라도 할인 폭이 줄어들어 권당 판매 단가가 올라간 반면, 공급률은 변화가 없어 권당 마진이 늘어나 영업이익이 큰 폭으로 증가한 것이다.

시급한 과제는 첫째, 공급률 조정이다. 공급률 조정으로 수익을 합리적으로 재분배하면 출판사는 책값을 내릴 수 있고 소비자는 새 정가제의 혜택을 체감하면서 출판계 전체가 활성화되는 선순환 구조가 만들어질 수 있다. 둘째, 절차를 간소화하고 출판사가 적극적으로 참여하여 구간 재정가를 활성화해야 한다. 셋째, 정부와 지자체가 도서관의 도서 구입 예산을 늘려야 한다.

개정 도서정가제에 따른 시장의 단기적 위축과 기존 시장 구조 변화에 따른 이해관계 충돌은 시행 전부터 예상됐던 바다. 그러나 정부와 출판서점업계는 법 공포 후 시행까지 6개월의 준비 기간을 포함하면 1년 6개월이 지난 현재까지도 적극적인 후속 조치를 마련하지 못하고 있다. 궁극적인 해결책은 완전도서정가제이지만, 이를 주장하기에는 보완해야 할 것들이 많다. 책값에 대한 소비자 신뢰를 높이는 한편, 책 콘텐츠 가치와 관련 서비스를 적극적으로 개발할 필요가 있다.

_박익순

06 신경숙 표절 논란

국내 문단의 지각변동을 불러온 신경숙 표절 논란을 촉발한 건 한 젊은 소설가의 온라인 기고문 한 편이었다. 지난 6월 16일 〈허핑턴포스트〉에 실린 이응준 소설가의 기고문이 이토록 문단을 송두리째 뒤흔드는 메가톤급 충격을 미치리라곤 문제 제기 당시만 하더라도 당사자는 물론 어느 누구도 예상치 못했다는 것이 중론이다.

그는 당시 도발적 어조로 소설가 신경숙의 단편「전설」이 일본 극우 성향의 작가 미시마 유키오의「우국」을 명백히 표절했다는 의혹을 제기했다. 신경숙 작품의 표절 의혹 제기는 처음이 아니었다. 그러나 이번 파장은 달랐다. 한 문단 안에서 "두 사람 다 실로 건강한 젊은 육체의 소유자" "그들의 밤은 격렬했다" "기쁨을 아는 몸이 되었다"는 문장들이 복사한 것처럼 이어진 데 대해 기고문을 접한 일반 독자들이 분노하고 들끓었다. 만해문학상을 수상한 한국 대표 작가가 일본 극우 작가 작품을 베꼈다는 사실이 다수의 독자들에게 수치로 받아들여졌다.

저자는 물론, 해당 작품집을 낸 창작과비평사(창비)의 대응은 대중의 분노에 기름을 끼얹은 격이었다. 이 씨 기고문이 나온 다음 날 신경숙은 창비를 통해 "「우국」을 알지 못한다"고 짧게 응대했다. 명백한 표절이라는 의혹이 산더미처럼 불어나는데 믿어달라고만 말하며 의혹을 일축했다. 창비는 한술 더 떴다. 두 작품의 유사성이 없다고 당당히 말하며 오히려 의혹 일부에 대해 억측이라고 불쾌감마저 드러냈다.

그러자 온라인상의 비난 여론은 더욱 들끓었다. 언론 취재 결과 2000년 6월 〈문예중앙〉을 통해 부산 출신의 정문순 문학평론가가 이미「전설」의 표절 의혹을 전면적으로 제기했지만, 별다른 반향 없이 묻혔다는 사실이 확인되며 부정적 여론은 더욱 확산됐다. 이로 말미암아 1999년작「딸기밭」등 신경숙 작품에 대해 그간 제기돼온 여러 표절 의혹들이 다시금 수면 위로 부상했다. 급기야 신경숙 단편작 몇 편의 제목이 어느 시인의 시 제목을 허락 없이 그대로 가져다 썼으며, 이 같은 도용에 오랜 기간 당사자가 속앓이를 해왔다는 사실마저 알려졌다. 단순히 표절과 도용을 넘어 이른바 '문학권력'화한 작가의 일상적 횡포에 대한 근본적 회의로까지 치달은 것이다.

문제 제기 약 1주일 만에 한국작가회의가 주최한 긴급 토론회가 열렸다. 토론회 당일 발간된 〈경향신문〉에는 외부와 연락을 끊어온 신경숙 작가의 단독 인터뷰가 실렸다. 작가는 "표절이란 문제 제기를 하는 게 맞겠다는 생각"이라고 사실상 입장을 바꿔 표절을 간접적으로 시인했으나, 여전히 "아무리 기억을 뒤져봐도 「우국」을 읽은 기억이 나지 않는다"고 말했다. 그러나 토론회에서 이명원 문학평론가는 "의식적이고 명백한 표절"이라고 말했다. 쏟아지는 뭇매 속에서 여론재판의 일도양단을 우려하는 목소리들도 없지 않았다. 대중적 관심에 편승한 검찰 고발이라는 어이없는 일까지 벌어지며 과열 분위기를 우려하는 목소리도 높아졌다.

창비와 더불어 문학권력의 한 축이라는 비판을 받아온 문학동네는 이로부터 이틀 뒤 권성우, 김명인, 오길영, 이명원, 조영일 등 그간 표절 비판과 문학권력의 공론화에 앞장섰던 평론가들에게 지상 공개좌담을 제안했다. 그러나 그 반응 또한 싸늘했다. 초청받은 평론가 다수는 사전 조율 없는 무례한 요구라며 참가를 거부했고, 다수 대중의 시각도 별반 다르지 않았다.

무엇보다 타인의 작품 내용에 대한 도용 자체보다 작가의 불성실한 해명이 문제를 키운 근원이라는 지적들이 나왔다. 이른바 '돈'이 되는 작가를 축으로 하는 상업출판사들의 카르텔 형성, 그리고 이를 통해 신인과 새로운 작품 발굴에 인색해져버린 문학 출판 구조는 한국문학의 질식사를 초래하는 주범이란 비판들이 쏟아졌다.

신경숙 작가에 대한 옹호와 변호는 윤지관 평론가와 더불어 창비 백낙청 편집인이 자임했다. 백 편집인은 "(문제의 문장이) 일부러 베껴 쓰지 않고는 절대 나올 수 없는 결과라 보는 문학관, 창작관에 원론적으로도 동의하기 어렵다"고 말했다. 신 씨를 발굴해 시대를 대표하는 작가의 반열에 올리는 데 핵심적 역할을 했던 백 편집인의 입장에선 달리 입장을 취할 수 없었으리라는 분석도 있었으나, 그간 한국사회에서 그와 창비가 쌓아올렸던 권위와 성과에 비춰보면 기대했던 입장 표명과는 거리가 있다는 비판이 쏟아졌다.

이어 창비와 문학동네, 문학과지성사들이 잇따라 내놓은 계간 문예지 가을호들은 신경숙 표절의 의혹과 비난의 취지를 상당 부분 수용하면서 혁신과 변화에 나서겠다는 다짐을 내놓았다. 문학권력의 정점이라는 비난의 대상이 되기도 했으나, 한국문학의 발전에 기여해온 이들 공은 공대로 평가해야 한다는 견해들 또한 맞부딪혔다. 이는 한동안 유의미한 논쟁거리를 제공하지 못한 채 대중의 관심에서 멀어져간 우리 문학의 가능성과 대중의 기대를 역설적으로 입증해준 사건이었다.

_김중배

07 〈비밀독서단〉

2015년 9월 15일부터 방영되고 있는 〈비밀독서단〉은 신생 케이블

채널 O tvN의 주간 '교양+오락' 프로그램이다. 현재 이 프로그램에서 언급된 책들이 잇따라 베스트셀러 상위권에 오를 만큼 대중적 영향력을 행사하고 있다.

〈비밀독서단〉에 언급된 책들이 잇따라 베스트셀러 목록 상위권에 오를 만큼 대중적 영향력을 행사했다.

〈비밀독서단〉은 매주 현실감 있는 한 가지 이슈를 선정, 이에 걸맞은 책을 단원(고정출연자)들이 추천하고 책에서 비롯된 다양한 정보와 의견을 자유롭게 이야기하는 '북 토크쇼' 형식이다. 책의 핵심 구절을 낭독하거나 책에 대한 다양한 지식과 의견을 서로 나누는 식의 구성으로 진행된다. 매주 선정되는 주제는 다양하다. 1회에서는 '갑질에 고달픈 사람들을 위한 책'들이 소개됐다. 이후 '음모론' '여행' '영화 원작' '○○년대의 책' 등 회마다 다양하고도 시의성이 있는 테마를 중심으로 이야기를 풀어가고 있다. 가령 드라마 〈응답하라 1988〉이 대중적 화제가 되면 '1980년대 후반부터 1990년대 초반에 인기를 끌었던 책들'을 주제로 책을 선정하는 식이다.

이러한 흥행 요소들이 잘 결합되어 서점가에서 실제적인 위력을 보이기 시작했다. 2012년 출간된 박준 시인의 『당신의 이름을 지어다가 며칠은 먹었다』(문학동네)는 9월 방영 이후 주요서점 판매순위 종합베스트 1위까지 오르며 화제가 되었고, 이외에도 『다윗과 골리앗』(21세기북스), 『윤미네 집』(포토넷), 『페코로스, 어머니 만나러 갑니다』(라이팅하우스), 『남자는 나쁘다』(쌤앤파커스), 『슬픔이 없는 십오초』(문학과지성사), 『백의 그림자』(민음사), 『자본에 관한 불편한 진실』(아라크네), 『악당의 명언』(아르고나인미디어그룹), 『레토릭』(청어람미디어) 등의 여러 책들이 〈비밀독서단〉에서의 소개를 계기로 대중들의 관심을 얻었다. 특정 분야나 수준에 갇히지 않고, 선정되는 책들의 스펙트럼이 다양한 것도 〈비밀독서단〉이 대중적 영향력을 발휘하는 요인이다. 특히 고정출연자 중 데프콘의 책 선정이 신선하다. 그는 『송곳』(창비) 같은 만화나 『고령화 가족』(문학동네), 『좀비 서바이벌 가이드』(황금가지), 『장난 아닌 장난감 피규어』(지문당) 등과 같은 마니아 도서까지, 다양한 성격의 책들을 소개함으로써 시청자(독자)의 폭을 크게 확장시키는 역할을 하고 있다.

책이 선정되는 과정도 대중성을 확보하는 요인으로 보인다. 먼저 50여 명의 각계 인사들로 구성된 자문위원단이 책을 추천하고, 여기에 제작진과 시청자들이 추천한 책까지 총 100여 권의 리스트를 만든다. 이 리스트 내에서 출연자들이 읽은 후 직접 골라서 방송에서 소개한다. 출연자들은 특별한 지식인이 아니라 일반 대중 독자들의 취향과 수준을 그대로 대변하는 인물들이다. 따라서 이러한 책 선정 과정은 자연스럽게 대중 독자들의 독서 눈높이에 자동으로 맞춰지는 시스템이라는 것이다. 수준과 취향을 강요하지 않는 이런 책 선정부터가 대중성을 확보하는 가장 중요한 요인이라고 볼 수 있다. 다만 취향 소비가 지나치게 신속한 현대 한국인들의 문화적 속성에 〈비밀독서단〉이 앞으로 어떻게 대응해갈 것인가 하는 숙제는 남아 있다.

_김성신

08 서브컬쳐의 인기

독자가 없어졌다고 난리다. 도서정가제 이후에 출판사들치고 매출이 반 토막 났다고 울상을 짓지 않는 곳을 보지 못했다. 필자가 몸담고 있는 출판사도 창사 3년차 수준으로 도서 판매 수입이 줄어들었다.

이것은 과연 독자들이 줄어들어서, 또는 도서정가제 때문에 책 구입비가 늘어나서 일어난 현상일까. 한국출판저작권연구소에 따르면 올해 도서구입비는 역대 최저 수준이라고 한다. 재미있는 것은 온라인 쇼핑 거래액과 같은 부분은 상승했는데(그것도 무려 18%나), 도서구입비는 줄어들었다는 것이다. 도서 구입비가 줄어들었다는 것은 단순히 도서정가제 문제로 설명하기 힘든 부분이다. 독서 인구가 줄어들었다는 말로는 설명이 가능할 수 있다. 책을 사는 절대 숫자의 감소로 인해서 가구당 도서구입비가 줄어들었다는 말은 있을 수 있으니까.

웹소설 시장은 전년도 200억 원에서 올해 400억 원, 내년에는 800억 원을 바라본다. 그리고 이 웹소설이라는 것은 서브컬처 소설, 즉 이른바 장르소설이다.

그런데 여기서 우리 한 권의 책을 살펴보자. 현재 예약판매 중인 『악마라고 불러다오』(D&C미디어)라는 로맨스소설은 이 글을 쓰고 있는 11월 26일 현재 『마션』(RHK)을 제치고 주간베스트 1위에 올라 있다. 『악마라고 불러다오』는 네이버 웹소설에 연재된 작품인데, 조회 수 2,300만 이상, 리뷰 수 9,000여 건, 관심작으로 선정한 사람만 5만 4,000여 명이다.

웹소설 연재 사이트인 문피아의 경우 2014년도 매출이 45억 원이었는데, 올해는 벌써 100억 원을 돌파했다. 문피아는 원래 무협소설을 연재하던 사이트였는데, 장르소설 전반을 서비스하면서 매출의 급성장을 보이기 시작했다. 카카오페이지 역시 초반의 부진을 딛고 장르소설들을 전면에 내세우면서 급성장을 거듭하고 있으며, 대표작이라 할 수 있는 『달빛 조각사』(로크미디어)의 경우 12억 원 이상의 매출을 올렸다고 한다. 1억 원 이상의 매출을 기록한 작품만 54개 타이틀이 있다. 웹소설 시장은 전년도 200억 원에서 올해 400억 원, 내년에는 800억 원을 바라본다. 사실 업체에 있는 사람들은 이보다 시장이 더 크다고 말하고 있는 실정이다. 그리고 이 웹소설이라는 것은 서브컬처 소설, 즉 이른바 장르소설이다.

　이런 현상을 눈앞에 보고 있노라면, 과연 한국 소설이 죽었는지, 우리나라에 독자들이 사라지고 있는 건지 의심스러울 수밖에 없다. 지금까지 시장 담론을 주도해온 출판사와 주류 소설 쪽에서 단지 이 장르소설들을 보고 있지 않을 뿐은 아닌가. 글을 읽는 사람은 결코 줄어들지도 않고 사라지지도 않는다. 지치고 힘든 삶 속에서 재미있는 이야기는 우리를 격려하고 위로하고 일으켜 세워주기 때문이다. 다만 읽는 형태가 달라질 뿐이다. 앞으로도 웹소설, 서브컬처의 인기는 날로 높아질 것이다.

_이문영

09 문학잡지 폐간과 〈악스트〉

지난 50년간 〈창작과 비평〉 편집인 자리를 지켜온 문학평론가 백낙청이 퇴진하고, 1994년 〈문학동네〉 창간에 참여했던 1세대 편집위원들도 겨울호를 끝으로 사퇴했다. 그런가 하면 격월간 독립 문예 잡지 〈더 멀리〉, 미스터리 전문 격월간지 〈미스테리아〉, '문학실험실' 주재 반연간 문학전문지 〈舌⟩, '후장사실주의'를 표방한 젊은 문인들 중심의 〈애널리즘Analrealism〉 등이 창간되기도 했다. 무엇보다도 1976년부터 40년 가까이 발행되어온 문예 계간지 〈세계의 문학〉의 발행 중단 선언과, 소설 전문 격월간 문예·서평지 〈악스트Axt〉의 출범을 빼놓을 수 없다. 한국 문학 위기론이나 혁신론은 오래 제기되어왔지만, 이만큼 뚜렷한 변화가 감지된 것은 이례적이다.

한국 문단의 문학잡지는 작가들에게 작품 발표를 위한 일차 지면과 그에 따른 고료를 제공하는 역할을 맡으며 줄곧 이중고에 시달려왔다. 부진한 판매량으로 금전적 손해가 발생하는 가운데, 문학권력의 온상이라는 비판도 가해진다.

전자는 말할 것도 없고, 후자의 경우에도 문제를 키우는 것은 결국 문학잡지 독자의 부재다. 독자는 잡지를 읽지 않고, 잡지는 독자를 배려하지 않는다. 선후를 따질 수 없는 악순환의 반복으로 '그들만의 리그'가 형성될 때 '권력'에 관한 말들도 많아지게 마련이다. 여기 일일이 거론할 수는 없지만, 개중에는 적절한 비판도 있고 과도한 비난도 있다. 설령 잡지의 '편집' 과정을 놓고 제기되어 왔던 많은 비판들을 모조리 인정한다 쳐도, 획기적인 대안이 없는 지금 문학잡지의 존재는 백번 양보해서 필요악이다. 누군가는 잡지를 만들어야 한다면, 그 노력은 정당하게 평가받아야 한다.

이러한 상황을 고려할 때 올 7월의 〈악스트〉 창간은 특히 눈여겨볼 만하다. 천명관, 박민규, 공지영으로 이어진 유명 중견 작가의 인터뷰를 통한 화제 몰이, 신경숙 표절 논란 등으로 야기된 기존 문단에 대한 피로감, 감각적 디자인과 2,900원이라는 저렴한 가격 등이 맞물려 '문학잡지 독자'라는 낯선 이들을 다시 불러내는 데까지는 일단 성공한 것으로 보인다. 잡지 자체의 판매 수익을 거의 기대할 수 없고, 평론가를 제한 소설가들만의 편집위원체제 또한 '권력'이라는 문제로부터 자유로울 수 있을지 우려가 되는 까닭에 이를 섣불리 대안으로 간주하는 것은 경계할 필요가 있겠지만, '파는 잡지'로의 발상 전환만으로도 이 실험의 의의는 충분하다. 같은 맥락에서 "독자에게 다가가기 위해" 개편이나 정간 후 재창간 혹은 웹 전환 등을 검토하

〈악스트〉는 기존 문단에 대한 피로감, 감각적 디자인과 2900원이라는 저렴한 가격 등이 맞물려 '문학잡지 독자'를 다시 불러내는 데까지는 일단 성공했다.

고 있다고 언급한 〈세계의문학〉의 발행 중단도 우려할 일만은 아니다. 작품의 혁신을 담아내려거든 매체도 변화해야 하는 법, 소위 '메이저 문예지'의 이와 같은 결단이 도리어 반갑다.

_황현경

10 도서 굿즈

책은 어느 상품이나 서비스와는 다른, 공공재의 성격을 지닌다는 점에서 출판업은 부가세 면세, 도서관의 수서 등 공공부문의 지원과 보호를 받아왔다. 하지만 자본의 논리가 엄혹한 시장에서는 매출의 규모와 수익으로 평가를 받는 엄연한 상품이기도 하다. 이러한 출판산업이 날로 줄어가는 독자를 놓고 경쟁을 펼치다 보니, 공정한 경쟁을 위한 룰이 필요해졌다. 제 살 깎아 먹기식 할인 경쟁을 멈추고 독자가 책을 만나는 접점을 넓힐 수 있게 하기 위한 노력의 일환으로, 출판계는 도서정가제 입법 및 시행을 위해 오랫동안 노력해왔다.

여러 가지 우려를 안은 채 시행된 도서정가제가 1년을 맞은 지금, 이를 돌아보는 업계 안팎의 목소리는 싸늘하기만 하다. 언론들은 "도서정가제 시행으로 과연 책값이 싸지고 작은 서점들이 살아났느냐?"라는, 힐난에 가까운 질문만 쏟아내고 출판사들은 "구간도서를 판매할 길이 없다"고 호소한다. 도서정가제 시행은 가격 대신 책의 질과 콘텐츠의 힘으로 승부하는 새로운 출판 마케팅의 시대를 예고했으나 1년의 시간은 그리 큰 변화를 만들어내지 못했다. 법과 제도를 정비하는 일은 먼 미래를 내다보며 현실의 룰을 고쳐가는 작업이지만 당장의 출판 마케팅은 숨이 넘어가는 환자의 호흡을 안정시키는 일이 급한 것이 현실이기 때문이다.

출판업계의 전체 매출은 줄었음에도 온라인서점의 수익률은 높아졌고, 대형온라인서점 '갑'들과 일대일로 '공급률' 협상을 해야 하는 출판사 '을'들은 정가제 시행의 취지에 걸맞은 수혜를 입지 못했다. 시장과 소비자로부터 도서정가제가 과연 누굴 위한 것이냐는 질문을 피할 수는 없겠지만, 도서정가제의 허점은 고쳐나가면 될 일이다. 진짜 문제는 법을 이용해 빠져나갈 구멍을 찾아내는 사람들이 아닐까.

서점에 나가보면 고개를 갸웃거리게 되는 편법 마케팅이 발견된다. 어린이 도서코너 매대에는 바코드가 '8'이나 '1'로 시작되는 책들이 수북하다. 카드책과 색칠공부책에 장난감이 부록처럼 딸려 있는 이 제품은 제품 코드상 '완구'다('문구'로 분류돼야 마땅할 물건이 '도서'로 판매되는 건 언급하기도 민망하다). 소비자가 서점에서 완구를 사면 책이 공짜로 딸려오는 셈이다. 이 제품들은 도서가 아니므로 정가제에서 자유로워 얼마든지 가격 할인이 가능하다. 부록으로 딸려오는 제품에 따라 판매량이 크게 달라지는 잡지들을 생각해보면 이런 식의 '콜라보'(?)는 새롭지도 않은 것이지만, 이것이 일반 단행본에까지 급속도로 확장돼가는 경향을 부인하긴 어렵다.

도서정가제 이후 새롭게 떠오르는 마케팅의 일환으로 '도서 굿즈'를 들 수 있는데, "책에 나오는 캐릭터나 문장, 표지 디자인 등을 차용하여 만든 부록 상품"을 말한다. 특정 도서를 구매하거나 일정 금액 이상 구매하면 무료로 받을 수 있는데, 북스탠드나 책갈피 등 독서 관련 용품부터 베개, 텀블러, 키홀더, 수건에 이르기까지 실생활에서 자주 사용되는 물건에도 책의 인용문을 프린트하거나 표지 디자인을 입히는 등 다양한 물건이 '도서 굿즈화'되어 제공되고 있다. 독자의 눈길을 끌어 도서 구매로 이어지게 했다는 긍정적인 측면도 있지만, 이는 바꿔 말하면 콘텐츠로 승부를 보는 게 아니라는 말이기도 하다. 그래서 도서정가제 개정 이전의 할인 경쟁과 다를 바 없다는 비판의 목소리도 있다. 최근 인기 작가의 사인이 새겨진 양은냄비와 편백나무로 만든 목침으로 독자를 유혹하는 출판 마케팅을 보니, 책이 다른 소비재의 부록이 되는 굴욕적인 포지셔닝을 스스로 만들어가고 있는 것 같아 우려스럽다.

_이하영

11 동네서점의 변신

독자들에게 현금으로 책을 팔고 출판사나 도매상에는 어음을 발행해 돈을 벌던 그 많던 서점 상인들은 다 어디로 갔을까. 까마득한 호시절을 추억하는 책 파는 상점들은 사라지고 이제는 사람들의 삶과 이야기가 마주치는 책 공간의 시대가 왔다. 어디서 책을 사든 같은 값을 지불하게 된 도서정가제 시대의 독자에게 남은 선택은, 책을 어디에서 사는가 하는 장소의 문제가 되었다. 장을 보러 나갔다가, 동네를 산책하다가, 친구를 기다리다가, 또는 낯선 곳으로 여행을 떠났다가 만나는 책 한 권은 온라인서점에서 주문해 받는 책과는 다른 차원의 경험들을 형성하며 새로운 문화를 만들어낸다. 동네서점은 책을 매개로 한 새로운 생활공동체를 엮어낸다. 동네서점은 대형 프랜차이즈 서점과 다른 지점에서 승부를 건다. 규모가 아니라 전문적인 구색,

가격 할인과 덤이 아니라 섬세한 취향으로 꾸린 서가, 북스토리텔러 역할을 하는 주인장의 매력으로 독자를 끈다.

이런 동네 서점의 소리 없는 확산을 기록한 책이 있다. 백창화, 김병록의 『작은 책방, 우리 책 쫌 팝니다!』(남해의봄날)를 읽어보면 누구나 전국 곳곳에 숨어서 노란 불빛을 뿜어내는 작은 책방들과 북스테이 네트워크의 물결을 따라 순례여행이라도 떠나고 싶어질 것이다. 책이 있는 카페, 휴식 공간을 책으로 꾸민 북스테이, 심지어 술을 마시면서 책을 읽을 수 있는 책방도 인기를 끌고 있다. 출판사와 서점이 결합해 협동조합형태의 운영도 실험되고 있다. 이런 이야기들은 다시 책이 되고, 더 많은 사람들에게 책과 함께하는 생활의 매력을 전파하고 있다.

_이하영

규모가 아니라 섬세한 취향으로 꾸린 서가, 북스토리텔러 역할을 하는 주인장의 매력으로 독자를 끄는 동네책방이 늘었다.

12 시니어 출판

2015년 현재 우리나라 국민의 평균 수명은 경제협력개발기구평균인 80.2세를 넘어선 81.3세다. 기대수명 100세 시대가 임박한 것이다. 고령화가 빠르게 진행되고 1차 베이비부머 세대의 은퇴가 본격화되면서 출판에서도 '시니어 출판'의 움직임이 활발해지고 있다. 젊은 시절 문화와 지식 습득의 가장 중요한 수단으로 책을 활용했으며 여전히 일정 부분의 경제력을 갖고 있는 1차 베이비부머 세대가 무시할 수 없는 문화 파워로 떠오르고 있다.

은퇴자와 고령자가 직접 저자로 나서거나 이들을 독자로 겨냥한 책들도 잇따라 출간되고 있다. 『나는 어머니와 산다』, 『은퇴자의 공부법』(이상 어른의시간), 『퇴근 후 2시간』(나무생각), 『어떻게 나이들 것인가』(리수) 등 올해 주목을 끌었던 책은 시니어 세대들에게 공감과 함께 인생 후반전에 대한 내비게이션 역할을 제공하고 있다. 은퇴, 공부, 죽음 등 노년 문제의 다양한 콘텐츠를 다루는 시니어 전문 브랜드를 내건 출판사가 생긴 것은 물론이고, 여러 출판사가 공동으로 시니어 전문 블로그 '평생현역학교'를 시작한 것도 눈에 띈다. 이런 수요와 제대로 된 콘텐츠 공급이 결합한다면 시니어 출판이 출판의 블루오션이 되지 않을까 싶다.

_박일호

13 어린이제품 안전 특별법

어린이제품 안전 특별법은 "어린이가 사용하는 제품의 안전을 확보하여 어린이에게 안전한 환경을 조성하기 위한 기본적인 사항을 규정함으로써 제품으로 인한 어린이 사고를 예방하고, 어린이 건강의 유지·증진에 기여함을 목적으로 제정된 법률"로 2015년 6월 3일 공포, 6월 4일 시행된 특별법. 다만 도서는 1년의 유예 기간을 통해 2016년 6월 4일부터 시행된다. 이에 2016년 6월 4일을 기준으로 출고되는 도서에 대해선 특별법이 적용된 KC마크를 부착해야 한다.

어린이제품은 만 13세 이하 어린이를 위해 사용되는 물품 모두를 일컬으며 제품의 구조, 재질 및 사용 방법에 따라 안전인증대상, 안전확인대상, 공급자적합성확인대상으로 분류된다. 어린이제품 안전검사는 크게 물리적 안전요건과 유해물질 안전요건 검사를 받으며, 검사를 통과한 제품에 한해서만 KC 안전마크를 부착해 시중에 유통, 판매할 수 있다. 어린이제품은 정부가 지정한 기관을 통해 검사를 받는데, 도서는 공급자적합성확인대상으로 분류, 크게 3세 미만, 8세 미만, 8세 이상 도서로 나누어 검사 적용을 받는다.

3세 미만 도서는 물리적 안전요건 검사뿐 아니라 유해물질 안전요건에 대한 검사까지 항목이 더 늘어난다. 8세 미만 도서는 대부분 양장도서이므로 "모서리의 날카로운 끝"의 위험을 고려해 물리적 안전요건을 필수로 받아야 하며, 8세 이상의 양장도서는 표지나 판권 등에 기재된 안전표시에 모서리에 대한 경고나 주의 표시를 넣어 소비자의 안전을 도모할 경우 물리적 안전 요건을 별도로 받지 않아도 된다고 한다. 공급자적합성의 유해물질 안전요건은 인쇄, 제본, 코팅 등이 거래처가 사용하는 물질에 대한 시험성적서를 구비하고 있을 경우엔 별도의 검사를 받지 않아도 된다(대한출판문화협회 어린이안전특별법 도서 기준 자료). 어린이안전특별법의 가장 큰 문제점은 도서 자체가 어린이안전을 위해할 수 있다는 인식을 국민들에게 확산시킨다는 점이며(도서의 원자재 자체는 생산부터 이미 대부분 유해물질 안전요건을 통과한 제품일 것이고 이 역시 관리 주체는 정부다), 소비자가 도서를 활용하는 범위에서 생기는 모든 사고의 위험성을 전적으로 출판사 책임으로 정한다는 점이다(유럽의 경우 0~3세 도서, 교구, 제품에 한해서 유럽안전인증마크 CE를 받도록 되어 있으나, 그 이상 연령 대상도서에는 부착하지 않는다).

또한 유예기간을 1년 두어 공급자(출판사)가 생산품에 대해 안전검사를 받도록 했으나, 대한출판문화협회(출협)가 도서에 대한 적용 기준을 정리, 출판사들의 이해를 돕도록 한 것이 2015년 10월 6일이 며, 이에 대해 여러 차례 문의한 결과 11월 말 현재 출협과 한국출판 문화산업진흥원이 함께 문광부에 유예기간을 2년 늘리는 등의 제안 을 했고, 정부가 점검 중이라고 한다. 12월 말까지 도서에 대한 공급 자적합성확인대상 기준이 최종 추가 정리, 공포될 예정이라고 하니, 출판사는 유예 기간 6개월을 앞두고 안전특별법을 빨리 준비해야 할 지, 조금 더 시간적 여유를 갖고 준비를 해나가야 하는지 결정의 어려 움을 느끼고 있는 상황이다. 한국건설생활환경시험연구원에 따르면, 일부 인쇄소, 전집 출판사 등이 문의, 검사 요청, 확인을 받고 있다고 는 하나, 출판사 각각의 규모나 상황이 다르기 때문에 누가 어떻게 준 비를 하는지 사실 공유가 원활한 상태는 아니다.

정확한 준비, 명확한 유예 기간, 적합한 대안 없는 선 공포, 후 보완 하려는 도서에 대한 적용 때문에 어린이책 출판계는 우왕좌왕하고 있다. 올해 말까지 출협이 최종 논의된 사안을 회원사들에게 공지하 고, 안전특별법에 대한 소책자를 배부하여 이에 대한 보완에 도움을 준다고 하니, 이 부분이 차질 없이 진행되길 바라고 있다.

_김문정

14 스베틀라나 알렉시예비치

2015년 노벨문학상 수상자 스베틀라나 알렉시예비치는 2차 세계대 전 종료 3년 후인 1948년 당시 소비에트 연방 일부였던 우크라이나 에서 태어나, 원전 사고 발생지인 체르노빌 인근 벨라루스에서 자랐다. 우리에게 소개된 두 권의 책 『체르노빌의 목소리』(새잎)와 『전쟁은 여자의 얼굴을 하지 않았다』(문학동네)는 가히 인류 최악의 재난이라 할 만한 저 두 사건들을 다룬 독특한 형태의 기록물이다. 이 저작들에는 각각 체르노빌 원전 사고 피해자 100여 명과 독소전쟁에 참전했던 소련 여군 200여 명의 인터뷰에 작가의 목소리가 더해져 있다. 작가 스스로 '소설 코러스'라고 부르는 이 방식의 결과물은 '르포문학'과 유사한 모습이지만, 사건의 진실을 향해 수렴하는 것이 아닌 그 거대한 진실의 변두리에서 잊힌 개인들의 삶을 향해 발산하는 것을 목표로 한다는 점에서 특별하다.

2015년 노벨문학상 수상자 스베틀라나 알렉시예비치는 스스로 '소설―코러스'라고 부르는 방식을 통해 사건의 진실을 향해 수렴하는 것이 아니라 거대한 진실의 변두리에서 잊힌 개인들의 삶을 향해 발산한다.

이를 통해 드러나는 바는 재난의 참상뿐만 아니라, 재난으로도 결코 완전히 무너지지는 않는 삶의 위대함이기도 하다. 이미 발생한 재난 이후, 아직 발생하지 않은 재난 이전, 그 사이에서 위태롭게 살아가고 있는 우리가 반드시 기억해야 할 것이 바로 그 위대함이다.

_황현경

15 역사와 미디어셀러

역사를 배우는 이유는 과거의 잘못을 반복하지 않기 위해서다. '시절이 하 수상하니' 드라마 〈육룡이 나르샤〉의 인기는 어쩌면 당연해 보인다. 여기에 김주영의 대하소설 『객주』(문학동네)도 드라마로 만들어져 방영되고 있다. 이 두 드라마는 각각 정치와 경제를 중심으로 다루고 있다.

조선 개국을 전후한 시대를 배경으로 하고 있는 〈육룡이 나르샤〉

는 보수 기득권으로 부패한 고려시대 말기에 어떻게 정치적인 변혁을 이끌어냈는지 정도전과 이방원을 중심으로 그려내고 있다. 〈객주〉는 자본권력이 정치권력을 이미 압도한 사회에서, 상업자본이 꿈틀대던 조선 후기 보부상들의 부의 축적과 파산의 이야기를 통해 장사와 경제의 의미에 대해 근본적인 질문을 던지고 있다.

그런데 이 드라마들의 인기가 책으로까지 이어지고 있는지는 의문이다. 사실 지난해 영화 〈명량〉이 1,000만 관객을 돌파하면서 이순신과 임진왜란 관련 도서들이 '스크린셀러'로 인기를 끈 데 반해, 영화 〈사도〉와 드라마 〈징비록〉도 수종의 관련 출판물이 쏟아졌지만 크게 인기를 끌지 못했다. 그나마 〈사도〉는 아버지와 아들의 소통 부재, 자녀 교육 등의 이슈를 제기해 '책의 발견성'과 '연결성'을 높였다는 평을 받긴 했다. 어쨌든 영화나 드라마로 만들어진다고 해서 무조건 베스트셀러가 되는 것은 아님을 이 사례들이 잘 보여주고 있다. 미디어셀러도 이제 원작의 '간택'에만 의존하는 손쉬운 기획이 아니라, 관련 시대를 다각도로 접근하는 참신한 기획이 필요한 시점이다.

_신기수

16 서평 관련 도서

요즘 서평 글쓰기에 대한 관심이 높아지고 있다. 위키백과에서는 서평書評을 '일반적으로 간행된 책을 독자에게 소개할 목적으로 논평이나 감상 등을 쓰는 문예 평론의 한 형식'이라고 정의하고 있다. 낭독이 책을 잘 읽기 위한 방법이듯이 서평 쓰기는 글을 잘 쓰기 위한 방법으로 유용하다. 사람은 읽으면 쓰고 싶은 욕구가 생기기 마련이다. 따라서 독서인이라면 서평 쓰기로 연결되는 것이 자연스러운 흐름이다.

올해도 『서평 글쓰기 특강』(북바이북), 『북톡카톡』(나무발전소), 『서민의 집나간 책』(인물과사상사) 등 서평 관련 책들이 다수 쏟아져 나왔다. 그중에서도 『서평 글쓰기 특강』은 단순한 서평집을 넘어 어떻게 하면 서평을 잘 쓸 수 있는지를 가르쳐줌으로써 독자의 눈길을 끌었다. 오랫동안 현장에서 서평 쓰기를 강의해온 김민영, 황선애 두 저자가 그동안의 경험과 서평 쓰기 노하우를 독자들의 눈높이에 맞춰 쉽고 흥미 있게 전달하고 있다. 이런 분위기를 반영하듯 학습공동체 숭례문학당을 중심으로 교사나 도서관 사서는 물론, 일반인으로 서평 쓰기 모임이 점차 확대되는 경향이 나타나고 있다. 글쓰기에 대한 욕구가 날로 늘어나는 현대인에게 서평 쓰기에 대한 관심은 당분간 계속될 것으로 보인다.

_박일호

17 『구름빵』 사태

그림책 『구름빵』의 유례없는 성공이 있었다. 여러 나라에 판권이 수출되었고, 애니메이션으로 방영되어 독자가 시청자가 되고, 공연으로 무대에 올라 그 시청자가 관객이 되어 『구름빵』을 만났다. 작가 개인의 성취를 떠나 출판계의 성취였고, 멀티콘텐츠로서 새로운 가능성도 보였다. 작가는 광고에도 등장했다. 강연장에는 『구름빵』 작가를 만나기 위해 사람들이 모여들었다.

그런데 매절 계약으로 인해 작가는 수십만 부 팔린 책에 대한 인세에 대한 권한이 없었고, 2차적으로 가공되는 스토리, 캐릭터 등에 대한 권리도 주장할 수 없었다. 문화콘텐츠 산업의 신화적 성공의 주역이지만 실제적으로 수익이 발생하지 않았다는 점 때문에 대통령까지 공정성에 대한 언급을 했고, 언론이 주목하면서 공정거래위원회까지 나섰다. 이후 해당 출판사는 저작권을 작가에게 반환하기로 하였으나 2차적 계약이 엮여 있는 상황에서 당사자들의 이해관계가 풀리지 않고 법적 대응으로 이어진 상황. 이 과정에서 작가가 자신과 나란히 표지에 명기된 빛그림(사진) 작가의 이름을 제외해줄 것을 요청하면서 논란이 일었다(사진을 담당했던 사람이 당시 출판사의 직원이었다는 점이 주요 근거로도 작용했다).

『구름빵』의 성공이 좋은 본보기가 아니라 저작권 분쟁으로 이어지면서 독자들에게 실망을 안겨준 것 이상으로 아쉬운 것은 출판계가 저자의 권익을 찬탈하고 있는 것으로 오해를 받게 된 점이다. 물론 원작(작가)이 있기에 책이 출간된다. 독자와 장르에 따라 편집과 디자인의 역할의 비중이 큰 경우도 많다. 좋은 원작과 더불어 완성도 있는 작업의 결과물(책)에는 판권 수출, 2차적 활용에 대한 기회가 더 많이 열리기 때문이다. 이런 부분들이 간과된 채로 저작자만 일방적으로 보호하겠다는 방침은 출판산업을 총체적으로 들여다보지 못하는 시각이다. 올바른 저작권 환경을 만들기 위해서는 편집권, 디자인권에 대한 권익도 들여다보고 출판 환경을 두루 이해한 후 정책을 제시해야 할 것이다.

불공정한 거래 하나의 예가 일반화되어 출판계와 소비자에게 인식되는 것은 매우 위험하다. 저자와 출판사는 상생하는 관계여야 한다.

『구름빵』 사태가 올바르고 새로운 저작권 환경을 만드는 계기가 되길 바란다. 또 다른 불공정 제도를 만들지 않도록 출판계 전반에 걸쳐 자발적 소통의 길이 열리길 바란다. 정부 역시 출판계 창작 여건이 개선되려면 한 권의 책에 기여하는 많은 이들이 작가를 중심으로 호흡하고 있음을 주지하길 바란다. 출판은 승자와 패자가 존재하는 스포츠가 아니다.

_김문정

18 필사책

올해 출판의 두드러진 특징 중 하나라면 필사책의 인기를 꼽을 수 있다. '필사筆寫'는 베껴 쓰는 것을 말한다. 대부분의 필사책은 왼쪽 면에 시나 소설, 좋은 글귀 등을 배치하고 오른쪽 면에는 따라 쓸 수 있는 공간으로 구성했다. 고두현 시인이 쓴 '나를 다시 꿈꾸게 하는 명시 따라 쓰기'라는 부제가 달린 『마음 필사』(토트)가 시작이었다. 대부분 시나 명구를 따라 쓰는 필사책과 달리 성경을 필사하는 『손으로 쓰는 기도』(토트)와 아들러 심리학의 열풍을 반영한 듯 아들러의 행복과 긍정 메시지에서 가려 뽑은 『필사의 발견 오늘, 행복을 쓰다』(북로그컴퍼니) 같은 책들도 나왔다. 가수이자 작곡가인 김현성의 『펜으로 노래하다』(뉴휴먼)는 대중들의 귀에 익숙한 노래 가사를 필사책으로 묶어낸 것으로, 필사책에 다양한 장르로 변화를 준 사례라고 할 수 있다. 필사책이 유행하는 것을 두고 컬러링북에 이어 또다른 힐링 도서가 아니냐는 목소리도 있지만, 필사를 통해 글쓰기에 더 가깝게 다

필사책은 펜 하나만 있으면 언제 어디서나 손쉽게 즐길 수 있어 바쁜 현대인들에게 높은 인기를 얻었다.

가서고 싶은 독자들의 자연스러운 욕구가 반영된 현상이라고 해석된다. 특히 다양한 색상의 색연필을 준비해야 하는 컬러링북과 달리, 필사책은 펜 하나만 있으면 언제 어디서나 손쉽게 즐길 수 있어 바쁜 현대인들에게 높은 인기를 얻고 있는 것으로 생각된다.

_박일호

19 셀프 퍼블리싱

"미국에서는 ISBN이 부착된 책이 1년에 100만 종이 출간된다. 그중 출판사가 펴낸 책은 20만 종이고 셀프 퍼블리싱으로 출간된 책이 80만 종이다. 너무 많이 출간되니 이제 ISBN 시대가 끝나가는 것이 아니냐는 우려가 나온다." 장은수 편집문화실험실 대표가 한국출판마케팅연구소가 주최한 강연 '미래 출판을 열어가기 위한 열 가지 과제'에서 발표한 내용 중 한 대목이다.

과거 셀프 퍼블리싱은 자기 책을 내기 위한 방편 정도로만 여겨졌지만, 이제 미국에서는 저자가 편집자와 디자이너, 마케터까지 고용해 책을 내는 형태로까지 진화했다. 작가 혹은 저자들의 출판사에 대한 만족도가 떨어지면서 이와 같은 셀프 퍼블리싱은 급속도로 발전할 수밖에 없다. 저자 파워를 내세워 책을 낸 저자에게 각종 강연 등을 "뛰라"고 하는 출판사에게서 저자들은 신뢰를 거둬들이고 있는 셈이다.

같은 강의에서 장은수 대표가 한 말이다. "셀프 퍼블리싱이 가능한 상황에서 점차 저자 브랜드가 갖는 중요성이 증대될 것이다. 독자들은 출판사가 아니라 저자와 대화하고 싶어 한다. 출판사는 저자의 브랜드를 강화시켜주는 역할을 해야 한다." 단지 한 사람의 저자가 책을 자기 마음대로 출간하는 것이 셀프 퍼블리싱은 아니다. 출판의 변화 양상이 어디로 향하는지 알려주는 바로미터가 셀프 퍼블리싱이다.

_장동석

20 시를 읽는 시간

"남자 키는/ 깔창 포함"(「공정거래」, 『이환천의 문학살롱』, 넥서스BOOKS), "끝이란 게/ 있기는 한 거냐/네 녀석의/ 잠재력 말이다"(「다 쓴 치약」, 하상욱).

서점 중앙의 특별 매대에는 『읽어보시집』 저자 최대호의 『이 시 봐라』(이상 넥서스BOOKS), 등단시인이자 가수인 강백수의 『사축일기』(꿈지락), 페이스북 팔로워 20만 글배우의 『걱정하지 마라』(답), 시팔이, 시 잉여 송라이터, 시POP가수를 자청하는 하상욱의 『시 읽는 밤: 시 밤』(예담) 같은 SNS 스타작가들의 시집이 꽂혀 있다. 『시의 힘』(현암사), 『시를 잊은 그대에게』(휴머니스트) 같은 시 방법론, 시 필사본 『명시를 쓰다』(사물을봄) 등도 꽂혀 있다. TV 북 토크쇼 〈비밀독서단〉에 소개된 박준의 시집 『당신의 이름을 지어다가 며칠은 먹었다』(문학동네)는 3,000부 증쇄에 들어갔고, 심보선의 『슬픔이 없는 십오 초』(문학과지성사)는 예스24 11월 2주 현재 베스트셀러 9위에 올랐다. 한국출판인회의는 종합베스트셀러에 박준과 하상욱의 시집을 올려놓았다. 3년간 잠잠했던 책이 방송 한 번으로 흥행하는 풍경은 분명 척박한 문학 인프라를 보여주지만, 나오자마자 책장에 꽂혀 책등만

매출 꼴찌, 출판계의 찬밥이던 시가 SNS와 TV를 타고 반격을 시작했다.

보이던 시집이 표지를 드러낸 채 중앙 매대에 오른 것은 분명 유의미한 일이다.

특별한 마케팅 없이 절절한 감성만으로 흥행한 『내 하루는 늘 너를 우연히 만납니다』(글길나루) 같은 정통 시집, 대학생 시인이 SNS에 올린 시를 독자들이 공유하며, 오프라인 낭독회까지 열고 있는 풍경 역시 그렇다. 짧은 시가 지닌 폭발력이 스피드 시대에 그야말로 폭발 중이다. 매출 꼴찌, 출판계의 찬밥이던 시가 SNS와 TV를 타고 반격을 시작한 것이다.

_박찬은

21 요섹남

'요섹남'은 '요리하는 섹시한 남자'의 줄임말이다. 미디어가 주도한 최신 트렌드 중 하나다. '먹방(먹는 방송)'에 대한 대중적 관심이 '쿡방(요리하는 방송)'으로 진화한 양상이다. 요리에 대한 대중적 관심은 한국에만 국한된 것이 아니다. 서구에선 오래전부터 대중문화 트렌드로 자리 잡고 있다. 서구에서도 비약적인 경제성장이 멈추는 시점에서 요리가 대중적 관심을 끌기 시작했다. 한국도 비슷한 양상이다. 경제의 성장이 멈추고 사회가 전반적으로 크게 활력과 희망을 잃어가는 시점에 이른바 요리에 대한 대중적 관심이 발생했다. 사회적 활기가 높은 시기에는 사회와 공간에 대한 대중적 관심이 높아지는 것과 상반되는 현상이다.

그러나 현대 한국인들의 관심 이동 양상을 도식화해서 보면 '세계

→ 사회 → 집 → 몸 → 입 → 맛' 이렇게 극도로 좁아져가는 특징적 양상을 보이고 있다. '먹고 싶다'는 욕망은 '살고자 하는 최종적 의지'다. 한국사회는 최근 생존 자체에서 위협을 느낄 만큼 사회안전망이 붕괴되었다. '허기'가 발생하는 지점이다. 바로 이 지점에서 한국의 요리 트렌드는 서구의 양상과 달라진다. 현대 한국인들에게 요리는 삶의 질을 사유하고 성찰하게 만드는 계기와 도구로 작동하기보다는 아직까진 소아병적 집착의 대상으로만 기능하는 것으로 보인다.

_김성신

22 국정교과서

정부가 지난 11월 3일 2017년부터 중고교 역사교과서를 현행 검정 교과서 체제에서 국가가 편찬한 국정교과서로 바꾸는 절차 진행 방침을 확정해 고시했다. 국정화는 뉴라이트 학자들이 집필한 교학사 판 교과서가 실제 학교에서 채택률 0%에 이르게 되자 보수진영과 현 정부가 내놓은 대안적 수단으로 현실화했다.

2014년 초 당시 새누리당 대표인 황우여 현 교육부총리가 역사교 과서 국정화의 필요성을 제기한 이래 국정화 전환 절차가 본격화한 올해 10월 국정화 예비고시 이전까지만 해도 실제로 국정화 전환이 이뤄지겠느냐는 관측이 적지 않았다. 자유민주주의 체제에서 국정교 과서 채택의 사례가 워낙 희귀한 데다가 우리 현대사 속에서도 국정 교과서에 담긴 부정적 인식이 워낙 컸기 때문이다.

그러나 박근혜 대통령이 강력한 의지를 보이면서 정부 내에서조차 감지됐던 미온적 분위기는 사라지고, 정부는 교육부와 국사편찬위원회를 앞세워 본격적인 국정화 전환절차 진행에 속도를 냈다. 정부와 새누리당은 기존의 검인정 교과서들이 대한민국의 정통성을 부정하고 북한 체제를 옹호하는 서술에 치우치고 있다는 점을 대대적으로 홍보하며 국정화의 필요성과 당위를 앞세웠다. 국정화 반대 소신을 가진 것으로 알려졌던 교육부 차관의 경질은 정부의 의지를 집약해 보여주는 대목이라는 지적이 나왔다.

국정화의 논리는 애초부터 자기모순의 함정을 안고 있었다. 교육부 검인정 절차를 통과한 교과서들의 문제점을 지목하고 있기 때문이다. 그러다 보니 교육부 검인정 절차를 통해 이미 수정 반영된 교과서의 과거 내용을 주로 문제 삼아야 했고, 그 명분은 약할 수밖에 없었다. 교육부가 방송 매체를 통해 방영한 '유관순' 광고 논란은 그 정점에 있었다. 우리 아이들이 유관순을 배우지 않는다는 점을 정서적으로 부각한 이 광고는 사실 왜곡 논란을 피하기 위해 "2014년까지 8종의 국사 교과서 가운데 두 개 교과서엔 유관순 언급이 없었고, 두 개 교과서엔 사진 없이 이름만 언급됐다"는 구구한 단서를 달아야 했다. 이는 오히려 박정희 전 대통령 당시 만들어진 첫 국정교과서에도 '유관순' 언급이 없었다는 사실을 부각해 하나의 국정교과서가 끼칠 수 있는 폐해의 우려를 더했다.

촌극화하는 국정화 논란은 우리 공론장의 자정 역할 부재를 드러낸다는 점에서 더욱 우려스럽다. 전두환 정권 당시 과장된 '금강산 댐' 물바다 위협과 평화의 댐 건설 사건을 데자뷰처럼 떠올리게 하는 우울한 우리 시대의 단면이다.

23 세월호 1년

이제 세월호 사건은 과거의 일이 되어버렸다. 기억하겠다고 구호처럼 외쳤던 목소리들은 점차 잦아들었다. 한국전쟁 이후 최대 참사였던 세월호지만, 워낙 극적이고 역동적인(?) 일이 많은 한국사회에서 세월호는 더 이상 기억의 대상이 아니다. 메르스 사태도 불과 얼마 전 일이지만, 이제 거론조차 쑥스러운 일이 되어버렸다.

세월호 사건 1년을 맞이하여 세월호를 기억하려는 작은 움직임이 여러 책의 기록으로 이어졌다.

　흐릿한 기억을 되살리기 위해 우리는 기록에 의지한다. 세월호 사건 1년을 맞이하여 세월호를 기억하려는 작은 움직임은 여러 책의 기록으로 이어졌는데, 대표적인 것이 올해 초 출간된 『금요일엔 돌아오렴』(창비)이다. 세월호 유가족들의 육성을 날 것 그대로 적어 내려간 『금요일엔 돌아오렴』은 각종 매체가 올해의 책으로 선정할 만큼 울림이 컸다. 유가족들의 목소리는 심히 떨렸을 것이다. 하지만 슬픔을 이겨내고 남긴 유가족들의 기록은 우리 사회가 앞으로 어디로 가야 할지 명확하게 보여준다.

　아쉬운 것은 세월호를 기억하기 위한 기록 중 지난해 출간된 『눈먼 자들의 국가』(문학동네)와 『금요일엔 돌아오렴』 외에는 이렇다 할 책, 즉 기록이 없다는 점이다. 다만 『세월호는 우리에게 무엇인가』(이학사)가 출간되어 세월호에 관한 철학적 담론을 형성하려고 했다.

_장동석

24 공유경제

모든 것이 하나로 연결되는 네트워크 세상에서의 핵심 경제 키워드는 '공유'다. 블로그, 페이스북, 카카오톡, 트위터 등 소셜미디어의 공통점은 무엇을 하든 대체로 무료로 공유한다는 점이다. 이런 생활이 익숙해지다 보니 한 번 생산된 제품을 여럿이 공유해 쓰는 협력소비를 기본으로 한 공유경제sharing economy가 점차 확산되고 있다.

방은 혼자 쓰고 거실과 마당은 함께 쓰는 '셰어하우스', 남는 방을 여행객에게 빌려주고 돈을 버는 서비스를 내세운 '에어비앤비Air B&B', 한 사람의 차에 여러 사람이 함께 타서 출근하는 '카풀(카셰어링)', 자신에게 필요 없는 물건을 처분하고 필요한 물건을 취하는 물물교환 시장인 '플리마켓', 검증된 인력의 공유 솔루션인 '퍼니피플', 내 집 앞 공간을 주차 공간으로 빌려주는 '모두의 주차장' 등은 모두 공유경제의 모습들이다.

공유경제의 기본 정신은 소유의 개념을 전환해 사회적 나눔을 실천하자는 것이다. 경기 침체와 환경오염에 대한 대안을 모색하는 공유경제 개념을 도입한 사회운동도 늘어나고 있다. 『타자를 위한 경제는 있다』(동녘), 『초연결 시대, 공유경제와 사물인터넷의 미래』, 『공유경제는 어떻게 비즈니스가 되는가』(이상 한스미디어) 등 이제 독점과 경쟁이 아닌 협업과 공유를 기본 정신으로 대안경제를 천착하는 책들의 출간이 한 흐름을 이루고 있다. 바야흐로 세상은 나와 타인과의 연대를 통해 소통하고 하나로 연결되는 공유경제의 개념을 도입하지 않으면 살아남기 어려운 시대로 접어들고 있다.

_한기호

25 여성 혐오

올 한해 온라인 세계의 키워드는 단연 '혐오'였다. 성소수자, 애완동물, 페미니스트 혹은 종교에 대한 혐오는 동물 학대, 동성애 반대 시위, 캠퍼스 내 역차별, IS 테러 등으로 드러났다. '지잡대(지방의 잡스러운 대학)' '급식충(급식 먹는 초중고생)' 외에도 '알바충' '맘충'이 드러내듯 혐오가 판쳤던 올 한 해는 특히 〈쇼미더머니〉, 연예인 여성비하로 도마에 오른 '여혐'에 대한 여성들의 반격이 본격화된 첫해다.

성소수자, 페미니스트, 종교, 계급에 대한 혐오가 심화됨에 따라, '여혐'에 대한 여성들의 반격이 본격화되었다.

메르스 갤러리에서는 보수 성향 사이트 '일베' 등에 대한 반격으로, '한남충(벌레 같은 한국 남자)' '숨쉴한(남자는 숨 쉴 때마다 한 번씩 맞아야 한다)' '갓양남(김치남에 비해 외모, 성격, 스태미너가 강한 서양남)' 같은 미러링mirroring(상대의 언행을 거울처럼 따라하며 되돌려주는 행위)이 시작됐다. 남녀 성 역할이 뒤바뀐 가상의 세계를 그린 『이갈리아의 딸들』(황금가지)과 메르스 갤러리를 합친 '메갈리안'에서 막강한 온라인 드립력을 과시한 것. 여혐 때문에 『남자들은 자꾸 나를 가르치려 든다』(창비)의 '맨스플레인' 개념이 새로 주목받기도 했다.

이미 3년 전 『여성 혐오를 혐오한다』(은행나무)를 펴낸 우에노 지즈코 교수는 올해 『여자들의 사상』을 통해 혐오의 시대를 넘은 페미니즘의 유산을 소개하고, 신간 『여성 혐오가 어쨌다구?』(이상 현실문화)에선 '여성 혐오'를 도시지정학적, 철학적, 공학적으로 바라보며 그 민낯을 들여다본다. 메갈리안의 득세에 대해 '오랜 시간 만연되어온 여성 혐오에 대한 반대 급부'라는 의견과 함께, 일베와 비슷해져 간다는 반대 의견이 여전히 날을 세우는 중이다.

_박찬은

26 빅 데이터와 출판

최근 온라인과 모바일 관련 기업들의 화두는 '온디맨드On Demand'다. 힘의 균형추가 공급자에서 수요자로 넘어가면서, 소비자들의 요구와 개성에 맞는 일종의 맞춤 서비스가 요구되고 있다. 이러한 맞춤 서비스를 위해 반드시 필요한 것이 바로 '빅 데이터'다. 무엇이든 차고 넘치는 과잉의 시대에 공급자들은 빅 데이터를 분석하고 큐레이션을 통해 수요자들이 원하는 맞춤 서비스를 제공해야 한다. 출판산업도 마찬가지다. 우리나라 독서 인구를 감안할 때 한 달에 3,000종 이상 책이 쏟아져 나오는 것은 분명 공급 과잉이다. 출간되는 책들 중 상당수가 독자들에게 제대로 이름 한번 알리지도 못한 채 어디론가 사라지고 있고, '좋은 책은 독자들이 알아서 사줄 것'이라는 막연한 기대가 전혀 통하지 않는 시대다.

해외 주요 출판사들은 이미 다양한 방법으로 빅 데이터를 분석하고 활용하고 있다. 잠재적 독자들이 활동하고 있는 소셜미디어에서 그들의 욕망과 라이프스타일을 파악하고, 독자 커뮤니티를 구축해 쌍방향 소통을 하고 있다. 최근에서야 우리 출판산업에도 빅 데이터 분석이 필요하다는 인식이 생겨나고 있다. 온라인서점들이 앞장서서 독자들의 소비 패턴을 수집하고 있고, 대형 출판사들을 중심으로 SNS 마케팅을 강화하면서 빅 데이터 전문가들을 영입하고 있는 실정이다.

_홍순철

27 신생 출판사 전성시대

주요 서점들이 발표한 '2015년 종합베스트셀러' 통계 자료에 따르면 『미움받을 용기』,『비밀의 정원』,『지적 대화를 위한 넓고 얕은 지식』, 『하버드 새벽 4시 반』(라이스메이커) 등의 책들이 공통적으로 10위권 안에 포진되어 있다. 이 책들을 출간한 곳들은 출판 시장의 '루키'들이었다. 이들 외에도 2015년에는 유독 신생 출판사들의 선전이 돋보였다.

올해 초 신생 출판사들이 출간한 책들이 주목을 받을 때만 하더라도, 주변에서는 그 열기가 얼마 가지 못할 것이라고 입을 모았다. 하지만 그 예상은 보기 좋게 빗나가버렸다. 도서정가제법의 시행이 신생 출판사들이 기존 출판사들과 경쟁할 수 있는 환경을 마련해준 것은 분명하다. 하지만 신생 출판사들의 성공은 탄탄한 기획력과 차별화된 시장 접근 덕에 가능했다. "대화체이기 때문에 안 된다" "색칠 공부책은 우리나라에 시장이 없다" "인문서가 너무 가볍다" 등 이런저런 이유로 기존 출판사들이 거절한 책들의 새로운 가능성을 신생 출판사들은 놓치지 않았던 것이다.

많은 신생 출판사가 독자들이 변하고 있음을 직감했고, 틈새를 파고들어 출판시장의 성공 공식을 뒤집어놓았다. 이러한 가능성을 봤기 때문일까. 출판 불황이 이어지는 가운데서도 신생 출판사들의 거침없는 도전들이 계속 이어지고 있다.

_홍순철

28 과학책의 재발견

대중 과학서는 과학은 어렵다는 편견을 깸으로써, 과학의 사회적 역할과 함의들을 지속적으로 드러내준다.

볼 만한 과학책들이 속속 출간되고 있다. 『종의 기원』, 『시간의 역사』, 『코스모스』 등 누구나 들어봤지만, 어느 누구도 제대로 읽지 못했던 책들에 대한 쉽고 정확한 소개를 담은 책도 많고, 세상 이야기에 과학을 접목한 신선한 시도도 적잖다. 『판타스틱 과학 책장』(북바이북)과 『위험한 과학책』(시공사)이 전자의 대표적인 도서라면, 『세상물정의 물리학』(동아시아)과 『세상의 모든 공식』(반니)이 후자의 대표 도서다. 거듭되는 과학책의 출간은 불황을 타개하기 위한 출판사들의 작은 노력의 일환이자, 대중의 관심사가 좀더 다양한 분야로 폭발하고 있다는 반증이기도 하다.

무엇보다 반가운 것은 과학은 어렵다는 편견을 깸으로써, 과학의 사회적 역할과 함의들을 지속적으로 드러낼 수 있다는 점이다. 이때 지양할 것은 에피소드 위주의 과학, 즉 과학자의 사생활에 관한 그럴듯한 이야기로 독자, 특히 청소년 독자들의 눈길을 사로잡는 것이다. 지향할 것은 과학 그 자체의 지식뿐 아니라 사회적으로 어떤 영향을 미쳤는가, 그것이 오늘 우리에게 어떤 함의로 다가올 것인가를 드러내는 일이다. 사족처럼 한마디 덧붙이자면, 이제 과학에 이어 공학에 관한 책들이 선보일 차례다. 우리 시대의 변화를 주도하는 다양한 공학의 세계를 펼쳐줄 저자들과 책을 기대한다.

_장동석

29 마케팅의 힘

출판의 위기와 전면적 도서정가제 시대를 맞아 출판 마케팅은 새로운 전환기를 맞았다. 지난해 단행본 한 권의 평균 초판 발행량은 2,000부에도 미치지 못할 정도로 책은 상품으로서 가치를 잃어가고 있으며, 이같은 추세는 올해와 내년 이후에도 계속 심화되리란 우려가 적지 않다. 새로운 마케팅 수단을 확보해 돌파구를 마련하지 않는 출판사에게는 미래를 보장할 수 없는 척박한 시기가 도래한 것이다.

그간 출판사들은 책을 출간하면, 신문 등 미디어가 홍보해주고, 서점에서 팔아주는 구조에 안주해왔다. 그러나 이제 가만히 앉아서 책만 찍어낸다고 저절로 팔리는 시대는 지났다. 출판문화공간 엑스플렉스의 유재건 대표는 출판사 스스로 소매상이 되는 '출판+마케팅'에서 '출판×마케팅'으로 전환해야 한다고 말한다. 책의 기획 단계에서부터 마케팅에 대한 노력이 유기적으로 결합되어야 한다는 취지다.

유재건 대표의 말은 출판에서 마케팅의 중요성이 어느 때보다 높아지고 있음을 의미한다. '소셜마케팅'이 그간 자본력이 약한 작은 출판사들에게 돌파구 역할을 해왔음은 이를 웅변적으로 보여준다. 협동조합 형태의 전자책 출판사 '롤링다이스', 도발적 마케팅에 능한 소형 출판사 '북스피어', 지역출판의 가능성을 보여준 '남해의봄날', 특화된 동네서점의 길을 연 홍대 앞 '땡스북스'의 실험적 도전 등이 그러하다.

마케팅 중요성 증대는 또한 더 이상 출판이 본령에 안주해선 안 됨을 뜻한다. 신문과 방송, 인터넷의 경계가 허물어지며 새로운 융복합 환경이 만들어지듯, 출판의 플랫폼 또한 기민한 변태와 이종결합을 하지 않고서는 새로운 수익과 기회를 창출할 수 없는 환경이다.

지각변동의 출발점은 내부든 외부든 어디도 될 수 있다. 다양한 독자들과의 연계를 통한 기존 출판사의 사업 확대 아니면 강연 전문 업체나 학원 등 이종 업체들의 출판 영역 침투 등도 현실화 가능한 시나리오다. 어느 쪽이 됐든 그 핵심은 소비자인 독자들과의 기민한 소통이다. 독자들의 수요를 정확히 읽고 이에 민첩하게 대응하는 플랫폼은 번창하거나 적어도 살아남는 반면, 그렇지 않은 업체들은 도태할 것이다.

_김중배

30 생활밀착형 도서의 출현

섬세한 실용성을 내세운 생활밀착형도서가 최근 주목을 받고 있다. 이는 정치, 경제, 사회, 문화 거의 모든 방면에서 급속한 퇴행적 현상이 발생하고 있는 국내의 상황과 깊은 관계가 있다고 볼 수 있다. 각자도생을 해야 하는 삶의 조건 속에서 개인은 극도로 방어적이 된다. 자신을 지키는 것 이외에는 별도의 지적 호기심을 따를 수 있는 심리적 여유가 없다. 심리적 안정감을 가질 수 있는 공동체적 삶이 아니라, 불안과 공포가 일상화된 삶의 조건 속에 한국인의 삶이 놓여 있는 탓이다. 삶이라기보단 그저 생존이다.

따라서 생활밀착형 도서는 기존의 형태에서 실용성이 더욱 강화되었다는 의미도 있지만, 독자들이 자기중심적이며 생존중심적인 삶의 방식을 채택한 것이 고스란히 책의 선택에 영향을 미친 것으로도 해

석할 수 있다. 세월호 사건 직후 『생존 지침서 포켓북』(푸른숲)과 같
은 책들이 쏟아진 것과 같은 맥락이다. 한편 극심한 청년실업과, 일찌
감치 퇴직당해 강제적으로 인생 2막을 펼쳐야 하는 중년들의 상황도
생활밀착형 도서가 주목을 받는 배경이 된다.

_김성신

31 위기의 책잔치

서울국제도서전의 문제점은 몇 년 전부터 지적되었지만, 올해의 경
우는 메르스와 도서정가제로 인해 그야말로 찬밥 신세를 면치 못했
다. 출판사들로부터도 찬밥이었고, 독자들로부터도 찬밥이었다. 갑
작스럽게 터진 메르스 사태로 인해 원래 6월에 개최되기로 했던 일
정이 조정되었고, 하필 조정된 일정(10월 7~11일)이 세계 최대 도서
전인 프랑크푸르트 도서전(10월 14~18일)을 코앞에 둔 시점이었다.
세계 최대 도서전을 준비해야 하는 출판사들 입장에서도 비용 대비
성과가 미미한 서울국제도서전에 참가할 의욕을 느끼지 못했다. 도
서전을 '책 할인 매장' 정도로 인식해온 독자들 입장에서도 책을 싸
게 살 수 없는 도서전에 굳이 방문할 이유를 찾을 수 없었다.

서울국제도서전 이외에도 세계 책드림의 날, 와우북 페스티벌, 파
주 어린이책잔치, 파주북소리 등 여러 책잔치들이 저마다 화려한 캐
치프레이즈를 내세우고 독자들의 참여를 독려했지만, 소리만 요란할
뿐 먹을 것 없는 잔치였다는 비판이 이어졌다. 당장 내년도 문제다.
잔치라는 이름에 걸맞은 다양한 즐길 거리를 준비해야 한다. 가족과

친구들과 함께 방문해 책의 가치를 경험할 수 있는 특별한 아이디어를 고민해야 한다. 작가와의 만남, 낭독, 천편일률적인 특별 전시로만은 부족하다.

_**홍순철**

32 메르스 사태

일찍이 "행동하는 양심"과 "깨어 있는 시민"을 과제로 받은 대한민국 국민들은 불시에 치러진 수행평가에서 해마다 최악의 성적표를 받아 들었다. 지난해 성적은 '세월호'였고, 올해는 '메르스'다. 맞은 곳을 또 맞고 보니 너무 아파서 소리를 지르다 못해 출판되어 나온 비명들은 독자들의 공감을 얻었을까. 대안연구공동체가 '길밖의길'이라는 간판으로 펴낸 긴급 팸플릿 시리즈는 제도권 바깥에서 연구하고 강의하는 학자들이 시대와 교감한 생생한 육성을 전했고, 바이러스와 물리학 등의 과학 분야 필자들을 호출해 기획한 책들도 쏟아졌다. 하지만 우리 국민들은 뒤늦은 전문가들의 해설이나 진단보다, 철학자들의 면밀한 분석과 엄중한 경고보다 각자도생을 선택한 듯하다.

　독자들의 이러한 심리를 포착한 명민한 출판기획자들은 각종 실용서의 제목들에 '면역력'이라는 키워드를 달아서 톡톡히 재미를 보았다. 지난 6월에서 8월까지 온 국민을 '방콕'으로 보낸 메르스는 '건강하고 면역력이 높은 사람이라면 설사 감염된다 하더라도 감기와 비슷한 증상을 앓는 별것 아닌 병'이라는 정부의 발표를 가슴에 새긴 온순한 시민들에게 면역력 관련 정보는 타는 가슴에 뿌려진 생명수였다. 정부는 국민들에게 낙타와 접촉하지 말라는 문자를 보냈고, 정관 장에서는 홍삼엑기스 할인 판매 소식을 알려왔다. 국민들은 낙타보다 는 홍삼엑기스와 더 가까웠다. 갑자기 '면역력'이 예능 프로그램의 소 재로 떠올라 연예인들이 면역력 테스트를 받는 모습을 지켜보게 되 었는가 하면, '면역력 높이는 법'과 '병원에 안 가는 몸을 만드는 법'을 알려주는 건강과 요리 관련 책들이 서점의 신간 코너에 누워 있는 풍 경을 마주하게 되었다. 필자는 매일 아침 배달해주는 유기농 녹즙을 신청하고 바이오 헬스케어 펀드에 가입했다. 부끄럽게 생각한다.

_이하영

33 표현의 자유 논란

지난 5월, '잔혹 동시' 논란이 일었던 『솔로 강아지』가 출판된 지 얼 마 되지 않아 여론의 몰매를 맞으며 전량 회수 및 폐기 조치되었다. 사람들은 어린이가 쓴 (잔혹) 동시를 굉장히 불편해했다. 궁극적으로 표현의 자유에는 그 한계가 없다. 다만 그것이 한 편의 시로서만 존재 하는 것이 아니라 책이라는 콘텐츠로 가공되어 독자에게 다가갈 때 는, 적어도 출판사 입장에서는 이 책을 왜 출간하는가, 어떤 관점으로 편집하는가에 대한 근거가 있어야 한다. 몇 달 후 이 책은 재출간되면 서 문제가 된 시는 삭제된 채로 '어른을 위한 동시'라는 타이틀을 달 게 되었다. 독자로서 그리고 출판인으로서 이 과정이 궁금하다. 재능 있는 어린이의 시를 일차적으로 해석한 일러스트가 논란의 가장 큰 원인이라고 생각했던 걸까. 시 자체가 문제가 있다고 판단한 걸까.

'잔혹 동시' 논란이 일었던 『솔로 강아지』가 출판된 지 얼마 되지 않아 여론의 몰매를 맞으며 전량 회수되었고, 이후 특정 시가 삭제된 채 재출간되었다.

개정판에서 제목만 남긴 채 시 본문은 사라진 페이지. 어쩌면 찰나의 감정을 가장 솔직하게 풀어낸, 혹은 기괴하고 잔혹한 표현 속에 문학적 성취를 일구었던 작품을 (아마도) 논란이 되었다는 이유로 배제함으로써 시집 자체의 문학적 본질(표현의 자유)을 희석해버린 건 아닐까. 아울러 제제의 성적 왜곡 논란 속에 베스트셀러로 재진입한 『나의 라임오렌지 나무』(동녘) 사태는 이른바 표현의 자유라는 틀 안에서 개인 선택의 자유나 견해 차이의 자유가 박탈당하는 것 같은 불편함을 느꼈다.

출판사의 페이스북 내용을 그대로 옮겨놓는 것이 기사가 되고, 해명을 요구하고, 네티즌들의 일부 발언이 대세가 되고, 대중적 인지도가 높은 이들의 발언이 기사화되고, 결국 출판사는 사과하고 가수는 해명 아닌 해명을 내놓음으로써 애초 논란이 뭐였는지는 사라진 꼴이 되었다. 이 두 사태를 통해 '표현의 자유'는 사라진 채 네티즌이라는 여론과 객관성이 배재된 누군가의 의견으로 또 다른 논란으로만 이어지고 상업적으로 이용되고 있다는 생각을 지울 수 없다.

_김문정

2016
출판계 키워드 30

━━━━━━ 2016년 3월, 이세돌은 알파고와 바둑을 다섯 판 두었다. 인간만이 둘 수 있는 창의적인 신의 한 수로 이세돌이 한 판은 이겼지만 무조건 반집만 이기려드는 알파고에게 네 판은 완패했다. 이 충격적인 이벤트 이후 모든 매체가 인간의 경쟁자는 기계(슈퍼컴퓨터)라는 것을 수없이 떠들어대면서 빅데이터와 인공지능, 4차산업혁명, 빅 히스토리 등에 대한 관심이 폭증했다. 덕분에 인공지능과 4차산업혁명을 다룬 책들의 출간이 줄을 이었다.

알파고가 바둑에서 은퇴해버리는 바람에 이세돌은 자존감을 어느 정도 유지했다. 그는 알파고와의 바둑에서 유일하게 승리한 사람으로 기록될 것이다. 그러나 과거와 현재, 미래를 넘나들고 물리적인 벽을 뛰어넘는 시공간의 혁명인 4차산업혁명과 인공지능의 출현으로 인해 불안해진 미래, 국정농단만 일삼는 박근혜 정권의 불통 정치로 인한 불안 등으로 인해 국민의 자존감은 심하게 무너져 내렸다. 자존감에 상처를 입은 사람들이 『자존감 수업』을 열심히 읽었다.

9월부터 광화문 광장에서는 촛불시위가 벌어지기 시작했다. 경제를 망친 여당은 '송민순 회고록'을 왜곡해 주장하면서 문재인을 견제하기에 바빴고, 무능한 야당은 '최순실 게이트'를 노래 불렀다. 각자 자신에게 유일한 한 가지만 목청껏 외칠 뿐 어느 누구도 통합적인 전망을 내놓지 못했다. 10월 24일 저녁

한국 출판계 키워드 2010-2019

JTBC가 최순실에 대한 국정개입에 대한 결정적 증거로 태블릿PC를 입수하여 보도함으로써 박근혜 정권의 몰락이 가속화되기 시작했다.

국정농단에 분노한 사람들은 소셜미디어를 통해 약속을 잡고 광장에서 만났다. 광장에서는 격의 없는 토론이 벌어졌다. 그들은 이렇게 소셜네트워크를 통해 연결하면 무슨 일이든 '함께' 할 수 있다는 것을 깨달았다. 사람들은 새로운 일을 시작할 때면 일단 카카오톡방이나 밴드부터 만든다. 그리고 가끔 만나 소통의 힘을 키운다. 이렇게 인간은 기계가 만들어낸 네트워크를 이용해 과학적 사유와 공감 능력을 키우기 시작했다.

네트워크형 인간이 본격적으로 출현하면서 인간은 자존감을 키우며 인공지능에 대한 막연한 두려움에서 벗어나기 시작했다. 인공지능은 인간을 대신해 노동하는 존재라는 인식부터 했다. 인공지능은 인간의 비서에 불과했다. 다만 비서를 둘 수 있는 사람과 그렇지 못하는 사람의 격차가 커질 것이 예상됐다. 새로운 계급사회가 불러올 불평등에 대한 인식이 커지기 시작했다. 2016년은 알파고가 당겨놓은 불씨가 광장의 촛불로 옮겨가 활활 타게 되면서 새로운 가능성을 열었다. 그래서 〈기획회의〉는 올해의 키워드로 '네트워크형 인간의 과학적 사유'로 정할 수밖에 없었다.

01 네트워크형 인간의 과학적 사유

다시 촛불을 들었다. 모든 세대가 광화문 광장에 몰려들었다. 10대도 예외가 아니었다. 그들은 한목소리로 "박근혜는 하야하라"고 외쳤다. 그 많은 사람들이 거리를 훑고 지나갔는데도 거리는 깨끗했다. 그동안 저마다 한두 가지의 해법을 내놓았다. 하지만 그것이 대안이 되지는 않았다. 모두가 광장에서 한목소리를 외치고 있지만 그들이 말하지 않아도 서로 공감하는 것이 있다. 자신들의 미래가 매우 불안하다는 것이다.

그것을 일깨워준 것은 3월에 벌어진 이세돌과 인공지능 알파고의 대결이었다. 인간만이 둘 수 있는 창의적인 신의 한 수로 이세돌이 한 판은 이겼지만 네 판은 졌다. 그때 모두가 깨달았다. 알파고 이벤트 이후 언론에서 가장 많이 인용한 『인간은 필요 없다』(한스미디어)에서 지적한 것처럼 "정보 기술의 발전은 이미 엄청난 기세로 산업과 일자리를 파괴하고 있는데, 그 속도가 워낙 빨라서 노동시장이 도저히 적응할 방법이 없기 때문에 앞으로 전개될 상황은 무척 심각하다. 발전된 기술은 완전히 새로운 방식으로 노동을 자본으로 대체하고, 그렇게 새로 창출되는 부는 부유한 사람들에게 불공평하게 많이 배분된다"는 사실이었다.

인간은 인공지능 시대를 어떻게 대비해야 할까. 『김대식의 인간 VS 기계』(동아시아)에서는 "미래에는 약한 인공지능, 인지자동화가 실천되는 순간 창의성이 선택이 아니라 필수가 되어 버린다"고 지적했다. "여기서 창의적이란 새로운 가치, 즉 존재하지 않는 데이터를 만들어낼 수 있는 능력, 혹은 처한 상황과 세상을 냉철하게 분석할 수 있는

이세돌 9단과 알파고의 대결 이후 4차산업혁명과 인공지능에 관한 책이 쏟아져 나왔다. 사람들은 그 책들이 강조한 '과학적 사유'를 키우기 시작했다.

능력, 또는 분석해서 얻어낸 결론을 내가 실천할 수 있는 도전정신과 같은 것"이다. 간단히 정리하면 '과학적 사유'다.

김대식은 지금의 40대는 인류 역사상 가장 행복한 사람들이라고 말한다. "인류 역사 1만 년의 혜택을 다 받고 살다가 기계에게 밀려나기 직전에 은퇴를 맞"기 때문이다. 그는 "20, 30대는 혼란의 시대를 경험하겠지만 현실적으로 아마 살아남을 수 있을 것 같다"고 말한다. 하지만 "진짜 걱정해야 될 세대는 10대"라고 했다. 그는 "10대들은 기계가 못하는 것을 할 수 있도록 준비해야" 한다고 강조했다. 알파고 이후 4차산업혁명과 인공지능에 관한 책이 쏟아져 나왔다. 사람들은 그 책들이 강조한 '과학적 사유'를 키우기 시작했다.

한국의 40대는 급격한 경제성장의 수혜자들인 부모 세대의 강요나 자발적 선택으로 단군 이래 최고의 스펙을 쌓았다. 그럼에도 자신에게 돌아온 것은 비정규직이었다. 그들은 자식들을 데리고 광장에 나서고 있다. 아이들에게 확실하게 해줄 말이 없는 그들로서는 스스로 경험하게 해주는 것만큼의 학습은 없기 때문이다.

10대뿐만 아니라 어른들도 자신에게 가장 시급한 일은 '본질적인 나'를 들여다보는 일이다. 앞으로 인간으로서의 자존심을 지키면서 살아가려면 어떤 노력을 기울여야 할까. 이미 세 가구 중 한 가구는 1인 가족이다. 여러 사람이 함께 사는 가족은 '바퀴벌레 가족'이기 십상이다. 집에 들어와서 각자의 방에 바퀴벌레처럼 스며들어 각자의 스마트폰이나 컴퓨터로 혼자 일하거나 즐긴다. 김난도 교수와 서울대소비트렌드분석센터가 펴낸 『트렌드 코리아 2017』(미래의창)에서 말한 '1코노미1인+Economy'와 '얼로너aloner'가 대세가 되고 있다. "'자발적 고립'을 통해 무엇이든 '혼자 하기'를 선호"하는 그들이 소셜미디어를 활용해 친구, 연인, 가족, 직장 동료, 이웃, 세계와 연대한다.

'my home'에서 'my room(방)'으로, 이제는 'my phone(스마트폰)'으로 영역을 좁히면서 자발적인 고립을 선택하는 사람들은 모든 결정을 스스로 내린다. 가정과 직장과 사회와 국가라는 휘장이 사라지면서 개인은 오로지 소셜미디어에서 대중과 함께 즐기면서 아이디어를 얻고(크라우드소싱), 고독한 결정을 내리면서, 많은 사람과 손을 잡고 놀기 시작했다. 그들은 소셜네트워크를 활용해 서로를 연결하는 '네트워크형 인간'이 되고 있다. 이것이야말로 인간이 기계(인공지능)를 이겨내는 유일한 방법이 아닐까.

이은경은 『나랑 같이 놀 사람, 여기 붙어라』(길밖의길)에서 마리나 고비스가 말한 '소셜스트럭칭social-structing' 즉 '사회적 자본 구축'을 대안으로 제시했다. 우리말로 쉽게 말하면 '연줄'이다. 이렇게 인간은 소셜네트워크를 통한 집단 지성과 신기술로 무장하기 시작했다. 고비스는 이런 인간을 '증폭된 개인'이라 불렀다. 이은경은 '증폭된 개인'이 낡은 컴퓨터라도 갖고 일을 할 때, 즉 "인간의 통찰력과 사고력, 기계의 합리적인 사고 혹은 계산력, 이 두 가지가 합쳐졌을 때, 최상의 결과를 낼 수 있고 복잡한 문제를 해결하거나 무엇인가를 결정해야 하는 순간에 그 어떤 슈퍼컴퓨터보다도 훨씬 더 현명한 판단을 내릴 수 있다"는 가능성이 확인되고 있다고 정리했다. 그걸 간단하게 정리하면 '네트워크형 인간'이다.

박근혜 국정농단에 분노한 사람들은 소셜미디어를 통해 약속을 잡고 광장에서 만났다. 그들은 이렇게 소셜네트워크를 통해 연결해 외로움을 해소하면서 무슨 일이든 '함께' 한다. 새로운 일을 시작할 때면 일단 카카오톡방이나 밴드부터 만든다. 그리고 가끔 만나 소통의 힘을 키운다. 이렇게 인간은 기계를 이용해 과학적 사유와 공감 능력을 키우기 시작했다. 그러니 인간이 기계에 완전히 종속되는 세상은 결코 오지 않을 것이다. 올해 출판시장과 박근혜 국정농단으로 인한 촛불시위는 그 가능성을 보여줬다. 그래서 〈기획회의〉는 올해의 키워드를 '네트워크형 인간의 과학적 사유'로 정했다.

_한기호

02 페미니즘

몇 년 전까지만 해도 대개 페미니즘 관련 책들은 페미니즘과 직간접으로 관련 있는 소수 출판사들이 사명감으로 내는 책들이었다. 하지만 올해 줄잡아 150권 가까운 여성학, 젠더 관련 책들이 출간되었고 몇몇 페미니즘 관련 책들은 온오프라인서점 정치사회 코너 베스트셀러에 오르기도 했다. 페미니즘 관련 책들은 이제 사명감이 아닌 상품성으로 출간을 저울질하게 되었다. 당연히 중대형 출판사들도 페미니즘 시장에 뛰어들었다. 앞으로 페미니즘 관련 책들은 더 늘어날 것이고 시장도 확대될 것이다.

특히 올해 페미니즘 관련 책들이 많이 출간되고, 판매된 직접적인 이유는 강남역 살인사건에 이은 여성 혐오 혹은 남성 혐오 논쟁 때문이라고 볼 수 있다. 관련사회 이슈들이 끊임없이 회자되면서 페미니즘 관련한 책들이 속속 선보였다. 사실 출판계에서 페미니즘 관련 책들은 '돈 안 되는 아이템'의 대명사였다. 하지만 사회 이슈들이 속속 터지면서 사회적 여론이 환기되고, 그에 따라 기본 부수를 소화할 수 있는 책이라는 인식이 확대되었다. 한 달 만에 1만 부가 넘게 팔린 책이 있는가 하면, 스테디셀러로 자리매김한 책들도 눈에 띈다.

　페미니즘 관련 책들이 팔리는 아이템이 된 것은 출판계로 보면 반가운 일이다. 출판 장르의 다양성을 확보하고, 여론을 환기할 수 있기 때문이다. 하지만 시선을 넓혀보면 여전히 한국사회의 여성 차별이 심각하다는 반증일 수 있다. 실제로 여성 차별뿐 아니라 남성 혐오, 노인 혐오 등 딱히 건전하다고 할 수 없는 분위기들이 다양한 형태로 분화하고 있다. 페미니즘 관련 책들의 판매가 늘어난 만큼 우리 사회에서 성에 대한 편견이 줄어들어야 마땅한데, 결국 판매되고 있는 페미니즘 관련 책들의 함량이 그런 것을 담보할 수 있느냐를 깊게 고민해봐야 한다. 많이 팔린다고 검증되지 않은 책들이 이른바 속도의 편집에 힘입어 출간되는 경우도 종종 있기 때문이다. 책이 주는 사회적 영향력을 그만큼 절실하게 생각해야만 한다.

　페미니즘 도서와 함께 나름 유행인 것이 페미굿즈다. 페미굿즈를 통해 페미니즘에 관한 다양한 논의가 발현되는 긍정적 측면도 있지만, 페미니즘이 소비되는 것이 바람직하냐는 비판도 있다. 물론 혁명가 체 게바라도 소비된 마당에 페미니즘이 문화적으로 소비되는 것이 꼭 나쁘다고만은 할 수 없다. 중요한 것은 페미니즘과 관련된 책만큼은 문화적 소비가 아닌, 건전하고 바람직한 토론과 논의의 장을 마련할 수 있어야 한다는 것이다. 그래야만 남성과 여성으로 분리된 세상이 아니라 한 인간으로 존중받을 수 있는 사회를 이루어갈 수 있기 때문이다. 페미니즘 관련 책들의 약진은 물론 반갑다. 하지만 아직 우리 사회가 가야 할 길은 멀고 험하다.

_장동석

03 인공지능

"이것 봐라. 기계가 사람을 이길 수는 없다. 컴퓨터가 아무리 똑똑해도 사람을 쫓아올 수는 없는 거야." 역사상 최고의 체스 챔피언인 게리 카스파로프가 슈퍼컴퓨터 딥블루를 상대로 3승 2무 1패로 승리하자 전 세계 언론이 떠들어댄 호들갑이다. 하지만 그때는 1996년, 인간은 거기까지였다. 이듬해 카스파로프는 딥블루에게 1승 3무 2패로 패하고 만다.

켄과 브래드라는 미국의 퀴즈 챔피언이 왓슨이라는 슈퍼컴퓨터와 〈제퍼디!〉 쇼에 출연하여 퀴즈 게임을 벌였다. 〈제퍼디!〉의 문제들은 정답을 직설적으로 묻기보다 유머와 위트를 섞어 고도의 추리를 해야만 답을 할 수 있도록 짜였기 때문에 제아무리 최고의 슈퍼컴퓨터라고 해도 왓슨이 다소 불리할 것으로 예상했다. 하지만 결과는 반대였다. 두 사람 가운데 한 사람은 왓슨과 동점을 이루었지만 한 사람은 왓슨에게 패하고 말았다.

사람들은 저마다의 방식으로 인공지능을 경험한다. 1997년 세계가 딥블루에게 경탄했을 때 우리는 담담했다. 2011년도 마찬가지였다. 구미 사람들은 중계방송을 보면서 충격을 받았지만 우리는 짧은 기사로 그런 일이 있었나 보다 했을 뿐이다. 올해 3월 알파고가 이세돌을 4승 1패로 이겼을 때 우리는 중계방송을 보면서 충격을 받았지만 유럽 사람들은 대부분 그런 일이 있었는지도 모른다.

우리가 분명히 해야 할 게 있다. 근자에 와서야 인공지능이 사람의 능력을 뛰어넘은 것이 아니라는 사실이다. 이미 오래전에 평균적인 사람들을 능가하는 인공지능은 존재했다. 우리는 항상 최고의 인류와 어떤 기술을 비교하려 든다. 인간의 능력 편차는 상당히 크지만 기술은 금세 평준화된다.

영화 〈아이, 로봇〉에서 인간 형사가 살인 용의자 로봇에게 묻는다. "로봇이 교향곡을 작곡할 수 있어? 로봇이 빈 캔버스를 아름다운 걸 작으로 바꿀 수 있냐고?" 그러자 로봇이 오히려 되묻는다. "너는 할 수 있어?" 그렇다. 나는 못한다. 나만 그런 게 아니다. 모차르트도 그림을 그리지 못하고 고흐도 교향곡을 작곡하지 못한다.

이제 인공지능은 사람만큼 잘하는 존재가 아니라 사람보다 뛰어난 존재가 되었다. 올해 조지아공대에서 질 왓슨이라는 인공지능이 최고의 조교로 뽑힌 것을 봐도 알 수 있다. 1950년 앨런 튜링은 기계에 지능이 있는지를 확인하는 기준으로 기계가 인간과 얼마나 비슷하게 대화할 수 있는지 평가하는 튜링테스트를 제안했다. 그리고 64년이 지난 2014년 6월 튜링테스트를 통과한 첫 사례가 나왔다. 이젠 정반대의 경우를 상정한 테스트가 필요한 시점일지도 모른다.

인공지능을 두려워할 필요는 없다. 인공지능은 우리를 대신해 노동할 것이다. 문제는 인공지능이 아니라 인공지능을 소유한 사람과 그렇지 못한 사람과의 적절한 힘의 균형이다. 그것은 인공지능 기술이 아니라 사회체제의 문제다.

_이정모

04 한강 『채식주의자』 맨부커상 수상

지난 5월 한강의 소설집 『채식주의자』가 맨부커상을 받은 것에 대해

한강의 맨부커상 수상은 신경숙의 표절 사태로 곤두박질친 한국문학이 전부가 아니라는 것을 외국에 보여주었다는 데에 의미가 더 크다.

모든 신문과 방송, 인터넷이 흥분했다. 그 무렵에 탄 고속열차 TV에서는 한강의 맨부커상 수상을 보도하며 '신'한류라고도 했다. 대중문화가 주를 이뤘던 한류에 비해 '신'한류는 대중문화뿐만 아니라 순수문화 영역에서도 이루어지고 있다며 무용, 피아노, 발레 등 다른 장르도 해외에서 '잘나가고 있다'고 예를 들었다. 한강의 맨부커상 수상은 기쁜 일이지만, 문학이 올림픽이나 국제 스포츠 대회에서 금메달이라도 딴 것처럼 보도하는 행태는 몹시 못마땅하다. 운동도 메달 색깔로 보도하면 안 된다. 은메달 따고도 금메달 못 땄다고 시상대에서 눈물 짜는 대한민국 선수들을 보자. 다른 나라 선수들은 동메달을 목에 걸고도 즐거워하며 웃는다.

맨부커상은 한국문학이 두터워졌기에 받았다고 생각한다. 한국문학을 두텁게 하기 위해 오늘도 많은 작가가 각자의 골방에서 작품을 쓰고 있다. 한강은 그런 작가의 한 사람으로 받은 것이다. 그런데 그런 건 아무도 헤아리지 않고 『채식주의자』가 얼마나 팔리느냐에 관심이 쏠린다. 사실 문학에 등수를 매길 수 있는 건 아니다. 그렇기에 '한국문학의 쾌거나 승리'는 더더욱 아니다. 그리고 외국에서 상을 타야 인정을 받는 게 문학 행위인 것도 아니다. 한강의 맨부커상 수상은 작년에 신경숙의 표절 사태로 곤두박질친 한국문학이 전부가 아니라는 것을 외국에 보여주었다는 데에 의미가 더 크다고 생각한다.

소설 『채식주의자』는 인간의 내면에 있는 폭력성(육식성, 죽음, 욕망 등의 다른 이름인)의 실체를 들여다보고자 하는, 작가의 집요한 글쓰기의 결과물이다. 그러나 독자들은 이런 작가의 의도보다는 책이 얼마만큼 팔리는가에 관심을 더 보였다. 해외의 유명 문학상을 받았으니 잘 팔리는 것은 당연한 것 아니냐고 말이다. 출판사들 역시 한강의 맨부커상 수상이 침체된 한국문학의 소생을 알리는 계기가 되기를 바랐다. 노벨상, 공쿠르상, 맨부커상이 세계 3대 문학상인데 그 가운데 하나인 맨부커상을 한강이 탔다며 좋아했다. 문학상의 의미 같은 건 뒷전이고 오로지 문학출판 시장이 살아나기를 바랐다.

맨부커상은 영어를 쓰는 영연방국가에서 영어로 쓴 소설을 선정하여 맨부커상을 주고, 비영연방 국가의 작가에게는 영어로 옮긴 번역자와 함께 상을 주는 맨부커 인터내셔널 부문이 있다. 한강이 받은 상은 당연히 비영연방 작가에게 주는, 즉 영어로 번역된 소설에 주는 인터내셔널 상이다. 한강이 맨부커상을 받음으로써 잠깐이나마 출판시장에 문학 독자가 몰려오는 듯했다. 그러나 이내 다시 가라앉았다. 한강의 작품만 팔리고 다른 작가들의 작품은 여전히 뒷전으로 밀리고 말았다. '문학상'이 상품 가치의 하나가 되어가는 듯해 씁쓸하다. 그렇다면 문학상 수상이라는 '허상'을 쫓는 일이야말로 문학 독자들에게는 헛되고 헛된 일이리라.

_박상률

05 자존감

"그네(박근혜)가 움직이려면 바람이 순실순실 불어야 한다." 초등학생들 사이에서 회자되는 이야기다. 대한민국의 대통령뿐만 아니라 국민들의 체면도 말이 아니다. 그런데 이제 인간의 체면 자체가 말이 아니다. 소프트웨어 하나가 만들어지면 수많은 사람들의 일자리가 한순간에 사라진다. 인간의 경쟁자는 이제 인간이 아니라 기계다. 과

빈부격차, 기술의 발달 등 복잡한 시대를 살아가는 이들은 점점 불안을 느끼며 자존감의 위협을 받는다. 그에 따라 자존감을 다룬 다양한 책들이 출간되었다.

거에는 자존감의 근거가 사회적 지위나 진학이었지만 이제 그게 모두 쓸모없어지고 있다. 특히 시험을 잘 봐서 좋은 자리를 차지한 '수험형 엘리트'들이 급격하게 몰락하고 있다.

작년에 『미움받을 용기』를 통해 욕먹을 각오를 했던 사람들이 올해 열심히 찾은 인문서가 윤홍균의 『자존감 수업』(심플라이프)이다. "하루에 하나 나를 사랑하게 되는 자존감 회복 훈련"이라는 부제가 달린 이 책에서 저자는 배우자가 바람을 피우는 사람, 사랑하는 연인과 이별한 사람, 우울증 환자, 중독자, 죽고 싶은 사람과 그 가족들에게 자존감이 필요하다고 말한다.

저자 윤홍균은 자존감의 3대 기본 축으로 자기가 얼마나 쓸모 있는 사람인지 느끼는 자기 효능감, 자기 마음대로 하고 싶은 본능인 자기 조절감, 안전하고 편안함을 느끼는 능력인 자기 안전감 등을 제시했다. 이 세 능력을 갖춘 이가 요즘 얼마나 될까. 저자는 자존감을 회복하는 과정을 '자전거 타기'에 비유하고 있다. "자전거를 타는 동안 우리는 분명 한두 번 넘어질 것이다. 자전거를 배운 지 30년이 넘은 사람도 가끔 넘어지고 깨지는 이치와 같다. 하지만 자전거를 일으켜 다시 올라탈 줄 알며, 상처를 치료할 줄 아는 사람은 더 이상 자전거를 두려워하지 않는다. 오히려 자주 타고 싶고, 애용하며, 즐기게 될 것이다."

슈테파니 슈탈도 『심리학, 자존감을 부탁해』(갈매나무)에서 복잡한 시대를 살아가는 우리를 지치게 하는 수많은 딜레마의 밑바닥에는 '자존감' 문제가 깔려 있다고 말한다. 빈부의 격차가 너무 심각한 양상으로 전개되고 있다. 상위 1%를 제외한 모두는 자신의 성취에 대한 확신을 갖지 못하고, 스스로 더 많이 더 잘해내지 못한다며 자책한다. 저자는 그런 이들에게 "무엇보다 타인에 대한 책임을 받아들이기 전에 스스로에 대한 책임을 받아들이는 것이 우선"이라며 "스스로에 대한 책임을 지려면 가장 먼저 삶을 스스로 제어하며, 돌발적으로 일어나는 우연에 인생을 내맡기지" 말라고 충고한다.

인간이 기계와 경쟁해서 살아남으려면 창의성(상상력), 편집력(큐레이션), 사회적 지능 등이 반드시 필요하다. 이중 "사람들과 함께 어울리면서 상대방이 내게 원하는 것이 무엇인지, 내가 그들에게 원하는 게 무엇인지를 직관적인 이해를 통해 알아내는 능력"인 '사회적 지능'이 바로 자존감과 연결되어 있다. 한마디로 눈치를 잘 보아야 한다는 말이다. 인간관계에 서툴러 자주 자존감에 상처를 입는 사람들, 특히 여성들이 '자존감'을 회복하는 매우 구체적이고 따뜻한 조언이 담긴 이 책들을 읽으면서 상당한 위안을 얻었다고 한다.

_한기호

06 한국출판문화산업진흥 5개년 계획 수립

출판문화산업진흥법 규정에 의거하여 동법 제정 이래 네 번째인 '출판문화산업진흥 5개년 계획(2017~2021)'이 발표될 예정이다. 내년부터 5년간 추진될 중점 정책방안을 제시할 차기 5개년 계획의 수립을 위한 연구용역이 올해 5월부터 6개월간 한국출판학회에 의해 수행되었다. 출판 관련 주요 단체 및 전문가, 국민 제안 등을 종합적으로 수렴해 반영했다. 출판, 서점계가 참여해 9월 28일 정책 공청회를 개최하기도 했다. 문화체육관광부는 연구 보고서 내용을 바탕으로 자체 계획안을 확정하고, 관련 부처 의견 수렴 등을 거쳐 올해 12월 중에 최종 정부 계획으로 발표할 예정이다.

연구 보고서는 '출판문화산업의 지속 성장 생태계조성'이라는 목표 아래 4대 추진 전략과 20대 핵심 사업을 제시했다. '한국출판산업 연구개발센터' 설립 및 출판통계정보시스템 구축, BT(북테크) 비즈니스 모델 육성, 출판 친화적인 법제 개선 등 미래 지향적인 혁신 인프라 구축과 콘텐츠 부가가치의 고도화, '한국서점지원센터' 설립 등 원스톱 지원 체계에 의한 서점 활성화와 종이책 구매 수요 창출, 전자책과 오디오북을 비롯한 디지털 출판 콘텐츠 영역에서의 신 성장동력 육성, 글로벌 출판정보 서비스 제공 등 외수 시장 확대를 위한 지원 정책이 핵심 사업으로 담겼다. 산업 성장기반 조성에 방점을 찍은 것이다. 문화체육관광부의 최종 발표에서는 이것과 어느 정도 차이가 있겠지만 주요 골격은 유지될 전망이다.

문제는 실행력이다. 국회 국정감사에서 김민기 의원(더불어민주당)은 올해까지 시행 중인 현행 5개년 계획의 9월 현재 기준 시행률이 약 41.3%에 불과하다고 지적했다. 23개 중과제 가운데 완전히 시행된 사업은 4개에 불과한데, 이는 기존 시행사업이나 유사 사업이 있었던 경우였다. 출판계가 중시하는 '출판통계정보시스템 구축·운영' 사업은 지난 5년간 시행 계획조차 만들어지지 않았다. 지난 계획에서 신규 사업이나 출판산업 인프라 조성 관련 사업은 매우 지지부진했다는 평가다. 이처럼 '계획을 위한 계획'이 되지 않도록, 이번 계획에서는 출판정책 추진 현황을 매년 공유하고 개선하도록 연구 보고서에 명시했다.

범출판계가 5개년 계획에 대한 관심이 높은 것은 산업과 시장이 위기 상황으로 추락하고 있기 때문이다. 이러한 점에 유의하여 안팎의 요구와 지혜를 모아 만든 계획안이 제대로 시행될 경우 출판 발전의 토대 구축에 기여할 것으로 기대된다.

_백원근

07 큐레이션의 강화

콘텐츠의 시대다. 모든 곳에, 모든 형태로, 하루 24시간 내내, 도저히 한눈팔 수 없을 정도로 온갖 콘텐츠가 넘쳐난다. 사람들은 이제 더 이상 필요한 콘텐츠를 적극적으로 찾아 나서지 않는다. 스마트폰이라는 도깨비방망이만 있으면 시간이 저절로 흘러가는 듯 느껴진다. 읽고 듣고 보고 공유하고 이야기하고 쓰다 보면, 어느새 여가 시간 전체가 훌쩍 지나간다.

화면이라는 하나의 평면에서 모든 콘텐츠가 소비되는 트랜스 미디어 현상은 기술적으로 분리된 채널을 통해 고유한 방식으로 사업을 전개해왔던 기존 콘텐츠 사업자들을 무한경쟁으로 몰아넣음으로써 각각의 오래된 수익 구조를 파괴한다. 여가의 점유를 둘러싼 싸움이 점점 치열해지는 와중에 산업 간 장벽이 허물어지면서 콘텐츠 기업 사이의 합종연횡이 일상적으로 일어나고 있는 것이다. 여기에 만인과 만인이 네트워크로 서로 이어지면서 콘텐츠 창작자와 소비자 사이의 연결 비용이 극도로 떨어진 환경은 콘텐츠 폭주를 가속화함과 동시에 콘텐츠 기업들을 지속적 위기로 몰아넣는다.

캐나다의 소설가 엘리엇 페퍼는 말한다. "블로그는 모든 사람을 기자로 만들었다. 자가출판은 모든 사람을 저자로 만들었다. 유튜브는 모든 사람을 영화인으로 만들었다. 아이튠스는 모든 사람을 음악가로 만들었다. 출판사, 음반사, 언론사는 오랫동안 쥐고 있던 취향의 게이트키퍼라는 지위를 잃어버렸다."

더욱 문제를 심각하게 만드는 사실은 콘텐츠 소비자들 대부분이 아주 '수동적'이라는 점이다. 그들은 여가를 더 가치 있게 보내고 싶다는 욕구를 느끼지만 자신한테 최적화된 콘텐츠를 적극적으로 찾아나서지는 않는다. 시민사회가 충분히 발달하지 않고 주체화가 더디게 진행되면서 소비의 집단 쏠림 성향이 강한 한국의 경우에는 상황이 더욱 심각하다. 네이버 등 포털 서비스의 특이한 융성은 한국 콘텐츠 소비자의 수동성을 선명히 드러내는 사례다.

이러한 소비자 수동성을 부추기는 것이 콘텐츠 소비 기술의 비약적 진보다. 오늘날 현대인에게 시간은 가장 높은 경제적 가치를 지닌다. 궁핍에 시달린다면 시간을 들여 돈을 얻어야 하고, 풍요롭다 해도 돈으로 도저히 살 수 없기 때문이다. 따라서 즐길 수 있는 것은 무한하고 시간은 절대적으로 부족한 사람들에게 정보기술을 활용해 적절한 콘텐츠를 찾아줌으로써 시간을 절약해준다는 제안은 무한히 매력적이다. 이를 통틀어 '큐레이션 기술'이라고 한다. 이 기술의 승자가 바로 지금까지 세계를 한 차례씩 뒤흔들었다. 처음에는 야후의 디렉토리 기술이, 그다음에는 구글의 페이지링크 검색 기술이, 최근에는 페이스북의 친구 추천 기술이 작동 중이다. 책의 세계를 실질적으로 지배해가고 있는 아마존의 개인화 추천 기술은 떠올리기도 무서울 정도다.

오늘날 출판은 이러한 환경에서 자기 콘텐츠의 존재를 알리고, 구매를 유발하며, 지지를 형성하는 아주 어려운 임무를 행해야 한다. 일본의 서점 츠타야의 사장 마스다 무네아키는 소비자 수동성을 유발하는 아마존의 빅 데이터 기술에 대항하려면 '창조적 제안'이 필요하다고 말한다. 출판사나 서점이 콘텐츠를 분류하고 배치하여 제시함으로써 독자의 필요를 선제적으로 유발할 때에만 자기 콘텐츠의 존재를 독자가 '발견'할 수 있다는 것이다. '큐레이션'은 독자 마음을 움직일 만큼 훌륭한 콘텐츠 제안을 말한다. 그림책 작가 이호백의 말대로 "책이 참 멋지고, 재미있고, 좋은 물건이구나" 하는 감수성의 작동을 불러들이는 기획이다. 이러한 기획은 콘텐츠 범람의 시대에 출판이 반드시 갖추어야 할 핵심 능력에 속한다.

_장은수

08 정가제 개정 2주년 및 공급률 갈등

11월 21일 뜨거운 감자인 도서정가제 개정(강화) 시행 2주년이 지났지만 문화체육관광부는 보도자료 한 장 내놓지 않았다. 3년마다 정하기로 한 도서정가제 향방에 대한 정책의 부재이자, 긁어 부스럼 만들지 말고 지나가자는 고민의 반영이다. 다양한 이해 관계자를 둘러싸고 개정 도서정가제의 영향에 대한 입장이 구구하고, 도서정가제에 대한 찬반 의견의 스펙트럼이 여전히 넓은 현실이 그 같은 침묵의 배경일 것이다. 그러나 이렇듯 조용히 지나가는 것이 1년 후 '현행 고수'로 정책 방향을 정리하기 위한 사전 정지작업이라면 큰 손해를 보는 것은 출판계와 오프라인서점이다. '겉은 도서정가제, 속은 자유가격

제'의 이율배반적인 현행 도서정가제 법제의 전면 개정 없이는 전국
적인 서점 확산도, 출판시장의 활성화 기반도 만들기 어려울 것이다.

한국출판문화산업진흥원이 작성한 보도참고자료(개정 도서정가제
시행 2년 모니터링 결과)를 보면 지난 2년 사이에 신간 발행은 10.7%
줄고 평균 정가는 5.2% 인하되었다. 신간 베스트셀러 점유율이
24.9%나 크게 증가했고, 구간 재정가 도서는 675개 출판사의 1만
285종이 당초 정가 대비 평균 41.4%만큼 가격을 인하했다. 재래식
지역서점은 다소 줄었지만 신형 독립서점은 증가 추세다. 출판시장
불황으로 신간 발행이 저조한 가운데 평균 정가의 인하는 정가제 개
정 효과 말고는 설명이 어렵다. 재정가 책정 제도나 오프라인서점의
15% 추가 할인을 지원하는 문화융성카드 등은 정책수요자의 호응
을 얻는 데 실패했다. 지역서점의 지역도서관 납품 확산, 할인경쟁 축
소로 개성적인 작은 서점들이 숨 쉴 수 있는 여지가 생긴 것도 중요
한 성과로 꼽힌다.

대형서점들의 지방 지점 확산도 주목할 만하다. 작년 10월부터 올
해까지 교보문고는 7개 지점, 영풍문고는 6개 지점, 반디앤루니스는
2개 지점을 각각 전국 각지에 열었다. 대형서점이 상대적으로 부족
했던 부산을 비롯해 지방에서의 서점 상권 경쟁이 본격화된 형국이
다. 전국 단위로 새로 문을 여는 대형 쇼핑몰 개점 러시로 서점 체인
들이 러브콜을 받는 가운데, 개정 정가제 이후 이윤 증가로 다소나마
투자 여력이 생긴 영향이 크다. 온라인서점의 오프라인 진출에 대비
하는 효과도 있다. 인터파크는 이기형 회장이 이사장을 맡고 있는 카
오스재단(기초과학 대중화 목적)에서 350평짜리 과학·예술 전문서점
'북파크'를 우회 개장했다.

개정 정가제 시행 이후 업계의 화두로 부각된 공급률 조정 문제는 2016년 초부터 8월까지 한국출판인회의-예스24, 문학동네-한국서점조합연합회, 교보문고-문학동네 사이에 공개적인 주장과 논란, 합의를 거치며 주목을 받았다. 특히 개정 정가제 시행으로 인한 할인율 축소만큼 순익이 증가한 대형 판매업체의 마진 이전(재조정)을 핵심으로 한 공급률 문제는 잠정 봉합되었다. 그러나 신규 소형 출판사를 상대로 여전한 일부 온라인서점의 약탈적 공급률 문제, 앞으로 정가제 개정시 독일과 같은 동일 공급률 규정을 명시해야 한다는 중소 서점계의 주장 등은 업계가 풀어야 할 예민한 과제로 남았다.

_백원근

09 하이콘텍스트

올해 정치판은 너무 시끄러웠다. 그런데 정치인들이 내놓는 해결책이 모두 달랐다. 국정을 농단해 코너로 몰린 박근혜 대통령은 올해 내내 법질서와 북핵만 떠들었다. 새누리당은 송민순 회고록 『빙하는 움직인다』(창비)의 한 구절을 문제 삼아 문재인이 UN에서 북한인권 결의안을 기권한 것으로 야당을 공격했고 야당들은 '최순실 게이트'만 떠들어댔다. JTBC에서 최순실 게이트에 대한 증거를 제시하자마자 박 대통령은 개헌을 들고 나왔지만 바로 최순실 게이트의 폭발력에 묻혀버렸다. 지금 우리는 큰 주제를 놓고 합리적인 토론을 벌이지 않는다. 큰 주제를 잘게 쪼개서 중요하다고 생각하는 한두 가지만을 놓고 집중적으로 떠들며 세상 모든 사람들의 관심을 이끌어내려는 하이콘텍스트의 시대이기 때문이다. 그래서 개인이 중심을 잡지 않으면 하이콘텍스트의 위력에 휩쓸려가게 마련이다.

블로그, 트위터, 인스타그램, 페이스북 등 소셜미디어가 점차 증가하면서 커뮤니케이션의 계층성은 점점 강해지고 있다. 공감의 장치인 소셜미디어에 글을 올려 즉각 '좋아요'의 반응을 얻어내려면 임팩트가 강한 주제를 짧게 제대로 이야기할 수 있어야 한다. 올해 출판시장에서 하이콘텍스트의 중요성을 알려주는 사례는 맨부커상 인터내셔널을 수상한 『채식주의자』의 인기와 '강남역 살인사건'을 놓고 벌인 '여성 혐오' 논쟁 이후 페미니즘 도서 판매가 급증한 것이다. 책 좀 팔아보자고 상 로비를 하거나 살인을 저지를 수는 없지만 우리는 이렇게 즉각적인 관심을 이끌어낼 수 있는 기회를 찾아야만 한다.

하이콘텍스트가 주목을 받게 되는 것은 우연일 경우가 많다. 그러니 이제 모두 '유혹의 그물망'을 친 다음 스스로 걸려들게 만들 필요가 있다. 모든 미디어가 그렇지만 대표적인 게 TV다. TV에서 내용(줄거리)을 파는 것은 드라마다. 드라마에는 캐릭터가 강한 주인공이 여럿 있게 마련이다. 형식을 파는 것은 토크쇼다. 이 또한 떼거리로 몰려나와 기상천외한 이야기들을 털어놓는다. 세계의 모든 문제를 중계하는 것은 뉴스다. 가요 프로그램에서는 복면을 쓰고 나타나기도 한다. 차라리 익명성이 재미를 강화시킨다. 무조건 재미가 있어야 한다. 날마다 기상천외한 사건이 터지는 세상에서 감출 수 있는 것은 감추면 그만이다.

출판에서 가장 하이콘텍스트적인 속성이 강한 것은 잡지다. 사람들은 자신이 좋아하는 기사 하나를 보기 위해서라도 잡지를 샀다. 그러나 이제 잡지의 속보성이 인터넷에 밀리면서 급격하게 추락하고 있다. 대단한 특종을 해놓아도 방송 카메라가 현장에서 중계를 하면 잡지의 기사는 바로 관심에서 사라진다.

최근 출판계 최대의 화두는 '책의 발견과 연결성'이었다. 하이콘텍스트가 중시되는 것도 연결성 때문이다. 그러니 출판 편집자는 세상의 변화를 주목하고 있다가 사건이 터질 때마다 자신이 펴낸 책을 그 사건과 연결해 알릴 방안을 찾아야 한다. 국회의원 이은재가 국정감사를 하면서 MS와 마이크로소프트가 같은 회사인 줄도 모르고 서울시교육감을 호통쳤을 때 여러 사람이 만든 카드뉴스가 엄청난 화제가 된 일에서 교훈을 얻을 수 있다. 〈기획회의〉 426호에 실린 문보배의 지적처럼 "우연과 전략을 연결"하는 것이 하이콘텍스트 마케팅의 핵심이다.

_한기호

10 빅히스토리-스토리텔링

유럽은 여전히 헬레니즘과 헤브라이즘의 지배 아래 있다. 유럽의 정신을 이해하려면 그리스신화와 구약성서라는 관문을 통과해야 한다. 이런 정도는 아니지만 과학에 미치는 성서의 힘 역시 최근까지도 강력했다. 지구의 역사가 성서의 역사보다 더 오래되었다는 사실이 밝혀진 19세기에 이르러서야 역사를 학술적으로 서술하려는 시도가 시작되었다. 그 첫 번째 시도는 1845년, 알렉산더 폰 훔볼트의 『코스모스』다. 훔볼트는 그때까지 이루어진 발견을 종합하여 자연을 서술하였다. 그 결과 자연이 발명되었다. 이런 점에서 올해 발간된 『자연

유발 하라리의 『사피엔스』 열풍과 스테디셀러인 재레드 다이아몬드의 『총 균 쇠』에 대한 관심이 식지 않는 것은 빅히스토리에 대한 대중의 관심을 대변한다.

의 발명』(생각의힘)의 제목은 아주 적절하다.

홈볼트의 시도는 찰스 다윈과 줄리언 헉슬리 같은 자연과학자들의 노력으로 풍성해졌지만, 이것을 교육현장에 도입한 사람들은 의외로 인문학자들이다. 미국의 역사학자 데이비드 크리스천과 한국의 역사학자 고故 조지형이 대표적이다. 이들은 자연과 인문을 융합함으로써 인류의 역사를 파악하려고 한다. 전통적인 역사학이 분야사와 지역사로 매몰되어 있다면 이들이 말하는 '빅히스토리'는 역사학에 천문학과 생물학을 적극적으로 도입한다. 문제는 언제나 그렇지만 '돈'이다. 이들은 운이 좋았다. 외계인의 시선으로 우주, 생명, 인간, 문명의 역사를 이해하고 교육하려는 이들의 시도에 감동을 받은 지구 최고의 부자 빌 게이츠가 빅히스토리를 후원하고 있다.

빅히스토리는 여덟 개의 임계국면을 전환점으로 역사를 서술한다. 우주의 탄생, 별의 탄생, 원소의 생성, 태양계와 지구의 생성, 생명의 탄생, 집단학습의 출현, 농경의 시작, 근대혁명이 그것이다. 임계국면마다 복잡성은 전혀 다른 차원으로 증가한다. 복잡성의 증가는 다양성, 관용과 개방성, 상호관련성, 정보의 축적으로 이어진다. 물론 그들이 정한 임계국면에 대해 과학자들이 다 인정하는 것은 아니다. 상당히 편의적이다. 하지만 괜찮다. 우리의 관심 영역과 시간대를 우주와 동시화하려는 시도에 대해 찬사를 아낄 이유가 없다.

2016년 유발 하라리의 『사피엔스』(김영사) 열풍과 스테디셀러인 재레드 다이아몬드의 『총 균 쇠』(문학사상사)에 대한 관심이 식지 않는 것 역시 빅히스토리에 대한 대중의 관심을 대변한다. 항상 대중은 현명하다. 『총 균 쇠』는 생물지리학을 창안한 책으로서 큰 의미가 있지만 정말 재미없고 지루하다. 수많은 예를 동원하여 중언부언하는 책을 기어코 읽어내려면 커다란 인내가 필요한 일이다.

여기에 유발 하라리의 재능이 숨겨져 있다. 『사피엔스』전반부는 재레드 다이아몬드의 요약본이다. 그리고 후반부는 여러 가지로 문제가 많이 있다. 하지만 재미있다. 빅히스토리에서 우주 부분을 제외한 나머지 부분을 구슬로 목걸이를 만들 듯이 잘 꿰었기 때문이다. 한 가지 이야기가 아니라 모든 학문을 통합한 이야기는 힘이 세다.

_이정모

11 4차산업혁명

컴퓨터의 등장 이후 정보기술은 산업 전체에 거대한 영향을 미쳐왔다. 하지만 그 영역은 주로 컴퓨터를 활용한 자동제어기술(자동화기술)에 집중되었다. 그러나 21세기 초에 이르러 정보기술의 영향력이 자동화를 통한 비용 절감에 머무르지 않고 제조업이나 서비스업 등을 포함한 산업 전체의 작동 방식 자체를 파괴적으로 혁신하고 있다.

아마존, 애플, 구글, 마이크로소프트, 페이스북, 테슬라 등과 같은 정보기술 업계의 거인들은 정보기술을 활용한 새로운 제품이나 서비스를 제공함으로써 디지털 세상을 뛰어넘어 물리적 세계에까지 영향을 끼친다. 데이터 기반 비즈니스 사업모델인 '플랫폼 비즈니스'를 통해 사이버 세계와 물리적 세계를 통합해버린 것이다.

그 결과 아마존이 월마트를, 애플이 노키아를, 구글이 오길비를, 테슬라가 포드를 대체하는 중이다. 사물인터넷 등을 이용해 물리적 세계에서 거대한 데이터를 생산하고 인공지능을 통해 분석함으로써 고객가치는 끌어올리고 비용은 오히려 떨어뜨리는 이러한 종류의 혁신과 함께 전체 산업은 새로운 단계로 접어드는 중이다. 이를 4차산업혁명이라고 한다.

알파고의 충격 이후, 빅 데이터와 인공지능을 활용해 기존산업을 파괴적으로 혁신하는 세상에 대한 관심이 높아졌다. 이에 발맞춰 4차산업혁명과 관련한 서적들이 쏟아져 나와 독서 대중들의 많은 호응을 받았다. 4차산업혁명은 전 세계적으로 이제 막 초입에 들어섰고 한국은 대비가 많이 부족한 편이다. 이는 장래 도래할지 모르는 국가 위기의 잠재 원인이기도 하다. 이와 관련한 서적들은 앞으로 꾸준히 사람들의 관심을 끌 가망이 높다.

_장은수

12 초판본 복간

2011년 창업한 1인 출판사 소와다리는 2015년 말부터 김소월의 『진달래꽃』, 윤동주의 『하늘과 바람과 별과 詩』, 백석의 『사슴』 등의 시집을 출간 당시 판본과 거의 똑같은 모양으로 디자인해 '초판본 오리지널 시리즈'라는 이름으로 출간했다. 이 시집들은 전 사회적인 복고 열풍과 맞물려 종합베스트셀러 최상위권까지 진입했고, 2016년 초판본 복간 붐을 주도했다. 『초판본 진달래꽃』은 여러 판본 중 정본으로 여겨지는 중앙서림 초판본을 내용과 표기는 물론 활자까지 그대로 복원했다. 세로쓰기, 우측 넘김이다. 또 『초판본 하늘과 바람과 별과 詩』는 1955년 윤동주 10주기 기념 증보판을 복간했다. 흥미로운 것은 이 초판본 시집들의 주 구매층 연령이다. 전체 구매자의 약 60%가 20대 젊은이들이었다. 초판본은 그 독특한 디자인 덕분에 인스타그램, 페이스북 등 이미지가 활발하게 공유되는 소셜미디어를 기반으로 입소문을 타면서 인기를 끌었다.

초판본은 그 독특한 디자인 덕분에 인스타그램, 페이스북 등 이미지가 활발하게 공유되는 소셜미디어를 기반으로 입소문을 타면서 인기를 끌었다.

따라서 소셜미디어에 익숙한 젊은 층들이 먼저 적극적으로 반응했고, 출판사는 이러한 젊은 독자들의 반응을 보며 신선하고도 다양한 마케팅 전략을 구사할 수 있었다는 점도 복간본 트렌드를 지속시킨 배경이다. 사회적 경제적 불확실성이 계속 증가되고 있는 상황에서 개인이 느끼는 두려움과 공포, 불안한 심리가 과거로 돌아가고 싶은 마음을 부추겼다. 과거의 시간에는 위로가 있기 때문이다. 초판본 복간 트렌드는 책의 아날로그적 물성을 극대화한 기획으로 현대 한국인의 심리적 지점을 정확하게 포착해낸 것이다.

_김성신

13 미니멀리즘

미니멀리즘은 단순함과 간결함을 추구하는 문화 예술상에서의 조류를 뜻한다. 제2차 세계대전을 전후해 시각예술 분야에서 먼저 출현했고 이후 음악, 건축, 패션, 철학 등 여러 영역에 영향을 미쳤다. 20세기 후반부의 다양한 문예사조 중 하나였던 미니멀리즘은 2011년 대지진을 겪은 이후, 일본인에게는 특정한 삶의 태도로 확장되고 수용된다. 이는 불가항력의 거대한 자연재해를 목도하며 인간 탐욕의 한계를 체감한 결과로 해석할 수 있다.

국내에서도 4년 전부터 미니멀리즘 관련 서적이 부쩍 많아졌고 독자들의 주목을 받고 있다. 일본 출판물의 영향도 있겠지만, 참혹한 수준으로 전개되는 사회정치적 상황이 한국인들에게는 재난의 수준과 동일하게 체감되고 있는지도 모른다. 책의 트렌드로서는 짧지 않은 지난 몇 해 동안 미니멀리즘은 다양하게 진화했다. 최근의 특징적 양상이라면, 미니멀리즘이 감각적인 차원에 머물기보단 내면적 차원에서 변화를 요구하며 미니멀라이프를 제안하고 있다는 점이다. 미니멀라이프는 복잡한 삶을 지양하고, 꼭 필요한 것만 택해 단순하게 살아가는 삶의 방식을 뜻한다. 최근 통계에 따르면 한국의 1인 가구는 520만 명이고 전체 가구의 27.2%다. 혼자 사는 삶이 미니멀해지지 않을 도리도 없다.

_김성신

14 AR(증강현실)·VR(가상현실)

올해 3월 구글은 팝업식으로 튀어나오는 어린이 입체그림 종이책의 특허를 출원했다. 소형 프로젝터가 책에 내장돼, 입체안경 없이도 그림이 튀어나온다. 입체안경을 착용한 채 종이책을 넘기면 AR증강현실: Augmented Reality로 동물이 뛰어다니거나, 전용 펜으로 책을 터치하면 컴퓨터 화면에 동영상이 나오는 책도 나왔다. 『깨미 생각동화 콕』(살림에듀)이 대표적이다. 소도시 속초를 들썩이게 한 '포켓몬Go' 덕분에 사람들은 현실 세계에 3차원의 가상 이미지를 겹쳐서 보여주는 AR을 체감했다. AR과 VR가상현실: Virtual Reality의 원년이 된 2016년,

베이징도서전에서는 어린이 증강현실 책을 들고 온 한국 출판사들이 수두룩했다. 신설된 '읽기체험관'에선 각종 AR북, VR북이 인기를 끌었다. 사운드나 3D 입체 영상, 손을 통한 조작 등 기존의 종이책이 구현할 수 없는 인터랙티브 체험을 전달하는 증강현실 책은 이제 창작 동화, 한국사, 예술 건축 장르까지 확장되고 있다. AR과 VR북이 좀 더 폭넓은 도서 경험을 제공한다는 데에는 이견이 없다. 그럼에도 증강현실 책은 종이책의 보조적 수단이나 대체재가 아니라 아직은 전통적 독서와는 전혀 다른, 오락적 요소를 가미한 '게임'에 가깝다는 분석이 많다. 교육이나 캐릭터북에 치중된 점 역시 한계이나 디지털 시대의 특화된 툴로 종이책과 새로이 결합하고 있는 지점은 분명 이색적이다.

_박찬은

15 반디앤루니스 폐점·예스24 중고서점 개장

반디앤루니스 종로타워점이 지난 9월 문을 닫았다. 반디앤루니스는 '계약기간 만료'가 이유라고 말했지만 결국 높은 임대료를 감당하지 못해 개점 11년 만에 문을 닫게 된 것이다. 폐점은 아니지만 높은 임대료 때문에 이전한 대형서점도 있다. 교보문고 부산 센텀시티점은 지난 3월 장산역 인근으로 옮겨 지금은 해운대점으로 이름을 바꿨고, 분당점은 올해 연말까지만 현 위치에서 영업하고 이전할 계획이라고 알려졌다. 높은 임대료 탓에 고전하는 것은 대형서점과 지역서점이 매한가지인 셈이다. 그 틈을 파고들어 이득을 보는 곳은 온라인서점의 중고매장이다. 예스24 중고서점은 지난 4월 초 강남점을 시작으로 8월에 목동점을 열었다. 이에 질세라 기존 중고서점의 강자 알라딘도 4월 말 롯데월드타워점의 문을 열었다. 한 매체는 "바야흐로 중고서점 전쟁의 서막"이라고 표현했다. 참고로 알라딘은 현재 30곳의 중고매장을 운영하고 있고, 일단 중고매장 사업에 뛰어든 만큼 예스24가 향후 더 많은 매장을 열 것으로 보인다. 경쟁체제가 형성되면서 나름 내세운 전략도 가지가지다. 예스24 강남점은 어린이 편의 시설을 마련했고, 각종 할인 이벤트를 실시했다. 이에 알라딘 롯데월드타워점은 매장 한가운데 카페 공간을 마련해 젊은 독자를 공략했다. 온라인서점의 중고매장은 시장구조를 어지럽히는 주범이다. 더구나 온라인서점 중고매장은 고물상으로 등록되어 있다. 이에 대한 해법을 찾는 일은 출판계의 자존심을 회복하는 일이기도 하다.

_장동석

16 잡지의 변신

문학잡지들이 새 옷을 입고 있다. 민음사는 2015년 말 〈세계의문학〉을 정리하고 격월간 〈릿터Littor〉를 내놓았고, 문학과지성사는 지난 가을 〈문학과사회〉 혁신호를 선보였다. 은행나무의 〈악스트〉는 우여곡절이 없지 않지만 나름 순항 중이다. 고담준론만이 횡행하던 과거 문예지와는 달리 최근 선보인 이들 잡지는 독자들에게 읽히는 잡지를 표방하고 있다. 물론 인터넷 혹은 모바일 환경을 뛰어넘을 수 있을지는 더 두고 봐야겠지만 때론 깊고(혹은 얕은) 때론 넓은(혹은 좁은) 문학적 서사에 독자들은 일단 반응하고 있다.

11월 말 출간 예정인 사진잡지 〈보스토크vostok〉도 기대되는 잡지 중 하나다. 그간 사진잡지들이 오로지 작가 중심이었다면 〈보스토크〉는 독자 중심의 사진잡지를 표방하고 있기 때문이다. '혁신'이라는 표현을 붙이기는 어렵지만 이처럼 잡지는 시대의 흐름에 따라 변화를 거듭하며 생성, 소멸을 반복하고 있다. 중요한 것은 이제 '독자'를 어떻게 만들 것인가에 있다. 자칭 타칭 혁신했다고 이름 붙인 잡지들이 독자 중심을 표방하고 있는 이유가 바로 이 때문이다. 아, 그러고 보니 〈기획회의〉가 새 옷을 입고 지난 1년 독자를 만났다. 늘 그 자리에서 출판에 관한 모든 것을 이야기할 수 있도록, 거듭 질정을 부탁드린다.

_장동석

고담준론만이 횡행하던 과거 문예지와는 달리 〈릿터〉, 〈악스트〉 등의 잡지는 독자들에게 읽히는 잡지를 표방했다.

17 밥 딜런

올해 노벨문학상 수상자는 놀랍게도 미국의 싱어송라이터 밥 딜런이었다. 시적인 가사로 유명한 밥 딜런은 노벨문학상 후보에 종종 거론되어 오긴 했다. 하지만 그가 정말 문학상의 주인이 되리라 예측한 사람은 많지 않았다. 딜런은 반전평화와, 사회개혁적인 메시지를 담은 포크송을 만들어 '시대의 목소리'라는 평가를 받아왔다. 데뷔한 해인 1962년에 발표한 'Blowin' in the Wind'와 1973년도에 발표한 'Knocking on Heaven's Door'가 그의 대표곡이다. 밥 딜런의 노벨문학상 수상을 놓고 세계 곳곳에서 찬반 논쟁이 일어나기도 했다.

멸종을 거론할 만큼 소설문학에 대한 위기감이 팽배했던 한국에서도 밥 딜런의 수상 소식은 충격적으로 받아들여졌다. 이는 최고 권위의 문학상조차 문학을 외면하면 어떻게 하냐는 모종의 섭섭함이기도 했다. 하지만 이를 두고 '대중성을 잃은 문학에 대한 경고'로 해석하는 쪽이 대세를 이루었다.

노벨문학상은 노벨의 유언대로 인류의 가치를 높인 사람들에게 주는 상을 표방한다. IS의 테러, 브렉시트, 트럼프의 출현과 당선을 비롯해 일본과 한국 정치의 극우화 경향까지. 2016년 노벨문학상의 선택은 자유와 인권과 민주주의의 가치를 지켜내지 못한 전 세계지식인들의 무력함을 겨냥한 날카로운 경고의 메시지로도 읽을 수 있다.

_김성신

18 물리학의 약진

조선 말엽에 『격물입문格物入門』이란 책으로 '격치格致'라는 과목을 가르쳤다. 『격물입문』에는 오늘날 물리학에서 다루는 내용이 담겨져 있으니 '격치'는 곧 물리학 강좌를 말한다. 이 책과 과목의 이름은 사서四書 중 하나인 『대학大學』에 나오는 격물치지格物致知라는 말에서 왔다. '격물'이란 사물의 이치를 살핀다는 뜻이고 '치지'란 '격물'의 과정을 통하여 지식을 계발한다는 말이다. 이것이 바로 물리학이다.

이렇게 중요한 물리학이 대접을 받기는커녕 대표적인 푸대접 과목이 되었고 수포자보다 훨씬 많은 물포자들이 존재한다. 이과나 공과대학에 가겠다는 학생들도 물리를 공부하지 않고 있으며 대학에서도 물리를 필수로 요구하지 않기도 한다.

　이런 세태에 대해 고려대학교 물리학과 원로교수인 조성호는 "『대學大學』을 가르치지도 않고 대학을 졸업시키는 세태"라고 평한 바 있다. 대학이 이럴진대 일반사회는 말할 것도 없다.

　그런데 항상 반전은 있는 법이다. 진화를 대표로 했던 교양과학서적 시장에 물리학이 돌풍을 일으키고 있다. 『김상욱의 과학공부』, 『세상물정의 물리학』, 『이종필의 아주 특별한 상대성이론 강의』, 『뉴턴의 프린키피아』, 『과학하고 앉아있네 3 — 김상욱의 양자역학 꼭 찔러보기』(이상 동아시아) 같은 어려운 물리학책을 대중들이 찾고 있다.

　왜 그럴까. 시민들은 '나를 작동시키는 시스템'과 '이 사회를 작동시키는 시스템'이 궁금하기 때문이다. 그들은 이 세상의 부조리를 교정하고 싶다. 그 요구에 맞춰 김상욱과 김범준, 이종필 같은 뛰어난 물리학자가 사회에 대한 날카로운 통찰을 탑재하고 나타났다.

_이정모

'나를 작동시키는 시스템'과 '이 사회를 작동시키는 시스템'이 궁금한 독자들의 욕구와 맞물려 김상욱, 김범준, 이종필 같은 뛰어난 물리학자가 작가로 등장했다.

19 그림책, 잃어버린 자리를 찾아서

2016년 6월 13일은 그림책 관련자들에게 뜻깊은 날이다. 뒤늦은 감이 있긴 하지만 그날 '그림책협회'가 발족됐기 때문이다. 지난 10여 년 동안 그림책은 해외도서전 같은 데서 먼저 인정받았다. 이는 비언어적 표현인 회화의 보편성이 한글을 모르는 이들에게도 통했기 때문이다. 하지만 국내에서는 그림책에 대한 이해나 대접이 소홀했다. 일단 그림책은 문학도 아니고 미술도 아니라면서 도서 분류기호조차 없었다. 그림책이라는 이름은 있으나 도서관에서도 서점에서도 확실한 자기 자리를 인정받지 못하고 있으며, 그림책 작가는 한국 공식 직업 분류표에도 없다.

이러한 현실을 타개하기 위해 그림책 관련자들이 그림책협회를 만든 것이다. 그림책은 그림이 글의 보조적인 역할만을 하는 삽화가 아니라, 그림 자체가 이야기를 담고 있다. 그래서 극단적으로는 그림만 보아도 이야기의 흐름을 짐작할 수 있다. 어린아이는 물론 글자만 있는 책이 부담스러운 어른들도 쉽게 접근할 수 있다. 예술의 발생 순서에 따른 예술 분류법에 제9예술이 만화다. 이것이 시사하는 바가 크다. 그림책이 이제 제10예술로 들어갈 날도 멀지 않았다.

_박상률

20 독서동아리 열풍

사람들은 손에서 책을 놓는데 독서동아리는 외려 늘고 있다 하니 이상한 노릇이다. 이 모순을 가만 들여다보면 독서모임 열풍의 한 가지 실마리가 보인다. 읽기의 열풍이 아니라 '말하기'의 열풍이라는 것. 바야흐로 개인의 시대가 아닌가. 더구나 싱글족, 삼포세대, 불통사회라는 동시대의 표상은 개인을 더욱 고독으로 밀어 넣는다. 그래서 사람들은 자기 이야기를 들어줄 누군가를 찾아 나서기 시작했다. 타인이 자신을 경청해줄 때 사람은 자기존재감을 경험한다.

독서동아리는 누구나 부담 없이 찾아와 소통을 시작하는 공간이다. 책이라는 게 무엇인가. 세상 모든 범주를 포함하고 있는 말뭉치들이다. 하고 싶은 이야기는 무엇이든 마음껏 늘어놓을 수 있고 때때로 속 깊은 이야기를 자신만의 서사로 풀어내기도 한다. 경청해주는 사람들이 있어 열성적이고 책이라는 매개가 있어 자연스럽다. 책은 텍스트를 담고 있지만 독자의 콘텍스트를 떼어놓으면 활자들은 주검에 불과하다. 독자들이 가진 삶의 맥락을 공유함으로써 텍스트에 새 생명을 불어넣는 공간이 독서모임이다. 초연결사회라지만 사람이 더욱 고픈 세상이다. 책은 사람을 더욱 자연스럽고 풍성하게 연결해주는 선물이다.

_허윤

21 타이인 퍼블리싱

초연결사회에서 세상 모든 기업은 스스로 콘텐츠를 생산하고 유통함으로써 고객과 소통하고 지지를 얻을 수밖에 없다. 다른 기업에서 생산한 이런 콘텐츠를 출판이 직간접적으로 활용해 책을 생산하고 유통하는 것을 '연계형 출판Tie-in Publishing'이라고 한다. 올해 베스트셀러 목록에는 타이인 퍼블리싱을 통해 만들어진 책들이 눈에 띌 만큼 증가했다.

물론 책 콘텐츠를 활용해서 영화, 드라마, 만화, 게임 등에 진출하는 트랜스 미디어 전략도 타이인 퍼블리싱에 속한다. 『해리 포터』, 『트와일라잇』 등은 이 전략을 통해 종이책뿐만 아니라 다른 콘텐츠 산업 분야에서도 기록적인 수익을 올렸다. 그러나 유행 중인 타이인 퍼블리싱은 주로 TV, 영화, 다큐멘터리 등과 같은 대중매체에서 인기

타이인 퍼블리싱의 약진은 출판사 스스로 책의 발견성을 확보하기 어려워진 상황과 관련이 깊다.

있었던 콘텐츠를 활용하는 경우 또는 블로그, 카페, 페이스북, 네이버 포스트, 카카오스토리, 팟캐스트 등 소셜미디어 콘텐츠나 온오프라인 강의 및 강연 등 사이버피지컬 플랫폼에서 널리 알려진 저자의 말글을 활용하는 경우가 대부분이다. 공전의 베스트셀러『지적 대화를 위한 넓고 얕은 지식』이후, 특히『나에게 고맙다』(허밍버드), 『편안하고 사랑스럽고 그래』(예담) 등 후자에 속하는 저자들의 책이 독자의 호응을 얻는 경우가 늘어나고 있다.

　　타이인 퍼블리싱의 약진은 출판사 스스로 책의 발견성을 확보하기 어려워진 상황과 관련이 무척 깊다. 독자들에게 잘 알려진, 즉 '발견' 되어 있는 콘텐츠로 책을 만드는 경우 출간 초기 단계에서 독자들 반응을 얻기가 상대적으로 용이하기 때문이다. 출판사와 독자가 직접 연결되는 출판 모델이 상당히 확산될 때까지 타이인 퍼블리싱의 위세는 결코 줄어들지 않을 것으로 보인다.

_장은수

22 '윔피 키드'와 '나무 집' 시리즈

불황 속의 불황이라는 어린이책 시장에서 '윔피 키드'(미래엔아이세움)와 '나무 집'(시공주니어) 시리즈가 열풍이다. 두 시리즈는 아이들 사이에서 전자매체 읽기가 급격히 확산되고, 저출산으로 인해 독자의 절대 숫자가 줄어드는 와중에 저자의 창조성과 출판사의 편집력이 결합된 콘텐츠 혁신이 뒷받침된다면, 언제든지 독자들의 사랑을 얻을 수 있음을 잘 보여준다. 무엇보다 이 두 시리즈는 종래 어린이책이 갖고 있던 독서의 문턱을 크게 낮추었다는 미덕이 있다. '윔피 키드'는 그림일기를 이용해 아이들 일상에서 발췌한 소소하지만 소중한 감동을 공감 있게 전달했다. 한편 '나무 집'은 아이들 특유의 놀랍고 기발한 상상력을 만화적 아이디어와 게임의 재미를 함께 엮어 풀어감으로써 아이들의 호기심을 얻는 데 성공했다. 현재 13층, 26층, 39층, 52층, 65층과 『나무 집 펀 북』까지 총 6권이 출간됐다.

'윔피 키드' '나무 집' 이 두 시리즈는 종래 어린이책이 갖고 있던 독서의 문턱을 크게 낮추었다는 평가를 받았다.

초등학교 학생들의 독서 실태를 조사한 자료를 보면 책을 거의 읽지 않는 아이들은 주로 '만화책을 읽을 권리'를 주장한다. 그동안에는 학습만화가 바로 이 아이들을 위한 책이었다. 그러나 학습만화는 출판의 영역 확장이라는 점에서는 의미가 있을 수 있으나 시각 문명에 길들어 도무지 책을 읽지 못하는 새로운 종류의 문맹을 해결하는 데에는 역부족이었다.

이미지로 가득한 책 이외에는 아무것도 읽을 수 없는 아이들과 지식과 정보의 깊이를 전수하기 위해 무엇이라도 읽히고 싶은 부모들 사이의 전쟁에 '윔피 키드'와 '나무 집'은 새로운 대안으로 제시될 만하다. '해리 포터'가 아이들의 독서율을 끌어올렸듯이, 이 두 시리즈는 아이들이 친숙한 만화(또는 그림일기)를 활용해 책의 눈높이를 낮추었을 뿐만 아니라 아이들의 공감을 불러일으키는 이야기 고유의 힘을 충분히 갖추었기 때문이다. 읽기에 아직 익숙하지 않거나 읽기를 애써 외면하려 하는 비독자를 독자로 끌어올리는 편집의 힘을 보여준 역작들이다.

_장은수

23 세월호 소설 『거짓말이다』

'무책임과 무능 그리고 거짓말' 이 세 단어는 그 여자를 설명하는 최소한의 키워드다. 그리고 그 여자의 행태를 극명하게 보여주는 사건이 바로 세월호 참사다. 작가 김탁환은 세월호를 배경으로 한 소설 『거짓말이다』(북스피어)를 펴냈다. 지금까지 『금요일엔 돌아오렴』(창비), 『세월호, 그날의 기록』(진실의힘), 『눈먼 자들의 국가』(문학동네) 등 세월호를 기억하기 위한 책이 많이 나왔지만 세월호를 소재로 삼은 소설은 『거짓말이다』가 처음이다. 소설은 세월호 참사 당시 수습에 나섰던 민간 잠수사의 시점에서 서술된다.

김탁환은 책을 쓰기 전에 4개월간 팟캐스트 〈4·16의 목소리〉를 진행했다. 이때 한 생존 학생이 물었다. "아저씨, 저는 어떻게 해야 해요?" 그렇다. 세월호는 죽은 자들의 문제만이 아니라 살아남은 우리들의 문제다. 하지만 우리는 세월호를 애써 외면한다. 너무 슬프고 괴롭기 때문이다. 김탁환은 말한다. "사람을 보라." 감정을 보지 말고 사람을 보라는 것이다. 주인공은 침몰선에 들어간다. 산 자가 죽은 자를 포옹하는 것이다. 포옹은 슬픔과 고통을 넘어서려는 몸짓이다.

인간의 자부심은 이타성에서 출발한다. 『거짓말이다』는 인간의 이타성에 대해 의심을 던진다. 삶을 던져서 시신을 수습했던 민간잠수사들을 우리는 어떻게 봐야 하는가. 또 우리는 무엇을 해야 하는가. 우리는 무엇보다도 우리의 아이들이 왜 죽어야 했는지 끝까지 밝혀내야 한다. 그러기 위해서 해야 할 일이 있다. 우선 『거짓말이다』를 꾹 참고 끝까지 읽어야 한다. 그리고 그 여자를 끌어내야 한다.

_이정모

24 웰다잉

2015년 기준으로 한국의 65세 이상 노인 인구가 662만 4,000명에 도달했다. 무려 전체 인구의 13.1%에 해당하는 수치다. 2018년에는 인구 절벽과 함께 고령사회로 진입할 것이다. 이러한 사회구조의 변동은 죽음을 둘러싼 각종 문제에 대한 관심을 촉발한다. 출판시장도 거기에 따른다. 작년에 『어떻게 죽을 것인가』(부키)가 '좋은 죽음'에 대한 화제를 몰고 오더니, 올해는 『숨결이 바람 될 때』(흐름출판)가 '의미 있는 마지막'이라는 화두를 이어받았다.

2016년 『어떻게 죽을 것인가』에 이어 『숨결이 바람 될 때』가 죽음에 대한 화두를 이어받으며 주목받았다.

모든 생명은 일회적이다. 죽음의 문제는 항상 삶의 문제다. 지금 이 순간의 삶을 단 한 번만 살아간다는 점에서 '죽음 이후'란 우리에게 아무런 의미도 없다. 죽음을 피할 수 없다는 점에서 우리 모두는 어차피 시한부 인생이다. 죽음이 언제 찾아올지, 즉 남은 시간이 얼마인지 알 수 없는 본래적 불안을 살아간다.

죽음은 모든 인간의 문제이고, 또한 인간의 모든 문제이기도 하다. '어떻게 죽을 것인가'를 묻는 일은 '어떻게 살 것인가'를 묻는 것과 똑같다. 누구에게나 마지막이 확실하게 정해져 있기에 오늘 보내는 시간이 단 한순간도 무의미하지 않도록 만들고 싶은 인간적 갈구가 그로부터 우뚝하다. 출판기획자 이홍의 말처럼 책의 세계에서 '죽음'은 그 자체로 커다란 주제 분류에 해당한다. 이 말은 죽음에 대한 탐구가 결코 그치지 않을 것임을, 내년에도 어떤 식으로든 반복될 수 있음을 우리에게 알려준다.

_장은수

25 북테크놀로지

4차산업혁명이라 불리는 변화의 물결이 다가오고 있다. 전 산업 분야에서 디지털 혁신이 업의 성격을 바꾸고 있다. 미약하지만 출판산업에도 변화의 신호가 감지되고 있다. 문장으로 사람들을 연결하는 '책속의한줄'과 '원센텐스', 알고리즘으로 책과 사람을 연결하는 '북맥' '플라이북' 그리고 '잉크', 또 서재를 중심으로 사람과 지식을 연결하는 '비블리' 등 다양한 모바일 서비스들이 시장에 출현했다. 이러한 북테크 기업들은 디지털 기술을 활용하여 독서 경험을 즐겁고 풍부하게 해준다는 사명으로 출발했지만 더 나아가 기술로 출판의 가치사슬을 혁신하려는 비전을 향하고 있다.

현재까지도 출판의 업은 지식, 노동집약적 업무가 대부분이다. 시장조사, 기획 단계부터 출판 후 배본 및 마케팅까지 모두 사람의 손을 직접 거친다. 그렇다면 향후 북테크에 의해 변화된 출판의 업은 어떤 모습일까. 예컨대 편집자들은 독자의 트렌드와 니즈를 통계분석할 수 있고 반응을 즉각적으로 확인할 수 있을 것이다. 책이 나오기 전 이미 어떤 채널을 통해 누구에게 판매해야 할지 알게 될 것이다. 그렇게 되면 출판은 업의 본질인 책을 선별하고 엮어내는 데 집중하여 더 좋은 책을 만들어낼 수 있지 않을까.

_허윤

26 북 펀딩

출간 전 자금을 모으고 출판된 뒤 수익금을 나누는 북 펀딩은 출판  불황 속 자구책이었다. 그 돈으로 광고를 진행하고 독자 이벤트도 벌인다. 미야베 미유키의 에도시대물 『안주』 출간을 두고 벌인 북스피어 출판사의 북 펀딩이 대표적이다. 열흘 만에 5,000만 원이 모여 라디오 광고도 할 수 있었고 배우들과 함께 원작을 무대에 올렸으며 일본으로 미야베 미유키를 인터뷰하러 갈 수 있었다. 『던전 월드』를 번역 출판했던 TRPG(테이블탑 롤플레잉 게임) 전문 출판사인 도서출판 초여명은 최근 목표액의 1378%를 뛰어넘은 2억 원 이상의 북 펀딩에 성공했다. '코스믹 호러'의 대가인 소설가 H.P. 러브크래프트의 『크툴루의 부름』 최신판 번역본을 받아보는 펀드였다.

북 펀딩은 출판 불황과 대형서점의 습격 속에서 소형 출판사와 자비 출판을 하는 작가들에게 좋은 홍보 수단이 되었다.

  영국에서 '여성 참정권 운동'을 벌인 에멀린 팽크허스트의 자서전 『싸우는 여자가 이긴다』(현실문화)는 3일 만에 500만 원 모금을 달성했다. 알라딘의 북 펀딩은 출간 한 달 후 온라인서점 판매지수에 따라 최대 130%까지 환급해주는데, 판매가 부진해도 마일리지로 보전해 위험 부담을 줄였다. 사이트 정책상 후원자에게 선물을 해야 하는 텀블벅은 현재 '굴리굴리 캘린더아트북'과 절판되었던 잡지 〈이터널 선샤인〉 재발간 프로젝트 모금에 성공했다. 북 펀딩은 출판 불황과 대형 서점의 습격 속에서 소형 출판사와 자비 출판을 하는 작가들에게 좋은 홍보 수단이 되고 있다.

_박찬은

27 웹소설 전성시대

퇴근 후 A는 지하철에서 웹소설을 원작으로 한 드라마 〈신데렐라와 네 명의 기사〉를 시청한다. 이제 '웹소설-영상화-종이책 출간'으로 이어지는 안정된 카테고리가 형성되어 웹소설이 독자와 책을 잇는 모바일 플랫폼이 되고 있다. '보거미 누나부대'를 만들며 인기리에 종영된 드라마 〈구르미 그린 달빛〉의 웹소설 한 달 유료보기 매출은 5억 원 이상이었다. 주로 멜로물이 강세인 네이버 웹소설에 정식 연재된 197편 중 64편은 종이책으로 출간됐으며 장르물 전문 '문피아'나 '조아라'의 대표작인 장우산 작가의 「탑 매니지먼트」는 조회수 860만, 로유진 작가의 「메모라이즈」는 조회수 6,800만을 기록했다.

3년 전 출범한 한국의 웹소설은 매년 두 배 이상 성장하며, KT경제연구소에 따르면 올해는 800억 원 이상을 기록할 것으로 보인다. 기존 문예 공모전보다 낮은 진입장벽, 가까워진 독자와의 거리, 폭발적인 공유문화 덕이다. 물론 판타지나 무협, 미스터리 등 장르문학과 가볍게 소비되는 멜로물 같은 라이트노벨에 국한된 점, 억대 소득을 올린다는 소수의 스타 작가를 제외하면 여전히 영세한 구조, 작가들에겐 취약한 지적재산권은 여전히 한계로 남아 있다. 하지만 치고 빠지며 즐기는 '스낵컬처' 세대를 사로잡은 웹소설은 단문과 대화체의 빠른 전개와 시나리오 형식의 장면 전환으로 원 소스 멀티 유즈의 '트랜스 미디어'가 됐다. 웹소설이 웹툰 이후 새로운 디지털 콘텐츠의 새로운 강자가 된 것은 분명해 보인다.

_박찬은

28 글쓰기

푸른기와집 주인이 글쓰기로 먹고사는 사람들을 못 믿어 비선실세의 도움을 받아 연설문을 고쳤다. 그는 비선실세를 글쓰기 고수라고 생각한 듯한데 '우주의 기운' '혼이 비정상' '통일 대박' 등의 글을 첨가한 것을 보면 딱히 신뢰할 만한 글 선생은 아니었던 듯싶다. 빨간펜으로 여기저기 수정한 비선실세의 글을 보면서 올바른 글쓰기란 참으로 어려운 것이구나, 반면교사를 얻었으니 다행이랄까. 글쓰기는 쉽지 않다. 그런데도 글쓰기 책이 언젠가부터 범람한다. 누군가는 스스로를 글쓰기 천재라고 칭하면서 책을 써서 벤츠 몇 대를 몬다고 자랑했지만 누구 하나 관심을 준 독자가 없다. '천재 작가' 운운하던 또 다른 이는 모든 책이 표절로 밝혀져 '표절 천재'로 별칭을 바꿔야 할 판이다.

자신의 배움과 깨달음을 드러내는 가장 좋은 방법 중 하나가 글쓰기다. 하지만 요즘 글쓰기는 인격을 도야하는 하나의 장이 아니라 개인적 영달을 위해 의무적으로 해야만 하는 기술로 매도되기에 충분한 조건을 갖추고 있다. 출판사들은 글쓰기 책을 내기 전에 저자와의 끝없는 줄다리기를 해야만 한다. 글쓰기는 단지 기술이 아니며, 더더욱 그것이 돈벌이만을 위한 수단이 아니기 때문이다. 글쓰기는 인격을 반영해야 하며, 사회에 이로움을 던져주는 작은 방편이 되어야만 한다. 글쓰기를 할 수 있는 공간은 앞으로 무한정 늘어날 것이다. 그곳에서 옥석을 고르는 일이 출판사의 몫이다. 기술이 아니라 인격을 찾는 일을 게을리 할 수는 없다.

_장동석

29 시의 강세

최근 들어 시집이 제법 팔린다는 말을 듣는다. 그래봐야 몇몇 시집에 국한된 것일 테지만 사실이긴 한 모양이다. 실제로 시집을 상업출판 하는 나라는 세계에서 대한민국이 거의 유일하다. 대부분의 나라에 서 시집은 자비출판이다. 시인이 자기 비용으로 시집을 내는 것이다. 그래서 외국 시인들은 대한민국의 많은 시인들이 출판사에서 인세를 받고 시집을 낸다는 것을 부러워한다. 게다가 가끔 베스트셀러 시집 도 있는 곳이 대한민국이다.

시는 산문에 비해 어렵다. 짧은 글 안에 비유법 등 온갖 수사를 다 넣어 함축적으로 쓰니 어려울 수밖에 없다. 물론 함량 미달인 시는 다 만 짧은 산문일 뿐이다. 시의 매력은 무엇보다 짧은 문장이 지니고 있 는 다의성일 텐데 이제는 쓰는 이나 읽는 이나 그런 것보다는 바로 와닿으면서 분량이 짧아 가독성도 좋다고 느끼는 점일 것이다. 그러 기에 각종 행사에서 시를 낭송하기에 알맞다. 낭송 시는 어려우면 안 된다. 바로 청중들이 알아들을 수 있어야 한다.

올해 시가 강세라고 느껴지는 건 방송 매체에 시가 노출된 까닭도 있었고 각종 SNS에 시를 인용하기 좋은 까닭도 있었다. 이는 시가 그 림이나 사진과 잘 어울리는 특징을 가지고 있기 때문이다. 시집 전문 서점이 등장한 것도 이런 환경 변화와 무관하지 않을 것이다.

_박상률

30 포스트 트루스

옥스퍼드 사전이 '포스트 트루스post-truth'를 올해의 국제적 단어로 선정했다. 우리말로는 '탈 진실'로 번역된다. 옥스퍼드 사전은 'post-truth'를 형용사로 분류하고 "객관적 사실들이 감정에 대한 호소나 개인적 신념보다 여론 형성에 덜 영향을 미치는 상황을 뜻하거나 그와 관련되다"라고 풀이했다. 이 단어는 브렉시트 국민투표와 미국 대통령선거의 맥락에서 많이 사용됐다고 한다. 극우파 정치인들이 대중들의 지지를 이끌어낸 방식을 비판적으로 분석하며 빈번하게 사용한 단어라는 의미다.

이 단어는 1992년 세르비아 출신의 미국 희곡작가 스티브 테쉬흐가 잡지 〈네이션〉에 쓴 에세이에 등장하면서 본격적으로 사용됐다. 그 전에도 이 단어가 사용되기는 했지만 단순히 어떤 상황이 벌어지고 난 이후를 가리키는 '포스트'가 아니라, 그것이 이전에 비해 덜 중요해진 시기를 가리키는 의미로 확장된 것이 최근 용례의 특징이라고 한다. 즉 '포스트 트루스'는 '더 이상 진실 따위는 중요하지 않게 여겨지는 이 시대를 반영하는 단어'라는 뜻이다. 옥스퍼드 사전 대표 캐스퍼 그래스월은 최근 한 인터뷰에서 "소셜미디어가 뉴스의 원천으로 부상하고, 기득권으로부터 제시된 '팩트'를 향한 불신이 대중사회에서 크게 증폭되었음을 고려하면 포스트 트루스가 우리 시대를 정의하는 단어 중 하나가 되더라도 놀랍지 않을 것"이라고 말했다. 그렇다. 놀랍지 않다. 다만 옥스퍼드 사전의 영민함이 놀라울 뿐이다.

_김성신

2017
출판계 키워드 35

━━━━━━ 최근의 한국 사회는 10년 주기로 큰 사건을 겪었다. 1987년에는 '6월항쟁'이라는 민주화의 원초적 체험을, 1997년에는 'IMF 외환위기'라는 세계화의 원초적 체험을 겪었다. 2007년에는 개인이 군중에게 지혜를 얻는 개중個衆화의 원초적 체험을 했다. 대중은 세중細衆의 단계를 거쳐 개중이 되었다. 혼자 원룸에 살면서 휴대전화나 메신저로 타인과 대화를 나누며 블로그를 통해 자신을 발신하는 등 철저하게 '1인용'으로 생활하지만 외로움을 느끼지 않는 존재이면서 지혜가 필요할 때는 대중에게 손을 내밀어 모든 문제를 해결하려는 사람들이 바로 개중이다.

2017년은 6월항쟁이 일어난 지 40주년이 되는 해였다. 6월항쟁은 미완의 혁명이었지만 촛불혁명은 달랐다. '나라다운 나라'를 세우라는 광장의 명령이 먹히든 혁명이었다. 6월항쟁의 주역이 정치권의 주류가 된 이후의 혁명이었기에 이번에는 세상이 달라질 것이라는 기대감이 넘쳐났다. 그러나 형식적인 민주화는 이루어진 것 같았지만 개인이 만족할 만한 수준이 결코 아니었다. IMF 외환위기 이후 위기의 일상화와 고용상황의 점진적 악화, 저출산과 자살률의 세계 1위라는 암울한 사회 분위기, 무엇보다 갈수록 심해지는 불평등으로 말미암아 젊은 세대는 오늘보다 나은 내일을 기대하기 어려웠다. '욜로족'의 탄생에서 알 수 있듯이 어차피 한 번 뿐인 인생, 미래의 행복보다 현재의 소소한 즐거움에 집중하는 사람들이 늘어났다.

촛불혁명이 벌어질 때까지는 포기하기에 바빴다. 3포세대는 5포세대로 바뀌었다가 더 이상 포기할 것이 없다고 해서 N포세대로 바뀌었다. 세계에서 유례가 없는 '촛불혁명'이라는 무혈혁명을 경험한 이후 젊은 세대는 달라지기 시작했다. 나태와 무기력에서 벗어나 인간적 자존감을 추구하는 행보를 보이기 시작했다. 모처럼 다시 탄생한 밀리언셀러인 『82년생 김지영』을 비롯해 베스트셀러 상위권을 차지한 소설들은 여성, 성소수자, 젊은 세대의 이야기를 가감 없이 그렸다. 이 소설들의 주인공은 주어진 현실을 그대로 받아들이지 않고, 상처를 드러내면서 자신만의 가치를 추구했다.

개인이 '성공'에서 '행복'으로 말을 갈아탄 것은 2000년대 후반이었다. 이후 타인의 비판을 의식하지 않고 나만 좋으면 그만인 '현명한 행복'을 추구하기 시작했다. 현명이란 이성적이고 합리적인 것이 아니라 '나의 행복'만을 추구하는 것이다. 거창하거나 화려한 삶은 처음부터 포기했지만, 단순하지만 소박한 삶일지언정, 세상에 굴복하지 않고 자신의 자아를 찾기 위해 어떠한 투쟁도 불사하는 삶이었다.

모든 것을 포기한 듯하지만 가장 중요한 자아만은 결코 포기하지 않는 삶이어야 했다. 그랬다. 오로지 세상의 중심은 '나'였다. 따라서 2017년에 '자아존중'의 원초적 체험을 한 것으로 볼 수 있다. 그래서 〈기획회의〉는 '자기표현'을 2017년을 대표하는 출판계 키워드로 선정했다.

01 자기표현

2000년대 들어와서 소설의 침체가 두드러지다가 조정래의『정글만리』와 정유정의『28』이 등장한 2013년에 잠시 '소설의 귀환'이 거론됐었다. 그해에 무라카미 하루키의『색채가 없는 다자키 쓰쿠루와 그가 순례를 떠난 해』도 출간되어 소설이 종합 베스트셀러 상위를 독식하는 이례적인 현상이 잠시 벌어졌다. 그러나 이후에 소설의 인기는 다시 시들해졌고 변변한 화제작 하나를 내놓지 못했다. 2016년에 한강의『채식주의자』가 '맨부커상 인터내셔널'을 수상하여 소설 시장이 잠시 호전된 것이 유일한 위안거리였다.

이런 분위기를 일거에 바꿔놓은 소설이 조남주의『82년생 김지영』(민음사)이다. 이 소설의 인기는 2016년 5월 17일, 강남역 10번 출구의 공용 화장실에서 발생한 살인사건이 '여성 혐오' 살인인가 아닌가를 두고 논쟁이 거세게 불면서 페미니즘 서적이 큰 붐을 이룬 것에 힘입은 바가 크다. 죽었던 페미니즘 서적들마저 모두 되살아나면서 페미니즘 서적 열풍이 거세게 불었지만, 보편적 공감으로까지는 이어지지 않았다.

1982년에 가장 많이 태어난 여성 '김지영'은 한국사회의 보통명사로서의 여성을 의미한다. 여성이라면 누구나 겪을 법한 보편적 이야기로 '맘충'이나 '여성 혐오'에 대한 사회적 이슈를 충실히 담아낸『82년생 김지영』이 1년 이상 인기를 끌면서 45만 부나 팔려나갔고, 2017년 연말에는 페미니즘 소설들이 일제히 소설 베스트셀러 상위를 점령했다.

아몬드를 닮은 편도체의 이상으로 '알렉시티미아, 감정 표현 불능

증'이라 불리는 치명적인 질환을 안고 있는 소년의 삶을 그린 소설 『아몬드』(창비)로 작가적 역량을 충분히 보여준 손원평이 10월에 내놓은 『서른의 반격』(은행나무)의 주인공은 88올림픽을 즈음해 대한민국에서 태어난 여자아이들 중 가장 흔한 이름인 '김지혜'다. 김지혜는 비정규직 노동자로 전락한 88만원 세대의 보편적 명사나 마찬가지다. 『서른의 반격』에서 '88년생 주인공 김지혜'와 그의 일당들은 놀이 같은 저항으로 사회에 균열을 내려는 시도를 한다.

김혜진 장편소설 『딸에 대하여』(민음사)의 주인공인 요양보호사 '나'에게는 '두 딸'이 존재한다. 한 사람은 자신이 낳은 친딸이다. 서른이 훌쩍 넘은 딸은 세상에서 점차 밀리며 7년을 사귄 동성 애인을 데리고 엄마 집으로 들어와서는 동성애를 혐오하는 사회와의 투쟁을 벌인다. 다른 한 딸은 요양보호사인 자신을 '엄마'라 부르는 중증 치매 환자 젠이다. 젠은 젊은 날 해외에서 공부하며 한국계 입양아들을 위해 일하고 한국에 돌아와서는 이주 노동자들을 위해 일했지만 지금은 "좁고 갑갑한 고독 속에서" 혼자 늙어가고 있다. 이 소설은 성소수자 문제와 여성 노인 빈곤 문제를 핍진하게 그리고 있다.

7명의 작가가 자신만의 방식으로 여성이 처한 현실을 이야기하는 『현남 오빠에게』(다산책방)의 표제작인 조남주의 「현남 오빠에게」는 10년을 만난 남자친구인 현남의 청혼을 거절하는 편지 형식을 취하면서 "오빠가 나를 한 인간으로 존중하지 않았다는 것. 애정을 빙자해 나를 가두고 제한하고 무시해왔다는 것. 그래서 나를 무능하고 소심한 사람으로 만들었다는 것"을 질타한다. 그 편지는 이렇게 끝난다. "오빠가 아무것도 할 줄 모르는 나를 돌봐줬던 게 아니라 나를 아무것도 할 줄 모르는 사람으로 만들었더라. 사람 하나 바보 만들어서 마음대로 휘두르니까 좋았니? 청혼해줘서 고마워. 덕분에 이제라도 깨달았거든, 강현남, 이 개자식아!"

이상의 소설에서 주인공들은 주어진 현실을 그대로 받아들이지 않는다. 이제 자신의 상처를 드러내면서 우리 사회에 일침을 가하기 시작했다. '놀이 같은 저항'이든 '거리의 투쟁'이든 가차 없는 결별 선언이든 자신의 감정 표출을 주저하지 않는다. 이런 용기를 어떻게 갖게 되었을까. 작년 연말부터 수많은 국민들이 촛불을 들고 광장으로 달려갔다. 그 광장에서 모든 세대가 분노를 맘껏 표출했다.

세계에서 유례가 없는 '촛불혁명'이라는 무혈혁명을 경험한 젊은 세대는 나태와 무기력에서 벗어나 인간적 자존감을 추구하는 행보를 보이기 시작했다.

『감정 있습니까?』(은행나무)에 따르면 "혐오는 불합리의 서사를 구성하도록 한 발신인에게 상혼의 메시지를 전달하기보다 전혀 다른 이에게로 그 부조리의 상처를 수신하도록"하는 데 비해 "분노는 불합리의 서사가 개인적 서사에만 국한된 것이 아니라 어떻게 사회적 구조 안에서 견고화되고 전수되는가에 주목"한다. 강남역 살인사건으로 인해 '혐오'에서 촉발된 감정은 모두가 '분노'의 경험을 공유하면서 자신을 정체화하고 주체화하는 방법들을 터득하기 시작했다고 볼 수 있지 않을까. 그런 경험이 이제 페미니즘 소설들에 그대로 녹아들고 있다고 볼 수도 있다.

『트렌드 코리아 2018』(미래의창)에서는 2018년의 최대 트렌드로 "작지만 확실한 행복을 추구하는 소확행 소비에 지출을 늘이고, 불안한 사회로부터 자기만의 안식처인 나만의 케렌시아를 찾아 나서는 현상"을 선정했다. '케렌시아Querencia'는 나만의 공간이다. 그러나 회복과 모색의 장소를 뜻하는 케렌시아는 『클릭! 미래 속으로』(21세기북스, 1999)의 저자 페이스 팝콘이 말한 '코쿤(참호)'과는 차이가 있다. 케렌시아는 나만의 월든을 찾는, 즉 자기 자신에게 좀더 집중하는 삶을 추구하는 '월드니즘Waldenism'과 개념이 비슷하다. 이들을 '워라밸work-life balance' 세대라고 부르기도 한다. 일과 삶의 균형을 추구하는 세대는 싫어하는 취향도 당당히 밝힌다는 '싫존주의'자들이기도 하다. 그들은 어떤 공간으로 숨어들어 피하는 것이 아니라 자신의 자리에서 당당하게 목소리를 내기 시작했다.

2017년은 1987년 '6월항쟁'이라는 민주화의 원초적 체험을 경험한 지 40주년이 되는 해다. 이어서 1997년에는 'IMF 외환위기'라는 세계화의 원초적 체험을 했다. '88만 원 세대'가 등장한 2007년에는 개인이 군중에게 지혜를 얻는 개중個衆화의 원초적 체험을 했다. 그리고 이어서 글로벌 금융위기가 도래했다. 결국 1980년대에 태어난 세대는 단 한 번도 고성장의 경험을 하지 못했다. 성인이 되어 세상에서 일을 시작하고 나서는 대공황이나 다름없는 장기불황에 시달려야 했다. 18세부터 29세까지의 정규직 비율이 7%에 불과할 정도로 고용 상황이 악화되자 저출산과 자살률은 세계 최고 수준이 되었다.

이런 악재에도 불구하고 세계에서 유례가 없는 '촛불혁명'이라는 무혈혁명을 경험한 젊은 세대는 나태와 무기력에서 벗어나 인간적 자존감을 추구하는 행보를 보이기 시작했다. 어쩌면 우리는 2017년에 '자아존중'의 원초적 체험을 한 것이 아닐까. 그래서 〈기획회의〉는 '자기표현'을 2017년을 대표하는 출판계 키워드로 선정했다.

_한기호

02 촛불과 출판

"불의한 권력자들이 가장 두려워하는 건 두 가지지. 살아 움직이는 인간들의 항쟁, 그리고 그 현장의 진실과 사상을 담은 한 권의 책. 그 기록과 기억이 다음에 오는 혁명의 불꽃이기 때문이지."『촛불 혁명』(느린걸음)에서 김예슬이 소개한 박노해 시인의 말이다. 지식과 정보를 전달하기에 더 편리한 도구가 출현한 지금, 길을 잃고 방황하던 출판의 눈앞에서 때마침 100만 촛불들의 열기가 오랜 적폐의 옹벽을 넘어뜨렸다. 새로운 정치, 새로운 사회, 새로운 경제, 새로운 생활에 대한 희망과 기대가 넘쳐나는 이 시대, 우리에겐 이 역동의 현장을 기록할 의무와 함께 담론의 용광로에 앞날을 쏟아부을 출판 실천이 필요하다. 그리고 이러한 실천과 함께, 책의 본질은 기존 권력의 재생산에 불과한 '지식과 정보의 전달 수단'이 아니라 "다음에 오는 혁명의 불꽃", 즉 '인간과 사회의 변혁 도구'임이 분명해질 것이다.

묻는다. 세월호란 무엇인가. "가만히 있으라"는 명령으로 상징되는, 시민을 수동적 주체로만 여기는 명령-복종의 사회 체제가 낳은 참혹한 비극이다. 촛불은 무엇인가. 시민들이 잃어버린 주체성을 되찾으려고 권위주의적 정치와 신자유주의적 경제가 결합한 구체제를 파산시킨 자율혁명이다. 우리 자신의 열망과 기쁨이 표현된 이 혁명이 자연스레 새로운 책도 일구어나갔다. 촛불 이후, 국가와 사회의 전 영역에서 무엇을 청산하고, 새로운 사회를 어떻게 건설할 것인가를 논의하는 것은 중대한 의무가 되었다. 강원국의 『대통령의 글쓰기』(메디치미디어), 유시민의 『국가란 무엇인가』(돌베개), 차병직과 윤재왕의 『지금 다시, 헌법』(로고폴리스) 등의 구간 또는 개정판으로 다른

새로운 정치, 새로운 사회, 새로운 경제, 새로운 생활에 대한 희망과 기대가 넘쳐나는 이 시대, 우리에겐 이 역동의 현장을 기록할 의무와 함께 담론의 용광로에 앞날을 쏟아부을 출판 실천이 필요하다.

세상을 상상하는 독자들의 큰 호응을 얻었다.

하지만 촛불의 힘으로 새로운 정부가 들어섰다는 것만으로, 곧장 삶 자체가 변하는 것은 아니다. 우리의 민주주의를 어느 지점에서, 어떻게, 무엇에 기대어서 이룩할 수 있는지는 무한한 과제로서 여전히 남아 있다. 따라서 정치, 경제, 사회, 생활 전반에 걸쳐 새로운 삶의 원리를 성찰하고, 세상을 바꾸는 실천을 북돋우는 꾸준한 노력이 필요하다. 편집자들의 발 빠른 대응 속에서 이와 관련한 책들이 거의 매주 쏟아졌다. 이현재와 이원재의 『국가가 할 일은 무엇인가』(메디치미디어)를 시작으로, 이정전의 『주적은 불평등이다』(개마고원), 최강욱의 『권력과 검찰』, 박성제의 『권력과 언론』(이상 창비) 등이 국가와 사회와 경제의 주요 쟁점들을 따졌고, 김상봉의 『네가 나라다』(길), 박상훈의 『민주주의의 시간』(후마니타스)과 『정치가 우리를 구원할 수 있을까』(이음) 등은 이 문제를 어떻게 성찰할 것인가를 보여주었다.

『폭정』(열린책들), 『민주주의의 삶과 죽음』(교양인), 『버니 샌더스, 우리의 혁명』(원더박스) 등과 같은 번역서들도 사유의 거름으로 쓰기에 좋다. 한편, 우파의 자부심인 근대화 자체를 다시 따져보는 책도 나왔다. 김건우의 『대한민국의 설계자들』(느티나무책방)은 대한민국의 진정한 설계자가 박정희로 상징되는 친일 반공극우세력이 아니라 장준하와 〈사상계〉 그룹 등임을 학문적으로 논증한다. 친일과 반공으로 더럽혀진 우파가 아니라 합리적, 양심적 우파가 존재했다는 것이다. 이는 과거의 역사를 통해 미래의 대한민국을 상상하는 데 필요한 하나의 준거를 제시한다.

『바스라진 대지에 하나의 장소를』(여문책)에서 사사키 아타루가 말한다. "데모스의 지배를, 데모스에 의한 데모스의 통치 기예를 우리

는 아직 발명하지 못했습니다. 우리는 우리의 민주제를 새롭게 창조
해야 합니다. 우리는 우리를 지배하지 못합니다. 여러분 자신을 지배
하는 것이 자기 자신뿐이라고 실감할 수 있습니까? 이 나라의 이 제
도 아래에서? 실감 못 합니다. 그렇다면 여기에는 민주제가 없습니
다. 우리는 민주제를 도출해야 합니다. [이 문제는] 우리를 통치하고,
오로지 우리만이 우리를 통치하도록 용납하는, 우리의 문제입니다."
언젠가 반드시 찾아올 '우리의 민주제'를 위해서 노동의 땀과 고뇌의
피를 섞어서, 갈 수 있을 극한까지 '우리가 우리를 통치하는 세계'를
밀어붙여 보는 것, 그로써 미래의 촛불에 쓰일 희망의 연료를 충전하
는 것, 이것이 한국 출판이 오늘의 일로써 '미래의 문헌'을 만드는 의
미일 것이다.

_장은수

03 4차산업혁명과 인공지능, 그리고 인간지능의 반격

만약 인간 의사와 인공지능 닥터 왓슨의 처방이 다르게 나온다면 환
자들은 어느 조언을 선택할 것인가. 올해 1월 12일 각 언론은 이 문
제에 대한 대답을 보도했다. 한국의 환자들은 닥터 왓슨을 선택했다.
아마 1년 전에 이런 조사를 했다면 이야기가 달랐을 것이다. 하지만
한국 국민들이 어떤 사람들인가. 이미 알파고를 경험한 사람들이다
(알파고를 개발한 딥마인드의 본사가 있던 영국 사람들은 대부분 알파고가
무엇인지, 이세돌이 누구인지 모른다). 우리나라는 아마 전 세계에서 인
공지능에 대한 호감도가 가장 높은 나라일 것이다.

한국 출판계 키워드 2010-2019

박근혜의 탄핵으로 일찍 치러진 대통령 선거에서 거의 모든 주요 후보들이 4차산업혁명을 주요 의제로 삼았다.

그래서일까. 우리는 세계경제포럼 의장 클라우스 슈밥이 2016년 주창한 인더스트리 4.0을 '4차산업혁명'이라는 이름으로 창조적으로 수용하였다. 산업계와 행정가 사이에서 논의되던 4차산업혁명이 온 국민의 관심사가 된 데에는 박근혜의 탄핵으로 일찍 치러진 대통령 선거가 큰 역할을 했다. 거의 모든 주요 후보들이 4차산업혁명을 주요 의제로 삼은 것이다. 실제로 문재인 정부는 지난 9월 대통령 직속 기구인 '4차산업혁명위원회'를 공식 출범시켰다. 위원회 설치 및 운영에 관한 규정 제2조는 "초연결·초지능 기반의 4차산업혁명 도래에 따른 과학기술·인공지능 및 데이터 기술 등의 기반을 확보하고, 신산업위원회의 기능은 신서비스 육성 및 사회변화 대응에 필요한 주요 정책 등에 관한 사항을 효율적으로 심의·조정하기 위하여 대통령 소속으로 4차산업혁명위원회를 둔다"라고 설명한다.

주목할 것은 위원회의 명칭이 '제4차산업혁명위원회'가 아니라 그냥 '4차산업혁명위원회'라는 것이다. 농업, 공업, 서비스업을 각각 1차, 2차, 3차 산업이라고 배웠던 세대들은 도대체 4차산업이 무엇인지 궁금할 수도 있겠다. 증기기관으로 격발된 제1차산업혁명, 전기혁명이라고 할 수 있는 제2차산업혁명, 아직 진행 중이라고 할 수 있는 ICT 중심의 제3차산업혁명에 이어지는 네 번째 산업혁명의 정체에 대해서는 아직 명확히 정리되지 않았다. 하지만 인공지능, 로봇, 사물인터넷, 무인 운송 수단을 매개로 하는 초지능·초연결 사회를 지향하고 뒷받침하는 기술이라는 데 대략 합의가 되고 있는 상황이다.

이제는 제4차산업혁명이 존재하느냐 아니냐를 두고 토론하는 것은 의미가 없어졌다. 이미 한국사회의 중요한 어젠다가 되었기 때문이다. 거의 모든 연수회에는 '제4차산업혁명 시대와 OOO'이라는 플래카드가 붙어 있으며, 과학기술과 관련된 강연에는 딱히 요구하지 않아도 4차산업혁명에 관한 이야기를 거론하는 게 상례가 되었다. 또한 제목에 4차산업혁명이 들어간 책은 셀 수도 없을 정도로 많아서 따로 거론하는 게 의미가 없을 정도다. 많은 과학자와 공학자들이 4차산업혁명이라는 용어에 거부감을 표시했던 것은 그들이 세상의 변화에 거스르거나 변화를 무시해서가 아니다. 많은 과학기술인들은 '제4차산업혁명'이라는 말이 지난 정권의 '창조경제'처럼 슬로건으로 소비될까 봐 걱정했던 것이다. 이름은 어색하지만 4차산업혁명위원회가 한국산업의 재편을 위해 자원과 인력을 효율적으로 배치하고 지원하는 역할을 충실히 하길 고대한다.

시민은 현명하다. 정부와 언론이 뭐라고 선전하든 아랑곳하지 않고 중심을 잡는다. 4차산업혁명과 인공지능에 대한 책만 관심을 받은 게 아니다. 자연적인 인간의 뇌와 지능에 대한 명저들도 출간됐다. 예일대학교 교수인 이대열의 『지능의 탄생』(바다출판사), 독일에서 귀국하여 현대자동차에서 연구하고 있는 장동선 박사의 『뇌 속에 또 다른 뇌가 있다』(아르테), 아직 학위 과정조차 끝내지 않은 젊은 과학자가 쓴 『송민령의 뇌과학 연구소』(동아시아)가 대표적이다. 인공지능과 뇌과학에 대한 지식의 축적은 인간의 본질에 대한 철학적 물음으로 이어졌다. 김재인 교수의 『인공지능의 시대, 인간을 다시 묻다』(동아시아)와 이종관 교수의 『포스트휴먼이 온다』(사월의책)는 인공지능과 인간의 미래에 대한 철학적 통찰을 제공한다. 4차산업혁명은 결국 우리는 누구인가 하는 성찰을 불러일으킨 셈이다. 어찌 기쁜 일이 아니겠는가.

_이정모

04 리커버와 문고본

표지를 바꾸어 내놓는 '리커버'를 통해 스테디셀러가 베스트셀러로 등극하기도 했으며, 찾는 독자가 거의 없었던 책들 새 단장해 독자들을 만나는 일이 많았다.

교보문고의 '리-커버:K', 알라딘의 '본 투 리드', 예스24의 '예스24 리커버 에디션'은 모두 출간 당시의 표지를 새롭게 바꿔서 한정 제작한 도서들이다. 올해 80여 종의 책이 표지를 바꾸고 독자들을 만났다. 표지를 다시 했다는 의미에서 리커버re-cover라고도 부른다. 개정판을 출간하는 것은 출판사의 일이지만, 재출간 도서 가운데에는 서점이 나서서 대상 도서를 고르고 추천하는 경우도 많다.

빅터 프랭클의 『죽음의 수용소에서』(청아출판사), 토마스 쿤의 『과학혁명의 구조』(까치), 조지 오웰의 『1984』, 『동물농장』과 레이첼 카슨의 『침묵의 봄』(에코리브르) 같은 현대의 고전들이 있는가 하면, 베르나르 베르베르의 『개미』(열린책들), 요 네스뵈의 『박쥐』(비채), 로맹 가리의 『새들은 페루에서 죽다』(문학동네)처럼 많은 팬을 가진 작가들의 책이 있다. 독자들에게 익숙한 표지를 취향 변화에 맞춰 바꾸는 것만으로 전혀 새로운 책으로 보일 수 있다. 『미생』, 『명견만리』(인플루엔셜), 『7년의 밤』, 『사피엔스』처럼 두 번 설명할 필요가 없는 베스트셀러들을 다시 만들기도 했다. 다른 한편으로는 찾는 독자가 거의 없는 책을 재출간 코너에 끄집어냈다. 아예 소장용으로 베스트셀러의 장정, 박스 포장을 바꿔낸 경우도 있고, 한 번 재출간된 도서 재고가 모두 판매돼서 다시 제작하는 일도 있었다.

민음사의 '쏜살문고'나 열린책들의 '블루 컬렉션' 같은 경우 표지를 바꾸는 데에 그치지 않고 아예 판형을 바꿔 재출간하기도 했다. 이는 정가를 포함해서 책 전체를 바꿔야 하므로 출판사의 부담이 리커버 도서보다 훨씬 더 크다. 하지만 문고판 시리즈가 있었으면 좋겠다는 독자들의 오래된 요구를 반영함과 동시에 모아두고 싶은 표지 디자인으로 큰 호응을 얻었다. 특히 별도 광고가 아니라 SNS를 통해 입소문만으로 홍보를 대신할 수 있었다는 게 큰 장점이다.

책은 만들어지고 나서 오래도록 팔리는 상품이다. 어쩌면 오래도록 팔려야 하는 상품이라고 하는 게 더 맞는 말일 것이다. 하지만 만들고 소개하는 이들의 관심을 받는 것은 출간 직후 몇 달뿐이다. 서점 신간 안내, 언론 기사, 광고, 저자 강연이나 인터뷰도 이 몇 달 안에 집중된다. 서점 통계에 따르면 평균적으로 출간 후 3개월까지의 판매량이 그 이후 2년 동안 판매량의 55% 정도다. 출간 후 6개월로 늘려보면 2년 판매량의 70% 정도이니, 출간 직후 석 달 판매량이 그 후 21개월 판매량보다 더 많다는 뜻이다.

물론 특별한 계기가 있어서 판매량이 늘거나 시간이 지나 독자들에게 다시 발견되는 책들이 있다. 그러나 위 통계는 이른바 미디어셀러로 불리는 구간 베스트셀러의 판매량 추이를 포함한 것이니, 이런 기회를 얻지 못한 책들의 판매 그래프가 6개월 이후에는 얼마나 급격히 떨어질지 짐작할 수 있다. 이전에는 출판사나 서점이 출간된 지 시일이 지난 책을 독자들의 눈에 띄도록 다시 꺼내놓을 방법이 거의 없었다. 이런 상황에서 재출간은 해결책의 단서를 제공한다.

두께로 보면 표지는 책의 작은 부분에 불과하다. 하지만 출판사가 가장 신경 쓰는 부분이기도 하다. 마케팅, 영업 면에서도 마찬가지다. 오프라인 매장의 경우 책의 얼굴이 보이도록 진열하는 게 효과적이고, 온라인서점 역시 책 표지 이미지를 가능한 한 크게 보여야 한다는 데 공감할 것이다. 15년 전과 비교해보면 지금 온라인서점의 사이트들은 표지 이미지를 놀랄 만큼 크게 넣는다. 요즘 국내외 서점들을 살펴보면 전시와 상품 진열의 경계가 희미해지고 있다. 작품이 판매용으로 진열되기도 하고, 상품이 미술품처럼 전시돼 있기도 하다. 당연하게도 책은 읽기 전에 꽂아두는 물건이고, 독자들은 꽂아뒀을 때나 놓여 있을 때 아름답기를 바란다. 표지나 판형, 장정을 바꾸어 새롭게 제작하는 것은 결코 작은 일이 아니다. 책은 팔려나간 후 대부분의 시간 동안 꽂혀 있거나 놓여 있어야 하기 때문이다. 거기에 더해 수집할 만한 가치를 더한다면 표지는 더 이상 껍데기가 아니다.

『과학혁명의 구조』는 출간 50주년을 기념하여 '예스24 리커버 에디션'으로 표지를 바꿔 출간됐다. 의심할 여지없이 현대 고전 가운데에서도 필독서이지만, 관련 전공자가 아니라면 그저 제목이 어려운 오래된 책이었을 것이다. 50년 전이나 지금이나 출판사가 선택한 표지는 제목이 강조된 깔끔한 형태다. 그게 가장 적당할 수 있다. 하지만 색상이 좀더 풍부해지고 별색이 들어가면 안 될 이유는 없다. 그래서 이미 이 책을 가지고 있는 독자가 한 권 더 사게 된다면, 이런 변화가 나쁘지 않았다는 확실한 근거가 아니겠나. 『과학혁명의 구조』 구매자 중 몇 분은 기존 표지로 이 책을 구매한 적이 있는 독자였다.

_김병희

05 웹소설과 플랫폼 비즈니스

웹소설이라 하면 최근에야 시작된 유행으로 착각하는 경우도 많을 것 같다. 하지만 국내 웹소설 분야의 양대 플랫폼 조아라와 문피아는 2000년, 2002년에 각각 시작되었다. 판타지 중심의 조아라(당시 명칭은 시리얼리스트), 무협소설 작가들이 중심이 되어 만든 웹진 '고무림'이 이름을 바꾼 문피아는, 2010년대에 접어들면서 본격적인 유료화를 통해 급격하게 성장했지만 그 단초는 이미 15년 이상의 역사를 갖고 있다. 심지어 이 사이트들은 '웹'소설, 즉 '월드 와이드 웹World Wide Web'을 통한 온라인 연재소설 분야에서의 초기 사이트일 뿐이다.

판타지소설과 무협소설의 '온라인 발표의 근원'이라면 이미 1990년대 PC통신에서 시작된 것이었다. 한국 판타지소설 초기부터 주목받은 작가들인 이영도(1998년 PC통신 하이텔에서 『드래곤 라자』 발표), 전민희(1999년 나우누리에서 『세월의 돌』 발표)는 물론이고, 그 이전에 발표된 작품으로도 임달영(『레기오스』 1994년), 홍정훈(『비상하는 매』 1996년) 등을 빼놓을 수 없다. 또 이런 'PC통신 소설'의 가장 초기 히트작으로는 이우혁의 『퇴마록』(1993년 하이텔 발표)을 들 수 있다. 게다가 그보다 이전에 '최초의 PC통신 소설'이라는 문구를 내걸고 출판된 이성수의 『아틀란티스 광시곡』(1989년 천리안 발표 후 1991년 출판)도 있었다. 1992년에는 이미 작가로서 활동을 하고 있던 SF소설가 복거일이 하이텔에 『파란 달 아래』를 연재하기도 했다.

무협소설 장르는 이미 1960~1970년대부터 신문 연재를 했고 1980년대에는 대본소 등을 통해 국내 작가들이 인기를 얻었던 역사가 있었으니, 판타지소설만큼이나 '온라인 연재가 사실상의 시초'였다고는 하기 어렵다. 하지만 1990년대 소위 '신무협'이 시작된 이후부터 무협소설도 PC통신을 통해 작품을 발표하는 사례가 늘어났고, 그 대표적인 사례로 전동조의 『묵향』(1999년)이 있었다. 또 『태극문』을 통해 1990년대 신무협을 일으켰던 용대운 역시 2000년에 신문 연재로 시작했던 『군림천하』를 온라인 연재로 옮겼다. 그리고

2001년부터『그놈은 멋있었다』,『늑대의 유혹』등을 온라인으로 발표한 귀여니는 청소년 대상의 로맨스소설 장르를 통해 웹소설의 초기 붐을 일으켰다고 할 수 있겠다. 이 역시 그 전인 1999년 나우누리에서 연재되었던 김호식의『엽기적인 그녀』가 2001년 영화화되면서 높은 인기를 구가했던 전례가 있었다.

한국 웹소설 장르의 특징이라면, 이처럼 세계 어느 나라와 비교하더라도 상당히 이른 시점부터 대중화되었다는 점이다. '한국에서 요즘 웹소설 플랫폼이 흥행하고 있는 원인이 무엇인가'라는 질문에 대한 답변이라면, 그 무슨 어떤 한국적 특수성(?)이니 하는 것들보다도 바로 이 점, 오랫동안 이미 대중성을 갖춰왔다는 점에 주목할 필요가 있다. 예술성이 떨어진다거나 일반 대중이 재미로 넘겨보는 대본소, 대여점용 소설이라는 이유로 오랫동안 연구나 조사의 대상이 잘 되지 않았을 뿐(2000년대 이후로는 연구의 대상이 되기도 했다), 이런 대중소설로서의 기반이 온라인으로 옮겨지기 시작한 지만 따져보아도 벌써 30년에 가까운 역사가 있었다는 측면을 무시할 수는 없다.

물론 영어권을 비롯하여 인터넷이 시작된 초기부터 '온라인을 통해 소설을 발표하는 것' 자체는 오랫동안 존재했다. 가까운 일본만 하더라도 1993년에 유명 소설가가 PC통신을 통해 작품을 발표한 사례가 있고 1980년대 중반에는 이미 아마추어들의 소설을 발표할 수 있는 게시판이 대형 PC통신망에 만들어졌다. 미국에서도 1980년대부터 PC통신 발표작 중에 나름대로의 인기를 구가하여 종이책 출판에까지 이르렀던 작품은 등장했었다. 하지만 결론적으로는,『퇴마록』처럼 대중적으로 히트한 작품도, 아니『아틀란티스 광시곡』이 출간 당시에 받았던 주목도만큼 순수한 온라인 발표 작품에 몰렸던 사례는 없다시피 하다. 한국만이 1993년이라는 매우 이른 시기에 '대중소설 인기작'이 '온라인 발표'로 등장했고 2000년에 접어들자마자 발표의 장을 PC통신에서 인터넷으로 옮기면서 기반을 쌓아왔기 때문에, 2010년대에 카카오페이지나 네이버 웹소설 등 포털사이트들까지 참가할 수 있었고 최근의 브릿G, 저스툰 등 출판사에서 플랫폼을 직접 만드는 시도도 가능할 수 있었다는 말이다. 물론 '콘텐츠의 유료 판매'라는 측면에서 전자책 분야의 한국이퍼브나 리디북스, 웹툰 분야의 미스터블루나 레진코믹스도 빼놓을 수 없겠다.

현재 중국에서는, 아시아권 최초로 시가총액 5,000억 달러를 넘어서 페이스북을 추월했다는(세계 5위) 텐센트 산하의 웹소설 플랫폼 '웨원그룹閱文集團'이 2017년 11월 홍콩증시에 상장하면서 엄청난 주가 폭등을 기록했다. 온라인 플랫폼은 인터넷을 통해 전 세계의 사용자(독자)를 상대로 하는 비즈니스다. 물론 한국의 플랫폼 비즈니스는 전 세계에서 소수만 사용하는 '한국어'라는 장벽이 존재하지만(그러나 반대로 해외 플랫폼이 진입하기 쉽지 않아 국내 업체로선 도움되는 측면이 있었던 것도 사실이다), 이제는 음악(음원 사업), 영상(영화와동영상)만이 아니라 출판까지도 플랫폼 비즈니스를 염두에 두지 않을 수 없는 상황이 됐다. 이미 해외의 일부 출판사와 플랫폼에서는 자사 콘텐츠의 한국어 번역판에 대하여 자국 플랫폼에 직접 유통시키는 것을 출판 라이센스 계약의 조건으로 삼는 업체가 등장하고 있다. 과연 언어와 물류의 장벽을 등에 업은 국지적 비즈니스가 언제까지 통용될 수 있을지 한번쯤 생각해볼 필요도 있지 않을까.

_선정우

06 문화예술계 블랙리스트

문화예술계 블랙리스트 파장이 끊이지 않고 있다. 출판과 문학 역시 예외가 아니다. 블랙리스트 사건은 작년 특검 수사부터 올해 특검의 기소와 사법부의 1심 유죄 판결, 피고인들의 항소에 따른 2심이 진행되고 있다. 또 국회 국정감사에서 새로운 블랙리스트 사례가 드러나고, 관련 기관장들의 사표 제출 등 관련 뉴스가 계속되면서 세인의 관심이 증폭되고 있다. 특검 공소장과 사법부의 판결 등에 따르면 청와대의 지시에 따라 문화체육관광부와 한국출판문화산업진흥원은 2014년과 2015년 세종도서 선정 사업에서 블랙리스트를 적용해 『소년이 온다』를 비롯한 최소 22종의 도서를 제외했다. 또 같은 기간 청와대의 지시로 문화체육관광부와 한국문화예술위원회는 우수문예지 발간 지원 사업에서 〈인디고잉〉(인디고서원) 등 9개 잡지를 지원 배제하고 2016년에는 이 사업을 폐지했다.

올 10월 국회 교육문화체육관광위원회 국정감사에서는 노웅래, 김민기 의원에 의해 2014년과 2015년을 넘어 2016년 세종도서 선정 사업 외에 '찾아가는 중국도서전'과 '초록 샘플 번역 지원 사업'에서도 블랙리스트가 적용되었음이 밝혀졌다. 문화체육관광부의 지시에 따라 한국출판문화산업진흥원은 2016년 제3회 찾아가는 중국도서전에서 『느영나영 제주』(나는별) 등 5종을 제외했고, 문화체육관광부의 지시에 따라 한국문학번역원은 2016년 초록 샘플 번역 지원 사업에서 『사회를 구하는 경제학』(반비) 등 4종을 제외한 것이다. 국감 이후 이기성 한국출판문화산업진흥원장과 김성곤 한국문학번역원장은 12월 말까지만 직무를 수행하고 사퇴하겠다는 의사를 문화체육관광부에 전달했다고 한다.

　박근혜 정부의 문화예술계 블랙리스트는 2015년 국회 국감 때부터 유기홍, 도종환 의원 등에 의해 수면 위로 떠올랐다. 결정적인 계기는 2016년 10월 10일 국회 국감에서 도종환 의원이 한국문화예술위원회 회의록을 공개하면서부터다. 정부 공식 문건에서 처음으로 블랙리스트의 존재가 드러난 것이다. 그 후 최순실 국정농단 사건이 불거지며 박근혜 대통령이 탄핵되고 문재인 정부가 출범하였다. 새 정부의 첫 문화체육관광부 장관으로 부임한 도종환 의원은 7월 31일 '문화예술계 블랙리스트 진상조사 및 제도개선위(이하 진상조사위)'를 출범시킨다. 장관을 포함해 문화체육관광부 4인과 문학, 공연, 영화, 출판 등 장르별 위원과 교수, 변호사, 전문가 등 민간위원 17인, 총 21명으로 구성하고 상근 전문위원 16명(11월 9명 증원)을 채용하여 활동을 시작했다.

　블랙리스트와 관련해 철저한 진상조사와 재발 방지를 위한 제도를 마련하겠다는 의지의 표현이었다. 특검이 시한에 쫓기고 주로 상층부(대통령, 비서실장, 수석, 장관 등)에 관심을 집중한 측면이 강했다면, 진상조사위는 중간층과 하부 실무 단위에 초점을 맞추었다고 할 수 있다. 특히 블랙리스트 피해자들로부터 직접 피해 사례와 사건 접수를 통해 사건의 진상을 파악해가고 있다. 또 한편으로는 관계 기관과 단체 구성원, 전문가 등이 함께 연구, 공청회, 토론회 등을 통해 제도 개선안을 만들고 있다. 진상조사위의 모든 활동은 백서를 통해 자료로 남을 것이며 보고되고 공개될 것이다. 진상조사위는 6개월 한시 조직이며 필요시 3개월 단위로 연장할 수 있다.

　정권이 바뀌고 블랙리스트 사건이 범죄로 인식되면서 블랙리스트를 계기로 폐지 및 축소되었던 사업이 복원되고 제도 개선의 움직임이 보이는 등 비정상이 정상화되고 있다. 그러나 본질적으로 이 사건은 정권 담당자나 행정 관료의 인식 변화 없이는 해결되기 어렵다. 가장 자유롭고 창의적이어야 할 문화예술 분야는 정치권의 자파 성향 확대와 반대파 축소를 위한 줄 세우기와 배제를 멈추고, 관료들은 권한 강화를 위한 방편으로 예산을 집행하거나 외부의 부당한 간섭을 배격해야 한다. 지원은 하되 간섭은 하지 않는다는 원칙이 확고히 정착되어야 한다.

건강한 민간단체의 자발적 성장도 매우 중요하다. 분야의 전문 집단으로서 정책 기획 역량을 강화하고 분야를 대변하되 사회 전체가 같이 잘사는 공동체 건설에 기여해야 한다. 블랙리스트 사건이 문화예술계 창작 활동과 산업이 발전하고, 주장은 하되 차이는 인정하는 사회 전반의 의식도 성장하는 전화위복의 계기가 되었으면 한다.

_류지호

07 여혐사회와 김지영들

1980년대에 태어난 내 또래들 중에는 '지영'이라는 이름을 가진 여자아이들이 많았다. 어린 시절부터 같은 반에 꼭 한두 명씩은 있었고, 내가 언젠가 좋아했던 누구누구의 이름도 그랬다. 지금은 왠지 그 이름을 보기가 어려워졌다. 교실에서 40여 명씩 수업을 받던 때처럼 여러 이름과 어울릴 기회가 이제는 거의 없기도 하고, 강의를 하러 들어가도 1990년대생들은 무언가 다른 분위기의 이름을 가지고 있다.

2000년대~2010년대생 여자아이들의 경우는 '율'이라는 음이 흔해서 '지율, 소율, 다율' 등의 이름이 많다고 한다.

그 많던 김지영 씨들은 다 어디로 갔을까, 하는 물음에 답해준 것이 조남주의 『82년생 김지영』이다. 이 책은 우리 주변에 있는 평범한 젊은 여성들을, 한 세대 전체를 호출해냈다. 어디에서 어떻게 살아왔는지, 그들의 이름처럼 사라져버린 그 서사를 기록했다. 사실 무언가 대담한 전략이라고도 할 수 있겠는데 여기에 많은 여성들이 "나도 김지영"이라며 공감을 보냈다. 이 책은 조남주 개인의 것이라기보다는 2017년에 이미 그러한 장이 마련되어 있었고 여기에 그가 첫 이정표를 남겼다고 할 수 있다.

2017년의 김지영들은 저마다 "나도 여기에 있고, 거기에 있었다"라는 자기서사를 드러냈고, 그 경험과 기록들이 책으로 쏟아져 나왔다.

2017년의 김지영들은 저마다 "나도 여기에 있고, 거기에 있었다"라는 자기서사를 드러냈고, 그 경험과 기록들이 책으로 쏟아져 나왔다. 어느 여성은 올 한해 자신이 공저자로 참여한 페미니스트 관련 도서가 7권이 된다고 페이스북에 포스팅을 하기도 했다. 『페미니즘 리부트』(나무연필), 『그런 남자는 없다』(오월의봄), 『소녀들』(여성문화이론연구소), 『페미니스트 모먼트』(그린비), 『그럼에도 페미니즘』(은행나무), 『대한민국 넷페미史』(나무연필), 『여성괴물, 억압과 위반 사이』(여성문화이론연구소) 등이다. 2017년 페미니즘 관련 책의 경향 중 하나는 이처럼 '목소리가 모인다'는 점이다. 어느 한 운동가가 지침을 내리고 현상을 규정하기보다는, 여러 여성들이 함께 각각의 언어로 글을 써 책으로 묶는다. 얼마 전 출간된 『현남 오빠에게』도 그러한 경향을 충실히 따랐다. 여성 작가 조남주, 최은영, 김이설, 최정화, 손보미, 구병모, 김성중 7인이 함께 참여한 소설집이다.

김지영 씨들은 이제 강현남 씨에 대해 말하기 시작한다. 자신들의 서사를 드러내는 데 그치지 않고 그 안에서 자신이 하나의 자아로서 어떻게 투쟁했는지, 그 자아에 맞서는 세계, 그러니까 '현남'으로 표상되는 남성들과 어떤 긴장 관계에 있었는지를 섬세하게 살피기 시작했다. 그동안 여성-남성, 자아-세계로 나눌 수 있는 그 관계는 사실 위계의 축이 한 편으로 너무나 기울어져 있었다. 올해는 이것이 '기울어진 운동장'이라는 이름으로 많이 소비되기도 했다. 그러나 이제 김지영 씨들은 정말로 투쟁에 나서기 시작했다. 여성이라는 자아는 출간되는 책들에서뿐만 아니라 일상에서도 소중한 승리의 경험을 착실히 쌓아가고 있다. 그것이 어느 스타 작가나 특정 조직에 과하게 집중되지 않고 여러 목소리로 모이고 있다는 점은, 물론 한계와 가능성을 동시에 안은 전략이다. 이것이 2018년에 어떻게 극복되고 더 뻗어나갈 것인지도 살펴보아야 한다.

그에 더해, 아직 남성 작가가 참여한 페미니즘 관련 책들은 거의 나오지 않고 있다. 온전히 김지영 씨들의 목소리가 모이고 있는 중이다. 그간 일상뿐 아니라 여러 제도 권력에서도 주로 발화해온 강현남 씨들은 여기에 쉽게 참여하지 못한다. 여성의 입장에서 쓴 서민의 『여혐, 여자가 뭘 어쨌다고』(다시봄)보다는 남성의 입장에서 남성을 분석한 오찬호의 『그 남자는 왜 이상해졌을까』(동양북스)가 보다 많은 관심과 선택을 받았다. 이러한 경향이 2018년에는 어떻게 변화할지도 궁금하다.

_김민섭

08 송인서적 부도

지난 11월 17일 ㈜송인서적의 채권출판사들은 송인서적의 부도로 인한 어음채권의 15%를 현금으로 변제받았다. 그에 앞서 서울회생법원에서 열린 관계인집회에서 회생담보권자의 97%, 회생채권자의 77%가 인터파크의 송인서적 인수 건을 포함한 회생계획안에 찬성하고, 10월 27일에 열린 채권단회의에서 송인서적의 회생계획안이 인정받았기에 회생절차에 따라 변제받을 수 있었다.

인터파크가 송인서적 지분 55%를 50억 원에 인수하고, 나머지 44%를 중소출판사들이 보유하는 안이 받아들여짐으로써 송인서적은 공식적으로 회생되어 업무를 개시했다. 회생한 송인서적은 11월 2일에 공문을 보내 "과도한 임대료 부담을 줄이기 위해 사업장을 인터파크 파주 물류센터로 12월 4일까지 이전 완료하기로 결정하고 11월 10일부터 물류설비이전작업을 시작"한 사실을 알렸다. 반품받은 도서는 11월 8일부터 각 출판사로 반출되기 시작했다.

송인서적의 전신인 ㈜송인서림이 도산한 것은 1998년 2월이었다. 약 19년 만에 다시 도산한 송인서적의 부도 금액과 자산은 부도어음 100억 원, 출판사 잔고 270억 원, 도서 재고 40만 권, 서점 채권 210억 원, 은행 부채 59억 원 등이었다. 1998년 송인서적의 부도어음은 57억 원이었다. 1998년에는 IMF 사태 직후에 갑자기 무너지는 바람에 자산이 많이 남아 있어 자구적인 회생이 가능했지만 이번에는 아무런 자산도 남겨놓지 않았고, 영업실적에 비해 은행 부채 비율도 높았다. 회생이 쉽지 않았음에도 불구하고 출판단체와 채권단의 발 빠른 대응으로 이 정도로라도 회생한 것은 평가해야 마땅하다. 그러니 자신을 희생하면서 헌신한 이들의 노고를 치하할 수밖에 없다.

그렇다면 회생안에 따른 출판사 채권자의 변제는 어느 정도로 이뤄질까. 출판사 채권은 크게 어음채권과 상거래채권(잔고)로 나눠진다. 이중 어음채권은 15% 정도 현금 변제되고 나머지 85%는 출자 전환된다. 잔고는 새로운 송인서적이 45%를 승계하고 나머지 55%는 출자 전환된다. 출자 전환되는 어음 85%와 잔고 55%는 전액 9대 1로(약 11%) 감자되어 새로운 송인서적의 주식으로 교부된다.

송인서적을 인수한 인터파크는 정확한 입출고 데이터를 기반으로 출판사에서 도매점이나 소매서점으로 이어지는 거래가 투명하게 이뤄지도록 출판 유통 시스템을 선진화한다는 복안을 내놓고 있다. 온라인 상거래에서 다른 분야는 거의 선두를 달리지만, 책 상품만큼은 4대 온라인서점 중에서도 최하위에 머물렀던 인터파크는 송인서적 인수를 계기로 재도약을 하겠다는 의지를 내비치고 있다. 지역서점 납품과 고객 배송 서비스 차별화에 역점을 두어 전국에 연결된 자사의 IT네트워크와 지역서점들 간 제휴를 통해 고객 기반을 확보하면서 도서 마케팅을 전개하겠다는 것이다.

인터파크는 출판업계의 고질적인 병폐로 지적됐던 어음거래 관행을 순차적으로 현금거래 방식으로 바꾸겠다는 복안도 내놓고 있다. 부도나기 전에 양대 도매상이었던 송인서적이 매출을 회복하면서 현금거래를 정착시킨다면 출판시장의 성장을 가로막는 장벽 중 하나였던 어음거래 관행이 완전히 사라질 수도 있을 것이다.

부도로 인한 피해가 적지 않았지만 이제 안심해도 되는가. 그리고 송인서적은 제대로 회생할 수 있을 것인가. 성급한 판단일지 모르지만 회생한 송인서적의 앞날도 가시밭길이라 하지 않을 수 없다. 온라인 상거래 비중이 높아지면서 오프라인서점의 매출은 갈수록 줄어들고 있다. 영세한 소매서점 매출의 절반 가까이 차지하는 학습참고서의 매출은 해마다 30% 이상 감소하고 있다. 이런 현실에도 불구하고 동네서점들은 학습참고서의 출고가 인하만을 요구할 뿐 시대 변화에 따른 변신은 거의 염두에 두지 않고 있다. 따라서 도매상의 매출의 획기적인 증대는 요원해 보인다.

출판유통시장의 미래에 대한 전망은 여전히 비관적이다. 오히려 인터파크가 자본력으로 시장을 부정적으로 흔들 경우 제대로 된 이익을 내지 못하고 있는 도매상들이 동반 몰락할 우려마저 있다. 그래서 송인서적의 회생이 쥐꼬리만큼의 피해를 회수하고, 곧 우리 모두를 날려버릴 폭탄 하나를 품게 된 것은 아닌지 우려된다. 이제 우리는 초연결사회의 시스템에 맞는 물류를 중심으로 하는 새로운 도매상을 만들어야만 한다. 최근 급증하고 있는 테마형 독립서점이 안정적인 영업을 할 수 있는 새로운 개념의 도매시스템이 필요하다. 출판에서 영화진흥위원회의 역할을 할 수 있는 도매회사로 보면 된다. 그게 시대적 요구이니 그런 도매기구의 출현이 곧 가시화될 것으로 보인다.

_한기호

09 마중물 독서

'알파고'나 '왓슨' 같은 인공지능이 등장하면서 인간은 기계(인공지능)와도 경쟁을 벌여야 한다는 두려움에 떨게 되었다. 하지만 4차산업혁명의 대표 기술로 일컬어지는 인공지능도 증기기관(1차), 전기

(2차), 인터넷(3차) 등과 마찬가지로 기술이라는 속성은 다르지 않다. 그러니 이제 인간은 인공지능이라는 기술을 비서로 둔 것에 불과하다. 누군가는 인공지능을 타고 다니는 '말'에 비유했다. 지금의 말은 자동차일 것이니 우리는 걷는 대신 자동차를 타고 다니면 그만이다. 물론 자동차를 잘 부리는 기술은 필요하다.

구글이 2000년부터 세계의 주요 대학 도서관과 공립 중앙도서관과 협약을 맺어서 지금까지 인류가 생산한 모든 종이책을 디지털화하는 프로젝트인 '구글프린트(구글북스)'야말로 대표적인 인공지능일 것이다. 따라서 우리는 곧 인류가 생산한 모든 정보를 검색만으로 접할 수 있게 될 것이다. 구글의 강력한 경쟁자인 아마존이 추구하는 '한 권의 책'은 그들이 만든 모든 책의 본문과 주석과 비평과 댓글, 나아가 모든 이미지와 비디오, 오디오, 게임과 소셜네트워크 대화 등을 연결한다. 우리는 이들 플랫폼에서 스마트 기기를 활용해 '전문검색'만으로 인류가 생산한 모든 지식에 자유롭게 접근할 수 있게 될 것이다. 따라서 지식의 저장, 보관, 이동은 인공지능이라는 비서에게 맡기면 그만이다. 그러니 인간에게 꼭 필요한 것은 상상력이나 창조력이다. 이런 능력은 어떻게 키워질까.

인공지능의 등장에 대응하기 위해 2020년부터 사지선다형 대학입시인 '센터시험'을 폐지하고 서술형 대학입시를 시행하기로 한 일본의 문부과학성은 교육 개혁의 지침이라 할 "학교가 길러줘야 할 3가지 힘", 즉 학력의 3요소를 미리 제시했다. 과제 해결을 위해 협력하여 일하는 힘, 자신의 생각을 표현하는 힘, 창의적인 사고력 등이 바로 그것이다. 이런 능력은 '지식의 습득'이라 아니라 '지식의 활용'에 부합하는 능력(힘)이다.

이제 학교에서는 '티칭'이 사라지고 학생 스스로 학습하는 '러닝'이 대세가 될 것이다. 교사는 인공지능을 활용해 러닝하는 학생을 도와주는 코치 혹은 프로듀서로 역할을 바꿔야 한다. 학교는 평생 써먹을 지식을 가르치는 것이 아니라 평생 학습하는 방법을 알려주어 급변하는 세계에 언제든 적응할 수 있게 만들어야 한다. 그런 능력을 키우기 위해서는 되도록 많은 글(책)을 읽어내면서 글들을 연결(편집)하여 자신만의 생각을 만들어내는 훈련을 꾸준히 해야만 한다.

'마중물 독서 운동'은 스스로 학습하는 능력을 키워주기 위해 학생들이 10분 동안 완성된 짧은 글을 함께 읽고 토론을 벌이면서 자신의 생각을 말하게 하고자 하는 운동이다.

'마중물 독서 운동'은 그런 능력을 키워주기 위해 학생들이 10분 동안 완성된 짧은 글을 함께 읽고 토론을 벌이면서 자신의 생각을 말하게 하고자 하는 운동이다. 그런 운동을 가능하게 하려면 맞춤한 텍스트를 만들어줄 필요성이 제기됐다. 지금까지 '마중물 독서' 운동에 참여한 출판사는 미디어창비와 학교도서관저널이다.

고故 김이구 문학평론가와 오세란 아동문학평론가가 기획한 미디어창비의 '책 읽기 마중물' 시리즈는 초등학생들을 겨냥한 잡지형 단행본 형식을 취하고 있다. 동시, 동화, 에세이, 논픽션 등 학습이 가능한 다양한 장르의 글과 만화, 숨은그림찾기, 미로 찾기, 수수께끼 등 놀이를 위한 도구 등을 결합했다. 책이 익숙하지 않은 아이들을 배려해 책을 처음부터 끝까지 순서대로 읽지 않고 마음에 드는 것을 읽다가 결국 전체를 읽도록 만든 편집을 했다. 지금까지 『봄이다, 달려』, 『나야, 나』, 『우리 가족 만세!』, 『야호, 소풍 가자』, 『우리 같이 놀자』 등 5권이 나왔고, 내년 1월에 2차분 5권이 나올 예정이다.

북 칼럼니스트 류대성, 국어교사 왕지윤, 사서교사 서영빈이 함께 기획한 학교도서관저널의 '마중물 독서' 시리즈는 청소년과 성인(교사, 학부모)이 함께 읽고 토론할 수 있는 글들을 골랐다. 이별과 만남,

사랑과 우정, 배움과 미래 등 인생에서 한 번쯤 고민할 주제들의 의미를 다양하게 생각해볼 수 있도록 돕는 글들을 모았다. 모두 성인용 책에서 골랐지만 청소년들이라도 쉽게 읽을 수 있는 글들이다.

책을 함께 읽으며 각자의 생각을 말할 때에는 반드시 생각의 차이가 드러난다. 이 생각의 차이가 바로 상상력이다. 이런 상상력으로 한 번도 만난 적이 없는 사람의 생각을 추론해낼 수 있는 '사회적 지능'과 자신이 확보한 지식들을 연결해 새로운 지식을 만들어낼 수 있는 '편집력' 등을 확보한 사람만이 미래의 세상을 주도할 힘을 갖게 된다.

독서운동도 이제 커다란 전환점을 맞이했다. 마중물 독서 운동이 한두 출판사의 광고가 아닌 공공성을 갖는 캐치프레이즈가 되려면 좀더 많은 출판사들이 동참해주어야만 한다. 마중물 독서 운동은 곧 우리나라에서도 현실화될 교과서 자유발행제에 제대로 대응하는 일이 될 것이다.

_한기호

10 1인출판사의 가능성

최근 몇 년 동안, 1인 출판사의 움직임이 활발하고 꾸준하더니, 베스트셀러로 존재감을 드러내는 일이 잦아졌으며, 서로 연대해 중형급 출판사들이 하던 일을 하는 경우도 생겨났다. 이기주의 『언어의 온도』(말글터)는 올해 내내 베스트셀러 목록에 있었다. 페이스북 등 소셜미디어에서 독자들과 '충분한 연결'을 확보한 저자가 기존 출판사를 거치는 대신, 출판사를 직접 설립해 책을 출간하는 시도를 보여주었다. 초연결사회가 가져온 풍경이다. 1인출판사는 아니지만, 맹기완의 『야밤의 공대생 만화』(뿌리와이파리)도 이 범주에 넣을 수 있다.

연결의 세상에선 소셜 가치의 그물망을 건드릴 줄 아는 편집자의 기획력이 회사의 크기보다 더 중요하다. 『자존감 수업』 등의 경우에서 보듯이, 좋은 기획을 담은 책은 우발적으로 연결이 이루어지면서 독자들이 폭발하곤 한다. 디지털 시대일수록 우리 몸이 느끼고 체험하는 감각과 그로부터 생겨나는 사유의 심도가 중요해지는 중이다. 『산책자를 위한 자연수업』(이케이북)은 산책자의 시야에 높이와 깊이를 만들어주는 책으로 분야에서 폭발적 주목을 가져왔다. 참신한 기획이 필요한 호응을 얻는 이러한 기회가 작은 출판의 희망이자 존재이유가 아닐까.

소셜미디어에서 독자들과 '충분한 연결'을 확보한 저자가 기존 출판사를 거치는 대신, 출판사를 직접 설립해 책을 출간하는 시도를 보여주었다.

위고, 제철소, 코난북스 등 1인출판사 세 곳이 힘을 합쳐 목록을 만들어가는 중인 '아무튼' 시리즈는 한국 출판 사상 초유의 실험이다. 문고의 경우, 빠르게 목록을 늘려서 시장에서 존재감을 이룩하는 것이 성패을 가름하는 주요 요인이기에, 상당한 자금과 인력이 필요한 분야다. 이 영역에서 '연대의 힘'을 보여준 세 출판사의 도전이 좋은 결실을 낳기를 기원해본다.

_장은수

11 아날로그의 반격

온라인 거래의 대명사인 아마존이 맨해튼에 오프라인서점을 냈다. 실리콘밸리의 리더들은 물론이고 한국의 젊은이들이 몰스킨 노트에 빠졌고 틈만 나면 펜으로 그림을 그린다. 각종 디지털 정보기기를 들여놓기 바쁘던 도서관이 턴테이블과 LP판을 소장하고 대여한다. 젊은이들은 다시 필름 카메라에 열광하고 있다. 과학관은 디지털 전시에서 실제로 만지고 돌리고 던지는 아날로그 전시로 회귀하고 있다.

인공지능과 빅데이터의 시대에 왜 사람들은 다시 아날로그에 열광할까. 디지털의 발전이 사람들에게 더이상 충격과 좌절을 주지 않기 때문이다. 사람들은 디지털 시대에 충분히 적응했다. 아날로그를 낡은 것으로 여기고 디지털 물결에 따라 춤추는 대신 디지털과 아날로그를 통합할 수 있게 되었다. 아날로그에 이미 익숙했던 기성세대가 아니라 오히려 20~30대 젊은이들 사이에서 아날로그의 반격이 시작되었다는 사실이 그것을 잘 말해준다.

디지털 세대가 아날로그의 활용을 선택하고 적응했다는 것은 디지털과 아날로그가 각기 생존에 이상적인 조건을 만들기 위해서 협력과 조화를 선택했다는 것을 의미한다. '아날로그의 반격' 또는 '아날로그의 배신'은 '디지털과 아날로그의 공존'으로 해석되어야 마땅하다.

_이정모

12 가즈오 이시구로

올해 노벨문학상은 일본계 영국 소설가 가즈오 이시구로한테 돌아갔다. 『남아 있는 나날』, 『나를 보내지 마』, 『녹턴』(이상 민음사) 등으로 국내에서도 고급 문학 독자들 사이에서 이미 잘 알려진, 익숙한 이름이었다. 최근 몇 년 동안, 노벨위원회는 문학의 외연을 확장하려는 기미를 보였다. 다큐멘터리와 이야기의 중간에서 '목소리 소설'이라는 장르를 창조한 알렉시예비치 스베틀라나, 시와 노래를 결합한 '음유시인'의 전통을 이어간 밥 딜런의 수상은 충격이었고, 전 세계적으로 '문학이란 무엇인가'에 대한 격렬한 논쟁을 불러일으켰다. 이들에 비해 가즈오 이시구로는 문학의 정통에 가까운 작가로, 비참한 상황에서도 인간다움을 잃지 않으려고 애쓰는 '비극적 파토스'의 현대적 계승자다. 전쟁 같은 거대한 역사의 흐름과 복제 인간 같은 첨단문명의 눈부신 전개 속에서, 자칫 잃어버리기 쉬운 인간적 존엄을 회한이라는 형식을 통해 탐구한다. 독자들의 반응도 뜨겁다. 『남아 있는 나날』은 수상 이후 두 달 만에 8만 부가량 판매되었고, 『나를 보내지 마』 역시 5만 부 정도 팔려 나갔다. 음악소설인 『녹턴』의 반응도 만만치 않다. 오랜만에 순문학 쪽에 열풍이 불고 있다.

_장은수

2018년 노벨문학상 수상자 가즈오 이시구로는 문학의 정통에 가까운 작가로, 비참한 상황에서도 인간다움을 잃지 않으려고 애쓰는 '비극적 파토스'의 현대적 계승자다.

13 리베카 솔닛

2015년에 출간된 리베카 솔닛의 『남자들은 자꾸 나를 가르치려 든다』(창비)는 '맨스플레인'이라는 신조어를 확산시켰다. 여기에서 굳이 그 의미를 설명하는 것도 일종의 동어반복이 될지 모르지만, 그래도 굳이 하자면 'MAN+EXPLAIN', 타인에게, 특히 여성에게 설명하기 좋아하는 남성들의 특성을 드러낸 것이다. 단순히 아는 체하는 것을 넘어서서, 타인에게 침묵을 강요하며 어느 공간의 언어를 모두 점유하려고 하는 모습까지를 모두 포함한다.

리베카 솔닛은 여성들이 어느 상황에서 거부감을 느끼면서도 제대로 표현할 수 없었던 어느 상황을 명확한 언어로서 규정했고, 이것은 그대로 페미니즘의 강력한 무기가 되어주었다. 그는 여성들에게 책이라는(언어라는) 무기를 쥐여준 셈이다. 이후 "오빠가 설명해줄게" 하는 그 흔한 풍경이 우리 주변에서 더디게나마 사라져가고 있다. 올해는 리베카 솔닛의 책만 3권이 더 출간되었다. 창비에서 『여자들은 자꾸 같은 질문을 받는다』와 『어둠 속의 희망』을, 반비에서 『걷기의 인문학』을 펴냈다. 그 열풍은 당분간 계속될 것 같다.

_김민섭

14 **1인분의 삶**

지난해에 이어 올해도 '혼자'라는 키워드를 내세운 책들이 쏟아졌다. 상반기 교보문고 합정점에서는 따로 매대를 마련할 정도로 '혼자'가 각광받은 한 해였다. 이처럼 '혼자'를 조명하는 책들이 많아지는 것은 시대가 변하면서 나 홀로 라이프의 색채가 더욱 더 다양해지고 있기 때문이다. 이전에는 혼자 밥을 먹고 혼자 술을 먹는 것이 터부시되는 사회였다면 이제는 '혼밥' '혼술'을 내세우는 가게가 등장하고 '혼삶'을 주창하며 혼자를 긍정하는 쪽으로 분위기가 바뀌었다. 경쟁사회에서 타인과의 부대낌에 지친 사람들이 불편한 관계에서 오는 행복보다 고독한 충만함을 택한 것이다.

이러한 흐름을 타고 올해는 2015년에 출간된 사이토 다카시의 『혼자 있는 시간의 힘』(위즈덤하우스)이 다시 관심을 받았고, 『빼어난

혼삶』(브레인스토어), 『나 혼자 먹는다』(이밥차)가 상반기에 주목을 끌며 인문, 실용 할 것 없이 혼자의 삶을 소재로 한 도서가 넘쳐났다. 하반기에는 프로혼족러가 쓴 『1인 가구 살림법』(로고폴리스), 더도 덜도 없는 딱 1인분의 삶에 대한 찬사 『혼자서 완전하게』(북라이프)가 관심을 끌었다. 한편 혼자 운영하는 1인출판사의 책들이 각광을 받은 한 해였다는 점도 숙고해볼 만하다.

_김미향

15 고양이와 반려동물

요즘 출판계에 떠돌고 있는 농담 하나. '고양이 키우는 스님 책이 나오면 대박이다!' 그냥 웃고 넘길 농담이 아니다. 이 말엔 뼈가 있다. 스님은 차치하고라도 고양이와 반려동물에 관련된 책은 못해도 중간은 간다. 예스24 2017년 상반기 베스트셀러 분석 및 도서판매동향 발표에 따르면 "『당신은 개를 키우면 안 된다』(동아일보사), 『고양이의 기분을 이해하는 법』(살림), 『고양이 공부』(희목원) 등 반려동물과 관련된 책 역시 전년 대비 판매량이 상승하며 꾸준한 관심을 이끌었다." 또 "반려동물의 행동을 이해하고 반려동물을 위한 옷이나 소품 만드는 법을 소개하는 반려동물 관련 도서판매량도 올 상반기 10% 성장했다."

반려동물에 관련된 책, 반려동물의 행동을 이해하고 반려동물을 위한 옷이나 소품 만드는 법을 소개하는 책 등이 크게 성장했다.

　최근 베스트셀러 목록에 제목을 올린 도서는 야옹서적에서 출간된 『히끄네 집』이다. 제주 시골마을을 배회하던 길고양이 히끄와 그의 아부지가 가족이 되어 함께한 3년간의 기록을 엮었다. 특히 똥꼬발

랄한 히끄의 귀여움은 이미 인스타그램을 평정하고 출판계로 넘어온 것. 캣스타그램이 넘쳐나는 시대, 엄청난 수집벽을 자랑하는 애묘인들의 고양이 사랑을 베스트셀러 목록에서도 확인할 수 있다. 한편 지난달 출간된 『고양이 사용 설명서』(재미주의)도 고양이 발바닥 포스트잇 굿즈를 증정하며 관심을 끌고 있다.

_김미향

16 대형서점의 매대 판매

2017년 대형서점의 (판)매대 판매가 출판사의 이슈로 등장했지만, 이 관행이 올해 시작된 것은 아니다. 대형서점 오프라인 매장 입구나 중앙의 평대를 출판사에 일정 기간 유료로 제공하는 마케팅 방식은 이미 오래전부터 서점의 짭짤한 수입원이기도 했다. 그러나 최근 몇 년 동안 대형 서점들이 매대를 대대적으로 판매했고, 출판사 경영에 부담이 되는 수준에 이르렀다. 서점의 매대 구입보다 효과적인 출판 마케팅의 방법을 찾기 어려운 상황에서 이런 부담은 출판사의 불만을 크게 증폭시켰다.

책은 상품이기도 하지만 사회적 공공재이기도 하다. 독자는 서점을 통해 책이라는 상품의 구매만을 수행하는 것이 아니다. 서점의 책 전시를 통해 정보와 지식의 단서를 발견하기도 하고, 동시대 지성의 방향을 가늠하기도 한다. 이 같은 관점에서 보면, 대형서점의 매대 판매 행위는 한 사회의 시대적 관심사와 지성의 흐름을 왜곡하고 교란시킬 수 있다. 매대 판매 논란을 서점과 출판사의 제로섬게임 정도로 이해해선 안 되는 이유가 여기에 있다. 2017년의 매대 판매 논란은, 책이 사회적 공공재로서의 위상을 계속 유지할 수 있을 것인지, 아니면 일반 팬시상품의 수준으로 취급될 것인지를 결정하는, 꽤 중요한 함의도 내포하고 있다.

_김성신

17 『아몬드』

2017년에는 유난히 청소년과 범죄에 대한 뉴스가 여러 차례 세상을 떠들썩하게 했다. 잔혹한 사건 속에서 청소년은 가해자가 되기도 했고 피해자가 되기도 했다. 그들을 폭력의 현장으로 내몬 것은 타인을 짓밟고 일어서야만 성취를 인정해주는 서열 중심의 경쟁사회다. 이 살얼음판에서 낙오자가 되고 싶지 않다는 두려움은 다른 사람을 동등한 생명이 아니라 대상으로만 바라보게 만든다.

『아몬드』는 감정 불능 장애를 앓는 '나'와 과도한 감정 장애를 겪는 '곤'의 이야기다. 이들은 드러내기 힘든 가족사의 고통을 지니고 있다. 반대편에 서 있는 서로 다른 괴물과 같았던 두 사람이 평정한 마음의 저울을 향해 한 발씩 가까워지고 공감의 힘을 회복하는 과정을 보여주는 소설이다. 이 작품은 이 세계가 가상의 괴물을 만들었으며 그 괴물의 내면에 잠든 채 버려진 사람의 마음은 어떤 경우라도 고귀하다는 것을 보여준다.

많은 독자들이 이 작품으로부터 자기 안의 상처를 돌보아주는 사려 깊은 속삭임을 들었다. 더불어 청소년기를 고스란히 기술하는 정

『아몬드』는 이 세계가 가상의 괴물을 만들었으며 그 괴물의 내면에 잠든 채 버려진 사람의 마음은 어떤 경우라도 고귀하다는 것을 보여준다.

직한 청소년소설이 등장한 것을 반가워했다. 우리 곁의 아픈 손가락들을 여럿 지켜보아야 했던 2017년에 위로가 된 작품이다.

_김지은

18 '추리 천재 엉덩이 탐정' 시리즈

'엉덩이 탐정' 시리즈는 글 중심의 서사 전개를 과감하게 접고 만화를 중간 진행 요소로 결합시킴으로써 이미지와 웹툰에 친숙한 어린이 독자들의 마음을 사로잡았다.

어린이 독자는 추리물을 읽으면서 자신과 탐정을 동일시한다. 탐정이 추리를 통해 사건을 해결하는 것을 지켜보면서 자신도 이 두뇌 게임에 동참한다. 그리고 범인이 잡히는 순간, 멋진 어른이 된 것 같은 쾌감과 보람을 맛본다. 어린이 독자는 작가가 만든 미숙한 캐릭터가 점차 완숙함을 갖추게 되는 과정을 지지하고 응원하면서 시리즈를 키우는 매니저가 된다. 어린이들이 시리즈 추리물을 좋아하는 것은 이런 성장의 기쁨과 관련이 깊다.

'추리 천재 엉덩이 탐정' 시리즈는 추리물의 장르적 관습을 정확히 재현한 작품이다. 더불어 전통적인 방식의 글 중심의 서사 전개를 과감하게 접고 만화를 중간 진행 요소로 결합시킨 것이 이미지와 웹툰에 친숙한 어린이 독자들의 마음을 사로잡았다. 국내 창작물 가운데 안성훈이 쓴 '헝클이와 블록월드'(웅진주니어), 강경수가 쓴 '코드네임 X'(시공주니어) 시리즈도 이러한 구성을 시도한 작품들이다. 장르물에서 시작된 글과 만화의 결합은 다른 어린이 출판물에서도 더 자주 보게 될 것으로 예상한다.

_김지은

19 책 쓰기 열풍과 독립출판

태어날 때부터 인터넷과 스마트폰을 사용한 젊은 세대에게는 더 이상 소셜네트워크가 현실의 사회적 관계망을 보조하고 강화하는 부수적 수단이 아니다. 소셜네트워크 상에서는 문자 텍스트가 소통의 주된 도구다. 즉 누구나 일상적으로 글로서 자신을 표현하고 있다는 것이다. 이런 배경에서 조성된 글쓰기 열풍은 최근 몇 년 사이 책 쓰기 열풍으로 이어졌다. 정식으로 출간되는 책(자비출판이 아닌)의 저자가 된다는 것은, 개인의 생각이나 지식이라는 일종의 사유재를 사회적 공공재로서 전환하여 그 지위를 인정받는다는 의미가 있다.

글쓰기가 가능해지고 소셜네트워크 상에서 그 수준을 검토하는 과정을 거치면, 자연스럽게 저서의 출간을 욕망하게 된다. 독립출판은 바로 이러한 사회적 환경 속에서 발생한 문화 트렌드이며, 산업 생태계라고 할 수 있다. 독립출판의 의미와 개념은 아직 명확하지 않다. 하지만 보편적으로 '독립출판은 주제나 형식 내용과 구성 등에 어떤 간섭도 제약도 없이 자유롭게 책을 제작하는 것, 인쇄와 유통, 판매에 이르기까지 개인이 책임을 지는 것' 정도로 이해할 수 있다. 최근 독립출판물을 취급하는 독립서점들이 생겨나고 있으며, '소소시장' 등에서 플리마켓의 형식으로 주로 거래되며, 산업의 생태계를 조성해가고 있는 중이다.

_김성신

한국 출판계 키워드 2010-2019

20 자연 내비게이션

인공지능의 시대, 인공지능을 궁금해하는 것만큼 인간지능에 대해 파헤치는 책이 쏟아져 나오더니 더 나아가 자연에서 진정한 가치를 배우고자 하는 책들도 출간되며 주목을 받았다. 프란스 드 발의 『동물의 생각에 관한 생각』(세종서적), 『공감의 시대』(김영사), 트리스탄 굴리의 『산책자를 위한 자연수업』(이케이북), 스티븐 리츠의 『식물의 힘』(여문책)이 그 책들이다.

특히 자연이 알려주는 신호와 단서를 통해 상황을 예측하거나 추론하는 기술을 알려주는 『산책자를 위한 자연수업』은 850가지 자연현상을 제시하며 '자연 내비게이션'의 지식과 기술을 소개한다. 한기호 한국출판마케팅연구소장은 〈경향신문〉 연재 「한기호의 다독다독: AI와 동식물, 그리고 '자연 내비게이션'」(2017.9.11)에서 "인류는 지난 5000년 동안 새로운 기술이 등장할 때마다 처음에는 기술이 안겨주는 공포와 두려움에 떨곤 했지만 곧 기술을 이용해 삶을 한 단계업그레이드하곤 했습니다. 검의 양날처럼 기술은 '선과 악', '은총과 저주'를 동시에 품고 있습니다. 인공지능이 제아무리 놀라운 기술일지라도 인간이 동물과 식물, 자연과 더불어 살면서 인간만의 장점을 키워나가면 우리의 행복한 미래는 결코 사라지지 않을 것입니다"라고 말했다. 자연 내비게이션은, 인공지능의 시대를 살아가는 우리 삶의 또 다른 나침반 아닐까.

_김미향

21 수업 인기

수업, 공부에 대한 관심은 언제나 있었지만, 『자존감 수업』부터 『라틴어 수업』(흐름출판)에 이르기까지, 이전과는 다소 다른 내용의 책들이 주목을 받았다. 이 책들은 명확한 지침을 주거나 공부법을 제시하지 않고, 계발을 강요하지도 않는다. 다만 '성찰'을 제공하고 독자들이 스스로를 돌아볼 수 있게 만든다. 입시를 위한 족집게 선생님을 멀리서 모니터를 통해 지켜보는 것이 아니라, 따뜻하게 마음을 북돋아주는 조곤조곤한 선생님과 대면하는, 그런 감각을 독자에게 준다. 이것이 그간의 자기계발서나 기타 실용서적과 변별되는 지점이다.

『홍세화의 공부』(알마) 역시 주목할 만한 책이다. "천정환 묻고 홍세화 답하다"라는 부제가 달린 이 책은 대담의 형식으로 구성되었다. 책을 읽고 나면 '그래서, 나에게 공부란 무엇인가, 그리고, 이 시대에 공부란 무엇인가?' 하는 물음표가 모두의 가슴속에 남는다. 사람 공부와 사회 공부가 함께 필요하다는 홍세화의 말이, 지금의 공부 열풍을 가장 잘 정리해주는지도 모르겠다. 입시, 취업, 승진, 이러한 목적성을 가진 잠깐의 공부보다도, 독자들이 공부를 평생의 과제로 인식할 수 있을 만한 책들이 계속 출간되기를 바란다.

_김민섭

22 라이트 에세이 열풍

가볍게 읽을 수 있는 에세이들이 많이 출간된 한 해였다. '가벼움'이

라이트 에세이의 한 페이지에 잘 드러나는 적은 분량의 텍스트와 그에 어울리는 삽화는 마치 SNS의 인터페이스와도 닮아 있다.

라는 데서 단순히 부정적인 인식을 읽어낼 수도 있지만, 오히려 '무거움'이 많은 이들에게 부담을 주는 시대다. 그래서 무거운 주제를 다루더라도 얼마나 가볍게 담아낼 수 있는가, 하는 것이 미덕이 되었다. 책의 육체는 경량화되고, 페이지마다 삽화가 들어가고, 그래서 고전적인, 어쩌면 일반적인 독자들에게 '어라 텍스트는 어디에 있지, 이래도 되나?' 하는 당황스러움을 선사한다.

그래도 인기를 얻은 에세이들은 그 외형은 가벼워 보일지라도 어느 순간 쉽게 넘기던 페이지를 한참 멈추고 사유하게 할 만한 힘을 가지고 있다. 특히 독자를 위로와 공감으로 이끈다. 정희재의 『어쩌면 내가 가장 듣고 싶었던 말』(갤리온)이나 김신회의 『보노보노처럼 살다니 다행이야』(놀) 같은 책들이 그렇다.

그에 더해, 한 페이지에 잘 드러나는 적은 분량의 텍스트와 그에 어울리는 삽화는 그대로 SNS의 인터페이스와도 닮아 있다. 그 환경에 익숙한 젊은 세대에게는 더욱 눈에 잘 들어오게 되고 인스타그램이나 페이스북 등에 인용하기에도 간편하다. 이런저런 이유로 '가벼운' 방식의 에세이는 계속 유행할 전망이다.

_김민섭

23 러시아 혁명 100주년·종교개혁 500주년

러시아 혁명 100주년이 되는 해에 이를 기념하는 저작이 나오는 일은 당연하다. 박노자의 『러시아 혁명사 강의』(나무연필), 올랜도 파이지스의 『혁명의 러시아 1891~1991』(어크로스), 이진경과 박노자 등이 함께 쓴 『다시 돌아보는 러시아 혁명 100년』(전 2권, 문학과지성사) 등의 새로운 저작뿐만 아니라 『E. H. 카 러시아 혁명』(이데아) 등 옛 책이 새로이 출간되었다. 하지만 세간의 주목은 거의 받지 못했다. 〈한겨레〉의 기사 제목이 '러시아 혁명의 쓸쓸한 100돌'이었을 정도다. 당사자인 러시아 정부가 혁명을 기리기는커녕 흠집을 내고 싶어 했으니 전 세계의 축제가 될 수는 없었다. 우리나라 역시 촛불혁명의 과실을 즐기느라 관심을 크게 주지 못한 것 같다.

이에 반해서 종교혁명 500주년을 기념하는 책은 풍성했다. 『1517 종교개혁』(21세기북스)과 『하룻밤에 읽는 종교개혁 이야기』(국제제자훈련원)처럼 비교적 쉽게 읽을 수 있는 책뿐만 아니라 『종교개혁, 그리고 이후 500년』(을유문화사), 그리고 명저로 꼽히는 『루터와 종교개혁』(길)처럼 무게감 있는 책도 기독교계의 환영을 받았다는 사실은 한국 교회의 현실을 반영한다. 21세기 백주대낮에 대형교회가 세습되는 상황이니 500년 전의 상황이 왜 현실처럼 비치지 않겠는가.

_이정모

24 문템, 문재인 신드롬

지난 5월 10일 출범한 문재인 정부는 200일이 넘는 기간 동안 비교적 높은 지지율을 유지하고 있다. 이를 방증하듯 대통령과 관련된 상품들이 '문템'이라 일컬어지며 날개 돋친 듯 팔려나가고 있다. '문템'은 '문재인'과 '아이템'의 합성어로, 문재인 대통령의 애칭인 '이니'와 '아이템'이 합쳐진 '이니템'이라고 불리기도 한다. 완판을 기록한 문

문재인 대통령과 관련된 상품들이 '문템'이라 일컬어지며 출판계에도 바람이 불었다. 〈타임〉지 아시아판과 『명견만리』 등이 수혜를 입었다.

템은 등산복, 시계, 안경테, 구두, 넥타이를 비롯해 대통령이 즐겨 마시는 커피까지 다양하다.

출판계에도 예외 없이 불어닥친 문템 열풍은 이례적인 베스트셀러를 낳았다. 문재인 대통령의 사진이 표지로 사용된 〈타임〉 아시아판은 판매 첫날 완판되었을 뿐만 아니라 아시아판 역대 최다 일간 판매량을 기록했다고 한다. 각종 온라인서점에서는 문재인 대통령의 자서전인 『문재인의 운명』과 〈타임〉지가 나란히 베스트셀러 1~2위를 차지했다. 문재인 대통령과 직접 관련된 서적뿐만 아니라 문재인 대통령이 SNS에 추천하여 화제가 된 『명견만리』는 출간이 꽤 지났음에도 불구하고 세 권이 나란히 베스트셀러에 오르며 휴가철 읽어야 할 필독서로 많은 이들의 관심을 받았다. 올 상반기 출판계를 휩쓴 문템 열풍이 언제까지 지속될지 귀추가 주목된다.

_염경원

25 2017 서울국제도서전

올해도 열리는지, 열린다면 언제 열리는지 궁금해하는 독자는 보이지 않았다. 할인 판매와 특가 대방출 같은 조삼모사 이벤트가 사라진 상황에서 대부분의 출판사는 참여하는 게 의미가 있을까, 우려했다. 기획단의 말석에서 전체를 조망하던 나조차 더 나빠지지 않으면 다행이라 여겼다. 2017 서울국제도서전 얘기다. 첫 회의에서 "누구의 눈치도 보지 말고 그동안 해보고 싶었던 걸 하면 된다"고 대한출판문화협회 윤철호 회장이 말했다. 그것이 번드르르하게 꾸며진 약속 같은 것이 아니라는 걸 깨닫는 데는 그리 오랜 시간이 걸리지 않았다. 도서전 기획단은 원하는 걸 마음껏 할 수 있는 권한을 부여받았다. 그러한 구국적 결심과 전폭적인 위임이 유형화된 도서전의 외형을 바꾸는 데 가장 큰 단초가 되지 않았나, 하고 생각해본다.

20군데 동네책방이 참여한 '서점의 시대'와 글쓰기 전문가들이 맞춤형 책을 처방해주는 큐레이션 프로그램 '독서클리닉'과 도서전에 마련된 특별부스에서 시인들로부터 추천받은 시를 필사할 수 있는 '필사의 시간' 같은 새 프로그램도 주의를 끌었지만, 무엇보다 참여 주체들의 마음가짐이 달랐다는 게 중요할 것이다. 가급적 많은 종수의 책을 죽 늘어놓고 어떻게든 싸게 판매하는 양상으로 전개되던 지난날과 달리 '어떻게 하면 독자와 즐겁게 놀 수 있을까'라거나 '이런 걸 하면 더 재미있지 않을까'에 공을 들이는 모습이 역력했다. 크고 거창하고 대대적인 변화가 있었던 게 아니다. 수익에 연연하지 않는 소박한 준비와 세심한 배려가 독자들의 호평을 얻었다고 생각한다.

핵심은 디테일에 있었다. 거기에서 '책 축제'로서의 가치와 공통항이 생겨난 것이리라. 할인이 능사가 아니라는 인식을 얻었다는 것이야말로 이번 도서전의 가장 큰 소득이 아니었을까.

_김홍민

26 북튜브와 1인미디어

책의 발견과 독자와의 연결성이 출판의 주요 과제가되면서, 이제 출판과 SNS는 떼려야 뗄 수 없는 사이가 되었다. 독자와의 마땅한 연결

채널이 없는 작은 출판사들은 SNS가 유일한 마케팅 수단이자 소통 창구가 되기도 한다. 많은 출판사들이 서점과 출판사에서 보여주는 천편일률적인 홍보를 벗어나 온라인에서 독자와 새롭게 연결될 방법을 모색하고 있다. 그러던 몇 해 전부터 해외 도서전에서 소개되고 있는 '책BOOK'과 '유튜브youtube'의 합성어, '북튜브'는 책의 발견성을 높일 수 있는 좋은 대안으로 떠오르고 있다. 유튜브나 페이스북 라이브 같은 채널을 통해 책을 소개하는 영상인 '북튜브'는 젊은 독자들과 활발하게 소통할 수 있고, 책에 익숙하지 않은 비독자에게도 영상 매체를 통해 부담 없이 다가갈 수 있어 그 가능성이 더욱 기대된다.

온라인 플랫폼의 발전과 스마트폰 보급이 보편화되면서 누구나 쉽게 1인미디어를 제작할 수 있게 되었다. 1인미디어의 영향력이 커지면서, 이미 다른 산업에서는 1인미디어를 통한 홍보에 열을 올리고 있다. 1인미디어는 콘텐츠 제공자와 수신자 간의 끈끈한 유대감과 진정성을 바탕으로 타 매체 광고보다 거부감이 덜하다고 한다. 끈끈한 유대와 진정성이야말로 독자의 신뢰를 잃은 작금의 출판에 꼭 필요한 것이 아닌가. 『콘텐츠의 미래』(리더스북)의 저자는 낡은 콘텐츠의 돌파구를 '편집'과 '연결'에서 찾는다. 소셜네트워크와 뉴미디어를 통해 출판이 독자뿐만 아니라 비독자와 유의미한 관계를 맺고, 출판의 발견성을 확대할 수 있는 좋은 기회로 삼을 수 있기를 바란다.

_염경원

27 독립서점 열풍

서점의 부활이 화려하다. 참고서만 가득하고 베스트셀러 판매가 중심이었던 예전의 그 서점이 아니다. 새로운 공간 연출과 독특한 큐레이션으로 무장한 새로운 스타일의 서점이다. 혹자는 이들을 일시적 유행으로 보아 '트렌드 서점'이라고 부르기도 한다. 하지만 책을 중심으로 해서 판박이 가치를 좇지 않는 자주적 취향 공동체를 지향한다는 점에서 대개 '독립서점'으로 부른다.

2011년 서울 홍대 앞 땡스북스를 기점으로 서서히 확산된 독립서점은, 도서정가제 이후 폭발적 성장세를 보이고 있다. 2015년 9월 1일 전국에 70군데 정도였던 독립서점은 2017년 7월 말 현재 257군데로 늘어났다. 거의 나흘에 하나 꼴로 독립서점이 생겨나는 중이다. 저출산 고령화에 따른 학령인구 감소, 자유학기제 시행 등 교육구조 변화, 정보혁명으로 인한 도서 수요 축소 및 독서 환경 악화 등으로 기존 서점이 줄어드는 것을 생각하면 놀라운 일이다.

오늘날 서점의 진짜 문제는 책이 있다는 것만으로 '저절로' 독자가 찾아오지 않는다는 것이다. 서점 비즈니스는 물리적 공간을 바탕으로 주변의 집, 학교, 직장 등의 잠재 독자군을 연결하는 방식으로 사업해 왔지만, 초연결사회에서는 독자의 유동성이 커지기 때문에 관계의 밀접도 없이 장소의 근접성만으로 충분히 독자를 끌어들일 수 없다. 게다가 스마트폰 하나만 있으면 세상 모든 책을 구매할 수 있는 온라인 서점의 폭발적 성장과 대형체인서점의 공격적 지점 확대는 기존 서점의 존립을 꾸준히 위협한다. 위기는 항상 창조를 낳는다. 이러한 상황에서 독립서점은 오프라인 공간을 활용하여 매력적인 사용자 경험을 제공함으로써 독자와 깊은 관계를 형성하고 여러 가지 비즈니스 기회를 창출한다. 서점은 사라지지 않는다. 다만, 진화할 뿐이다.

_장은수

28 과학책의 인기

호기심 덩어리인 인간이 '이유'를 찾는 한, 과학을 통한 지적인 추구와 그 결과에 대한 관심은 멈추지 않을 것이다. 과학은 다루는 대상도 신기했고, 다루는 방식도 놀라움을 주는 경우가 많아서 대중적으로 인기가 있는 분야였다. 하늘의 크기나 땅의 움직임을 묻고, 그 위에 사는 생명의 번성과 멸망을 이야기하는 것이 어찌 재미있지 않겠는가.

그런 과학이 어린아이들에게만 뜨거운 관심을 받는 분야로 전락한 까닭은 과학이 블랙박스 안으로 들어간 탓이다. 어려운 수학과 그들만의 용어로 벽을 쌓아서 전문적으로 훈련받지 않은 사람들을 과학 밖으로 밀어냈으니 일반 독자들을 위한 책도 적었고 그것을 이해할 독자들도 많지 않았다.

하지만 이제 과학기술이 삶의 중심으로 파고 들어와서 과학기술에 대한 질문을 던지지 않고서는 철학이든, 예술이든, 진지하게 추구하기 힘들어졌다. 2017년, 과학책에 대한 관심이 늘어났다면 이런 흐름을 반영한 것으로 보인다. 따라서 과학책 자체의 분야가 커지고 판매가 늘어났다기보다는, 이전에 인문적, 역사적인 질문들에 대한 답을 과학과 연관 지어 찾는 경우가 늘어났다고 보아야 옳다.

이는 비단 과학책의 인기가 아니라 전통적인 인문사회 분야의 확장으로 보인다. 과학·기술 분야의 전문서를 내던 출판사들이 대중 교양과학 쪽으로 진출한 경우는 드물다. 기존의 인문·사회과학 출판사들이 과학책을 출판하는 경우가 늘고, 과학책을 전문적으로 출판하는 곳들도 주변으로의 확장을 꾀하는 모습을 보인다. 이런 영역에 걸쳐 있는 과학 잡지들이 새롭게 등장하고 각광받는 이유도 인문·사회 혹은 교양의 확장이라는 측면이 강하다는 것을 알 수 있다. 그리고 그 확장은 아주 빠르지는 않아도 점점 속도를 더 낼 것으로 예상된다.

_주일우

29 공공도서관 사서배치기준개선(안)

8월 초, 문화체육관광부 도서관정책기획단은 도서관 환경변화에 맞추어 공공도서관 사서 배치 기준 개선안을 담은 「도서관법」 시행령 개정을 추진하겠다고 발표했다. 공공도서관의 기준이 되었던 최소 사서 인원 3명의 기준을, 도서관 건물 면적 $660\,m^2$ 미만(장서가 6,000권 미만)의 도서관에는 1명 이상의 사서를 배치하는 것, 봉사대상 인구 9,000명당 1명의 사서를 배치하여야 한다는 두 개의 안으로 나누어 제시했다. 이 개정안을 두고 도서관계는 그 어느 때보다 뜨거운 여름을 보냈다. 증원 관련 규정이 사라지고 최저 기준만 제시한 개정안은 인력 감원의 여지가 있을 뿐만 아니라, 대다수의 공공도서관이 이미 부족한 사서 인력으로 골머리를 앓고 있었기 때문이다. 전문사서 인력 부족과 공공도서관의 비정규직 인력은 도서관 서비스의 질과도 밀접하게 연관되기 때문에 사서뿐만 아니라 이용자들의 불만까지 제기된 상황이었다.

지난 9월 15일 문화체육관광부 도서관정책기획단은 "도서관 현장의 의견이 충분히 반영"되고 기형적인 인력구조 문제를 해결할 수 있는 합리적인 개정안을 내놓겠다고 밝혀, 본 공공도서관 사서배치기준개선(안)을 철회하는 것으로 사건은 일단락되었다. 이를 계기로 공공도서관의 가치와 사서의 중요성을 깨닫고, 지식의 민주화를 위한 허브로 공공도서관이 제 역할을 할 수 있는 시스템이 정착되기를 바란다.

_염경원

30 '아무튼' 시리즈

대형 출판사에 비해 출간 종수가 적어 섭외력도 떨어지고 이미지가 한정되는 약점을 지닌 1인출판사 세 곳의 협업으로 탄생한 '아무튼' 시리즈가 주목받았다.

1인출판사 세 곳 위고, 코난북스, 제철소가 협업해 만든 신간 '아무튼' 시리즈가 출간됐다. 지난 10월 26일 먼저 출간된 것은 『아무튼, 피트니스』(코난북스), 『아무튼, 서재』(제철소), 『아무튼, 게스트하우스』, 『아무튼, 쇼핑』(이상 위고), 『아무튼, 망원동』(제철소) 다섯 권이다. 대형 출판사에 비해 출간 종수가 적어 섭외력도 떨어지고 이미지가 한정되는 약점을 지닌 1인출판사들의 협업 결정판으로, 지극히 사적인 취향을 시리즈로 낸다. 출간일이 결정되고 처음 페이스북에 '아무튼' 시리즈를 공개하자 "너무 재미있겠다"와 "어쩜 이렇게 돈 안 될 일만 하냐"란 반응이 동시에 나왔다고.

푸른숲에서 만난 코난북스, 위고, 제철소의 대표들은 누가 시키지 않아도 각자 잘하는 부분을 맡아서 하며 즐겁게 이 시리즈를 만들어 가고 있다. 시리즈를 만들기 전에는 함께 서울와우북페스티벌에도 나갔을 정도로 돈독한 사이다. 여러 명의 필자가 각자 '생각만 해도 좋은, 설레는, 피난처가 되는' 것 하나를 택해 99권까지 출간될 예정 인 '아무튼' 시리즈. 꾸준히 작가를 발굴하고 원고를 받을 수 있는 안 전하고 효율적인 방법을 택한 세 출판사의 앞으로가 주목된다.

_김미향

31 〈알쓸신잡〉

지난 6월부터 선보인 TV 프로그램 〈알쓸신잡〉은 인문학과 예능의 만남이라는 콘셉트로 방연 전부터 많은 관심을 불러일으켰다. 특히 유시민, 황교익, 김영하, 정재승 등 각계에서 내로라하는 전문가가 출 연하여 '알아두면 쓸모 있는' 지식을 공유한다는 포맷에서 신선하다 는 평가를 받았다. 또한 이는 근래 대중 인문학 열풍과 맞물려 큰 시 너지 효과를 냈다.

〈알쓸신잡〉은 TV 프로그램의 인기만큼이나 인문지식 콘텐츠를 기 반으로 하는 출판시장에도 많은 영향을 끼쳤다. 〈알쓸신잡〉에 출연 중인 김영하의 신작 『오직 두 사람』(문학동네)의 흥행뿐만 아니라 『살 인자의 기억법』, 유시민의 『어떻게 살 것인가』(생각의길), 『국가란 무 엇인가』 등의 구간이 다시 베스트셀러 순위에 이름을 올린 것이다. 또한 〈알쓸신잡〉에 소개되었던 『도구와 기계의 원리 NOW』(크래들) 와 『세계사 편력』(전 3권, 일빛) 등의 책이 베스트셀러에 올라 미디어셀러의 저력을 확실히 보여주었다. 뿐만 아니라 좀더 쉽고 편하게 지식을 습득하기를 선호하는 대중의 기호에 맞춰 책의 꼴도 변화하고 있다. 전문 지식의 눈높이를 낮춰 재미있게 전달하거나 자기계발서와 인문서의 경계가 모호한 책들이 쏟아져 나오고 있는 것이다.

그러나 한편에서는 〈알쓸신잡〉을 비롯하여 지식 콘텐츠를 다루는 팟캐스트와 TV 프로그램의 흥행을 두고, 대중이 인문 지식과 교양에 대한 욕구를 책이 아닌 다른 미디어로 해소하는 것 아니냐는 우려의 목소리도 들린다. 출판이 대중의 지식 욕구를 채워줄 수 있는 원천 콘텐츠가 되려면 첨단의 지식을 전달하고 다양한 방식으로 독자와 만나는 일을 게을리하지 말아야 할 것이다. 나아가 책을 통해 '인문학의 대중화'가 아닌 '대중의 인문화'가 되는 세상을 꿈꿔본다.

_염경원

32 무라카미 하루키와 그 작품의 역사성

무라카미 하루키는 노벨상 후보로 유력하다는 평가를 받은 이후부터 국내에서도 평가가 높아진 것 같다. 그전까지는 대중소설이라느니 '패션'이란 식의 반응밖에 없었던 것으로 기억한다. 물론 일본에서도 무라카미는 문단 주류와 거리를 두었기 때문에 그다지 긍정적인 비평을 받진 못했다. 그러다가 1990년대 이후 서양에서의 평가가 높아지면서 '어쩔 수 없이' 그를 인정할 수밖에 없게 되었다는 표현이 적절할 듯하다. 그리고 그런 일본 내의 평가가 국내에도 어느 정도 '전염'되어 왔다는 측면이 있다.

물론 수긍할 만한 '비평'이 아예 없었다는 말은 아니다. 또 필자가 꼭 무라카미를 작가로서 높이 평가하기 때문에 옹호하고자 함도 아니다. 그게 아니라, 비평이라는 명칭을 붙이려면 최소한의 어떤 수준은 되어야 하지 않겠는가 하는 말이다. 예를 들어 '골 빈 대학생들이 좋아하는 책'이라는 식의 말에 비평이란 이름을 붙일 순 없는 노릇 아닌가. 오히려 무라카미에 대한 의미 있는 비판이라면 오쓰카 에이지가 언급한 '피해자 사관' 같은 측면일 것이다. 또 정작 한국의 젊은 대학생들은 30년 전 〈반딧불이의 묘〉, 요즘엔 〈이 세상의 한구석에〉와 같은 애니메이션을 보면서도 일본의 리버럴파가 전쟁을 반성한다면서도 그 비판에 불철저하고 '피해자 사관'을 버리지 못하고 있다는 점을 비판해왔다. 과연 한국의 문단이 무라카미나 일본의 현대문학에 대해 그 정도 수준의 비평을 내놓긴 했는지, 그러면서 국내 무라카미 독자들을 비웃을 만한 위치에 있는지 모르겠다.

_선정우

33 설민석 열풍

tvN에서 방영되고 있는 〈어쩌다 어른〉은 인문학을 소재로 한 대표적인 교양예능 프로그램이다. 설민석은 이 프로그램에서의 강연을 통해 한국사 열풍을 일으킨 역사 전문가다. 2017년 초 신년특집으로 〈어쩌다 어른〉에서 마련한 설민석의 강연 '역사, 그 위대한 시작'편은 평균 8.7%, 최고 10.3%라는, 케이블채널로서는 기록적인 시청률을 만들며 화제가 되기도 했다. 이와 함께 그의 저서 『설민석의 조선왕

설민석은 TV 강연 프로그램인 〈어쩌다 어른〉을 통해 한국사 열풍을 일으켰고, 젊은 층의 역사 인식에 미치는 영향력이 커지다 보니, 이를 경계하는 목소리들도 나오기 시작했다

조실록』(세계사)과 『설민석의 무도 한국사 특강』(휴먼큐브)은 2016년 한 해 동안 90만 권 이상의 판매고를 올리며, 2016년 맨부커상 수상 작가 한강을 제치고 '예스24'가 독자투표로 선정한 '올해의 저자'에 뽑히기도 했다.

이러한 대중적 인기를 바탕으로 그는 한국소비자포럼에서 뽑은 '2017년 대한민국 퍼스트브랜드대상' 특별상을 수상하기도 했다. 즉 그의 이름이 사회 전반에 긍정적 영향을 미칠 혁신적인 브랜드로서 인증된 것이다. 그러나 그의 대중적 인기가 이렇게 천정부지로 높아 지며, 젊은 층의 역사 인식에 미치는 영향력이 커지다 보니, 이를 경 계하는 목소리도 나오기 시작했다. 그 결과 그는 올해 크고 작은 논란 의 주인공이 되기도 했다. 3월에는 '민족대표 33인 폄훼 발언 논란', 4월에는 '댓글 알바 논란' 등이 이어지면서 최근 그는 방송 출연을 자 제하며 재충전 중인 것으로 보인다.

_김성신

34 대통령의 책 읽기

문재인 대통령의 학창 시절 별명이 '문제아'인 동시에 '책벌레'였다 고 한다. 그만큼 독서가로서도 유명하다. 취임 전 이미 여러 권의 저 서를 펴내기도 했고, 취임 후에도 틈날 때마다 책을 즐겨 읽는 것으로 알려져 있다. 국정지지도가 70%를 넘을 만큼 대중적 인기가 큰 상 황에서 문재인 대통령의 일거수일투족은 모두 화제가 되고 있다. 대 통령의 독서 편력도 그중 하나다. 서점가에 즉각적으로 영향을 미친다. 올해 8월 여름휴가 중 문 대통령은 『명견만리』를 읽고 일독을 권했다. 페이스북을 통해 "개인도 국가도 만 리까지는 아니어도 적어도 10년, 20년, 30년은 내다보면서 세상의 변화를 대비해야 할 때"라고 추천했다. 그 덕에 이 교양서는 속된 말로 대박이 터졌다.

10년 만에 지성적인 독서가 대통령을 가지게 된 국민들은 대통령에게 책을 추천하는 방법 등을 동원하며 새로운 시대에 대한 나름의 기대와 열망을 전달하기도 했다. 2017년 7월 2일 대한출판문화협회가 주최한 '국민과 함께, 대통령과 함께 행복한 책읽기' 행사가 대표적인 예다. 10월에는 『대통령의 책 읽기』(휴머니스트)라는 제목의 책이 출간되기도 했다. 26명의 우리 사회의 공인된 지성들이 대통령과 함께 읽고 토론할 만한 책 26권을 추천하는 내용의 책이다.

_김성신

35 인쇄소 연쇄 부도

한국 출판에 심각한 적신호가 나타났다. 서적 생산을 실제로 책임지는 인쇄소가 올해 들어 연쇄적으로 문을 닫고 있다. 올해 초 업계 2위의 도매상인 송인서적이 부도를 냈을 때 예감한 것처럼, 지속적인 불황의 여파로 전체 유동 물량이 감소하면서 출판의 약한 고리가 먼저 끊어지는 중이다. 특히 신흥피앤피의 갑작스러운 부도는 충격적이다. 역사가 50년이 넘는 데다, 지난해 매출 규모도 115억 원에 이르렀기 때문이다. 이 외에도 부도를 내거나 자금 압박을 견디지 못하고 스스로 문을 닫은 인쇄소는 백산인쇄, 중앙인쇄, 삼성인쇄 등이다. 조만간 문 닫을 곳에 대한 흉흉한 소문이 그치지 않는다.

인쇄소 위기를 불러온 직접 원인은 저가 출혈 경쟁이다. 경영 위기, 공정 자동화 등을 이유로 기존 인쇄소 등에서 구조조정이 일어나면, 직장을 잃은 이들이 중고 인쇄기를 리스로 사들여 새로 인쇄소를 연후 작업 물량을 확보하려고 인쇄 가격을 경쟁적으로 낮추는 일이 빈번했다. 이것이 원인이 되어 기존 인쇄소 경영이 어려워지면, 또 구조조정이 시작되는 악순환이 끊이지 않는다. 여기에 어음 거래로 상징되는 출판산업의 전근대적 관행도 경영의 불안정성을 가중시켜 줄도산을 일으키는 원인으로 지목되고 있다. '제 살 깎아 먹기'를 서슴지 않는 치킨 런의 현실에, 출판산업 전반의 위축도 뚜렷해지면서 앞날이 보이지 않는다는 절망으로 인해 자진 폐업이 증가하는 중이다. 산업 전체의 중대 혁신을 위한 리더십이 요구되는 시점이다.

_장은수

2018
출판계 키워드 30

━━━━━ 2018년은 1993년에 이어 25년 만에 맞이하는 '책의 해'였다. 이 행사를 위해 국가예산 20억 원과 네이버의 상생기금 10억 원 등 모두 30억 원이 투입됐다. "무슨 책 읽어?"라는 슬로건을 걸고 다양한 행사가 치러졌지만 국민을 설득할 테마조차 제시하지 못했다. 조직위와 집행위의 불화마저 심각한 양상으로 전개되는 바람에 "출판 산업의 위기를 극복하고 출판 부흥의 원년"으로 삼겠다는 취지 자체가 무색해졌다. 행사가 끝난 후 냉정한 분석을 통해 훗날을 기약해야 할 것인데 그마저도 흐지부지 봉합하는 바람에 과연 책 행사를 치를 필요가 있었는지 반성해볼 필요가 있었다.

원래 심각한 위기가 있을 때는 새로운 리더십이 필요한 법이다. 9·11 테러로 미국 인구의 절반 이상이 우울증을 겪는 미국에서는 '예외주의exceptionalism'가 등장했다. 예외주의란 세계는 미국과 미국 아닌 나라로 나뉘며 미국이 세계 리더로서 모든 면에서 다른 나라들을 원조하고 계몽해나가야 한다는 이념이다. 이는 이민자나 이슬람교도를 공포의 대상으로서 표상시키고 멕시코와의 국경에 장대한 '장벽'을 건설하겠다고 선언한 도널드 트럼프라는 '좀비'의 탄생으로까지 이어졌다. 3·11 대지진으로 리더십의 위기를 야기한 일본에서는 전국시대나 막부 말기 지사志士들의 리더십이 다시 주목받았다. 급격한 보수주의 물결이 거세게 인 일본에서는 자국의 이익만을 추구하는 아베 신조라는 또 다른 좀비가 등장했다.

세상은 비연속적인 변화가 언제든 터지게 마련이어서 그런 '예외상태'(조르조 아감벤)가 터질 때마다 새로운 리더십을 지닌 인물을 갈구했다. 그러나 2018년의 출판계는 한 치 앞을 내다볼 수 없는 위기에 직면했으면서도 아무런 리더십을 보여주지 못했다. 트럼프와 아베라는 좀비는 자국의 경제만큼은 챙기려는 모습을 보여줬을 뿐만 아니라 일정한 성과도 있었다. 그러나 한국 출판계에서는 공적인 일을 도모하면서 사적인 이익을 추구하는 모습을 보여주는 이들마저 있었다. 심지어 한국출판문화산업진흥원의 3대 원장을 선발하면서 출판계가 야합해 출판 산업에 대한 근본적인 이해가 매우 부족한 '생계형 원장'을 선택하는 실수를 저질렀다. 문화체육관광부는 '블랙리스트'에 대한 확실한 반성을 포기한 채 이를 봉합하는 데 급급해 비전 있는 정책을 세울 여력이 없었다.

이러는 사이에 2018년 출판시장에서는 오로지 '소확행'(작지만 확실한 행복) 정서가 압도했다. 새로운 계급사회 체제가 공고화되면서 모든 꿈을 포기할 수밖에 없게 된 젊은이들이 『죽고 싶지만 떡볶이는 먹고 싶어』를 비롯한 소확행 정서의 에세이를 즐겼다. 한국 사회 전체가 꿈을 잃은 채 한 해 내내 표류한 셈이었다.

01 소확행

올해 가장 오랜 기간 종합 베스트셀러 1위에 오른 『죽고 싶지만 떡볶이는 먹고 싶어』(흔)를 넘기다 보면, "참을 수 없이 울적한 순간에도 친구들의 농담에 웃고, 그러면서도 마음 한구석에서는 허전함을 느끼고, 그러다가도 배가 고파서 떡볶이를 먹으러가는 나 자신이 우스웠다. 지독히 우울하지도 행복하지도 않은 애매한 기분에 시달렸다"는 이야기가 나온다. 이 책은 기분부전장애(심한 우울 증상을 보이는 주요 우울 장애와는 달리 가벼운 우울 증상이 지속되는 상태)를 가진 1990년생 저자와 정신과 전문의와의 12주간의 대화를 엮은 책이다. 저자가 자신의 "어두운 면을 드러내는 건 내가 자유로워지는 하나의 방법"이기 때문이다. 그는 "오늘 하루가 완벽한 하루까진 아닐지라도 괜찮은 하루일 수 있다는 믿음, 하루 종일 우울하다가도 아주 사소한 일로 한 번 웃을 수 있는 게 삶이라는 믿음"으로 살아간다. 이 책은 "겉보기에는 멀쩡하지만 속은 곪아 있는, 지독히 우울하지도 행복하지도 않은 사람들을 위한 책"이다.

이 책은 『트렌드 코리아 2018』에서 2018년의 대표 트렌드로 꼽은 '소확행'(작지만 확실한 행복) 정서를 대표하는 책이다. 올해 모든 SNS에서 '#소확행'을 달고 자신의 행복을 기록한 사진들이 넘쳐났다. 이 책 외에도 베스트셀러 순위에는 『나는 나로 살기로 했다』(마음의숲), 『하마터면 열심히 살 뻔했다』(웅진지식하우스), 『모든 순간이 너였다』(위즈덤하우스), 『곰돌이 푸, 행복한 일은 매일 있어』(RHK), 『무례한 사람에게 웃으며 대처하는 법』(가나출판사) 등 '소확행' 정서를 반영한 에세이들이 대거 차지했다.

모든 꿈을 포기할 수밖에 없게
되자 젊은이들은 아무리 사소
하더라도 자신이 그 일에 행복
을 느낄 수 있으면 만족한다는
사고를 하게 됐다.

우리 사회에서 '멘붕(멘탈붕괴)'이라는 말이 처음 등장한 것은 이명박 정권 말기인 2012년이다. 이후 젊은이들을 상징하는 말은 한결같이 부정적이었다. '헬조선' 'N포세대' '흙수저·금수저' 등의 말이 등장하더니 급기야 "이생망(이번 생은 망했어)'이니 태어나자마자 죽어서 다시 태어나는 것이 차라리 낫다"는 자조까지 등장했다. 2000년대 초반에 '성공'을 꿈꾸며 자기계발서를 열심히 읽었지만 그것이 불가능하다는 것을 깨우친 2006년 이후에는 '나만의 행복'을 추구했다. '88만원 세대'라는 말이 등장한 2007년 이후에 젊은 세대는 아무리 노력해도 헤어날 수 없는 절망의 늪으로 빠져들었다. 급기야 새로운 '계급사회' 체제가 공고화되면서 모든 꿈을 포기할 수밖에 없게 되자 젊은이들은 아무리 사소하더라도 자신이 그 일에 행복을 느낄 수 있으면 만족한다는 사고를 하게 됐다.

2017년 여름 한 신문은 "스트레스를 받지 않았다면 쓰지 않았을 충동적 비용"을 뜻하는 '시발비용', 시간이나 재물을 낭비한다는 의미의 '탕진'과 '잼'(재미)을 합성한 단어로 소소하게 낭비하는 재미를 뜻하는 '탕진잼' 등의 신조어를 소개하며 이런 신조어가 등장하는 이유로 "미래를 준비할 여유도 없이 순간의 쾌락에 집중하는 일종의 '우울증'이 자리 잡고 있다. 취업난에 시달려 아무리 노력해도 취업이 힘들고 내 집 마련 등 미래를 설계할 수 없다는 현실은 미래를 포기하고 현재의 쾌락에 집중할 수밖에 없도록 만든다"고 해석을 붙였다.

그런 정서가 2018년 내내 휘몰아쳤지만 이런 흐름에 변화의 조짐이 보였다. 2018년 10월에 외과의사 이국종이 17년의 삶과 죽음을 기록한 『골든아워』(흐름출판)가 출판시장을 강타했다. 출판시장 트렌드의 터닝 포인트가 된 이 책이 등장하자 '소확행'의 책들은 인기가 시들해지기 시작했다. 이국종은 말한다. "사람을 살리는 것, 그것이 우리의 일"이라고. 이제 사람들은 살아내는 일의 절박함을 담은 책들을 찾게 될 것이다.

이미 출판시장에서는 자신의 경험을 그대로 담아내는 '당사자 문학'이 한 흐름을 이루기 시작했다. 기성작가들이 소설과 청소년문학에서 작품을 발표하기도 하지만 이런 흐름을 주도하는 것은 평범한 개인이다. 초연결 사회를 살아가는 평범한 개인, 하지만 아주 특이한 삶을 살아낸 이들이 삶에서 소중한 가치가 무엇인지를 제시해주는 책들이 기지개를 펴기 시작했다. 그래서 2019년에는 특별한 삶을 살아낸 이들이 삶에 대한 지식이 아닌 지성(지혜)을 제시하는 책들이 대세를 이루게 될 것으로 보인다.

_한기호

02 예능인문학

강양구 지식큐레이터는 〈기획회의〉 471호(2018. 9. 5) 특집 "예능인문학은 인문학이 아니다"에 실린 「유시민이 예능에 몰두해야 하는 이유」에서 우리 시대 가장 잘나가는 인포테이너인 유시민에게 "한때 유시민의 팬이었던 사람으로서 간곡히 당부한다. 지식소매상 역할을 제대로 할 생각이 없다면 그냥 예능 방송이나 열심히 하시라. 책 안내도 먹고살 만하지 않나"라고 충고했다.

그는 자신의 정체성을 '지식소매상'이라고 규정한 유시민의 『국가란 무엇인가』를 두고, 국가를 탐구해온 여러 철학자-정치학자의 견해를 소개하고 있지만 "1980년대 대학가의 사회과학 세미나 자리에서 뛰어나올 법한 개념과 서술이 튀어나온다"며 "냉정하게 평가하자면, 그 책은 1980년대 대학생 교양 수준에다 자신의 현실 정치 경험을 살짝 얹은 것"에 불과하다고 비판했다. 또 올해 출간된 『역사의 역사』(돌베개)에 대해서는 『국가란 무엇인가』보다 "훨씬 게으르다"고 평가했다. "사실상 E. H. 카의 『역사란 무엇인가』(1961년) 이후에 역사학계의 여러 논쟁과 그에 기반을 둔 빛나는 성과가 모조리 누락"됐다고 격렬하게 비판했다.

〈기획회의〉 특집은 유시민 이외에도 설민석, 최진기, 채사장, 황교익 등을 비판적인 시각으로 살펴보았다. 〈기획회의〉가 이 특집을 꾸린 이유는 국내 출판시장에서 그럴 듯한 화제작을 거의 생산해내지 못하는 마당에 팔리는 책들이 방송과 결합된 교양인문학, 달리 말하면 예능인문학뿐인 현실을 비판적으로 점검해보려는 데 있었다.

방송에서 철학자, 역사학자, 과학자, 건축가, 음식전문가 등 다방면의 학자들이 인포테이너로 맹활약하는 것 자체는 나쁘다고 할 수 없다. 그러나 방송에 출연한 이들의 책은 평상시보다 몇십 배의 책이 팔려나가고, 이들은 강연시장에서도 큰 인기를 누린다. 구름관중을 몰고 다니는 어떤 이는 1회 강연료가 1,000만 원에서 1,700만 원으로 치솟았다는 이야기도 들리고 있다.

2000년대부터 대학에서 인문학이 위기라는 이야기가 끊이지 않았다. 그러나 대학 밖에서는 '공주'(공부하는 주부)를 중심으로 '상상력과 창조적 지성'을 찾기 위한 인문학 공부 열기가 활발하게 이뤄졌다. 처음에 많이 팔린 책은 글쓰기와 책 읽기에 관한 실용인문학, 달리 말하면 소프트 인문학이었다. 글쓰기에 대한 책을 무조건 사 모으는 사람만 5,000명은 될 것이라는 이야기가 나올 정도였다. 그러나 올해 인문학 시장은 예능인문학이 블랙홀처럼 모든 것을 빨아들여버렸다.

그들이 인기를 모으는 것만큼 질은 보장되는가? 2016년 5월 19일과 26일에 방영된 tvN의 〈어쩌다 어른〉에서 최진기가 오원 장승업의 그림이라고 소개한 〈파초〉와 〈군마도〉가 다른 사람의 그림으로 밝혀졌다. 2017년 3월에는 설민석이 1919년 3.1운동 당시 민족대표 33인이 고급 요릿집인 '태화관'에서 독립선언을 한 것을 두고 독립선언을 '룸살롱 술판'으로, 독립운동가 손병희의 셋째 부인이었던 주옥경을 술집 마담으로 표현해 논란이 일었다. 그러나 논란에도 불구하고 이들 예능인문학자들의 인기는 식을 기미가 보이지 않는다.

젊은 세대는 유튜브 검색으로 모든 것을 해결하려 든다. TV프로그램도 이른바 '본방 사수'보다는 유튜브로 보거나 P2P 파일을 다운받아서 본다. 유튜브는 이제 중장년층마저 흡수했다. 유튜브가 가장 영향력 있는 매체가 되는 바람에 예능인문학의 인기도 당분간 계속될 것으로 보인다.

방송의 예능인문학 프로그램은 시청률을 의식하면서 오락성을 강화해갔다. 그러다 보니 인문학의 대중화가 아니라 대중이 적당히 인문화되는 것에 불과했다. 웃기고 재미있고 순간적으로 감동해 눈물을 흘리는 인문학은 대중으로 하여금 스스로 생각하는 기초체력을 만들게 하지 못한다. 항우울증 치료제 수준의 프로그램만 점점 늘어나고, 인문학 서적의 수준은 유시민의 사례에서 드러나는 것처럼 하향평준화될 조짐마저 보이고 있다. 예능인문학자들은 강연으로 책 인세 이상의 이익을 얻는다. 일부 학자들은 대중과는 괴리된 한국연구재단의 프로젝트를 수행하기에 급급하다. 그러니 방송과 강연에서 박수를 치고 바로 잊어버리는 인문학자들은 줄어들지 않을 것이다.

예능인문학 다음은 뭘까? 아마도 '깊이의 인문학'이 되지 않을까 싶다. 가볍게 치고 나가는 것이 아니라 한 인물, 하나의 주제에 대한 심도 있는 분석이 이뤄진 책들이 출간되어야 하지 않을까? 대안연구 공동체나 숭례문학당 등과 같은 학습공동체에서 책을 함께 읽고, 토론하고, 글을 써보려는 사람들이 꾸준히 늘어나고 있는 것에 희망을 걸어본다.

_한기호

03 과잉생산, 한 해 8만 종 시대

한 해 신간도서 8만 종 시대다. 한국출판문화산업진흥원의 '2017년도 출판산업동향'을 보면, 2013년 6만 1,548종이었던 신간 도서의 발행 종수는 2015년 7만 91종으로 7만 종을 넘어선 데 이어 지난해엔 다시 8만 130종으로 증가해 사상 처음 8만 종을 돌파했다. 올해 역시 발행 속도가 줄어드는 기미는 전혀 없다. 예스24에 따르면, 11월 20일 기준으로 이전 두 달 동안 신간도서의 발행 종수가 1만 1,354종이다. 산술적으로 보면, 7만 종에 못 미치는 수치이지만, 교과서 및 참고서 대부분이 발행되는 신학기가 이 기간에 포함되지 않은 것을 고려하면, 8만 종 안팎을 기록할 가망성이 아주 높다.

이러한 증가 속도는 '출판 다양성의 확장'으로 보기에는 지나치게 빠르다. 시장의 성장이 나란하지 못한 까닭이다. 주로 '단행본 출판' 영역에 해당하는 한국의 서적출판업 규모는 2013년 1조 2,490억 원, 2014년 1조 2,238억 원, 2015년 1조 840억 원, 2016년 1조 1,732억 원으로 해마다 줄어들었다. 사정이 약간 나은 교과서와 학습서적 출판을 포함하더라도 2006년에서 2016년까지 10년 동안 평균 1.0% 성장에 그쳤다. 물가인상률을 고려할 때 실질성장률은 마이너스 상태로 보아야 할 것이다. 2016년에는 3조 9,977억 원으로 도서시장 전체 규모가 4조 원 이하로 떨어졌다. 명목성장률마저도 마이너스로 돌아선 셈이다.

온라인서점의 지속적 확대, 소셜미디어 마케팅의 일반화 등으로 시장의 진입 장벽이 낮아짐에 따라, 출판사 숫자도 빠르게 늘고 있다. 매년 1종 이상 도서를 발행한 실적이 있는 출판사 숫자는 2013년 5,740곳에서 2014년 6,414곳으로, 2017년에는 7,775곳으로 증가했다. 한 해에 5종 이내로 발행하는 소출판사가 전체의 69.4%에 이르는 것이 눈에 띈다. 기존 출판사의 성장이 정체되면서 세포분열이 가속화한 결과다. 한편, 출판산업의 잠재수요를 보여주는 주요 지표인 성인독서율은 해마다 떨어져서 2013년 72.4%에서 2017년 59.9%로 12.5% 감소했다. 20년 전, 일본의 한 해 신간도서 발행종수가 7만종을 돌파했을 때, 출판평론가 사노 신이치는 말했다. "현재 출판 상황은 노래방 같다. 노래하는 사람만 가득하고 듣는 사람은 하나도 없다"면서, 이를 다산다사多産多死라고 불렀다. 현재 한국 출판은 일본출판이 걸어갔던 다산다사의 길을 더 빠르고 더 심각한 형태로 걷고 있다. 일본처럼 도서관 등 공공수요 기반이 단단하지 못한 것을 고려하면 암담할 뿐이다.

독서율은 지속적으로 떨어지고 출판시장의 전체 규모는 줄어드는데, 시장 참여자가 지속적으로 늘어나면서 신간의 발행종수가 2년마다 1만 종씩 증가하는 것은, 단기적으로 투자 여력을 소진시킬 뿐만 아니라 장기적으로 '공황'이라는 파멸적인 결과를 가져올 수 있다. 개별 출판사 차원에서 볼 때에도 문제가 아주 심각하다. 줄어드는 시장에서 참여자가 증가하면 시장 내 경쟁을 심화하면서 책의 평균 판매부수를 떨어뜨리고, 투자자금의 회수 기간을 길게 만든다. 확실한 히트 상품이 없을 경우, 현금 흐름이 나빠질 수밖에 없다. 이러한 상황이 지속되면 규모를 유지하기 어렵게 되된다. 정부 차원의 적절한 대응이 없다면, 나중에 분명히 소 잃고 외양간을 고치게 될 것이다.

지금까지 출판진흥정책은 대부분 '우수출판콘텐츠'나 '세종도서' 등 생산비를 출판사에 직접 지원하고 발행도서를 심사해서 대량으로 구매해주는 등 분배정책에 집중해왔다. 하지만 발행종수 8만 종 시대의 출판정책은 생산의 진흥에서 소비의 진흥, 즉 독자 개발 쪽으로 방향을 전환할 필요가 있다. 기존 독자는 책을 더 많이 읽도록 각종 유인책을 제공하고, 현재 전 국민의 40%에 달하는 책을 전혀 읽지 않는 비독자를 독자로 만드는 방법을 찾아서 수요를 확장하지 않는 한, 출판의 어려움은 도저히 해소될 방법이 없다. 도서관 자료구입비를 파격적으로 확충하고, 독서공동체 활성화 등 독자개발을 위한 공적 기반을 확충하는 등 출판단체와 힘을 합쳐 '생산의 진흥'에서 '수요의 진흥'으로 정책을 전환해야한다. 정부 예산 등 각종 공적 자금을 개별 회사에 분배하지 않아도 누구나 좋은 책을 출판할 수 있도록 해야 하는 것이다.

_장은수

04 IP비즈니스 시대의 개막

IP비즈니스라고 하면 저작권 기반의 다양한 매체나 장르를 연계하는 OSMU와 상표권 기반의 산업을 상품에 연계하는 라이센싱, 두 가지 정도로 구분할 수 있다. 출판에서는 주로 잘 알려진 IP를 라이센싱을 통해 여러 가지 형태의 책으로 만들어내는 방식이 사용되며, 다양한 매체나 장르로 확대하는 OSMU 방식으로는 2018년 스마트스터디의 '핑크퐁'을 구체적인 성공 사례로 제시할 수 있을 거라 생각한다.

지속적인 아동인구 및 학령아동 감소 같은 어려움 속에서도 글로벌을 강타하며 출판의 새로운 미래를 보여준 스마트스터디의 핑크퐁을 비롯한 몇 가지 사례들을 중심으로 2018년을 되짚어보고자 한다. 2018년 핑크퐁(상어가족)으로 글로벌에서 눈부신 성공을 거둔 스마트스터디가 출판계에 던져준 화두는 크게 3가지 정도로 이야기할 수 있다.

첫째, 'IP비즈니스는 단기 비즈니스가 아니다.' 스마트스터디의 성공은 2010년 이후 수많은 투자와 시행착오를 거쳐서 만들어지고 다듬어진 비즈니스모델의 성공이다. 스마트스터디는 장기적으로 자체 IP를 개발하는 것이 사업의 핵심이라는 것을 파악하였으며 뚝심 있게 사업에 적용하였고, 이러한 일관성과 장기적인 투자가 오늘날의 눈부신 성과로 도출되었다고 생각된다.

둘째, '자체 IP는 비즈니스의 핵심이다.' 일반적인 유아동 출판의 경우, IP를 라이센싱하는 형태로 사업을 진행해왔다. 이는 출판사의 단기성과 창출은 가능하지만, 자산의 축적이나 확장이 어려운 형태이다. 영역 파괴를 통한 신속한 확장과 콘텐츠 소비의 다양한 욕구 충족을 위해서는 자체 IP를 가져야만 한다.

셋째, '글로벌 및 영역 확장은 반드시 도전하라.' 시장 규모 축소로 인해 이제 내수시장만으로는 원하는 결과를 만들 수 없을지도 모른다. 스마트스터디는 해외 백화점에 파트너를 통해 직접 만든 상품들을 공급하고, 해외공연을 성공적으로 흥행시키고 있다. 직접 해외 전시회에 참여하지 않아도 안방에서 글로벌로 진출할 수 있는 여러 가지 플랫폼(아마존, 유튜브 등)이 존재한다. 큰 시야를 가지고 사업을 기획하고 전개해나갈 때이다.

겜툰출판사는 유아 창작 그림책 및 〈모두의 마블〉 게임 캐릭터를 이용한 시리즈를 출간하고 경험을 쌓은 후, 2018년 현재 '좀비고등학교' '스페셜솔져' 시리즈로 약 100만 부 이상 판매를 기록하고 있다. 겜툰이 출판계에 던져준 화두를 3가지 정도로 정리해볼 수 있다.

첫째, '독자가 원하는 것에서 기획과 출판은 시작된다.' 겜툰은 초등학생들이 가장 즐기는 게임을 파악하고, 〈스페셜솔져〉와 〈좀비고등학교〉 IP를 활용해 시리즈를 기획했다. 겜툰의 가장 큰 경쟁력은 재미를 중심으로 한 스토리 구성, 주요 독자인 아이들에게 재미있는 책으로 알려진 것이다.

둘째, '새로운 방식으로 시도한다.' 겜툰의 '스페셜솔져' 시리즈는 게임에는 없는 세계관을 만들어 만화에 반영했다. '좀비고등학교' 시리즈는 게임과의 콘텐츠 연계를 통해 게임 자체의 인기도(게임매출순위 80위에서 10위권까지 상승)를 높이는 역할을 했다. 게임아이템과 도서를 결합해서 양 콘텐츠의 시너지를 만들어낸 시도도 새로운 방식의 시장 접근이었다.

셋째, '시리즈로 시장에 진입한다.' 겜툰은 초기에 20권에서 50권으로 시리즈를 기획하고, 5권까지는 무조건 출간하는 것을 원칙으로 했다. 일반적인 아동 시리즈도서 매출 통계자료를 살펴보면, 3권 이하 출간된 시리즈와 3권 이상 출간된 시리즈의 매출 규모가 2배 이상 차이가 난다.

휴먼큐브는 아이휴먼이라는 유아동출판 브랜드로 '설민석의 한국사 대모험' 시리즈를 런칭, 셀럽을 통한 IP의 창조로 2018년 전체 시리즈 총 판매 부수 120만 부를 돌파하는 성과를 거두었다. 단순히 셀럽을 활용한 학습만화 시리즈가 아니라, 캐릭터를 만들어서 실존인물과 가상인물 사이에 현실감 있는 스토리와 몰입감을 제공, 설민석과 등장인물의 캐릭터화까지 기획하고 개발을 진행했다. 잘 만들어진 IP를 다양한 사업 분야로 확장하는 것은 필연이라고 생각되며, 앞으로의 행보를 주목할 필요가 있다.

처음교육은 보통의 유아동출판과 달리 고객의 니즈에서 기획을 시작하고 사업을 진행했다. 현재는 '하뚱'이라는 캐릭터로 콘텐츠와 디자인이 우수한 다양한 상품군을 신속하게 출시하여 브랜딩을 성공적으로 진행하고 있다. 처음교육의 비즈니스 전개 과정을 면밀하게 보면 유아동 출판사가 어떻게 IP비즈니스를 만들고 발전시켜나가는지를 관찰할 수 있다.

이제 출판계는 다른 산업이 겪었던 엄청난 변화에 직면했다. 매스미디어에서 모바일을 기반으로 급성장한 소셜미디어로의 이동, 출판시장의 축소, 학령인구의 감소로 필연적인 변화 시점이 도래하고 있다. 음악이 디지털음원 등장으로 인한 위협을 극복하고 정교한 산업재구축을 통해 전 세계적인 K-POP 열풍을 만들어내었고, 만화가 대여점과 출판만화의 위기를 인터넷과 공유문화를 기반으로 한 혁신을 통해 웹툰 시장으로 변모했던 것처럼, 이제 출판도 새로운 모습을 독자들에게 반드시 보여주어야 할 때이다.

IP비즈니스를 통해 가치를 키워가고 독자를 참여시키고 어떻게 경험을 확대할 것인지 고민해야 한다. 2018년이 IP비즈니스의 개막을 보여주는 한 해였다면, 2019년에는 더 다양한 출판계의 혁신적인 시도와 성공이 나타나길 기원한다.

_김석

05 유튜브 마케팅 시대, 개화하다

지금 우리에게 가장 영향력 있는 플랫폼을 하나만 꼽으라면 유튜브일 것이다. 유튜브는 괄목할 성장세를 보여주고 있다. 국내 모바일 동영상 앱 점유율, 동영상 광고매출에서 유튜브는 단연 1위다. 연령대가 낮을수록 유튜브의 영향력은 폭발적이며 영유아에게도 유튜브는 없어서는 안 될 채널이 됐다. 외출 준비를 할 때나 외출해서 아이들이 시끄럽게 떠들 때 유튜브 만한 명약이 없기 때문이다. 식당에서도 카페에서도 대중교통을 이용할 때에도 이들의 손엔 스마트폰이 쥐어지고, 유튜브를 시청할 때만큼은 언제 시끄럽기라도 했냐는 듯 조용해진다.

한국언론진흥재단의 보고서에 따르면 10대 청소년의 26.7%가 유튜브 같은 1인 방송을 이용하고 있는 것으로 밝혀졌다. 10대에게 유튜브는 오락매체일 뿐만 아니라 검색, 뉴스 채널이기도 하다. 사정이 이러하니 요즘 10대들의 장래희망이 '유튜버'인 것도 이해된다. 시청

연령대는 다양하지만 유튜브의 주 시청자는 20대~40대라고 한다. 유튜브 콘텐츠들도 이들을 대상으로 한 뷰티, 게임 등이 가장 성장했다. 이제 기존 미디어가 만든 프로그램을 보는 사람보다 유튜브 크리에이터들이 창작한 동영상을 보는 사람들이 더 많다고 해도 과언이 아니며 유튜브 크리에이터들이 공중파 방송에 출연해 시청률을 견인하는 등 〈밥 블레스 유〉의 패널 중 한 명인 이영자의 말마따나 "방송 채널도 찾아서 보는 시대"가 왔다.

최근에는 유튜버 강차분PD가 네이버를 "침몰하는 배라고 생각"한다며 '당장 네이버 블로그 때려치고 유튜브 해야 하는 이유'라는 14분짜리 영상을 게시해 주목받기도 했다. 아무리 열심히 콘텐츠를 창작해도 별다른 보상이 없는 네이버와는 달리 유튜브의 경우, 열심히 노력한 콘텐츠 창작자에게 적절한 보상이 주어지기에 이렇게 흥할 수 있었다는 것이다. 이 같은 지적은 암호화폐 붐을 타고 유저의 활동에 따라 암호화폐로 보상을 제공하는 플랫폼 스팀잇의 인기에 빗대어보면 수긍할 만하다. 유튜브는 이렇듯 '보상'이라는 열매로 크리에이터들을 자신의 플랫폼으로 모으고 있는 것이다.

그렇다면 출판계는 유튜브를 어떻게 사용할 수 있을까? 유튜브는 '맞춤형 동영상 추천' 기술을 이용, 사용자가 시청한 콘텐츠와 유사한 콘텐츠를 리스트업한다. '자동재생'을 허용하면 한 영상이 끝난 뒤 약 7초 후 다른 영상이 자동재생된다. 만약 이 기능을 허용하지 않았다면 방금 사용자가 시청했던 것과 비슷한 형태의 영상 12개를 제안해준다. 이는 기존 독자를 더욱 강화시켜주는 모델이 될 것이다. 유튜브로 책 관련 콘텐츠를 시청한 사용자에게는 연관 콘텐츠로 계속해서 리스트업되기 때문이다. 바꾸어 말하면 비독자를 독자로 만드는 데에는 한정적일 수밖에 없다. 이제는 많은 사람들이 유튜브를 검색 기능으로 활용하고 있다는 점도 간과해선 안 된다. '~하는 법' 류의 하우 투 콘텐츠가 유튜브에서 각광받는 이유다.

출판과 유튜브의 만남이라고 하면 '겨울서점' '책읽찌라' 등의 북튜버들을 빼놓을 수 없다. 이 글을 쓰는 11월 26일 현재 겨울서점은 구독자 수 8만 544명을 자랑한다. 겨울서점이 소개한 영상 속 책은 인문학 주간 35위에서 14위까지 판매량이 상승하기도 했다. 겨울서점은 책 고르는 방법뿐만 아니라 책 리뷰, 하울, 독서노트 쓰는 법 등 다양한 콘텐츠를 올린다. 구독자 수가 1만 9,436명인 책읽찌라도 업계에서는 모르는 사람이 없는 북튜버. 주로 1분~3분짜리 영상으로 책의 줄거리, 관련된 내용을 요약해 재미있게 전달한다. 구독자 수가 4만 4,822여 명인 '책 끝을 접다'도 주목할 만하다. 책 끝을 접다는 모션그래픽을 활용한 영상으로 유튜브 사용자들의 관심을 끈다. 서미애의 『당신의 별이 사라지던 밤』(엘릭시르) 관련 콘텐츠 '장례식이 끝나고 상복에서 발견된 쪽지'는 자체 채널에서 가장 높은 조회수(76만 3,786회)를 기록했고 높은 판매로까지 이어졌다.

다만 유튜브에서 각광받는 뷰티나 게임 유튜버의 팔로워 수가 100만 명~400만 명 이상을 자랑하는 걸 볼 때 북튜버의 구독자 수에서 시장의 규모를 엿보게 돼 아쉬움이 든다. 확실한 대세 플랫폼으로 유튜브가 자리매김한 만큼 우리 출판도 유튜브를 활용해 어떻게 독자에게 좀더 다가갈 수 있을지 고민해볼 때다.

_김미향

06 현장의 글쓰기, 르포의 전진

'나는…' 하고 시작하는 고백의 서사, 현장의 글쓰기는 언제나 많은
사랑을 받는다. 일하는 사람, 사회적 관계를 맺는 사람, 자신의 자리
에서 평범하게 버티어나가는 사람의 몸에는 언제나 언어가 쌓이고
그것을 옮겨 적은 르포는 그 현장감과 함께 당사자가 길어 올린 특별
한 사유로 반짝이게 되기 때문이다. 개인의 고백은 타인의 감정을 동
하게 하는 힘을 가진다.

　최근에는 전문직 종사자들의 서사가 많은 사랑을 받았다. 의사와
간호사 등 의료계 종사자들의 고백으로 『나는 간호사 사람입니다』
(김현아, 쌤앤파커스), 『골든아워』(이국종, 흐름출판), 『만약은 없다』(남
궁인, 문학동네), 『아픔이 길이 되려면』(김승섭, 동아시아) 등이 나왔고,
판사와 검사 등 법조계 종사자들의 고백으로 『검사내전』(김웅, 부키),
『개인주의자 선언』(문유석, 문학동네), 『지연된 정의』(박상규·박준영, 후
마니타스) 등이 나왔다. 이들 대부분은 개인의 고백에 그치지 않고, 이
사회가 가진 제도의 균열이나 허점을 직시하게 만들어준다는 점에서
의미가 있었다.

고백은 힘을 가지는 서사 방식
중 하나다. 여기에는 누구든
공감하기 쉽고, 개인에서 사회
로 그 사유를 확장시키게 도와
준다.

　『나는 그냥 버스기사입니다』(허혁, 수오서재)는 '그냥' 버스기사가
쓴 고백의 서사다. 운전석에 앉아서 세상을 바라본, 무엇보다도 자기
자신을 바라본 이글도 많은 사랑을 받았다. 이 책의 추천사를 쓴 것은
택시기사와 대리기사였다. 『나는 빠리의 택시운전사』(창비)의 홍세화
작가와 『나는 지방대 시간강사다』(은행나무)와 『대리사회』(와이즈베
리)를 쓴 내가 이 책을 읽어야 하는 이유에 대해 썼다. '나는…'이라는
고백을 해본 이들은 그것이 가지는 가치와 파급력에 대해 잘 알고 있

기 마련이다.

『고기로 태어나서』(한승태, 시대의창)는 드물게 나오는 정통적인 르포르타주라고 할 수 있다. 작가가 『인간의 조건』(시대의창) 이후 5년 만에 내놓은 책이다. 꽃게잡이 배에서 돼지 농장까지 우리 사회의 노동을 기록해온 그가 이번에는 식용 동물 농장 열 곳에서 일하고는 고기와 사람에 대한 이야기를 담았다. 『다시, 을지로』(김미경, 스리체어스)는 다시 새로운 방식으로 활기를 되찾은 을지로라는 공간에 대한 르포르타주다. 청년들이 돌아온 그 현장을 청년의 눈으로 기록해냈다. 『이번 생은 망원시장』(최현숙 외, 글항아리)은 망원시장이라는 공간을 지키고 있는 상인들의 구술기록사인데, 이 역시 조금 다른 방식의 공간에 대한 르포르타주가 된다.

2019년에도 다양한 개인의 고백의 서사는 더욱 많아질 전망이다. 글을 쓰는 개인은 이전보다 늘었고 작가가 될 수 있는 통로도 계속 늘어나고 있기 때문이다. 무엇보다도 고백은 가장 힘을 가지는 서사 방식 중 하나다. 여기에는 누구든 공감하기 쉽고, 개인에서 사회로 그 사유를 확장시키게 도와준다. 그래서 하나의 물음표를 가지게 된 독자는 그것을 자신의 영역으로 가져와 답을 하고 싶어 하고, 그 과정에서 우리 사회의 사유 역시 확장된다.

고백을 하게 된 개인의 몸도 이전과는 다르게 변한다. 자연스럽게 '선언'을 하게 된다. '나는 어떠한가'라는 고백에 더해 '이 사회는 어떠하다'라고 규정하기에 이른다. 독자들은 그들이 곧 이 사회를 변화시킬 수 있을 것이라고 믿기도 한다. 그러나 고백과 선언이라는 동어 반복을 하며 자신을 소진시켜가는 이들이 더욱 많다. 지켜보는 독자들도 곧 지치게 된다. 다만 어느 소수는 '제안'이라는 영역에 도달하게 된다. '그래서 우리는 이렇게 해야 한다'고 말하는 고백의 결과물을 내어놓게 되는 것이다. '고백-선언-제안'으로 이르는 한 개인의 사유는 이 사회의 몸을 보다 근본적으로 변화시킨다. 그래서 모두는 한 시대의 크고 작은 르포르타주를 기다리고 그들을 소중하게 대한다. 고백의 서사를 내어놓은 한 개인을 지켜주려 하고, 그의 고백 이후를 기대하며 지켜보는 것이다. 2019년에도 많은 고백자들이 나타나기를 바라며, 그들의 서사가 확장되어 이 사회의 지평을 넓혀줄 수 있기를 기대한다.

_김민섭

07 연예사업, 출판에 뛰어들다

2018년은 그 어느 때보다 확실한 취향과 팬덤의 힘을 보여주는 책들이 두각을 나타낸 해였다. 책을 읽진 않아도, 책을 굿즈나 패션 소품처럼 여기며 SNS 등을 통해 이를 소비하고 있음을 과시하는 흐름은 계속될 전망이다.

이러한 움직임은 젊은 층에게 어필하는 인기 아이돌이나 셀럽들 사이에서도 두드러졌다. 연예인들이 자신의 감상이나 일상 등을 적어 내려간 에세이나 화보집들은 꾸준히 출간되었으나, 최근 이를 넘어 연예인들이 특정 도서에서 영감을 얻었다고 언급하거나 직접 책의 출간과 기획까지 관여하는 경우가 늘어나고 있다.

빌보드 차트에 1위로 등극하며 K-POP의 선두주자가 된 방탄소년단의 경우 앨범의 모티브가 되었다는 『닥터 도티의 삶을 바꾸는

충성도 높은 팬덤을 거느리고 있는 연예, 방송계 쪽에서도 콘텐츠 공급처의 확대와 함께 책의 이미지를 활용하기 위해 출판을 활용했다.

마술가게』(판미동)를 역주행 베스트셀러로 등극시켰고, 이들이 표지 모델로 등장한 시사주간지 〈타임〉 아시아판(2018년 10월 22일자)도 2018년 예스24 종합 베스트 22위에 등장해 책으로도 그 인기를 입증하였다. 이들 도서와 함께 올해 연예인 콘텐츠를 활용한 책 중 눈에 띈 것은 아이돌 그룹 '워너원'의 활동 사진과 인터뷰를 수록한 포토에세이 『우리 기억 잃어버리지 않게』(아르테팝)다. 『우리 기억 잃어버리지 않게』는 예약 판매 시작과 함께 주간 베스트셀러 1위 자리를 단숨에 꿰찼고, 2018년 예스24 종합 베스트셀러에서도 46위에 랭크되며 폭발적인 인기를 과시하였다. 또한 꾸준히 사랑받고 있는 싱어송라이터들의 에세이 출간도 여전했는데 윤종신의 『계절은 너에게 배웠어』(문학동네), 책방 무사의 주인으로도 잘 알려진 요조의 『오늘도, 무사』(북노마드), 오지은의 『이런 나라도 즐겁고 싶다』(이봄), 에피톤 프로젝트의 『마음속의 단어들』(달) 등이 바로 그것이다. 에피톤 프로젝트의 경우 동명의 음반과 책을 함께 출간한 경우인데, 싱어송라이터들의 경우 이처럼 음반과 책을 패키지로 묶거나 동시에 출간하려는 움직임은 더욱 늘어날 것으로 보인다.

올해는 위와 같이 연예인의 사적인 일상이나 사진 등을 담아내는 것을 넘어, 이들이 갖고 있는 콘텐츠에 출판 기획을 결합한 형태의 책들도 많은 사랑을 받았다. 김제동의 『당신이 허락한다면 나는 이 말 하고 싶어요』(나무의마음)는 방송인 김제동이 헌법을 읽고 적어내려간 독후감과 함께 국내외 헌법 전문가들과 나눈 이야기를 결합한 에세이로 많은 인기를 끌었다. 싱어송라이터 이적이 자신의 자녀에게 읽히고 싶은 이야기들을 일러스트레이터들의 그림과 함께 담아낸 그림책 『어느 날』, 『기다릴게 기다려 줘』(이상 웅진주니어)는 아이들뿐만 아니라 이적의 음악을 사랑하는 성인 팬들에게도 큰 사랑을 받고 있다.

이와 함께 유병재 스타일의 유머를 책으로 담아낸 『블랙코미디』(비채)과 배우 이종석과 시인 나태주가 콜라보레이션하여 펴낸 『모두가 네 탓』(YG엔터테인먼트)도 주목할 만하다. 이와 같은 책에서 보듯, YG엔터테인먼트와 같은 연예기획사들은 방송 프로그램뿐만 아니라 도서 콘텐츠 IP로서의 가능성도 타진하고 있는 것으로 보인다. 드라마의 원작을 책으로 펴내는 것뿐만 아니라, 방송 콘텐츠를 책으로 펴내는 일들도 이어지고 있는데 이 분야에선 tvN이 단연 두각을 나타내고 있다. 올 초에는 시원스쿨과 tvN이 함께 만든 방송 프로그램을 책으로 옮긴 『나의 영어 사춘기』(시원스쿨닷컴)가 주간 베스트 1위를 연속으로 차지하였고, 하반기에는 tvN 인기 프로그램의 요리 레시피를 정리한 『수미네 반찬』(성안당)이 큰 호응을 얻는 중이다.

독서 인구가 줄어들고 있다는 고민 속에, 출판 이외의 영역에서 독자를 찾는 작업은 계속될 듯하다. 그중 팬덤이 존재하는 계층을 출판의 영역으로 끌어들이기 위한 움직임은 꾸준히 이어지고 있는데, 여기서 팬덤이란 단순히 저자의 지명도나 인기뿐만 아니라, 특정한 대상이나 주제를 공유하고 즐기는 이까지 일컫는다. 충성도 높은 팬덤을 거느리고 있는 연예, 방송계 쪽에서도 콘텐츠 공급처의 확대와 함께 책의 이미지를 활용하기 위한 노력을 지속할 것으로 보인다.

_조선영

08 모바일서점 시대

한국온라인쇼핑협회의 발표에 따르면, 2017년 국내모바일 커머스가 사상 처음으로 PC 기반의 온라인커머스 규모를 뛰어넘은 것으로 나타났다. 국내 온라인 커머스 시장 규모 역시 처음으로 100조 원을 돌파했다. 모바일 커머스 규모는 53조 원, PC 기반의 온라인 커머스 규모는 39조 원으로 조사되었다. 이렇게 모바일 커머스 매출의 급격한 성장의 주요 원인은 스마트폰을 통해 소비자들이 상품과 서비스에 대한 정보를 온라인에서 또는 오프라인 매장 내에서 확인하고 공유하는 행위가 많아졌기 때문이다.

이렇게 모바일 중심의 시장 재편은 세계 출판업계에도 적지 않은 변화를 가져왔다. 특히 모바일서점은 각종 정보통신기술과 결제, 배송 시스템의 발전에 따라 급성장하고 있다. 모바일서점은 웹 기반의 온라인서점이 앱 기반으로 확장되면서 이동 편의성이 강화된 서점 형태를 의미한다. 안드로이드 또는 iOS앱 스토어를 통해서 서점마다 등록한 전용 앱을 설치하면 이용 가능하다. 아마존, 반스앤노블, 코보, 기노쿠니아, 워터스톤즈 등 해외의 유명한 종이책, 전자책 서점들도 대부분 모바일서점 전용 앱을 제공하고 있다. 앱 사용자는 해당 서점의 카테고리와 맞춤형 쇼케이스 등을 통해 도서와 콘텐츠 정보를 확인하고, 편리한 결제 수단으로 주문할 수 있다.

교보문고의 모바일서점은 독자의 분야 선호도, 작가 선호도, 거주 지역, 구매 이력, 관심사 등을 분석해서 맞춤형 도서를 추천한다. 교보문고의 온라인 매출에서 모바일 매출 비중은 2016년 36.3%에서 2017년 44.3%를 차지할 만큼 빠른 성장세를 보이고 있다. 최근 지식

문화 중심의 소셜미디어 플랫폼 보라VORA 앱을 베타 버전 형태로 공개했다. 본인 관심사에 맞는 콘텐츠를 소비하는 취향형 플랫폼으로 서비스 콘셉트를 잡고 2019년 초에 정식 출시할 예정이다.

예스24는 2010년 모바일 쇼핑 서비스를 시작한 이후 연평균 100% 이상의 성장률을 보이고 있다. 2015년 업계 최초로 모바일 연 매출 1,000억 원을 돌파했고, 온라인 매출에서 모바일 매출 비중은 2015년 24%에서 2016년 32%로 증가했다. 모바일 간편결제 시스템을 도입한 것이 모바일 매출 성장을 이끌었다는 분석이다. 도서 판매 외 영화 감상 스트리밍, 가상화폐 서비스도 모바일서점에서 제공하고 있다. 모바일서점은 온라인서점의 단순한 확장에 머무르지 않고, 온라인과 오프라인의 연결 및 오프라인모객을 활성화시키고 있다. 교보문고의 바로드림은 대표적인 O2OOnline to Offline 서비스로 모바일 전용 앱에서 온라인 판매 가격으로 결제하고, 오프라인 매장에서 직접 찾아갈 수 있다. 최근 인터파크도서와 영풍문고는 제휴를 통해 O2O 방식의 매장 픽업 서비스를 선보인다고 발표했다. 위치기반 기술을 통해 가장 가까운 매장과 보유 재고량을 실시간으로 확인할 수 있다. 이를 통해 고객의 편의성을 높이고, 매출 증대와 물류비 절감 효과가 기대된다.

모바일서점의 성장은 앞으로 출판시장에 어떤 영향을 줄 것인가. 수년간 종이책 중심의 모바일서점 외에 전자책과 웹소설, 웹툰 서점 (플랫폼) 앱의 인기가 더욱 높아지고 있다. 리디북스, 밀리의 서재, 교보문고 톡소다, 카카오페이지, 네이버 시리즈 등 전자책과 웹소설, 웹툰 전문 서점(플랫폼)들이 공격적인 마케팅으로 모바일 콘텐츠 서비스를 강화하고 있다. 경박단소輕薄短小형의 콘텐츠는 모바일에 최적화되어 제작되고, 다수가 채택한 서브스크립션 판매 모델은 이용자 측면에서 가성비가 높기 때문이다.

이제 모바일서점은 출판기획과 마케팅의 대대적인 변화를 요구하고 있다. 대중들의 모바일 라이프스타일에 맞춰 텍스트 중심에서 오디오와 비디오 콘텐츠가 결합되거나 단독으로 제작되는 콘텐츠 개발이 필요하다. 최근 오디오북과 북튜버의 동영상 콘텐츠가 인기를 얻는 이유도 모바일 미디어 환경과 부합하기 때문이다.

모바일은 특정 세대에 치우치지 않고, 전방위적인 접근과 편리한 사용이 가능한 채널로 자리 잡았다. 따라서 시장 참여자는 모바일과 소셜미디어 커머스의 핵심 성공 요소인 바이럴과 인플루언서 마케팅에 더욱 적극적인 관심과 투자가 필요하다. 결론적으로, 모바일서점을 포함한 모바일 커머스의 성장은 출판 생태계의 변화에 지속적으로 영향을 미칠 것이다. 종이책과 전자책, 오프라인과 온라인 등으로 이원화된 포맷과 채널의 경계는 모바일을 통해 출판의 새로운 연결과 확장의 길을 만들 것으로 기대한다.

_류영호

09 출판의 빈익빈 부익부

미국, 유럽, 중국, 일본, 동남아를 막론하고 대부분의 나라에는 규모가 아주 큰 출판사들이 시장의 상당 부분을 차지하고 있다. 매출이 몇 조 원을 쉽게 상회하는 출판사들을 흔히 볼 수 있는데 우리나라 출판사들은 교육, 학습을 겸해야 겨우 1,000억 원 정도를 넘는다. 단행본

시장으로만 보자. 작년 문학동네의 매출이 305억 원으로 국내 1위이지만, 규모로 따지면 외국 대형출판사들의 100분의 1 정도에 지나지 않는다.

우리나라에 큰 규모의 출판사들이 없는 것은, 그만큼 국내 출판산업 구조가 취약하다는 것을 보여준다고 이야기할 수도 있다. 큰 출판사들이 없으니, 출판을 산업으로 인식시킬 만한 거대한 프로젝트를 민간에서 하나도 진행할 수 없고 대중들의 눈에 띄지 않으니 출판은 산업으로 인식이 되지 않는다. 기껏해야 예술과 비슷한 것이 아닐까, 정도의 인상만을 줄 뿐이다. 물론 책값은 그림값에 비해서 싸고, 서점은 미술관이나 극장보다 수수하기 때문에 손에 닿을 수 없는 고급문화도 아니다. 정도는 다르겠지만, 이 땅에서 출판은 많은 사람에게 '값싼 예술' 정도의 위치에 있는 무엇으로 인식되기 십상이다. 큰돈만질 산업은 아니지만 손발 땀나게 뛰면 굶지는 않을 수 있는 분야라고 해야 할까.

한국의 출판 환경을 작지만 개성 있는 출판사들이 많아서 세계 어느 곳보다 다양한 출판물들을 내고 있다고 해석해볼 수도 있다. 우리나라 인구의 30배인 중국에 250여 개의 출판사가 있는데 우리나라에는 그 10배를 훨씬 넘는 수의 출판사들이 있다. 물론 중국이나 러시아 같이 국가의 통제가 강한 나라에서는 출판사 수가 적을 수밖에 없다. 너무 많으면 통제가 어렵기 때문이다. 반면 시장 경제의 원리에 충실한 미국이나 유럽의 출판사들은 인수 합병을 거듭해 덩치를 키웠고, 일본 등은 거대 출판사들이 유통시스템을 장악하고 있는 탓에 작은 출판사들이 진입하기가 쉽지 않다. 그런 면에서 편집, 디자인, 제작, 유통과 관련된 모든 부분에서 회사 밖 인력이 풍부하고 유동성이 큰 우리나라는 작은 출판사를 설립하고 책을 유통하는 데 최적의 환경을 가지고 있다고 볼 수 있다. 베스트셀러 한방으로 튼튼하게 자리를 잡는 경우도 있고, 그렇지 못하다고 해도 대개 자신만의 색깔을 지키면서 버틴다.

한국의 출판사 숫자와 규모는 세계적으로 독특한 양상을 띠며 출판의 자유와 다양성의 측면에서 새로운 가능성을 보여주고 있다. 그러나 이런 구조의 특성은 새로운 가능성을 품기도 하지만, 출판이 산업으로 성장하는 데 한계로 작용하기도 한다. 출판사의 규모가 작아서 할 수 없는 것들을 정책적으로 채워줄 수만 있다면, 독특하고 흥미로운 콘텐츠를 키우는 산실이 됨과 동시에 다른 매체를 통한 산업의 성장에 큰 도움이 되는 출판을 만들어낼 수 있을 것이다. 다만 출판의 문화적 측면이 강조되면서 산업적 측면이 간과되면, 그나마 지금 출판이 가지고 있는 자급자족에도 미치지 못하는 결과가 만들어질 수도 있다.

작년에 문학동네가 39.9%, 민음사가 59.7% 성장했고 민음사의 영업이익은 5110% 성장했다는 통계를 보면서 '대형출판사들은 성장했는데 작은 출판사는 어려웠다' '작은 출판사와 서점을 지원하는 정책들이 있는데도 빈부 격차는 벌어졌다'는 평가도 있다. 하지만, 여전히 한국의 대형출판사는 세계적 규모로 볼 때 독립출판사를 벗어난 정도일 뿐이라는 사실과, 그보다 더 작은 출판사들은 어떤 정책적 지원이 있더라도 매출과 이익률에서 대형출판사들을 능가하기가 쉽지 않다는 것은 누구나 알고 있을 것이다. 이 문제의 원인을 도서정가제나 다른 제도적인 것에서 찾는 경우도 많다. 그러나 도서정가제에 원칙적으로 찬성하지 않고 가장 크게 매출에서 손해를 보았다고 주장하는 쪽이 비교적 규모가 큰 출판사들이었다는 점을 보라. 오히려 대형출판사는 할인 판매가 어려워지자 떨어진 매출을 다른 방식으로 메꾼 것으로 보인다.

우리가 관심 있게 지켜보아야 할 것은 '빈익빈 부익부'의 프레임이 아니라 '작은 출판사들이 이루고 있는 유례없는 다양성을 보존하면서, 그 안에서 창조성을 이끌어낼 수 있는 정책적 지원을 어떻게 할 것인가'다. 현재 출판업계의 상황은 큰 출판사와 작은 출판사 사이에서 같은 땅을 두고 따먹기를 하는 구조가 아니다. 큰 출판사들에게는 더 규모를 키우면서 고용과 경제 성장에 기여하는, 산업적으로 의미 있는 기업으로 성장할 토대를 만들어주어야 한다. 작은 출판사들의 경우에는 그들의 문화적 기여에 주목하면서 산업적 성장 가능성이 있는 것들이 지속적인 투자를 통해서 산업적으로 의미 있는 성장을 할 여건을 만들어주는 것이 필요하다.

_주일우

10 주 52시간 근무제 시대의 출판노동

올해 초 근로기준법이 개정됐을 때 한 일간지 기자에게 연락을 받았다. "곧 주 52시간 근무제로 바뀌는데, 출판노동에 어떤 영향을 끼칠 것이라 예상하느냐?"는 질문이었다. 솔직하게, 좀 서글픈 답을 할 수밖에 없었다. "거의 영향이 없으리라 본다. 지금껏 그래왔듯, 출판 사용자가 법을 잘 알고 꼼수를 쓰는 사례는 많지 않을 것이다. 현장에서는 다들 법을 모르기에 법이 지켜지지 않는다."

'주 52시간 근무제 시대'의 출판노동은 어떻게 바뀌게 될까. 언론에서 수도 없이 들었지만, 어쩐지 출판노동자에게는 아직도 먼 얘기처럼 들린다. 실제로 노동자 수 50인 이상 300인 미만 사업장은 2020년부터, 5인 이상 50인 미만 사업장은 2021년 7월부터 적용된다고 하니, 정말로 나와는 관계없이 느껴지는지 모르겠다.

먼저 사실관계부터 짚어보자. 이미 널리 쓰이고 있는 '주 52시간 근무제'라는 표현은 틀린 말이다. 2004년부터 법정 노동시간은 하루 8시간, 주 40시간으로 변함없다. 노사가 '합의'하면 최대 주 12시간을 연장할 수 있기에 '52시간'이라 쓰인 것이며, 지난 정부의 잘못된 행정 해석으로 주 68시간까지의 노동시간을 문제 삼지 않았을 뿐이다. 노동시간이 줄어든 게 아니다. 근로기준법이 개정됐음에도 정부는 사용자 측의 요구를 받아들여 노동시간 준수에 대한 단속과 처벌을 반년 늦춰줬고, 이는 비난받아야 마땅하다. 불가피하게 초과해서 일할 수도 있는 상황을 단정하여 정부와 언론이 이를 제도의 이름으로 재생산하는 것은 바로 '비정상의 정상화'다.

그렇다면 법에서는 왜 노동시간을 주 40시간으로 정했을까. 이를 넘는 노동이 노동자의 건강과 행복을 무너뜨릴 수 있기 때문이다. 연장노동에 통상임금의 1.5배를 지급해야 함을 법에서 정하고 있는 까닭도 그 '생산성'에 따른 부담을 회사에 지워서 노동시간을 반드시 지키게 하려는 취지다. '포괄임금제'는 노동시간을 산정하기 어려운 몇몇 산업에만 예외로 인정하는 경우로, 출판업은 이에 해당하지 않는다. 일을 더 시키면 마땅히 돈을 더 줘야 한다는 말이다.

500명의 출판노동자가 참여한 「2015 출판노동 실태조사 보고서」에 따르면, 응답자의 50%가 주 1회~2회 연장노동을 한다고 응답했으며, 28%가 월 1일~2일 휴일노동을 한다고 했다. 연장노동과 휴일노동을 했을 때 아무런 보상을 받지 못하는 경우가 각각 75%와 44%에 달했다. 이렇게 정해진 시간을 넘겨 일하게 되는 주요 원인으로는 46%가 무리한 출간 일정을 꼽았고, 비효율적 업무 시스템과 과다한 잡무 때문이라는 응답도 각 20%였다. 한마디로 누군가 정한 무리한 일정 때문에 비효율적으로 오래 일하고 있지만, 이에 관한 보상조차 제대로 이뤄지지 않고 있는 실정이다.

앞서 말했듯, 많은 출판사 사장은 법을 어긴다는 사실 자체를 모르고 있는 듯하다. 직간접적으로 보고 들은 사례가 너무나도 많다. 입사 직후 적법한 근로계약서를 작성하고, 퇴직금을 급여에 포함시키지 않으며, 5월 1일 노동절에 쉬는 것은 지극히 당연한 일이다. 여성노동자가 안심하고 일할 수 있는 노동환경을 만들기 위해 세심히 살피고, 차별과 폭력이 발생한다면 피해자를 보호함은 물론, 단호히 가해자를 격리하고 징계해야 한다. 그렇지만 무지와 무치 가운데, 출판노동 현장에서는 아무렇지도 않게 불법이 자행된다. 하물며 법의 보호를 받지 못하는 외주노동자는 어떠한가.

지금껏 우리 사회에서 노동법을 가르치지 않은 것이 주된 원인이겠지만, 노동자를 고용해 함께 일을 하려는 사용자라면 적어도 부끄럽지 않을 만큼 기본적인 법은 숙지해야 한다. 혹시라도 법을 어기면서 사업을 꾸려갈 수밖에 없는 형편이라면 어떻게 해야 할까. 단언컨대 그만하셔야 한다. 사람을 축내면서까지 받들어 모실 '출판의 가치'란 없다. 현장에서 출판노동자가 스스로를 갈아 책을 만든다고 자조하는 현실을 가볍게 받아들여서는 안 될 것이다. 늘 웃는 얼굴 같았던 '우리 막내'는 왜 1년이 지나자마자 그만둔다고 말하는 것일까.

신문에는 연일 탄력근로제에 관한 기사가 올라온다. 작년 대선 때 "일자리 대통령이 되겠다"며 노동시간을 줄여 삶의 질을 높이겠다는 공약을 기억한다. 그렇지만 대통령은 이달 초 여야 대표와 탄력근로제 확대에 합의했다. 현재 국회에 발의된 탄력근로제 개정안대로라면, 탄력근로제 단위기간을 최대 1년까지로 연장할 수 있고, 사실상 '주 52시간 노동시간 단축'은 아무런 의미를 지니지 못한다. 이렇게 탄력근로제가 개악되고 나면 주당 평균 60시간이 넘을 수 있고, 이는 정부의 과로사 판단 기준을 넘는다. 과로사라니….

'주 52시간 근무제'는 정말 출판노동을 바꾸었을까. 이번 주 마감 때문에 불법을 저질러야만 하는 출판노동자에게는 여전히 먼 얘기처럼 들린다. 우리에겐 누구도 야근하라고 지시하지 않았다.

_박세중

11 2018 책의 해

'함께 읽는 2018 책의 해'가 저물어가고 있다. 1993년이 '책의 해'였으니 25년 만의 일이다. 이 행사를 위해 국가예산 20억 원이 특별 집행되었고, 네이버에서 출판산업 발전을 위해 내놓은 상생기금도 일부 끌어다 사용하는 등 총 30억 원 이상의 예산이 투여되었다.

이에 따라 3월 22일 조직위원회 출범 이후, 책 읽는 문화를 확산하기 위한 수많은 행사들이 수없이 열렸다. '무슨 책 읽어?'를 슬로건으로 '나도 북튜버' '위드 북with book' 등 소셜네트워크 시대에 걸맞은 캠페인, 도심 및 서점 등에서 책 읽는 하룻밤을 체험할 수 있는 '북 캠평' 및 '전국 심야책방의 날', 책 싣고 전국 방방곡곡 독자를 찾아가는 책 트럭 '캣왕성 유랑책방', 공중파 TV에서 예산을 받아 방영한 캠페인성 파일럿 프로그램 〈비블리오 배틀〉, 책 생태계 전반의 현재와 미래를 짚어보는 '책 생태계비전 포럼', 독서동아리 활성화를 위한 지원 프로그램 등 풍요로웠다.

이 많은 행사를 일일이 챙긴 관계자들의 노고에도, 뚜렷한 목표 없이 행사 중심으로 치러진 '책의 해'의 사업이 무엇을 남겼는지 미래를 위해 숙고할 필요가 있다. '책의 해'를 계기로 해서 '함께 읽기'는 얼마나 확산되었는지, 본래 취지대로 "출판산업 위기를 극복하고 출판 부흥의 원년"이 되었는지, "책 읽는 나라, 책 읽는 대한민국"을 위한 첫 계단이 놓였는지 하는 것이다.

_장은수

12 『며느라기』 열풍

『며느라기』는 2017년부터 인스타그램에 발표한 웹툰을 단행본화한 작품이다. 10월에는 명절 문제를 다룬 『노땡큐: 며느라기 코멘터리』(이상 귤프레스)가 출간되었다. 2017년 오늘의 우리만화상(문화체육관광부 장관상, 한국만화가협회장상), 2018년 올해의 성평등문화상 청강문화상 수상이라는 수식을 굳이 붙일 필요도 없이 SNS 등을 통해 상당한 화제를 모은 작품이다. 과거 웹툰 작품이 단행본 출간될 때에는 이런 방식이 드물지 않았으나, 유료 웹툰이나 포털 사이트에 연재되는 웹툰이 일반화된 요즘에는 오히려 흔히 볼 수 없어진 현상 같다.

SNS에서 여성들의 열광을 이끌어냈던 『며느라기』는 출판사를 통하지 않고 작가가 직접 출간하여 성공했다는 점에서도 주목받았다.

또 한 가지 특징을 추가하자면, 출판사에 '스카웃'되어서 단행본이 출간된 것이 아니라 작가가 직접 독립출판물로 출간하여 성공했다는 점이다(이전에도 만화계에서 사실상의 독립출판 작품이 성공한 사례가 없었던 것은 아니다). SNS에서 입소문을 타는 buzz 형태의 성공 사례가 아직 가능성이 있다는 것을 보여주었다. 그렇지만 최근 몇 년간 웹툰계를 포함한 우리 사회의 노동문제 등의 해결책이 독립출판이라고 마음 편히 말하기는 어려울 것이다. 다만 『며느라기』가 하나의 희망적인 케이스를 보여주었다는 점에 의의를 두고 싶다.

_선정우

13 한 학기 한 권 읽기

'2015 개정 교육 과정'에 따라 도입된 '한 학기 한 권 읽기'가 올해부터는 중학교 교육 과정에서도 시작됐다. 한 학기 한 권 읽기는 초등 3학년부터 10년간 교과 단원으로 나온다. 지금까지 학교에서 독서를 지도하는 방법은 수업 외 여가 시간 등을 활용한 것이었다. 그러나 '한 학기 한 권 읽기' 도입 이후부터는 책 한 권을 선정해 수업 시간에 함께 읽으며 기존보다 독서 활동을 더욱 강화할 수 있게 됐다.

'한 학기 한 권 읽기' 시대를 맞아 『한 학기 한 권 읽기』(서해문집), 『한 학기 한 권 읽기 어떻게 할까?』(북멘토), 『한 학기 한 권 깊이 읽기에 빠지다』(북랩), '마중물 독서' 시리즈(학교도서관저널, 미디어창비) 등 관련 책들도 다수 출간되고 있다. 이제까지 우리 학생들은 학업 외 시간에 책을 읽기 어려운 환경에 놓여 있었다. 하지만 '한 학기 한 권 읽기' 도입 이후 정규 수업 시간에 스스로 책을 선정하여 읽고 친구들과 생각을 나누며 토의하고 그 결과를 정리, 표현할 수 있게 됐다는 점에서 '한 학기 한 권 읽기'의 의의를 찾을 수 있다. 독서 활동이 정규 수업 내에 포함된 만큼 국어 능력과 독서 능력을 함양시키는 것 이상으로 학생들의 삶의 변화를 이끌어낼 것으로 기대된다.

_김미향

14 멤버십 비즈니스

책과 관련된 광고로는 유례없이 좋은 시간에 비싼 배우들이 모델로 등장하는 광고가 전파를 자주 타고 있다. 바로 '밀리의 서재'라는 전자책 구독 모델광고다. 엄청난 이익을 기대하고 몰려든 투자를 주체하지 못한 게임업계에서나 볼 법한 광고가 나오는 걸 보니 이 사업모델도 투자자들에게 상당한 관심을 끌었나 보다. 영화, 동영상, 음악 등 다른 콘텐츠 분야에서 구독 관련 모델의 성공 사례가 나오기 때문에 출판 분야에서도 멤버십에 기반한 월정액 서비스가 자리를 잡을 것이라고 기대하는 것은 당연하다. 다만 지금도 이미 엄청난 크기의 시장을 형성하고 있는 장르소설이나 웹툰 같은 영역을 제외하면, 단행본을 보기 위해서 월 1만 원가량의 돈을 지불할 용의가 있는 사람의 숫자는 얼마나 되는지 정확하게 조사하고 따져볼 필요가 있다.

하지만, 취향에 따라 책을 소개하고 추천하는 소규모 멤버십 서비스는 점점 늘어날 것이다. 아직도 책을 살 때 베스트셀러 목록에 의존하는 사람들이 대부분인 현실이지만, 커피믹스보다는 제대로 내린

드립커피를 찾는 사람들이 늘어나고 저녁 회식도 병맥주보다는 독특한 양조장을 찾는 문화가 정착하듯, 이와 평행하게 책도 취향별로 고르고 즐기려는 성향이 분명하게 드러날 것이다.

학습과 같이 분명한 목표가 없는 일반 독서시장에 대규모 멤버십, 혹은 구독 서비스가 자리 잡기에는 우리나라의 환경이 척박해 보이는 것도 사실이다. 책을 팔든, 구독을 하도록 하든, 근본적으로 책을 더 읽도록 만들 유인을 고민하는 것이 먼저다.

_주일우

15 뇌과학이 인생에 대해 말하는 것들

과거에 뇌는 정신의학의 대상으로 여겨졌지만, 점차 뇌를 과학적으로 다루는 책들이 늘어났다. 2018년은 20년 동안 펼쳐진 뇌과학서의 개별 흐름이 나름대로 성공적으로 정리된 해였다.

뇌는 주로 병이 발생하는 곳이었다. 정신병 환자의 뇌를 들여다봤다. 뇌는 정신의학의 대상이었던 것이다. 주인공은 당연히 올리버 색스. 의학을 넘어 과학적으로 뇌를 다룬 책이 인기를 끌게 된 계기는 뇌에 얽힌 온갖 과학 이야기를 집대성한 박문호 박사의 책이 세상에 나오면서부터다. 다른 과학자들은 그의 책을 추천하기를 주저했지만 대중들은 뇌를 과학적으로 받아들이기 시작했다.

올해의 뇌과학서로는 『우울할 땐 뇌과학』(심심), 『열두 발자국』(어크로스), 『나는 뇌가 아니다』(열린책들), 『뇌는 춤추고 싶다』(아르테)를 꼽을 수 있다. 『우울할 땐 뇌과학』은 우울증이 개인의 의지나 노력에 의한 것이라기보다는 뇌가 작동하는 방식에 의한 질환임을 밝히고, 『열두 발자국』은 더 나은 선택과 의사결정을 위한 뇌과학의 지혜는 무엇인지를 보여준다. 『뇌는 춤추고 싶다』는 몸이 춤출 때 뇌에서는 무슨 일이 일어나는지에 집중한다. 이에 반해 『나는 뇌가 아니다』
는 그간의 뇌과학에 대한 비판서다. 인간은 뇌가 조종하는 꼭두각시
가 아니라 자유롭고 정신적인 생물이라는 주장이다.

올해는 지난 20년 동안 펼쳐진 뇌과학서의 개별 흐름이 나름대로
성공적으로 정리된 해라고 할 수 있다. 이제 처음부터 다시 시작하는
가? 뇌, 여전히 어렵지만 흥미롭다.

_이정모

16 '엉덩이 탐정' 등 읽기물 시대

강연장에서 아이들의 소란을 잠재우는 비밀 단어가 있다. 똥, 엉덩이,
방귀가 바로 그것이다. 〈방귀대장 뿡뿡이〉의 인기는 여전하다. 어른
도 좋아하는 〈짱구는 못 말려〉에서 짱구는 엉덩이춤을 춘다. 이유는
알 수 없으나 아이들은 이 세 단어를 좋아한다. 어쩌면 '엉덩이 탐정'
시리즈의 인기는 제목에서 시작했는지도 모른다.

'엉덩이 탐정'은 100쪽에 불과한 읽기물이다. 얼굴이 엉덩이 모양
인 주인공은 탐정이다. 등장인물은 단순하다. 주인공과 조수 브라운.
마치 셜록 홈즈와 왓슨 박사의 관계 같다. 글과 그림의 역할이 적절히
어우러져 있다. 독자는 엉덩이 탐정과 함께 추리한다. 숨은그림찾기
는 필수 과정이다. 사건이 이어지고 수사 과정에서 용의자는 압축된
다. 당연히 마지막 검거 순간에 엉덩이 탐정은 위기에 빠지는데 그때
마다 데우스 엑스 마키나가 등장한다. 입으로 뀌는 방귀다.

재밌다. 50대 독자에게도 재밌으니 아이들에게는 말 안 해도 빤하

다. 초등학교 저학년 사회에서 '엉덩이 탐정'이 대인기라고 한다. 이런 현상이 가능한 이유는 부모가 변했기 때문이다. 수험생보다 대학 정원이 더 많은 시대다. 아이들에게 문학을 허락할 여유가 생겼다. 학습물 대신 읽기물 시대가 오고 있다.

_이정모

17 콘텐츠 큐레이션인가, 콘텐츠 독점주의인가

특별판, 한정판, 애장판 등의 이름을 단 책들이 서점마다 범람하고 있다. 11월 셋째 주 온라인서점 알라딘의 베스트셀러 20위 목록에는 『참을 수 없는 존재의 가벼움』(민음사), 『5년 후 나에게』(토네이도), 『악의 꽃』(문예출판사) 등 세 책이 이름을 올렸다. 예스24에는 『하마터면 열심히 살 뻔했다』가, 교보문고에는 『모든 순간이 너였다』가 베스트셀러에 올라 있다.

이른바 특별판은 콘텐츠 가치가 검증된 스테디셀러에 특정 서점 독자들을 위한 디자인 가치를 더해 보통 1,000부 이상 단위로 제공되며, 현재의 위탁 방식에 비해 서점의 책임이 무거워지는 동시에 거래관계가 단순화된다는 특징이 있다. 2014년 도서정가제 실시 이후, 서점의 주요 운영 전략이 할인율 중심의 가격 차별화에서 당일 배송, 바로드림 등의 서비스 차별화나 저자 강연, 독자 모임 등의 문화적 차별화에 이어서 특정 서적의 독점 제공을 통한 상품 차별화로 이어진 것이다.

특정 서점에 대한 독점 상품의 제공은 대량구매 등이 원천적으로 불가능한 중소서점에 극도로 불리한 점, 중장기적으로 신간 판매 환경이 나빠지는 부메랑 효과를 일으킬 수 있다는 점 등을 문제로 들 수 있다. 반면에 축적된 독자정보를 활용한 수요의 정확한 예측, 콘텐츠 가치의 극대화를 통한 잠재독자의 개발, 큐레이션 콘텐츠를 활용한 출판사와 서점과 독자의 공진화 등 미래 서점 모델의 리트머스시험지 같은 성격이 있음도 무시할 수 없다. '특별판'의 거래관행에 대한 집중된 주목과 논의가 필요한 이유다.

_장은수

18 문고의 경제학

2016년 민음사 '쏜살문고'가 성공 사례를 보여준 이후, 적은 분량에 가볍고 경쾌한 디자인으로 독자들 시선을 끄는 '작은 책'들이 쏟아지는 중이다. '소설의 첫 만남'(창비), '욜로욜로'(사계절), '블루 컬렉션'(열린책들), '문지 스펙트럼'(문학과지성사) 등에 이어 '현대문학 핀'(현대문학), '테이크아웃'(미메시스) 등이 새로 얼굴을 내밀었다.

소출판사들의 도전도 꾸준하다. 소출판사 세 곳이 따로 또 같이 만드는 '아무튼'(위고, 제철소, 코난북스), 여행인문학 시리즈 '타산지석s'(책읽는고양이), 손바닥소설 모음집 '짧아도 괜찮아'(걷는사람), 잡지형단행본 '북저널리즘'(스리체어스), 읽는 백과 '스탠퍼드철학백과의 항목들'(전기가오리) 등이 나왔다.

'작은 책'이 모바일 시대의 독자를 향한 창조적 접근인지, 단지 책의 소품화 또는 경량화에 지나지 않는지는 실제 독자 개발 및 시장

'작은 책'이 모바일 시대의 독자를 향한 창조적 접근인지, 단지 책의 소품화 또는 경량화에 지나지 않는지는 실제적 독자 개발 및 시장 개척으로 이어지느냐에 달려 있다.

개척으로 이어지느냐에 달려 있다. '작은 책'이 박리다매의 단순한 기획물을 넘어서 출판 혁명으로 이어지려면, 문고본 출판권 자체를 상품화하여 사고파는 새로운 저작권 거래 시장의 활성화, 대형서점 및 온라인서점을 넘어서 독자가 있는 곳으로 책의 판매 장소가 확산되는 장소혁명이 같이 일어나야 한다. 문고본의 역사를 생각할 때, 이러한 조건을 갖추지 못한 '작은 책'은 일시적 유행에 그칠 것이다. 도서정가제에 따른 독자들의 가격 저항을 회피함으로써 기존 도서시장을 잠식하는 효과만 빚기 때문이다.

_장은수

19 퀴어 출판

게이매거진 〈뒤로〉가 3호 발행을 앞두고 인쇄소에서 책의 내용을 문제 삼아 갑자기 인쇄를 취소하는 사태가 벌어졌다.

1990년대 이후 한국만화에선 성소수자 문제가 빈번히 다루어졌다. 순정만화의 여러 거장들이 작중에 성소수자를 등장시켰고, 2000년대 이후로는 당사자성이 표출되어 있는 만화도 등장하였다(상세한 내용은 〈기획회의〉 475호 '퀴어문화와 출판' 참조). 1990년대 성소수자의 모임이나 PC통신상의 커뮤니티 활동 등을 거쳐 2003년 '동성애 전문 잡지'를 내걸었던 〈버디〉의 탄생으로 이어졌던 소위 '퀴어 출판'의 흐름은, 근래에 들어서 전문적인 퀴어 잡지, 퀴어 출판사의 등장으로 연결되었다. 일본에서도 성소수자가 아닌 출판인들이 만들던 게이 잡지(〈장미족〉 〈사부〉 등)가 먼저 나온 다음 당사자성을 갖는 잡지(〈바디Badi〉 등)가 나왔던 것과도 같이 생각해볼 수 있을 듯하다.

하지만 그런 와중에도 지난 10월 게이매거진 〈뒤로DUIRO〉가 3호

발행을 앞두고 인쇄소에서 책의 내용을 문제 삼아 갑자기 인쇄를 취소하는 사태가 벌어졌다(정의당 성소수자위원회 2018. 10. 8 논평 참조). 〈기획회의〉 472호 「유해간행물에 대해 생각하고 있는 몇 가지」에 다룬 유해간행물 문제와는 별개로, 또 다른 방식의 '검열'이 여전히 존재한다는 의미이기도 하다.

11월 3일 KBS 2TV에서 방송된 〈대화의 희열〉에서 방송인 송해는 퀴어축제로부터 "배울 게 많다"며 "기분이 좋다"고 언급했다. 91세 어르신보다 더 '보수적'이란 것도 우습지 않을까.

_선정우

20 출판 저작권 이슈

출판에서 저작권과 관련된 문제는 산업 생태계 전체를 좌우하는, 가장 중요한 뼈대라고 할 수 있다. 모름지기 산업이라면 돈이 돌아야 하고 돈이 돌기 위해서는 흘러갈 곳과 방법을 잘 정의해놓아야 한다. 한 곳에 돈이 멈추면 다른 곳의 생산이 멈춰서 생태계 전체가 타격을 입는 것은 불문가지. 결국 분배의 문제로, 한 곳의 지나친 수익을 견제하고 생태계 전체를 건강하게 만드는 것이 지속가능한 산업을 만드는 핵심이다.

예를 들어 출판사의 수익률은 1%인데 출판사의 콘텐츠를 싣는 플랫폼의 수익률이 50%라면 불만이 나올 수밖에 없다. 저자와 출판사가 수익을 100대 1로 나눈다면 책을 만들 의욕을 낼 출판사는 사라질 것이다. 반대의 경우도 마찬가지다. 복잡한 용어와 법률적 관계들이 존재하지만 문제는 간단하다. 어떻게 황금비율을 정할 것인가가 핵심적인 사안이다. 교육적인, 혹은 공익적인 목적에 대한 저작권의 예외를 인정하는 문제를 두고 벌어지는 논쟁을 예로 들어보자.

토론은 자라나는 어린이들에게 우리가 만들어온 양질의 교육 콘텐츠를 무상으로 제공하는 것이 윤리적으로나 사회적으로 좋다는 주장을 둘러싸고 일어나지만, 그것은 문제의 본질을 호도하는 것이다. 미래의 동력이 될 학생들의 교육에 투자하는 것에 반대할 사람이 어디에 있는가. 그것이 필요한 일이라는 것을 모르는 사람이 어디에 있는가. 중요한 문제는 그 비용을 저자나 출판사에 전가하는 것이 부당하다는 것이다. 사회적으로, 국가적으로 필요하다면 공동체, 혹은 국가에서 그 비용을 지불하는 방식을 논의하면 된다.

캐나다에서 학교의 교육 목적에 사용되는 콘텐츠에 대한 저작권 예외 조항을 법제화하면서 영국이나 미국의 출판사들이 철수하고 캐나다 출판사들도 더 이상 연구 개발의 동력을 잃어버린 것에 주목해야 한다. 건전한 교육출판 산업 생태계가 멈춰버렸다.

_주일우

21 과학책 다음은 수학책?

우리나라의 자연과학 대학을 독일에서는 '자연과학 및 수학 대학'이라고 한다. 서점도 비슷하다. 우리나라 서점에는 과학책 코너에 수학책도 있지만 독일 서점에는 수학책 코너가 따로 있다. 무슨 심사를 할 때도 수학책은 과학책과 함께 다뤄진다. 사실 불공평하다. 수학은 과학의 언어다. 영어보다 영문학이 재밌는 것처럼 수학보다는 과학이 훨씬 재밌다. 일반적으로 말이다.

수학의 중요성은 아무리 강조해도 모자라지 않지만 점차 대중의 적으로 변했다. 교과과정 편성회의에 학부모 단체가 들어와 미적분을 빼라고 압박할 정도였다. 교양 수학책 독자들은 덕후 취급을 받는다. 이 흐름을 한 번에 끊어낸 편집자들이 있다. 옥스퍼드 대학교 김민형 교수 강연을 엮어 『수학이 필요한 순간』(인플루엔셜)을 펴낸 바로 그 사람들이다. 편집자의 역할을 새삼 느끼게 한 책이다(편집자 만세!). 수학이란 단순한 계산이 아니라 생각하는 방식임을 알려준다. 책에 붙어 있는 명사들의 추천사가 허언이 아니다.

수학이 사고방식이라고 해서 계산이 하찮은 것은 아니다. 구구단이 얼마나 중요한가! 올해 나온 책 가운데 『이 문제 풀 수 있겠어?』(북라이프)와 『물리가 쉬워지는 미적분』(비전비엔피)이 눈에 띈다. 서점에도 수학책 코너가 새로 생겨날 날이 올 것이다.

_이정모

『수학이 필요한 순간』은 과학 책에 가려 소외됐던 수학책을 주목하게 한 교양 수학서다. 수학이란 단순한 계산이 아니라 생각하는 방식임을 알려준다.

22 작가 매니지먼트

작가는 이제 글만 쓰는 사람이 아니고 강연과 방송은 물론 개인 콘텐츠까지 만들어내기를 요구받는다. 페이스북이나 인스타그램 등의 SNS 활동을 통해 이미지를 구축하고 신간을 홍보하는 일 역시 중요하다. 역설적으로 작가가 글을 쓰는 데 집중할 수 없게 된 것이다.

각 출판사가 저자 관리라는 것을 하고는 있지만, 체계적인 작가 매니지먼트의 중요성은 계속 커지고 있다. 김영하 작가가 연예기획사와 크리에이터 계약을 체결한 것은 상징적인 사건이 될 테고, 작가를 전문적으로 매니지먼트하는 기획사들이 속속 나타날 것이다. 이들은 작가가 글을 쓰는 데 기획 단계부터 참여해서 한 작가를 상품으로 만들고, 다양한 업계로 글과 작가를 함께 내보낼 것이다.

실제로 2018년에 설립된 '백림서사'라는 기획사는 신인 작가를 발굴해 그의 출간 계약부터 그 이후의 강연, 인터뷰, SNS 활동까지를 관리해주고, 그로 인한 수익을 작가와 협의해 나눈다. 올해에만 5명의 신인 작가와 계약을 체결했고 출간 계약에 따른 수수료로 매출을 올렸다. 이러한 경향은 앞으로도 계속될 전망이다.

_김민섭

23 독자와 독서 문제

독서를 진흥하는 축은 크게 두 가지다. 하나는 '독자 외적인 요인'으로 독서 기회가 부족한 사람들에게 기회를 제공하는 축이다. 도서관을 짓고 도서구입비를 늘려 책에 대한 접근성을 높이고, 문맹, 난독, 장애가 있는 이들에게 도움을 주고, 군인이나 직장인, 육아 중인 부모에게 집중적인 읽기가 가능한 여가시간을 확보해주는 방식이다. 이 축은 이제까지의 독서 진흥에서 매우 중요하게 여겨졌고, 독서 환경을 개선시키는 데는 여전히 효과적이다.

그러나 기회가 과거보다 더 많아졌음에도 책을 읽는 이들이 급격히 줄어들고 있다. 다른 축, '독자 내적인 요인'이 점점 강력하게 영향을 미치기 때문이다. 책에 대한 유년기의 긍정적인 경험, 문어체의 글을 읽어낼 수 있는 독해력과 집중력, 독서의 가치에 대한 인식, 독서에 대한 내적 동기 등이 부족해서 '읽기 행위'를 하지 않는 이들이다.

이들을 위해서는 다른 접근이 필요하다. '책 읽기가 삶에 어떤 영향을 미치는지'를 '읽지 않는 이들의 언어로' 설득해야 한다. 더불어 유년기에 즐거운 읽기 경험을 제공하고, 다른 독자와 어울리면서 읽기로 인한 긍정적인 변화를 체험할 수 있는 독서동아리를 확대하는 것이 효과적이다.

_김은하

24 출판에도 돈이 밀려온다

출판시장에 '도' 돈이 밀려온다. '도'라고 첨언을 한 건 전자출판 업계로만 투자가 이뤄지고 있어서다. 전자책서점 '밀리의 서재'는 지난 10월 HB인베스트먼트 등 5개 기관으로부터 65억 원의 투자를 유치했다. 무제한 월정액제를 처음 선보인 선두주자로 누적 회원수 22만 명을 돌파한 공격적 마케팅이 성공한 것이다. 위즈덤하우스의 웹툰·웹소설 플랫폼 '저스툰'도 지난 8월, NHN엔터테인먼트로부터 약 100억 원의 투자를 받아 '코미코'와 통합된다고 밝혔다. '구독경제' 노선에 일찌감치 올라탄 전자책서점들에 IT업계의 뭉칫돈이 투자되고 있는 형국이다.

출판사 인플루엔셜의 오디오북 서비스 윌라는 네이버·TB 오디오 콘텐츠 전문투자조합의 투자를 받았고, 네이버는 오디오북 업체인

'오디언'을 최근 인수한 것으로 알려졌다. 웹툰·웹소설 시장이 팽창하면서 카카오페이지와 리디북스, 웹소설 플랫폼 문피아 등은 내년 코스닥 상장도 준비하고 있다.

이처럼 온라인 웹툰·웹소설·오디오북 시장으로의 투자가 활발히 이뤄지고 있다. 모바일 콘텐츠 시장이 기하급수적으로 커지는 현상은 위축되는 종이책 시장의 이면이기도 하다. 3대 오프라인서점 중 하나인 서울문고는 영풍문고의 투자를 받아 기사회생을 노리다, 두 달 만에 다시 결별하기도 했다. 종이책을 만들고 파는 출판사와 서점 업계의 시름은 역설적으로 깊어만 가고 있다.

_김슬기

25 공공구매 시장의 변화

2018년 공공구매 시장을 간단히 정리하면 신규 도서관은 늘고 있지만, 개별도서관 자료구입비 등 예산은 감소하고 있는 상황이다. 공공구매 시장에는 두 가지 변화가 관찰되고 있다.

첫 번째로 수서 리스트에 의한 수서 진행 방식과 구입 방식이 변화되었다. 기존에 도서유통사에서 리스트를 만들어 도서관에 납품하던 방식은 거의 사라졌으며, 현재는 대부분 도서관에서 수서 리스트를 만들어서 유통사에 넘기면 수서가 진행되는 방식으로 변화하고 있다. 또한 지역서점 살리기 운동의 확산에 따라 많은 수의 지역도서관들이 같은 지역서점을 통해 납품 계약을 진행하도록 권고하고 시행하고 있다. 이에 따라 공공도서관 및 학교도서관들이 지역서점을 통해 계약하고 납품하는 비중이 증가하고 있다.

두 번째로 전국 혹은 지역 단위 공공구매 시장의 다양한 확대에 따라 출판사들의 공공구매 및 납품에 대한 관심이 증가하고 있다. 지속적인 학령인구 감소에 따른 출판시장의 축소로 어려움을 겪는 출판사들이 공급처(도서관)와 예산이 지속적으로 확보되고 있는 공공구매 시장에 직접적인 마케팅 활동을 진행하려는 관심이 증가하고 있다. 단순히 도서관 납품뿐만 아니라 한 도시 한 책 읽기, 북스타트, 경남독서한마당 등 공공구매 시장 확대에 따른 대응을 직접 진행하고 있다.

이렇듯, 여러 가지 공공구매 방식의 변화에 대응하기 위해서는 꾸준한 도서목록 관리와 수서 리스트를 책임지는 도서관 사서 및 지역 독서활동가 대상 마케팅 및 지원 확대(도서 및 납품을 위한 콘텐츠 목록, 행사지원 서비스, 교육 프로그램 등)가 반드시 필요하며 추가적으로 지역 중형서점 아동 담당을 대상으로 관리 영업 등이 진행되어야 한다.

_김석

26 북한에 대한 새로운 이해

2018년은 남북정상회담이 열린 해다. 4월 27일 판문점에서 문재인 대통령과 김정은 국무위원장 두 사람이 만났다. 이것은 2007년 이후 11년 만에 성사된 만남이었다. 남북 관계는 급진적으로 호전되어 이후 세 번에 걸친 정상회담이 열렸다.

그에 따라 『평화의 규칙』(바틀비), 『한반도 특강』(창비), 『평양 자본

태영호 증언
3층 서기실의 암호

2007년 이후 11년 만에 남북정상회담이 이루어짐에 따라 북한에 대한 기대와 우려를 담은 책들이 다수 출간되었다.

주의 백과전서』(북돋움) 등 북한 변화의 실상을 보여주고 북한을 바라보는 새로운 눈을 제시해주는 책이 많이 출간되었다.『평양에선 누구나 미식가가 된다』(가갸날)라든가『북한투자 어떻게 하면 성공할까?』(매일경제신문사) 등의 책들을 보자면, 통일은 몇 걸음 더 우리 앞으로 다가온 듯하다. 그러나 '북핵'을 주제로 한 책도 여전히 출간되고 있다. 무엇보다도 "북한은 핵을 포기하지 않을 것"이라는 내용을 담은『3층 서기실의 암호』(기파랑)가 관련 책들 중 가장 큰 인기를 끌기도 했다. 북한에 대한 기대와 우려는 여전히 공존하고 있는 셈이다. 2019년에도 여전히 그럴 것으로 보이지만, 그래도 기대를 담은 책들이 잘되고 한반도의 평화가 조금 더 정착될 수 있기를 바란다.

_김민섭

27 출발, 전국동네책방네트워크 책방넷

출판계에 신선한 바람으로 다가온 독립서점이 사라지고 있다. '책맥' 바람을 일으킨 북바이북, 수많은 '책모임'으로 주목받은 북티크, 내게 딱 맞는 '책상담'으로 서점 역할을 재정의한 사적인서점, 꼭 필요한 책만 둔 '책편집샵' 땡스북스와 땅콩문고까지. 현재 규모를 축소해서 이전하거나 잠시 쉬거나 심지어 문 닫은 곳조차 있다.

수십 년 동안 참고서와 베스트셀러밖에 없다는 비아냥을 들었던 동네책방. 이 불모지 같은 곳에 불과 5년 남짓한 기간 만에 새로운 기획과 모양새로 독자가 찾아갈 이유를 만들어준 대표 독립서점들이 사라지고 있는 것이다. 제각각의 어려움을 해결하지 못한 결과이지만, 독립서점에 불리한 출판계 구조가 근본 원인이다. 높은 도서 공급률, 늦은 배송, 힘든 도서 구매 등 말이다. 또 아무리 참신한 모습으로 꾸미고 갖은 능력을 부려보아도, 독립서점을 해서 인건비는커녕 임대료조차 낼 수 없는 고노동 저수익 구조는 바뀌지 않는다.

혼자서 앓고 둘이서 푸념하고 셋이서 넋두리를 늘어놓기보다 여럿이 함께 구조를 바꿔나가는 게 방법 아니겠는가. 해서 지난 6월 워크숍과 8월 토론회를 거쳐 '전국동네책방네트워크(책방넷)'을 만들었고, 10월 22일 공식 출범했다.

_조진석

28 문단의 해체, 동인의 부활

'주례사 비평' '표절 논란'부터 '문단 내 성폭력' '미투운동'까지 한국 문단에 바람 잘 날이 없다. 문단권력은 한국문학과 한국문단의 문제가 터질 때마다 빠짐없이 등장하는 소재다. 메이저 문예지를 중심으로 한 대형 문학출판사들의 강력한 영향력과 폐쇄성이 한국문단의 병폐를 더욱 곪게 만든다는 문제의식도 끊임없이 제기되고 있다. 한국문단의 오래된 종기가 여기저기서 터져 나오는 가운데, 문단권력을 부정하고 다양한 문학의 가능성을 꾀하는 출판인들과 문인들의 노력이 눈에 띈다. 그중에서도 문인들이 직접 출판사를 꾸리고, 기획에 참여하는 동인 형태의 출판 활동은 잇따른 문제에 피로감을 느낀 문학 독자들에게 신선함을 주고 있다.

걷는사람은 "'내가 읽고 싶은 책'을 만들고자 2016년 11월 시인들

한국문단의 오래된 종기가 여기저기서 터져 나오는 가운데, 문단권력을 부정하고 다양한 문학의 가능성을 꾀하는 출판인들과 문인들의 노력이 눈에 띄었다.

이 의기투합해 만든 출판사"다. 문화계 블랙리스트에 오른 시인들의 작품을 모아 출간한 시선집 『검은 시의 목록』을 시작으로 한국문학을 대표하는 소설가들의 짧은 소설을 모은 『이해 없이 당분간』, 『우리는 날마다』와 '걷는사람 시인선' 등을 펴냈다. 걷는사람은 출판사 소개에서 "시류에 굴하지 않고 자신만의 세계를 견고히해가는 좋은 시인들과 시를 발굴하고 그로써 오늘날 우리 문학장이 간과하고 있는 가치를 일깨우"고 싶다고 밝혔다. 올해 하반기 새롭게 선보인 '아침달 시집'(아침달) 역시 독자들의 많은 사랑을 받고 있다. 유희경, 유진목, 오은, 김언, 서윤후, 유형진 등 국내 대표적인 젊은 시인들이 참여한 '아침달 시집'은 "새로운 시인들을 발굴하고, 새로운 시 쓰기를 시도하기 위해, 새로운 방향으로 나아가기 위해 무릎을 맞대고 토론해왔"다고 한다. 출간 전 텀블벅에서 진행한 크라우드 펀딩에서는 목표 금액을 389% 달성한 1,945만 7천 원이 모금되는 괄목할 만한 성과를 보여주었다. 이를 통해 문인들의 새로운 시도에 응원을 보내는 독자들이 많다는 것을 확인할 수 있었다.

장강명 작가는 『당선, 합격, 계급』(민음사)에서 "기존의 문예운동과 새로운 운동이 동시에 각각 다른 종류의 작가들을 발견하고 작품을 응원하면서 우리 문학장을 풍요롭게 만드는 모습을 꿈꾼다. 거기에서 전에 보지 못한 다양한 혼종이 탄생하고, 소설가들이 동료들의 문학에 자극을 받으며 혼자서는 돌파하지 못할 방향으로 도전하고 도약하기를 바란다"며 "독자들의 문예운동"이라는 대안을 제시한다. 대형출판사와 문단이 주도하는 권위주의적 문예운동이 아닌 창작자, 독자 중심의 문예운동이 필요하다는 것이다.

문학전문출판사, 독립문예지, 비평동인 등 다양한 경로와 형태로 크고 작은 시도가 이름 없는 별처럼 생겨나고 소멸하고 있다. 그들의 노력이 어두워진 한국문학에 조금 더 오랫동안 빛을 밝히길 바라며, 한국문단이라는 "바스러진 대지 위에 하나의 장소를 세우려는" 그들을 늘 응원한다.

_염경원

29 표준계약서 논란

문화체육관광부(이하 '문체부')는 2013년부터 2017년까지 문화·예술 7개 분야에서 37종의 표준계약서를 순차적으로 제정하였다. 2018년 초부터 확산된 미투운동을 계기로 성희롱·성폭력 대책이 속출하는 가운데, 문체부는 2018년 7월에 기존의 표준계약서 37종을 일부 수정한 분야별 표준계약서 고시제정(안)을 행정예고하였다. 2018년 9월 18일에 2개 분야 16종(출판 분야 7종, 영화 분야 9종)의 표준계약서를 제외하고 나머지 5개 분야 21종을 표준계약서로 확정 고시하였다.

문체부는 박근혜 정부 시절인 2014년 6월 12일에 출판 분야 표준계약서 7종[①출판권설정계약서, ②단순출판허락계약서, ③독점출판허락계약서, ④배타적발행권 설정계약서, ⑤출판권 및 배타적발행권 설정계약서, ⑥저작재산권 양도계약서, ⑦저작물 이용허락계약서 (해외용)]을 제정하였고, 2018년 7월 30일에 7종 중 5종(위의 ①~⑤)의 내용을 일부 개정하였다. 출판계는 다음의 이유로, 문체부가 제개정한 출판 분야 표준계약서의 고시 제정에 반대하였다.

첫째, 출판계약은 사적자치의 원칙, 계약 자유의 원칙이 기본이다. 표준계약서는 결코 완결된 구조가 아니고, 당사자의 지위나 계약체결의 목적, 계약을 체결하는 상황이 모두 다른데도 불구하고 이를 통일시키는 것은 불가능하다.

둘째, 출판계에서는 30년 이상의 역사를 지닌 표준출판계약서가 널리 이용되고 있다. 2017년 연구 결과에 따르면, '출판권 및 배타적 발행권 설정 계약서' 중 문체부 표준계약서의 이용률은 25.8%에 그친다. 셋째, 계약서 유형과 상관없이 계약 당사자의 일방을 모두 '출판권자'로 표기하는 등 내용과 표현의 오류가 상당하다.

넷째, 2014년 표준계약서 제정 과정에서 연구와 공론화 과정이 상당히 미흡했다. 2013년 하반기에 소위 『구름빵』 사건'이 부각되면서 대통령, 언론, 정치권의 관심과 여론을 등에 업고 갑자기 추진되면서 충분한 연구와 의견 수렴 없이 졸속 처리되었다. 공청회(2014. 2. 7.) 이후 원안에 없던 새로운 계약서 안 2종이 추가되고, 저작물의 이용 기간 연장과 관련하여 자동 연장을 1회에 한정하는 조항으로 개악되기도 하였다.

다섯째, 출판계가 원하고 많이 이용하는 부차권(재사용, 수출에 관한 권리 등)에 관한 조항이 아예 없거나 미흡하다. 여섯째, 신생 출판사들이 문제 있는 문체부 표준계약서를 그대로 이용하고, 한국출판문화산업진흥원의 지원사업에서 표준계약서 사용 의무화를 시도한 적도 있으며, 지자체에서 지원사업 입찰 시 문체부 표준계약서만 인정하는 등 여러 가지 부작용이 잇따르고 있다.

이러한 표준계약서를 고시로 고착화해서는 안 된다. 고시안에 새로 추가된 조항 자체는 그 필요성이 인정된다고 하더라도, 부분을 위

해서 문제 많은 전체를 도매금으로 함께 처리하는 것은 교각살우의
우를 범하는 것이다.

_박익순

30 소상공인 생계형 적합업종제도의 시행

현행 중소기업 적합업종제도보다 이행을 위한 제재 수단 및 강도가
강력한 소상공인 생계형 적합업종제도(이하 '생계형 적합업종 제도')가
2018년 12월 13일부터 시행된다. 현재 중소기업 적합업종으로 지
정되어 2019년 2월 말에 6년간의 권고기간이 만료될 예정인 서점업
(서적, 신문 및 잡지류 소매업)을 생계형 적합업종으로 신청하면 받아들
여질 가능성이 크기 때문에 출판서점업계의 비상한 관심을 끈다.

생계형 적합업종제도란 '소상공인 생계형 적합업종 지정에 관한
특별법'(2018. 6. 12. 제정)에 따라 진입장벽이 낮아 다수의 소상공인
이 영세한 사업형태로 그 업을 영위하고 있는 분야를 생계형 적합업
종·품목으로 지정하여 대기업이 진출하는 것을 제한하는 제도다.

소상공인단체가 중소기업 적합업종 품목 중 1년 이내에 합의기간
이 만료되는 업종·품목 등에 대해서 동반성장위원회의 추천을 거쳐
중소벤처기업부(이하 '중기부') 장관에게 생계형 적합업종 지정을 신
청하고, 동반성장위원회가 추천하면, 중기부장관은 심의위원회의 심
의·의결에 따라 생계형 적합업종을 지정·고시한다. 지정기간은 5년
이지만, 지정기간 중에 해지도 가능하고 5년마다 재심의를 통해 기
간을 계속 연장할 수도 있다.

생계형 적합업종으로 지정된 이후 대기업에 대한 조치는 크게 3가지로 나뉜다. 첫째, 대기업은 해당 업종·품목의 사업을 인수·개시하거나 확장할 수 없다. 이를 위반하면 중기부 장관이 시정명령을 내리고, 이를 따르지 않으면 그 내용 등을 공표하고, 위반 행위와 관련된 매출액의 5% 이하의 이행강제금을 부과·징수한다. 또한 위반자를 2년 이하의 징역 또는 1억 5,000만 원 이하의 벌금에 처한다.

둘째, 소비자 후생 및 관련 산업에의 영향을 고려하여 불가피하다고 인정되는 경우에는 심의위원회의 심의·의결에 따라 대기업이 생계형 적합업종의 사업을 할 수 있도록 전부 또는 한정 승인한다. 셋째, 생계형 적합업종의 지정 당시 해당 업종·품목을 영위하고 있는 대기업에 대하여 3년 이내의 기간을 정하여 품목·수량·시설·용역과 판매촉진활동 등 영업범위를 제한할 것을 권고할 수 있다. 이를 따르면 금융·세제상의 지원을 하고, 따르지 않으면 그 사실을 공표한다.

현재 서점업은 중소기업 적합업종으로서 2019년 2월 28일까지 대기업은 신규 진입의 자제 권고를 받는다. 또 기존 대기업은 신규 출점 시 초중고 학습참고서를 1년 6개월간 판매하지 말 것을 권고받고 있다. 서점업을 생계형 적합업종으로 지정할 경우에 세부 품목의 문제, 과도기에 발생하는 문제, 적용기간, 신규 진입 대기업에 대한 예외 승인과 기존 대기업에 대한 영업범위 제한 권고 등 여러 과제가 남아 있다. 서점업계(중소서점, 대형서점, 온라인서점), 출판업계 등 이해 당사자들이 모두의 상생과 저작자의 권익, 소비자의 편익 등을 고려하여 충분한 논의를 거쳐 풀어야 할 숙제다.

_박익순

2019
출판계 키워드 30

━━━━━━━ 언론은 해마다 연초에 '스타 작가들의 귀환'을 알리며 문학시장이 풍성해질 것을 예고했다. 그러나 지난 몇 년 동안 신작 소설의 성적은 참담했다. 페미니즘 담론의 효과를 본 『82년생 김지영』을 제외하고는 밀리언셀러가 실종됐다. 순수문학 시장의 몰락이라고 할 수밖에 없다. 한편 올해 서브컬처는 약진했다. 이제 서브컬처가 메인컬처가 되었다는 느낌마저 든다.

서브컬처subculture는 〈네이버 지식백과〉에서 검색을 하면 "어떤 사회의 전체적인 문화total culture, 또는 주요한 문화main culture에 대비되는 개념. 하위문화下位文化 또는 부차적 문화副次的文化라고도 한다. 즉, 어떤 사회에서 일반적으로 볼 수 있는 행동양식과 가치관을 전체로서의 문화라고 할 때, 그 전체적 문화의 내부에 존재하면서 어떤 점에서는 독자적 특질을 나타내는 부분적 문화가 곧 서브컬처"라고 나온다.

이렇게 우리 사회는 sub를 상하의 개념으로만 생각해 서브컬처를 무시해왔다. 그러나 sub는 inter의 개념도 내포한다. inter는 '서로의', '상호 간의'라는 뜻도 갖고 있다. 중간에서 서로 연결한다는 개념이다. 서로 나눠놓고 하위라면서 무시할 것이 아니라 연결해 같이 살자는 개념이다. sub라는 독자성을 가진 문화가 대세를 이룰 때도 있다. 그러니 sub는 확장성을 내포한 개념이라고 할수 있다.

서브컬처 전문비평팀 텍스트릿은 올해 8월에 『비주류 선언』을 펴내면서 서브컬처가 두 문화를 매개하는 동시에 말을 건네는 문화임을 분명히 했다. "장르는 주류로 들어가고 싶어서 피해의식으로 가득한 집단이 아니고 독자적인 미학의 계보를 쌓아가는 대상이란 의미의 '비주류 선언'. 동시에 장르의 목소리를 대변하여 B급의 주류 선언이기도 하고, Be주류 선언이기도 합니다. 텍스트릿은 앞으로도 장르의 영역에서 수많은 행보를 준비하고 있습니다. 다음 책으로 인사드릴 즈음에는, 이러한 선언이 아니라 조금 더 본질적인 이야기들을 메인에 걸고 인사드릴 것 같네요."

그들이 이런 선언을 할 정도로 장르문학은 주류로 올라섰다. 1990년대 초에 등단한 장르작가들이 40대 중후반이 되었다. 청소년 문학시장에서는 그들이 쓴 장르문학이 대세를 이루고 있다. 한국형 영어덜트 소설이라 할 수 있는 『아몬드』는 청소년용 책보다 성인용 양장본이 두 배 이상 팔렸다. 청소년들이 자라 성인이 되어서 즐길 수 있는 문학은 장르문학이라고 볼 수밖에 없다.

장르소설의 판매량이 증가하고 장르비평이 늘어나고 장르 전문 출판 브랜드가 속속 등장했다. 신춘문예에 응모한 작품들에서도 장르소설의 진출이 눈에 띈다. 『달빛조각사』는 게임으로까지 출시되며 OSMU의 저력을 보여주었다. 플랫폼 간 장르소설 콘텐츠 확보 경쟁도 치열했다. 서브컬처 이론서들의 출간도 늘었는데 이것은 인공지능 시대에 인간의 본질을 전환시키는 새로운 인문학적 시도로 평가받았다. 〈기획회의〉는 2019년의 출판 키워드로 '주류가 된 장르'로 꼽을 수밖에 없었다.

01 주류가 된 장르

2019년 출간된 장르 관련 인문학 저서는 두 자릿수에 진입하였다. 『기이한 것과 으스스한 것』(구픽), 『괴물의 탄생』(생각의힘), 『블랙 미러로 철학하기』(우리학교), 『에스에프 에스프리』(아르테), 『SF는 공상하지 않는다』(은행나무)와 같은 개별 작품이나 장르 비평서부터 『젊은 독자를 위한 서브컬처론 강의록』(워크라이프), 『장르문학 산책』(소명출판), 『비주류 선언』(요다)과 같은 종합비평서가 나오는가 하면, 장르의 유통 매체인 웹소설과 관련해서도 『웹소설 작가의 일』(한티재)이나 『매일 웹소설 쓰기』(더디퍼런스) 같은 책들이 출간되었다. 『아몬드』의 성공 사례처럼 장르적 요소를 버무린 다양한 작품까지 합하면 2019년 장르는 그야말로 폭발적인 성장을 거둔 듯하다.

장르 출판의 성장을 웹소설의 등장, 또는 스마트폰의 등장 등으로 단순화하는 것은 한계가 명확한 분석이다. 장르의 성공을 문학의 왜소함 탓으로 돌리는 것 역시 마찬가지이다. 문학이 건재하였다면 장르는 나오지 못했을 것이라는 인식은 장르의 성공 요인을 장르 자체의 효과가 아니라 장르 외부의 요인으로만 한계 짓는, 순문학과 장르 문학이라는 이분법을 나누는 정치적 분석에 불과하다.

한국에서 사용되는 '장르'는 1980년대 말에서 1990년대에 PC 통신을 바탕으로 아카데미 바깥에서 자생하여 탄생한, 순문학과 대중 문학의 바깥에 있던, 자신들을 '키치'로 분류하던 자들의 이름이다. 그래서 장르는 소설 속의 공통 화소를 묶어내는 범주의 이름이 될 수도 있고, 소비의 계급 담론이 될 수도 있고, 대학이라는 점과 거리라는 선의 대립을 다룬 헤게모니 담론이 될 수도 있다.

서브컬처에 대한 깊이 있는 담론을 담은 도서가 다수 출간되었다. 『아몬드』의 성공 사례처럼 장르적 요소를 버무린 다양한 작품까지 합하면 2019년 장르는 그야말로 폭발적인 성장을 거둔 듯하다.

그러나 이러한 분석은 서사로 채 들어가지 못하고 외부 담론의 분석에 그치고 만다. 장르의 성공은 문자 그대로, 장르로 사회를 읽을 수 있는 시대가 되었기 때문이다. 어느덧 장르를 소비하는 사람들의 나이는 30대~40대로 훌쩍 올라왔고, 창작자들의 나이도 평준화되었다. 1990년대 초 장르를 쓰던 사람들은 이제 40대 중후반이 되었고, 그들은 사회의 오피니언 리더로 나서 다양한 발언대에서 발언을 주저하지 않는다. 이러한 팬덤의 성장은 그대로 작품에 반영되었다. 2000년대 초, 수능제도의 불합리함을 역설하며 판타지 공간으로 넘어가 여행을 펼치던 소설들은 이제 현실 세계에서 직장인의 애환을 이야기하기 시작했고, 사회구조의 불합리함을 이야기하기 시작했다.

장르를 통해 사회를 이야기하는 사람만큼이나 장르를 통해 사회를 읽어내는 사람도 늘었다. 아동 장르물에 들어 있는 성차별 요소를 읽어내는가 하면, 판타지 세상 속에서 현대사회의 계급구조와 욕망을 읽어내는 사람도 늘었다. SF가 그려내는 미래는 현대사회의 산재한 문제들의 외삽extrapolation이고, 동성연애를 다루는 장르는 소비자들의 퀴어 정체성에 대해 근원적 질문을 던지기도 한다.

장르라는 출판 키워드를 제대로 알기 위해선 우선 장르와 비장르를 이분법적으로 가르는 구조부터 탈피해야 한다. 장르가 서브컬처란 이름으로 프레이밍되었던 까닭은 아카데미 바깥에서 사회 도피적이고 유희적인 아동용 콘텐츠란 편견 때문이었다.

현재 장르가 사회문제와 직접 연결되는 상황에서 과연 장르는 서브일까? 아니, 조금 더 들어가서 질문해보자. 현대사회의 문화 중 서브는 존재하는가?

문화는 문화끼리 더욱 복잡하게 상호 교차한다. 경제학자가 경제 수치로 사회를 읽어내고, 문학자가 문학을 통해 사회를 읽어내듯이 아이돌을 통해서 사회를 읽어내고 인터넷 셀럽을 통해서 사회를 읽어내고 장르를 통해서 사회를 읽어내는 사람들의 비중이 커졌다. 이제 더 이상 장르는 서브가 아니다. 장르를 서브라고 믿고 싶어 하는 낡은 정치성 속에서만 장르는 서브가 된다. 장르에 대한 관심을 알기 위해서 필요한 것은 직시와 재정립이다. 지금 누가, 왜, 어떻게 장르를 소비하고 있는지 그 정확한 통계 수치를 포착하고 그러한 현상을 기존의 문학 장, 아카데미 장이라는 정치 공간 바깥에서 새롭게 정립해야 한다. 지금 장르를 소비하는 사람들은 대부분 그러한 정립을 장르 소비 초창기부터 해왔던 엘리트 작가와 독자다. 이 시장에서 초보자는 뒤늦게 이 시장에 들어오는 출판사와 편집자밖에 없다.

_이융희

02 반일 종족주의

2002년 미국의 사진작가 케네스 아델만은 캘리포니아주정부의 지원으로 캘리포니아 해안 기록 프로젝트를 진행했고, 해안선 사진 1만 2,000장을 '픽토피아닷컴pictopia.com'이라는 사진 사이트에 업로드했다. 그런데 사진 중 하나에는 말리부 해안에 위치한 바브라 스트라이샌드의 저택이 포함되어 있었다. 연예인인 그녀는 사생활 노출을 염려해 자신의 집이 담긴 항공사진 삭제를 요청했고, 곧 5,000만 달러 규모의 소송을 제기한다.

그런데 이것은 엉뚱한 결과를 가지고 온다. 소송에 대한 뉴스가 보

반일 종족주의 세계관의 기원과 형성, 확산 과정을 다룬 『반일 종족주의』는 식민지 근대화론을 표방하고 있다는 비판을 받았다.

도되자 대중들의 관심이 폭발한 것이다. 이 덕분에 그 사진은 한 달 동안 42만 회 이상의 조회 수를 기록하는 역효과를 낳았다. 소송 전 그 사진의 조회 수는 고작 6회였다. 과학기술 관련 웹 블로그 '테크더트Techdirt'의 CEO 마이크 매스닉은 2005년 이 사건을 언급하면서 '스트라이샌드 효과Streisand effect'라고 명명했다. 이는 '소셜미디어 상에서 정보를 숨기거나 삭제, 검열하려는 시도가 오히려 더 큰 이슈를 만들어 역효과가 일어나는 것'을 뜻한다.

『반일 종족주의』는 2019년 7월 10일 도서출판 미래사에서 출판된 역사학 분류의 책이다. 이영훈 전 서울대학교 경제학부 교수, 김낙년 동국대학교 경제학과 교수, 이우연 낙성대경제연구소 연구위원, 정안기 경제학 박사, 주익종과 전 〈조선일보〉 기자 김용삼 등 6명이 공저했다. 일본 제국주의에 대한 비판적 입장에 대해 이른바 '반일 종족주의' 세계관으로 간주하며, 이것의 기원과 형성, 확산 과정을 설명하겠다는 것이 이 책의 취지다. 식민지 수탈설, 강제 징용, 학도병, 일본군 위안부 등 식민지배와 관련된 문제와 더불어, 한일 청구권 협정, 독도 영유권 등 근현대 한일 관계사의 주요 쟁점을 꺼내 이에 대한 자신들의 주장을 담았다.

『반일 종족주의』는 첫 부분부터 한국인은 '거짓말하는 국민'이라고 단정한다. 위증과 무고죄가 일본보다 500배 이상 많다는 통계를 근거로 한국은 특유의 거짓말 문화가 만연한 사회이며 '반일' 또한 그 거짓말 문화의 연장선이라고 주장한다. 반박할 가치조차 없는 이런 논리는 일본 신문의 극우적 혐한 논리를 담은 기사를 토대로 한 것으로 보인다. 하지만 이는 통계를 악의적으로 활용한 사례에 불과하다. 한국과 일본은 범죄 통계의 집계 기준, 각 죄목이 정하는 범죄

행위의 범위와 구성 요건, 사법 기관 내부의 기소 기준 등이 다르다. 즉 이런 식의 비교는 의미가 없다.

그러나 『반일 종족주의』는 책 전반에 걸쳐 이와 같은 악의적 통계 비교를 통해 자신들의 주장을 합리화한다. 대표적인 것 중 하나가 저자 이우연의 '강제동원부정'이다. '1910년에 조선인은 일본의 신민이 되었으므로 차별이 존재하지 않는다', '아태전쟁기의 동원은 법적 근거에 따라 이루어진 합법 행위'라는 인식을 토대로 한 논리다. 이에 대해 정혜경 일제강제동원&평화연구회 연구위원은 2019년 9월 2일 〈한겨레〉 신문 기고를 통해 이렇게 반박한다. "강제동원은 일본 제국주의 전반에 걸친 정책으로, 이미 국제노동기구(ILO)의 협약을 스스로 어긴 행위이므로 차별과 무관하다. 또한 법적 차별이 없었다는 평등론도 오류다. 1910년 이후 조선인은 의무상 일본인이지만 권리에서는 일본인과 구별되는 존재로 취급됐다. 이미 2000년대 밝혀진 법제사 연구의 일관적인 결론이다."

또 이우연은 『반일 종족주의』에서 징용된 조선인들의 '생활은 대단히 자유로웠다'며 강제성이 없었다고 주장한다. 하지만 책에서 이에 대한 근거는 제시되지 않는다. 정혜경은 이에 대해서도 간단명료하게 반박한다. "그렇다면 상식적 질문을 해보자. 당시 모든 일본정부와 기업의 자료는 현장 이탈자를 '도주했다'고 명시했다. 왜 퇴사가 아닌 도주라 표현하고, 도주자를 잡아다가 린치를 가해 목숨까지 앗아갔는가." 이런 식으로 간단하게 반박될, 빈약한 논리는 『반일 종족주의』에 수도 없이 등장한다.

현대 한국의 경제적·정치적 성장의 원동력을 일제식민지 시대에서 찾는 식민지근대화론을 표방하고 있다. 하지만 『반일 종족주의』

는 스트라이샌드 효과를 통한 이슈화와 책의 판촉까지는 성공했지만, 그들이 일관되게 펼쳐온 식민지근대화론이 얼마나 조악한 수준의 편협한 역사관인지를 역설적으로 증명했다.

_김성신

03 주 52시간제 시행 1년

주 52시간제 도입이 당신의 노동 생활에 어떠한 변화를 주었는가. 굳이 실태를 조사하지 않더라도 대부분 달라진 게 없다고 답할 것이다. 정권이 바뀌고 시대가 좋아졌다 한들 주 52시간제는 출판노동자에게 아직 피부로 와닿지 않는 얘기다. 법 개정과 상관없이 출판노동자에게 부여되는 업무는 늘 많기 때문이다.

출판사의 업무수행 방식과 성과측정 시스템은 어떤가. 겉으로 보면 출판사에서는 누구도 초과노동을 강요하지 않는다. 대부분은 노동법에 따른 근로시간을 '형식적'으로 지킨다. 그러나 많은 노동자가 회사에서든 집에서든 초과노동을 한다. 아무도 시키지 않았는데 그러는 건 대체 무슨 이유일까. 그렇게 '형식적'으로라도 근로시간을 지키려 한다는 사실을 노동자는 고마워해야 하는 걸까.

출판사에서는 '출간 종수'와 '매출'이라는 개인 할당량과 각자가 속한 집단(팀) 단위의 목표치를 각각 설정한다. 정해진 타임 테이블에 따라 책을 제작해야 매출이 발생하고 자금이 확보되기 때문에, 제작 과정에 참여하는 개인과 집단의 목표를 조화롭게 책정한다. 문제는 각자의 할당량만 채우도록 노동자를 그냥 내버려두지 않는다는 점이다. 노동자는 개인 업무 말고도 시시각각 떨어지는 수많은 이슈를 처리해야 한다. 중요하건 중요하지 않건 대체로 시급한 이슈이기에, 그때그때 해치우는 데 바쁘다. 이슈는 이슈대로 처리하면서 할당량은 할당량대로 채워야 하니, 정해진 근로시간에 그 모든 업무를 처리한다는 건 사실상 불가능하다. 할당량을 채우려면 울며 겨자 먹기로 '보이지 않는 초과노동'을 해야 한다. 혹시나 할당량과 목표가 밑돌면 모두 노동자 개인의 책임으로 돌아가고, 이는 곧 냉정한 성과 평가로 이어진다. 비교적 재정 상태가 건실하고 업무에 체계가 잡힌 규모 있는 출판사일수록 이런 경향이 심해진다. 그 이면에는 어김없이 효율과 경쟁과 성과만을 숭배하는 경영논리가 자리한다. 여기에 조직 간 경쟁을 가장한 '사내 정치' 같은 비가시적 요인까지 끼어들면, 상황은 더 복잡해져 노동자만 억압받는다.

그렇다면 목표를 초과 달성한 노동자에게 합당한 인센티브를 주는가? 할당량을 채우기 위한 '보이지 않는 초과노동'을 고려해줄 보상 체계는 제대로 정비됐는가? 이러한 두 질문에 '합법적'으로 대답할수 있는 출판사는 과연 얼마나 될까. 심한 경우에는 목표를 초과달성한 개인(팀)이 있더라도 전체 매출이 좋지 않다거나, 오히려 하락세라서 인센티브를 줄 수 없다는 해괴한 논리를 내세우기도 한다. 출판 노동자들 사이에서 공공연하게 떠도는 실제 사례다. 경영자가 짊어져야 마땅한 매출 하락의 책임을 엉뚱하게 제 몫을 다한 노동자에게 씌운다. 대형서점 같은 거대 유통사에는 마케팅 비용으로 수백 수천만 원씩 쉽게 갖다 바치면서, 외주를 포함해 콘텐츠 생산에 기여하는 노동자들에게는 돈 몇 푼 아끼려고 아등바등한다. 회사가 나서서 노동자의 근로 의욕을 꺾고 노동 가치를 폄하하는 행위나 다름없다.

논의가 이렇게 흐르면, 상품의 생산보다 판매·마케팅 같은 소비 부문 위주로 강화된 미디어콘텐츠 산업의 구조 변화를 들먹이며 업무를 정량화할 수 없다는 말이 나온다. 그런 측면에서 '재량근로제'라는 후속조치가 나온 셈인데, 역시 출판노동자에게 현실적인 대안은 아니다. 현행 재량근로제의 대상 업무, 즉 '신문, 방송 또는 출판 사업에서의 기사의 취재, 편성 또는 편집 업무'는 사실 시급을 다투는 신문·방송업에 초점이 맞춰진 모양새라 출판업에 곧이곧대로 적용하기 힘들다. 재량근로제 자체를 모르거나 관심이 없는 경영자도 많다. 아무리 고용노동부에서 재량근로제를 권장한들 출판사에서 검토하지 않으면 끝이다. 노사협의체가 있다면 얘기라도 꺼내볼 수 있겠으나, 그럴 만한 출판사는 별로 없다.

이런 상황에서 경영자들은 늘 '새롭고 깊이 있으면서도 팔릴 만한 기획'을 만들어내길 바란다. 그건 노동자들에게도 한결같은 꿈이지만, 현실은 '저비용 고효율'에 시달릴 뿐이다. 오피니언 리더라 불리는 이들도 출판 노동을 바라보는 인식에서 노동자와 괴리를 보인다. 언제인지 모를 '좋았던 옛 시절' 따위를 운운하며 출판계 선배랍시고 가르치려고만 한다. 합리적인 것처럼 보이는 그들도 각자의 위치에서 노동 억압적 경영논리를 충실히 공유하고 이행한다. 이렇듯 '출판은 시대정신을 선도하는 지식산업'이라는 그럴듯한 말로 포장하면서, 정작 그 시대정신을 물성으로 구현하는 출판노동자의 노동 가치를 고도화된 방식으로 깎아내리는 '반시대성'이야말로 지금의 출판 노동을 은유하는 키워드다.

_오창록

04 밀레니얼 세대의 등장

'밀레니얼 세대'는 통상적으로 1980년대 초반에서 2000년 사이에
태어난 세대를 말한다고 한다. 이 세대를 규정한 미국의 기준으로 그
러하다. 한 세대를 대략 30년으로 생각하던 것과 달리, 20년쯤을 한
세대로 봤는데, 좀 더 격변이 심한 한국은 이것도 너무 긴 것이 아닌
가 하는 생각이 든다. 『90년생이 온다』(웨일북)라는 제목에서 보듯
이 한국은 1990년에서 2000년이라는 중심축에서 2~3년을 넓혀
1988년에서 2002년 사이 대략 15년 정도를 밀레니얼 세대라고 봐
야 할 것 같다.

경제활동 인구로 진입한 1990
년대생을 주목하는 시선이 늘
어났다. 『90년생이 온다』는 문
재인 대통령이 추천한 책으로
도 화제를 모았다.

　이 세대는 우선, 공동체적 삶의 경험이 없다. 〈응답하라 1988〉이라
는 드라마가 보여주던 골목 공동체의 모습은, 제목처럼 1988년 언저
리가 마지막이다. 주택은 아파트로 바뀌고, 서로의 이해에 따라 흩어
져, 문을 닫고 가족 중심의 삶을 살게 된다. 부모들은 능력에 따라 최
선을 다해 아이들을 교육시켰지만, 결과적으로 아이들은 경쟁의 장
으로 내몰렸다.

　또 사회 안전망이 무너지는 경험을 한 세대다. 1998년 IMF 사태
로 가족을 지탱하던 직장이 문을 닫고, 모두 생존의 길로 내몰려 허덕
일 때 초등학생 시절을 보냈다. 당시 사람들은 '은행이 망하는' 상상
할 수조차 없던 상황을 실시간으로 바라봐야 했다. 그러다 보니 가정
조차 그리 안전하지 않은 경우가 많았다. 그들은 2008년 금융위기가
왔을 때 사회에 나왔다. 열심히 공부해서 직장을 가지면 안전할 줄 알
았는데, 사회는 임시고용의 물결이 거셌다. 열심히 해서 어른이 되면,
나의 안전을 책임질 수 있을 줄 알았으나 사회는 그마저도 허용하지

않았다. 그리고 2014년, 배에 타고 있던 300여 명의 또래가 어른들이 시키는 대로 조용히 기다렸다가, 국가가 아무것도 하지 않아 목숨을 잃게 된 과정을 실시간으로 바라봐야 했던 세대다. 학창 시절을 치열한 경쟁 속에서 보내야 했는데, 어른이 되면 그 결실이 있을 줄 알았는데, 어디서도 그 결실을 찾을 수 없었다. 사회 시스템에 들어가라고 교육을 받았는데, 정작 사회 시스템은 붕괴되었다.

그리고 이들은 핸드폰과 스마트폰의 발전 과정과 함께 자라난 세대다. 이 세대 이후 세대들에게 '스마트폰은 5장 7부를 구성하는 장기와 같다'는 농담을 들었다. 그와 함께 SNS 시장에서 돈을 벌게 되는 과정을 계속 지켜보며 성장했다. 이 세대에게 SNS는 소통과 기회와 일탈과 휴식과 기억의 공간이다. 문화는 핸드폰에 어울리게 변화한다. 글은 짧아지고, 노래의 전주는 없어지고, 이미지가 중요하다. 그와 함께, 내 시간 모두에 자본이 투여되는 과정을 실시간으로 겪고 있다.

이제 이들 밀레니얼 세대가 사회에 나오고 있다. 그리고 목소리를 내고 있다. 보수-진보 정도의 삶의 태도만을 가진 전 세대는 이들이 무엇에 분노하고 무엇에 열광하는지 종잡기 힘들다. 이 세대는 열심히 살아 잘 팔리는 상품이 되고 싶었지만, 시장 자체가 줄어드는 경험을 했다. 이제 이들은 스스로의 시스템을 만들고 있다. 그 시스템은 사회를 향하지 않는다. 기존의 시스템에 자신을 맞추지 않는다. 그것은 가족, 사회 모두를 포함한다. 자신이 필요한 관계를 만들고, 필요하지 않으면 해체한다. 자신을 지키고 자신이 행복한 일을 만드는 것이 제일 중요하다. 그래서 이들은 진지함보다는 진정성을, 공고함보다는 공정성을 요구한다.

『90년생이 온다』에서 임홍택은 이들의 특징을 '간단', '재미', '정직'으로 규정했다. '줄임말을 남발하고 어설프고 맥락 없는 이야기에 열광하며, 회사와 제품에는 솔직함을 요구하고, 자신에게 꼰대질을 하는 기성세대나 자신을 호갱으로 대하는 기업을 가차 없이 외면한다.' 그렇게 이들은 스스로를 지키고 있다. 이 글을 쓰면서 느끼는 씁쓸함은 사회가 이 밀레니얼 세대를 연구하는 이유가 그들에게 무엇인가 소비하게 하기 위한, 그리고 이들의 노동력을 효과적으로 쓰기 위한 마케팅 용으로 읽힌다는 점 때문이다. 사회는 여전히 이들을 '호갱'으로 보고 있는 건 아닐까. 그래도 이들이 만드는 사회는 합리적일 것이라 생각한다. 적어도 자신이 지키지 못하는 것을 남에게 강요하지 않을 것이기 때문이다. 이들이 요구하는, 약간은 과격하고 어설픈 가치들도 생각이 모이면서 새로운 모습을 갖추리라 생각한다. 이들이 만들어갈 새로운 질서가 기대된다.

_김혜원

05 일본 경제 보복

일본 정부가 한국을 화이트리스트(수출 심사 우대국 명단)에서 제외하고 수출 규제를 단행한 지 어느새 100일이 훌쩍 넘었다. 일본의 명백한 경제 보복 조치에 한국 정부 역시 일본을 화이트리스트에서 배제하면서 상황은 악화일로로 치달았고, 아베 정부를 향한 국내의 반일 감정은 곧 일본 제품 불매운동으로 확산돼 현재까지도 흔들림 없이 이어지고 있다. 100일 넘게 이어진 불매운동의 여파는 이제 어디서든 피부로 느낄 수 있을 정도다. 단단한 입지를 다진 줄 알았던 일본

한국 출판계 키워드 2010-2019

산 맥주는 판매량이 급전직하했으며, 한국인들이 제1의 해외여행지로 꼽으며 매년 증가세를 보이던 일본 여행객의 숫자는 순식간에 반토막이 났다. 시민 주도로 일본 제품을 다른 상품으로 대체하는 리스트가 널리 공유된 것은 물론, 일본 우익 기업의 상품 구입을 경고하는 강경한 운동 또한 실효를 거두었다. 더 이상 '냄비근성'을 운운하던 세간의 근거 없는 낙관(?)에만 기댈 수 없는 실정이다.

범국민적인 일본 불매운동은 출판계에까지 영향을 미쳤다. 오쿠다 히데오의 『공중그네』(은행나무) 10주년 기념판 출간이 연기된 것을 시작으로, 몇몇 일본 작가들의 내한 행사가 잠정 연기되거나 취소됐다. 일본 미스터리소설을 전문으로 번역, 출판하는 출판사들은 정세에 의해 출간을 미룬 사상 초유의 사태를 맞았노라며 하소연한다. 여기에 10월 도쿄에서 개최될 예정이던 '찾아가는 일본 도서전'이 취소되고 그 자리를 '찾아가는 태국 도서전'이 대체한 것은 무척 이례적이고도 상징적인 사건으로 보기 충분하다. 독자들의 반일감정이 실제적인 도서 불매로까지 이어졌는지는 둘째 치고, 출판계가 그 이상으로 몸을 사리는 것만은 분명해 보인다.

여기에 일본 불매운동이 문화계에까지 파급되는 것이 온당한가의 문제 이전에, 언론이 일본문화 불매를 호도하고 조장하는 분위기마저 심심치 않게 엿볼 수 있다. 예를 들어 〈신동아〉는 여전히 일본만화 및 라이트노벨 팬들로 북적이는 한 만화 전문 서점의 풍경을 스케치하며 한일 간 무역전쟁 와중에도 "일본 만화를 좋아하는 한국 팬들의 소비는 별로 줄지 않은 것으로 보인다"며 이를 현 불매운동의 무풍지대로 언급했다. 논조는 중립적이지만 행간에 담긴 함의는 이 상황을 마냥 긍정하는 것으로 보기 힘들다. 기사의 제목부터 "'불매운동 국외자' 일본만화 덕후"로, 이곳 서점에서 만난 일본만화 독자들이 말하는 나름의 근거나 주장을 열거하면서 결국 다른 일반 국민들과는 달리 이들은 여전히 일본 상품을 소비하고 있노라는 그 '예외적인' 상황을 묘사하고 있기 때문이다. '다른 상품과는 달리 마땅한 대체재가 존재하지 않는다'는 만화 독자들의 주장이 자칫 외부인에게는 공허한 자기변명처럼 보일 법하다.

경색된 한일 관계로 인해 일본에서는 '혐한'이 더더욱 출판계의 화두로 떠올랐다. 그중 〈주간 포스트〉의 「한국 따위 필요 없다」 특집 기사는 국내에서도 크게 회자되면서 하나의 상징적인 사건처럼 여겨지기도 했다. 다행히 이를 경고하는 자성의 목소리도 함께 나왔다. 〈마이니치신문〉은 「혐한에 아첨하는 비열함」이라는 제목의 사설을 통해 〈주간 포스트〉의 혐한 기사를 "일본에 퍼져 있는 한국인에 대한 편견과 혐오 감정에 아첨하는 기사"라며 강하게 비판했다. 특히 혐한 기사를 쏟아내는 배경으로 출판업계의 불황을 꼽은 분석은 주목할 만하다. "인터넷 언론의 영향력이 확대되면서 잡지가 이전만큼 팔리지 않자 일부러 자극적이고 편향적인 기사를 통해 이목을 끌려 한다"면서, "한일 간 정치 대립이 심화되는 와중에 한국은 좋은 타깃이 되었다"며 소위 '혐한 비즈니스'를 꼬집은 것이다. 이에 발맞춰 『82년생 김지영』은 일본 출판가에서도 베스트셀러로 등극했고, 문예 계간지 〈분게이文藝〉의 '한국 페미니즘 소설' 특집호는 1933년 창간 이래 처음으로 증쇄에 들어가며 큰 화제가 되었다. 말하자면, 한일 갈등 속에서도 한국과 일본의 독자들은 대체로 현명하게 대응 중인 것으로 보인다. 마찬가지로 양국 출판계 또한 현재의 갈등 상황에 지혜롭게 대처하길 기대한다.

_강상준

06 유튜브셀러

책만을 소재로 하는 소위 '북튜버'가 출연한 지는 3년 정도가 흘렀다. 책을 소개하는 영상을 얼마나 보겠느냐는 우려와 달리, 지금은 셀 수 없이 많은 '유튜버'가 책을 소개하고 있다. 바야흐로 책 시장에서 '유튜브' 이야기를 빠뜨릴 수 없는 시대다.

책 시장만 그런 것은 아니다. 미디어에 민감한 뷰티시장에는 더 큰 변화가 일고 있다. 뷰티업계에서는 두 가지가 사라졌다. 기존의 대중 미디어 광고ATL가 대폭 줄었다. 또 하나는 제조사나 브랜드가 직접 콘텐츠를 제작하거나 채널을 운영하지 않는다. 광고 효율이 떨어지기 때문이다. 광고비는 모두 뷰티 유튜버의 입을 빌어 제품이 좋다고 말하는 데 들어가고 있다. 콘텐츠와 광고의 경계에 있는 네이티브 애드Native AD는 가장 강력한 마케팅 수단으로 떠올랐다. 시청자들은 광고임을 알면서도 제품이 좋아 보이면 구매하고, 내가 좋아하는 유튜버를 응원하기 위해 구매한다. 단, 유튜버의 추천으로 구매해봤는데 안 좋다는 것을 몇번 경험하면 그를 떠난다. 그것이 유튜버가 좋은 제품만을 광고하게 하는 동기가 된다.

유튜브 이전에 책을 광고하는 채널들이 있었다. 책의 재미를 SNS에 맞게 카드뉴스로 가공했고, 주로 '페이스북'에서 소비됐다. 그러다 보니 '좋아요'의 개수가 KPI(핵심성과지표)가 됐고, 재미있는 이야기는 널리널리 퍼졌다. 이야기가 멀리 퍼질수록, 책이 팔렸다. 하지만 페이스북의 이용 추이는 최근 몇 년간 급격하게 하락했다. 페이스북의 작동 원리를 활용하던 채널들은 썰물처럼 빠졌다. 유튜브라는 새로운 플랫폼이 대세가 되었다.

시장의 규칙은 바뀌었다. 이야기보다 '사람'이 중요해졌다. 팬덤이 더욱 강해졌고, 관여도가 높아졌다. 하지만 재미있는 이야기가 팬덤 밖으로 퍼져 나가기는 어려워졌다. 페이스북의 시대만큼 즉각적인 구매전환이 일어나는 경우가 드물어졌다. 물론 '아웃라이어'도 있다. '김미경TV'에서 소개한 책은 베스트셀러 차트에 쑥쑥 들어왔다. 하지만 김미경TV 채널을 북튜브로 보기에는 무리가 있다. 이렇게 강력한 구매전환을 위해서는 그만큼 강력한 팬덤을 거느리고 있어야 하는데, 단지 책을 홍보하기 위해서 이런 사이즈의 채널을 만들 수 있는 조직이나 개인은 드물다. '마케팅 수단으로서 유튜브'의 생리는 페이스북과는 판이하게 달랐다. 페이스북이 무너지면서 모두가 플랫폼 리스크를 경험하게 됐다.

대신 유튜브에서는 '이야기를 창작하는 크리에이터'로서의 포지션이 두드러진다. 북튜버들은 독자들을 팬덤으로 확보하고 있으니, 책을 내기에 유리했다. '겨울서점'은『독서의 기쁨』,『활자 안에서 유영하기』(초록비책공방) 등의 책을 냈고, '시한책방'은『노력하긴 싫은데, 성공은 하고 싶어』(시사저널사)라는 책을 냈다. 다른 분야의 유튜버가 책을 내는 경우도 다반사다. 100만 명의 구독자를 거느린 '대도서관'과 '박막례 할머니'뿐만 아니라, 자기계발에 관한 메시지로 많은 사랑을 받아온 '미내플', '오마르'와 같은 작가들이 더 깊은 이야기를 책에 담았다. 반면 기존 저자들이 유튜브에 등판해 팬들과 소통하기도 한다. 기존에는 콘텐츠가 좋은 책을 소개하는 수단으로 활용됐다면, 유튜브에서 콘텐츠는 책과 관련하여 주요한 화자로 활동하고 있는 것이다.

결국, 유튜브가 '사람'이 중심이 되는 SNS의 속성에 더 맞는다는 것을 이해해야 한다. 기관이나 조직의 타이틀을 채널명으로 걸고 운영해서는 절대 채널을 키울 수 없다. 출판사명으로 운영되는 채널보다는 '편집자K'와 같이 그 조직에서 일하는 '누군가'의 말에 사람들은 더 귀를 기울인다. 이때 가장 중요한 것은 소통과 진정성이다. 내할 말만 하지 않고, 홍보만 하려하지 않고, 진정한 이야기를 나눠야한다. 자연스럽게 조직에서 사람이 더욱 귀해지는 시기이다. 주니어들이 하고 싶은 걸 자연스럽게 하고 독자들과 소통할 수 있도록 장려해주고 믿어줘야 한다. 경영진의 생각은 독자들과 너무 멀다.

더불어, 책 관련 채널만 주시하는 것을 경계해야 한다. 독자들은 책과 관련된 채널을 보는 게 아니라, 유튜브의 다양한 채널을 소비한다. 경쟁해야 할 좋은 지식 채널이 너무 많다. 이들은 유튜브 프리미어 기능을 활용하거나, 유튜브 광고비만을 목표로 좋은 컨텐츠를 '퍼블리싱'한다. 종이책을 팔려는 목적으로 이들과 경쟁해서는 콘텐츠로 승부할 수 없다. 유튜브를 단지 마케팅 수단이 아닌 퍼블리싱 채널로서도 고려해볼 필요가 있다.

_이가희

07 도서정가제와 전자책 유통

도서정가제는 2014년 11월 21일부터 시행되고 있다. 지난 9월 17일 국회에서 개정 도서정가제에 대한 개선 방안을 찾아보는 토론회가 열렸다. 「개정 도서정가제 영향 평가 및 개선 방안」을 발제한 백원근 책과사회연구소 소장은 "도서정가제를 의무화한 최초의 법 제정 단계부터 '전자상거래 활성화'를 명분으로 출판시장이 '기울어진 운동장'처럼 과도하게 인터넷서점 중심으로 재편되도록 만든" 것이 화근이 되어 출판 시장이 아직도 흔들리고 있으니 완전 도서정가제에 가까운 법 개정을 할 필요가 있다고 주장했다.

이날 토론에서는 전자책을 정가제 예외 대상으로 풀어주자는 안에 대해 거센 반론이 제기됐다. 전자책의 도서정가제는 2014년의 개정 도서정가제에서 비로소 적용되기 시작했다. 오랫동안 풀려 있다가 뒤늦게 적용되는 바람에 5년이 지난 지금도 안착되지 못하고 있다. 이를 성장통으로 바라보는 시각이 없지 않지만 전자책 업계에서는 현행법의 미비로 인해 각종 편법과 탈법행위가 판을 치고 있어 법 자체가 유명무실하다고 주장하는 이도 있다. 10년 이상 장기 대여와 같은 현행법 위반이 수없이 발생했지만 단속은 겉치레에 가까웠다는 것이다. 한마디로 단 하루도 법이 준수된 적이 없어 법을 지키는 사람이 바보라는 분위기였다.

전자책 업계에서는 '네이버'와 '카카오' 등 포털들이 전자책 시장에 진입하면서 상황이 더 나빠졌다고 주장한다. 초기 '카카오페이지'는 도서정가제가 부담스러웠는지 오픈마켓 형태로 운영했다. 현행법이 오픈마켓을 출판 유통 사업자로 분류하지 않는 바람에 파격적인 할인쿠폰 제공, 15% 이상 할인율 적용에서 자유로울 수 있었다. 소비자들은 환영했다. 싸게 판다는데 마다할 이유가 없었다. 카카오페이지의 할인 마케팅은 시장에 주효했지만 질서가 잡혀가던 전자책 시장은 크게 흔들리기 시작했다. 경쟁사인 '네이버 시리즈'와 '리디북스' 등도 공세적인 마케팅에 가세하는 바람에 전자책 도서정가제는 무색해졌다. 이후 다른 유통사들도 덩달아 공세적인 마케팅을 따라

하기 시작했다. 대가는 컸다. '카카오페이지', '네이버 시리즈', '리디
북스' 등 주요 유통사들은 누적 적자가 눈덩이처럼 불어났다. 적자 규
모는 최대 2,000억 원대에서 500억 원대에 이른다. 이들은 매년 투
자와 증자를 염두에 두고 있었다. '교보문고'와 '예스24'도 적자이긴
마찬가지였다.

　매출이 늘어날수록 적자가 늘어나는 구조가 문제였다. 소비자들을
유치하기 위해 돈을 마구잡이로 뿌려대는 구조로는 미래를 장담할
수 없다. 현재 전자책시장은 플랫폼 경쟁이 심화되고 있을 뿐이다. 경
쟁 유통사를 죽여야 살 수 있는 치킨게임이 벌어지고 있는 사태를 지
켜만 본다면, 적자를 면하기 위해 규모의 경제를 달성하려는 업체들
의 경쟁만 가속화될 것으로 보인다.

　플랫폼들은 적자를 줄이기 위해 마케팅 비용을 출판사와 작가에게
부담시켰다. 이 피해는 고스란히 출판사나 작가들에게 돌아올 것이
다. 초기 전자책 시장은 통신사들이 주도하면서 유통 수수료가 최대
80%대까지 치솟았다. 최근 한 연구 보고서에 따르면, 망 사용료를 작
가에게 전가시킨 사례도 있다. 대한출판문화협회 박용수 전자책 담
당 상무이사는 국회 토론에서 전자책을 정가 적용에서 제외한다면
결국 책 시장마저 음원시장처럼 창작자들의 권리가 사장될 가능성이
높다고 주장했다.

　도서정가제의 존폐 여부는 나라마다 다르다. 해묵은 논쟁을 반복
할 필요는 없다. 특히 전자책 시장에서는 도서정가제 폐지를 원한다
면 제도를 탓할 일은 아니다. 소비자에게는 콘텐츠냐 책이냐가 그다
지 중요하지 않다. 도서정가제를 피하려면 ISBN을 발급받지 않고 책
이 아닌 콘텐츠로 팔면 그만이다.

전자책 유통 사업을 하는 사람 중에는 도서정가제를 혁신을 가로막는 낡은 규제로 보는 시각을 가진 이들도 있다. 하지만 시장의 경쟁자보다 편법과 탈법 행위로 현행법을 위반하면서 싸게 파는 게 혁신은 아니다. 혁신은 새로운 부가가치를 창출하는 것이어야 한다. 법 위반을 하면서 자신만 살겠다는 의지를 강력하게 드러내는 것은 혁신이 아니다.

처음부터 전자책에 부가세를 부과했다면 불필요한 논쟁이 없었을지 모른다. 전자책 도서정가제가 꼭 필요하다는 한 출판사 대표는 "전자책은 10년째 같은 가격"이라고 했다. 전자책은 무조건 값이 싸야 한다는 인식도 문제다. 도서정가제가 무너지면 전자책 시장이 음원시장처럼 변질되는 건 시간문제일 것이다. 둑이 무너지고 황폐화된 다음에 다시 둑을 쌓을 것인가. 그런 일이 벌어지기 전에 대책을 세워야만 한다. 업계의 활발한 토론을 기대한다.

_한기호

08 디지털 시대의 읽기와 쓰기

아날로그 시대의 읽고 쓰기란 지식을 습득하고 재생산하는 기록-전달의 의미가 강하였다. 이러한 기록문자의 가장 큰 특징은 항상성이다. 아날로그의 글은 종이라는 매체에서 반영구적으로 존재하며 한번 기록된 글자는 변화하지 않는다. 그렇기에 앞선 지식은 후속 지식과 논리 관계를 맺으며 전파될 수 있다.

디지털 시대의 문자는 기본적으로 변화를 상정한다. '권'으로 세는 책의 단위는, 하나의 책이 단일한 지식정보체계를 전달한다는 믿음을 공유하며 전파된다. 그러나 전자책 리더기를 비롯한 디지털 시대의 기기들은 하나의 디바이스가 하나의 지식 묶음을 전달하지 않는다. 가상의 비트-지식은 가상공간에서 도서관을 형성하고, 사용자의 클릭 한 번으로 언제든지 변화한다. 이제 아날로그의 반서재Anti-libary는 사라지고 디지털 피규어Digital-figure의 개념이 탄생했다.

디지털 시대 리터러시의 핵심은 변화와 디자인이다. 디지털 환경의 독서에서 글자는 그림과 동일한 지위를 갖는다. 가장 대표적인 예시가 키오스크이다. 좌측 상단부터 우측 하단으로 내려가는 선형의 독서와 달리 키오스크의 글자는 마치 일러스트처럼 좌우의 버튼, 상단의 메뉴 등으로 복잡하게 배열되어 있다. 어린아이들이 지식 검색을 '유튜브'로 할 수 있는 까닭도 이러한 디자인적 감각의 연장에서 이해할 수 있다. 그들에게 스마트폰에서 보는 '글'과 영상을 통해 움직이는 영상의 '그림'은 동일한 것이다. 지위나 층위가 동일한 것이 아니라, 말 그대로 동일한 정보체계로서 작동한다. 아동용 동화부터 상호작용을 통한 작용-반작용을 체화한 아이들이 아닌가. 결국, 종이의 질감과 촉감을 좋아하는 아날로그 부류와 디지털로의 전회가 이루어진 부류의 취향의 문제이자 선택의 문제라고 믿었던 사람들에게 디지털 독서 세상의 현현은 갑작스럽게 마주친 독해 불가능의 공간이다.

디지털 시대의 읽기와 쓰기는 단순히 새로운 매체의 글쓰기를 이야기하지 않는다. 연필과 원고지를 대체해서 문서 작성 프로그램과 키보드로 1:1 교환을 하는 것은 그저 현상에 불과하다. 마우스 커서를 통해 2차원적 공간에서 실시간으로 글을 수정할 수 있다는 것은 창작자를 창작자가 아니라 게시판 운영자로 만들어내고, 완성된 글이라는 개념 자체를 소멸시킨다. 글은 언제라도 수정 가능한 것이고, 출판의 주체는 오롯이 작가에게로 점차 이양된다.

따라서 디지털 시대의 '글'이란 처음도 없고 끝도 없는 상황에서 파편적으로 늘어놓는, 어디에도 존재하지 않지만 어디에나 존재하는 글이자 그림이고, 그림이자 글이다. 이 개념을 갖추는 것은 멀티 디바이스인 스마트폰을 가상의 뇌로 사용하는 사이보그적 인간의 시대인 현대사회에서 의식주를 해결할 수 있는 최소한의 생활 기반을 갖추는 것이다. 반대로 말하면 디지털 시대의 읽기와 쓰기에서 도태된다는 것은 디지털과 아날로그 공간 사이를 배회하는 호모 사케르Homo Sacer로 전락한다는 것이다.

웹소설과 웹툰, 웹드라마와 같은 콘텐츠 시장이 확장되고, 온라인 유명 인사들이 끊임없이 인터넷 저널공간을 달군다. 젊은이들의 감각과 변화하는 시대를 확인하기 위해서 인터넷에만 천착하는 건 허상 속으로 무의미하게 들어가는 것과 다름 아니다. 디지털 독해가 되지 않는 사람들에게 웹툰이나 웹드라마, 웹소설의 서사는 말초적인 자극 덩어리이자 사람을 동물화시키는 행위에 불과하다. 그럼에도 중년을 위한 디지털 리터러시 교육들은 이러한 콘텐츠 중심의 창작을 공허하게 외치는 경우가 많다. 그들에게 UCC를 제작하는 법을 가르치고, 웹소설의 유행을 알리면 마치 독해는 자연스럽게 이루어질 것처럼 이야기한다.

우리가 주목해야 하는 것은 디지털 시대의 읽기 쓰기를 잘하고 있어서 유명해지는 자들이 아니라 사라진다고 착각하는 것들이다. 인간의 평균 수명은 증가하고 있고, 평생교육이라는 기치는 유행처럼 번지지만, 이들을 위한 독서와 교육은 사실상 제대로 이루어지지 않

고 있다. 그들은 사라지지 않고 배제되는 것이다. 그들이 탈락하지 않
도록 우리는 끊임없이 그들을 디지털 공간으로 접속시켜야 한다. 그
방법으로는 무엇이 있을 것인가.

_이융희

09 조쏘공과 불평등 문제

2019년 대한민국의 풍경을 정리할 때, '조국'은 빠져서는 안 될 키워
드다. '조국'은 법무부 장관을 지낸 한 개인을 지칭하는 단어이기도
하지만, 21세기 대한민국의 맨얼굴을 고스란히 보여주는 키워드로
도 기능했다. 조세희의 『난장이가 쏘아올린 작은 공』(이성과힘)에 빗
대 '조국이 쏘아 올린 작은 공'(일명 '조쏘공')이라고나 할까.

조국 전 법무부 장관을 둘러싼 난리 법석을 단순히 '검찰 개혁 찬
성 vs. 반대'의 구도로만 봐서는 '조국' 키워드가 한국 사회에 던진 여
러 의미를 읽을 수 없다. 권력 기관의 상호 견제는 언제나 중요하고,
1987년 민주화 이후 검찰 권력이 무소불위의 권한을 행사해온 관행
은 개혁되어야 마땅하다. 하지만 그것만으로는 부족하다.

'조국'을 둘러싼 사태에서 (문재인 정부의 열성 지지자를 제외하자면)
보통 사람 다수의 분노를 촉발했던 일은 '평등', '공정', '정의'와 같은
가치의 훼손에 대한 반감이었다. 알다시피, 문재인 정부는 2016년
'촛불' 때문에 탄생한 '촛불 권력'이었고, 그 연장선에서 대통령은 취
임 때부터 '평등', '공정', '정의'를 약속했다. 조국과 그 일가를 둘러
싼 온갖 의혹은 그렇게 '평등', '공정', '정의'를 약속한 촛불 권력의 핵

심 구성원마저도 그런 가치와는 거리가 먼 삶을 살아왔다는 사실을 드러냈다. 특히 중상류층이 교육을 통해서 부를 대물림하는 메커니즘은 국민의 걷잡을 수 없는 분노를 촉발했다. 조국 전 장관 자신뿐만 아니라 문재인 대통령, 이해찬 더불어민주당 대표 등도 사과를 할 수밖에 없었다.

조국 전 법무부 장관을 둘러싼 사태에서 보통 사람 다수의 분노를 촉발했던 일은 '평등', '공정', '정의'와 같은 가치의 훼손에 대한 반감이었다.

마침 이 대목에서 조국 전 장관과 현 정부의 핵심을 차지하고 있는 86세대 권력을 놓고서도 비판적 성찰이 잇따라 나왔다. 민주화 과정에서 의미 있는 역할을 했던 이 세대의 상층부가 정치, 경제, 사회, 문화 등 갖가지 영역에서 거대한 권력 네트워크가 되어버린 현실을 이대로 둘 것인가.

리처드 리브스의 『20 VS 80의 사회』(민음사)는 전자의 문제의식을 미국의 경험을 토대로 짚는 책이다. 리브스는 이 책에서 중상류층이 자신의 지위를 자녀에게 세습하고자 어떻게 '유리 바닥'을 만드는지 짚는다. 조국 일가의 자녀들에게 제공됐던 유리 바닥은 그들이 계층 사다리의 아래로 떨어지지 않도록 하는 든든한 안전판으로 작용한다.

이철승의 『불평등의 세대』(문학과지성사)는 후자의 문제의식에 초점을 맞추며 86세대 상층부 네트워크가 한국 사회의 세대 간, 계층 간 불평등을 어떻게 고착화하고 있는지를 살펴본 책이다. 그간의 세대 논의가 인상 비평 수준을 넘어서지 못했다면, 이 책은 데이터를 통해서 86세대 권력과 불평등의 문제를 파고든 역작이다.

한 가지도 덧붙여야겠다. 조국 전 장관은 이명박, 박근혜 정부 9년 동안 소셜미디어 등을 통해서 강하고 때로는 과하게 그런 가치를 옹호하며 권력을 비판해왔다. 하지만 조국 전 장관과 현 정부의 핵심 세력은 비슷한 성격의 의혹이 나올 때마다 "불법은 없었다", "재판에서

가려질 것"이라는 변명으로 일관했다(일명 '조로남불').

이명박, 박근혜 정부 9년 때 권력을 잡았던 자유한국당 인사는 "더 했다"는 반발은 잘못됐다. 왜냐하면, 그들은 바로 그런 행태 때문에 권력을 잃었다. 촛불 시민은 '문재인 정부와 조국 전 장관을 비롯한 핵심은 그들과는 다를 것'이라는 기대 때문에 촛불 정부로 승인했다. 그런데 그 기대를 배신한 것이다.

이 대목에서 아난드 기리다라다스의 『엘리트 독식사회』(생각의힘)를 언급하는 일은 시의적절하다. 이 책은 사회 공동체에서 기득권을 가장 많이 쥐고 있는 세력이 비판, 저항 더 나아가 대안까지 독점하는 모습을 고발한다. 조국 전 장관을 둘러싼 사태는 한국 사회에서 바로 그렇게 행동해온 엘리트와 그 집단의 맨얼굴을 드러냈다.

마지막으로 한 가지만 덧붙이자. 조국 전 장관을 옹호하고 반대하는 격렬한 대립은, 낫과 총만 들지 않았을 뿐이지 해방 후 좌우 대립을 연상케 했다. 현실 정치가 촉발한 감정 과잉이 삶을 잡아먹는 모습, 목소리 큰 열성 지지자의 행동이 진지한 성찰을 가로막는 모습은 한국 사회의 병든 징후를 보여준다. 책의 힘, 사유의 힘, 성찰의 힘이 어느 때보다도 필요한 때다.

_강양구

10 업세이

'업세이'는 '직업 에세이'의 줄임말이다. 오랫동안 한국 문학에서 에세이는 문인의 차지였다. 시인, 소설가가 밥벌이의 연장선에서 신문이나 잡지에 소설이나 시가 아닌 짧은 산문을 기고했다. 그렇게 쌓인 글들이 '에세이집'이라는 이름으로 묶여서 나왔다. 신변잡기, 여행, 서평 혹은 시사 칼럼까지 소재나 주제는 다양했지만, 결국 문인의 세상 읽기를 벗어나지 못했다.

그런 에세이 가운데도 두고두고 읽을 만한 빼어난 글이 많다. 하지만 시인이나 소설가의 세상 읽기에 매력을 느끼지 못하는 많은 독자가 에세이집에 '시인이나 소설가가 쓴 잡글을 묶어서 펴내는 책'이라는 식의 편견을 가지게 되는 계기가 되기도 했다. 에세이의 어원이 되는 『에세』의 저자 미셸 드 몽테뉴가 시나 소설을 쓰는 문인이 아니었음을 염두에 둔다면 흥미로운 현상이었다.

하지만 에세이를 둘러싼 이런 편견은 더 이상 지속되기 힘들 듯하다. 시인이나 소설가 혹은 글로 밥벌이를 하는 작가가 아닌 다양한 직업인이 쓴 책이 독자로부터 좋은 평가를 받았기 때문이다. 그 책에 묶인 글의 형식이 분명 에세이였으니 말 그대로 '업세이' 즉 '직업 에세이'다.

사실 오래전부터 업세이의 유행을 예고하는 좋은 작품이 꾸준히 있었다. 얼른 생각나는 작품을 몇 개 열거해보자. 지금은 "세상을 바꾸는, 일하는 사람들의 글쓰기"를 지향하는 잡지 〈작은책〉을 펴내는 안건모는 2006년에 버스 기사의 눈으로 세상을 읽어본 『거꾸로 가는 시내버스』(보리)를 펴냈다. 업세이의 시초라고나 할까.

최근 몇 년 동안도 좋은 업세이가 많았다. 지금은 국회의원이 된 금태섭이 2008년에 검사를 그만두자마자 펴낸 『디케의 눈』(궁리), 『개인주의자 선언』으로 유명한 판사 문유석이 2014년에 펴낸 『판사유감』(21세기북스), 검사 김웅이 2018년에 펴낸 『검사내전』 등이 그러

시인이나 소설가 혹은 글로 밥벌이를 하는 작가가 아닌 다양한 직업인이 쓴 책이 독자로부터 좋은 평가를 받았다.

한 사례다. 특히 "생활형 검사"의 생각과 살아가는 모습을 담아 펴낸 『검사내전』은 업세이의 한 성취를 보여준 작품이다.

중증 외상 센터를 운영해온 경험을 담은 이국종의 『골든아워』는 어떤가. 2018년 말에 나온 『골든아워』는 중증 외상 센터를 유지하는 일의 비루함과 힘겨움을 독자에게 전하고 있을 뿐만 아니라, 그것이 곧 지금 대한민국이 안고 있는 여러 모순의 한 본보기임을 보여준다. 개인의 고뇌와 사회의 모순이 절묘하게 만나는 모습은 업세이가 나아갈 한 방향을 제시한다.

이밖에도 버스기사(『나는 그냥 버스기사입니다』), 아파트 관리소장(『따로, 또 같이 살고 있습니다』), 편의점 점주(『매일 갑니다, 편의점』) 등의 업세이가 잇따라 나왔다. '브런치' 같은 글쓰기 플랫폼에서도 다양한 업세이가 나날이 늘어가고 있다. 앞으로 그런 업세이를 갈무리한 새로운 책도 계속해서 선보일 예정이다.

이렇게 다양한 직업인의 업세이가 늘어나는 일은 두 가지 의미가 있다. 첫째, 삶의 다양한 모습을 다양한 관점으로 기록하는 업세이는 기록 문화가 척박한 한국 사회에서 사유의 토양을 쌓는 데에 분명히 긍정적인 역할을 할 것이다. 둘째, 그런 업세이를 접한 독자는 다른 삶에 대해 이해할 수 있을 뿐만 아니라, 감정이입을 통해서 공감의 폭도 넓힐 수 있다. 업세이가 단순한 출판 트렌드가 아니라, 사유 운동과 사회 연대의 촉매가 되리라고 조심스럽게 전망해보는 것도 이 때문이다. 2020년에는 『검사내전』이나 『골든아워』를 넘어서는 훌륭한 성취의 업세이를 볼 수 있기를 기대한다. 특히 전문직이 아닌 좀 더 다양한 직업인의 업세이가 많아지면 좋겠다.

_강양구

11 2019 서울국제도서전

2019 서울국제도서전이 지난 6월 19일(수)부터 23일(일)까지 5일
간 코엑스 A홀과 B홀에서 개최됐다. 홍보모델은 작가 김형석과 한
강, 모델 한현민이었고 주제는 '출현Arrival'이었다. 33개국이 참여하
고 334개 사의 전시, 388개의 프로그램과 224명의 참여 저자 및 강
연자, 그리고 20만여 명의 관람객이 들었던 2018 서울국제도서전과
비교하면 이번 도서전에서는 참가국이 41개국으로 늘었고 참여 출
판사 역시 431개로 늘었다는 점이 눈에 띈다.

  또한 '여름 첫 책'이라는 프로그램이 신설돼 출간되지 않은 작가들
의 신작을 먼저 만나볼 수 있다는 점도 주목할 만했다. 출판산업의 국
제 경쟁력을 강화하고 한국출판물의 저작권 수출 증대 및 글로벌 마
케팅 강화라는 도서전의 취지 이외에도 독자들과의 소통 접점을 늘
리고 책과 독서의 만남을 주선한다는 시즌 마케팅 강화, 친독자 중심
의 페스티벌적 성격 강화를 드러내는 프로그램이었기 때문이다.

_김미향

12 오디오북

바야흐로 '듣는 책의 시대'가 다가오고 있다. 해외 출판산업에서는
오더블, 코보, 구글 등의 기업 주도 아래 오디오북 콘텐츠 산업이 유
의미한 성장률을 보이게 된 지 오래다. 국내에서도 이러한 흐름을 포
착한 몇몇 기업들이 오디오북 사업에 뛰어들며 적극적으로 시장 개

척에 나섰다.

　우선 2018년 7월 '오디오클립' 포털을 론칭하며 오디오북 콘텐츠 제작에 뛰어든 네이버가 국내 시장을 선두에서 이끌고 있다. '카카오미니'를 통해 종교 콘텐츠와 무서운 이야기 등의 오디오북 콘텐츠를 제공하고 있는 카카오, 책의 핵심 내용을 30분 내외로 요약해 읽어주는 '리딩북' 서비스를 시행 중인 밀리의 서재 등도 오디오북 콘텐츠 산업에서 영역을 넓히고 있다.

　정아람 〈중앙일보〉 기자의 「'읽는' 책 앞질러가는 '듣는' 책… 오디오북 시장의 놀라운 성장」 기사에 따르면 올해 7월 말 기준 '오디오클립'의 이용자 수만 10만 명에 달하며 누적 판매량은 18만 권에 달한다. 다른 오디오북 서비스 기업 이용자 수와 판매량을 취합하면 수치는 더 늘어날 것이다.

　지난 10월 23일에는 오디오 콘텐츠 포털 팟빵과 스토리 프로덕션 안전가옥이 국내 최초로 '오디오북 전용 스토리' 공모전을 개최할 예정이라고 밝혀, 종이책을 읽어주는 것 이상의 양질화된 콘텐츠가 시장에 보급될 수 있으리라는 기대를 모으기도 했다. 아직까지는 출판산업적 측면에서 영향력이 미미한 오디오북이 앞으로 더욱 성장해 위축된 출판산업에 활력을 불러올 수 있을지에 대해서도 귀추가 주목된다.

_박소진

13 크라우드 펀딩

기존의 투자방식이 특정한 재단이나 기업, 기관의 주도에 의해 이루어졌다면 크라우드 펀딩은 특정한 상품, 콘텐츠, 서비스에 대하여 후원이나 기부, 투자의 목적으로 개인의 자금을 모으는 형태이다. 미국의 킥스타터, 영국의 조파 그리고 한국엔 텀블벅, 와디즈 등을 주축으로 한 크라우드 펀딩 플랫폼이 활발히 운영중이다. 최근 많은 책들이 크라우드 펀딩을 통해 출판되고 있다. 백세희 작가의 『죽고 싶지만 떡볶이는 먹고 싶어』는 크라우드 펀딩을 통해 성공한 대표적인 사례다. 더불어 세계 각지의 악마에 대해 다룬 『검은사전』(더쿠문고)이나 고양이에 대한 『집사의 매뉴얼』, 한국의 요괴에 대해 다룬 『한국 요괴 도감』 등 마니악하면서도 일반 출판사에서 다루기 힘든 소재의 서적들도 뜨거운 호응을 얻었다.

텀블벅, 와디즈 등을 주축으로 한 크라우드 펀딩 플랫폼이 활성화되면서 많은 책들이 크라우드 펀딩을 통해 출판되었다.

현재 텀블벅에 펀딩 중인 『우리네 다양하神』(하쿠나마타타출판사)은 5,000만 원이 넘는(1700% 이상) 펀딩 모금액을 기록하고, 판타지 속 괴수에 대한 모음집 『괴물사전』도 1,700만 원(341%)이 넘는 액수를 기록하고 있는 점을 주목해보자. 알라딘은 '북 펀딩'을 통해 『진짜 우주를 여행하는 히치하이커를 위한 안내서』(책세상), 『몰입』(마음산책) 등의 출간을 진행하였다. 출판업계 입장에서 크라우드 펀딩은 제작 전 대중들의 호응과 관심, 구매의사를 직접 확인하기 좋은 방식이다. 개인에겐 출판사의 도움 없이 직접 출판을 할 수 있는 좋은 통로가 되기도 한다. 이처럼 모순된 두 니즈의 충돌은 여성, 판타지, 생활, 에세이, 여행, 매거진 등 많은 장르로 퍼져나갈 것이다. 출판계는 좀 더 다양한 소재에의 주목, 작가와의 연계방식의 개선, 특별한 마케팅 등 전방위적인 측면에서 변화를 고려해야 할 것이다.

_이가희

14 셀럽이 된 반려동물

반려동물과 함께할 공간을 마련하기 힘든 젊은 세대는 SNS에서 셀럽 반려동물의 일상을 엿보며 대리만족을 한다.

동물이 셀럽이 되는 세상이다. 한국사회에서 동물이 인간과 가족이라 여겨지며 삶을 함께한 것은 대략 20년 안쪽이다. 그 사이 그들의 지위는 '애완'에서 '반려'로 격상되었다. 그런 중에, '상근이'라는 국민견도 등장했다. 텔레비전을 통해 많은 사람이 한꺼번에 관심을 주니, 함께 키우는 느낌이었다. 한동안 매체들은 동물과 어린아이에 열광했으나, 지금 매체는 동물에 열광한다. 인간의 입장에서 어린아이들은 자라지만, 동물들은 자라지 않는다. 그들을 인간은 늘 '아가'로 대한다. 변함없이 충직하게 보살핌을 바라고, 고마움을 표시하고, 귀여움을 발산하고, 옆을 지킨다. 그런 모습을 보는 것은 '힐링'이다. 하지만, 현실적으로 그 힐링을 위해서는 먹을 것을 주어야 하고, 배설물을 치워야 하고, 비싼 병원비를 지불해야 한다. 매체에서 만나는 반려동물은 인간에게 힐링을 주지만, 책임을 요구하지는 않는다. 젊은 세대의 현실은 더 팍팍해서, 동물과 함께할 공간을 마련하기도 쉽지 않다. 매체 속 동물은 공간을 필요로 하지 않지만 함께 있어 좋다. 인간의 기본적인 욕구를 충족시켜준다. 그런 동물의 책이 나왔다면 사지 않을 이유가 없다.

_김혜원

15 『빨강 머리 앤』

『빨강 머리 앤』이 111세가 되었다. '111'이란 숫자의 상징성 때문인지, 전시회도 열리고, 이 책에 향수를 가진 문인들의 산문집이 나오기도 했다. 『빨강 머리 앤』에 대한 추억은 세대에 따라 조금씩 다르다. 50대 이상은 동화책으로 먼저 접했고, 그다음 세대는 텔레비전 애니메이션으로, 그리고 그 애니메이션을 책을 출간한 컬러 만화책으로 만났다. 그리고 지금은 '넷플릭스' 영상물로 만나게 된다. 우리에게는 1권 〈초록 지붕 집의 앤〉의 스토리가 익숙하지만, 9권으로 된 앤의 일생을 그린 전집인데, 동서문화사에서 완역본이 나왔고, 최근 전자책으로도 나왔다.

『빨강 머리 앤』 출간 111주년을 맞이해, 열린 전시회가 성황을 이루었다. 또 이 책에 향수를 가진 문인들의 산문집이 나오기도 했다.

　이 책이 이렇게 변주를 거듭하면서 우리에게 늘 가까이 있는 이유는, 씩씩하지만 엉뚱한 '앤'이 가진 캐릭터의 힘이다. 앤의 상황은 늘 어려웠지만, 독자는 그가 보는 시선을 따라 반짝이는 호수와 사과나무 길을 걸으며 그 어려움을 함께 헤쳐나간다. 그리고 앤과 함께하는 마릴라 아주머니나 다이애나 등의 주변 여성 인물들이, 여성적 질서로 이야기를 이끌어가는 장치를 탄탄하게 만들었다. '빨강 머리 앤'이란 제목은 이 책의 원제가 아니다. 이 책이 새롭게 제작되었을 때, 새롭게 붙여진 제목을 찾아보는 것도 이 책의 변주를 즐기는 방법이다.

_김혜원

16 취향의 연결, 살롱문화

18세기 중반 프랑스, 예술가와 지성인이 모여 지식을 나누던 사교 집회를 '살롱salon'이라 일컫는다. 21세기가 된 지금, SNS의 거침없는 확장은 오프라인의 힘을 서서히 약화시킬 것이라 생각했으나, 현재 대한민국은 오히려 반대의 형상을 보이고 있다. SNS에 대한 피로도와 개인으로 존재하는 외로움은 대면하는 관계와 느슨한 연대를 외치게 했다.

독서모임 기반 커뮤니티 서비스인 '트레바리'나 멤버의 취향을 공유하는 '취향관', '열정에 기름 붓기'의 오프라인 모임 공간 '크리에이터 클럽' 등 다양한 모임이 활발히 운영되고 있다. 젊은 세대의 취향을 저격하는 심플하고 감성적인 인테리어와 '누구나' 참여할 수 있다는 낮은 허들. 그리고 (결코 저렴하지 않은) 유료화를 통한 결속력의 확보를 기반으로 '가까이 있고 싶지만 너무 가까이는 싫은' 젊은 세대의 연대 욕구를 충족시킨 것이다.

출판사에서도 다양한 북클럽 운영을 통해 이러한 살롱 형태의 모임을 구축하고 있다. 다만, 단순히 책을 읽고 공유하는 것만이 아닌 그들 내면에 잠재된 연대의 욕망을 제대로 해석하는 것이 중요할 것이다. 커뮤니티에 참여한다는 것만으로도 역할과 소속감을 지니게 만들 수 있는 새로운 전략이 필요해지는 시기이다.

_이가희

17 텍스트 비즈니스

아무리 '영상의 시대'라고는 하지만 문자는 절대로 사라지지 않는다. '텍스트의 시대는 끝났다'는 명제만 해도 20세기 말부터 벌써 몇 번을 반복했지만 결국 실현되지 않았다. 아마 앞으로도 결코 실현되지 않을 것이다. 특히 스마트폰이 모두의 플랫폼으로 부상하면서 무엇이든 어디서나 간편하게 읽을 수 있는 환경마저 공고히 갖추게 되었다. 덕분에 텍스트 콘텐츠 소비는 늘어났으며, 언제고 이를 필요로 하는 독자들의 요구에 부응하고자 다양한 텍스트 비즈니스 사업과 스타트업 기업이 계속해서 등장하는 추세다.

웹툰의 성공에 이어 등장한 웹소설은 현재 종이책출판 시장 이상의 판세를 구축하며 매년 두 배 이상 성장 중이다. 스마트폰을 위시한 모바일 환경이 웹소설에 날개를 달아준 것은 주지의 사실이다. 누구나 작가가 될 수 있다는 모토를 앞세운 '브런치'는 작가들의 층위를 다각화하고 소재를 확장하면서 온라인상의 새로운 텍스트 콘텐츠 서비스로 등극했다. 스타트업 기업인 '스리체어스'의 '북저널리즘' 시리즈는 필요한 아이템을 구상하고 이에 적합한 저자를 찾아 콘텐츠를 개발해 독자들에게 공급하는 전통적인 잡지 공급 형태를 온라인 환경에 적용했다. 이밖에 '퍼블리'는 다양한 직군에 종사하는 프로들의 글에 초점을 맞춘 구독 서비스를, '뉴스 페퍼민트'는 외신 기사를 번역, 제공함으로써 일종의 뉴스 큐레이션 서비스를 구축하는 등 텍스트 비즈니스는 점점 더 확장되는 동시에 특화되는 중이다.

_강상준

18 인용과 표절 사이

대학원을 졸업할 때, 각주 다는 법만 정확히 익히면 성공이라고 했다. 학문이라는 것이 앞 사람의 발자국을 따라갈 수밖에 없으니, 누구의 발자국 위를 지나왔는지 밝히는 것은 상식이다. 그것을 밝히지 않으면, '나 혼자 그곳을 걸어왔노라' 하는 선언이 된다. 그 선언은 욕망의 결과물일 수도 있고, 무지의 결과물일 수도 있는데, 모두가 표절이라 불린다. 그 발자국을 정확히 밝히는 것이 인용이고 각주다. 하지만 한국 사회는 지금까지 이 표절에 대한 잣대가 정확하지 않다. 유명인을 검증할 때는 학위 논문 표절 시비가 빠지지 않는다. 하지만 매년 쏟아지는 학위 논문에 대한 자체 검정은 느슨하다.

누군가는 "내가 표절하는 줄도 몰랐다. 그냥 써졌다"고 말하기도 한다. 이런 변명은 악의가 아니라면, 스스로 어떤 발자국 위를 지났는지도 모른다는 얘기다. 스스로 저급한 저자임을 밝히는 셈이다. 표절에 무지한 저자가 많은 건, 내 이야기를 하는 것이 익숙하지 않은 한국 교육의 결과다. 내 이야기를 정확히 하는 사람이 나와 다른 사람의 이야기를 구별할 수 있다. 그 구별이 정확하면, 내 이야기를 할 때 인용을 하고, 그것이 정확하지 않으면 표절을 하게 된다.

_김혜원

19 베스트셀러 어뷰징

2019년의 출판 시장도 혼탁했다. 과거에는 그런 혼탁함이 일부 삐뚤어진 출판사의 은밀한 사재기에서 비롯되었다. 지금은 소셜미디어 시대다. 그런 사재기도 마땅히 소셜미디어 시대에 맞춤해 진화할 터이다. 출판-강연 등으로 돈을 버는 한 집단이 올해 보여준 새로운 베스트셀러 만들기는 기발해서 더욱 걱정되는 행태였다.

2019년 베스트셀러 목록에는 『50대 사건으로 보는 돈의 역사』(이하 『돈의 역사』, 로크미디어), 『당신은 뇌를 고칠 수 있다』(브론스테인) 같은 책이 올랐다. 사실상 같은 출판사에서 나온 이 책들이 베스트셀러가 된 데에는 공통점이 있었다. 강연과 유튜브 채널 등을 통해서 많은 팬을 거느리고 있는 한 단체의 운영자가 이 책을 활동 도서로 추천해 집중 구매를 유도한 것이다.

짐작하다시피, 바로 그 운영자는 『돈의 역사』나 『당신은 뇌를 고칠 수 있다』를 낸 출판사와 이해를 같이 한다. 규모가 작은 한국 출판 시장의 특성상 이런 집중 구매는 곧바로 사재기 효과를 거두며 이 책들을 베스트셀러 순위 상위권에 올렸다. 언론사가 대중의 관심도가 높은 키워드를 집어넣은 제목의 기사를 계속해서 포털 사이트에 공급하는 '어뷰징'과 비슷한 '베스트셀러 어뷰징'이다. 출판 시장의 규제가 없는 한 이런 식의 베스트셀러 어뷰징은 앞으로 계속해서 나타날 가능성이 크다. 이해 당사자의 자정 작용을 이야기하기보다는 실효성 있는 규제가 필요한 때다.

_강양구

20 어반플레이 투자 유치와 로컬 크리에이터

지역의 고유 콘텐츠를 극대화 시키고 수익모델로의 가치를 만드는 출판, 콜라보 기획 등 로컬 비즈니스가 활성화되고 있다.

2019년 7월 로컬 크리에이터 기반 온·오프라인 동네플랫폼 서비스를 제공하는 '어반플레이'가 '뮤렉스파트너스' '에스엘인베스트먼트' 등 4곳의 투자처로부터 총 26억 원 규모의 시리즈A 투자를 유치했다. 『퇴근하고 강릉 갈까요?』(아르테), 『로컬전성시대』(어반플레이), 〈매거진 아는 동네〉(어반플레이) 등의 책 출간과 '연남방앗간' '사계생활' 등의 공간 기획, 창원, 광주, 천안시 등 지자체와의 콜라보 등 로컬 비즈니스에 대한 뜨거운 행보가 돋보인다.

지역의 고유 콘텐츠를 극대화시키고 수익모델로의 가치를 만드는 로컬 비즈니스는 국내의 다양한 콘텐츠 보존 및 계승은 물론, 지역 활성화와 상생의 의미를 동시에 지닌다. 수도의 과밀화와 지역 도시의 몰락은 이미 오래전부터 진행되어온 고질적인 문제이다. 무조건 지역으로의 이전과 부동산 정책만을 내세운다고 해결될 문제는 아닐 것이다. 인프라는 물론이고 '할 것'과 '사람'을 만든 후에야 생기를 띠는 것이 지역이다. 로컬 비즈니스는 이러한 문제를 적극적으로 해결하고 있다.

책은 지역 콘텐츠의 명문화와 물성화의 구심점에 존재한다. 수많은 지역의 다양한 콘텐츠 스토리를 담은 글은 이후 콘텐츠 확장에 대한 기준이 되기도 한다. 어반플레이를 넘어선 수많은 지역 지자체에 도시재생사업을 담당하는 크고 작은 서비스, 업체가 있다. 이들은 현재 지역의 이야기를 담을 도서 출판을 눈여겨보고 있다. 출판사들의 역할 또한 기대되는 지점이다.

_이가희

21 고서점에서 중고서점으로

중고서점의 핵심은 판매에서 시작되는 구조란 점이다. '중고'는 이미 거래가 끝난 대상을 지칭하는 것이고, 적어도 한 차례 구매되었단 소리는 해당 도서는 이미 지나간 시기에 하나 이상의 구매 가치가 있었다는 뜻이고, 또 지금 시대에는 소장 가치가 소멸했다는 뜻이다. 현재 체인화된 중고서점은 해당 저서들을 주제별·섹션별로 분류하긴 하지만, 그 섹션 안에서 해당 지식에 대한 시대적 분류까지 행하진 않는다. 더군다나 재고가 많거나, 너무 오래된 책들은 거래되지 않는다. 과거에는 이런 책들을 판매자가 되가져갔으나, 최근에는 카운터에서 "책을 처리해드릴까요?"라는 질문과 함께 수거해간다.

중고서점은 오래된 책이 가진 오라를 강화하던 헌책방과 달리 책을 오로지 상품으로서만 바라본다. 그리고 이러한 인식은 도서가 순간의 감정을 위로하는 인스턴트적 성격으로 변화함을 암시한다. 거래 수치도 잡히지 않고, 어떤 지식이 어떻게 오가는지도 파악할 수 없다. 소장 가치로서의 유용성을 지닌 책이나 학문저서 들은 중고서점 바깥에 있다. 결국, 중고서점은 지식의 종말을 바탕으로 거래되는 산업이다. 그리고 이러한 종말은 더욱 가속화될 것이다.

_이융희

22 인류세

2000년 2월 말, 한 과학자가 토론 중에 불쑥 이렇게 말했다. "아

지구의 미래를 걱정하는 노(老) 과학자의 비유 정도로 여겨졌던 인류세라는 개념이 점차 과학자들의 논의 대상이 되며 관련된 도서도 다수 출간되고 있다.

뇨, 우리는 이미 인류세人類世를 살고 있단 말입니다." 바로 인류세 Anthropocene, 즉 '휴먼 에이지'가 탄생하는 순간이었다. 그 과학자가 '인류'를 뜻하는 'Anthropo-'에 지질 시대의 한 단위인 '세'를 뜻하는 '-cene'을 붙여서 즉흥적으로 만든 인류세는, 이어서 〈네이처〉나 〈사이언스〉 같은 과학 잡지에도 등장하는 개념이 되었다.

인류세를 처음 제안한 이는 1995년 노벨 화학상을 받은 파울 크뤼천이다. 처음에는 지구의 미래를 걱정하는 노老과학자의 비유 정도로 여겨졌던 이 개념을 놓고 현재 과학자 공동체는 진지하게 이 시대를 인류세로 바꿔 부를지 의논 중이다. 기후변화, 플라스틱 쓰레기, 대량 육류 소비 같은 인류의 모습이 지구의 모습 자체를 바꿀 정도로 영향을 줬기 때문이다.

사람들의 경각심을 불러일으키는 인류세는 출판계에도 영향을 줬다. 조천호가 쓴 지구온난화와 기후변화를 다룬 훌륭한 책 『파란하늘 빨간지구』(동아시아)뿐만 아니라 『인류세의 모험』(곰출판), 『인류세』(이상북스), 『휴먼 에이지』(문학동네) 같은 책이 몇 년간 계속해서 나오고 있다. 인류세는 앞으로 더욱더 중요한 키워드가 될 것이다.

_강양구

23 21세기 사상의 최전선

인문학 열풍은 쉽게 사그라들 것 같지 않다. 다양한 인문학 저서들이 출간되고, 각종 인문학 프로그램들이 TV에서 새롭게 론칭되었다. 한 언론사에서는 인문학 자격시험까지 만든다고 하니 단순히 열풍이라기보다는 인문학에 대한 집착이라고 보아도 무방하다.

이러한 현상에 대한 비판도 거세다. 종말론적 인류세는 인간과 가장 최신의 사물끼리 얽혀 있는 관계를 포착해야 하는데, 시장에서 소비되는 낡고 표상적인 인문학은 동시대를 읽어낼 수 없는, 단순히 지금의 아픔을 마취시키는 진통제에 불과한 경우가 많기 때문이다.

〈문화일보〉와 이감문해력연구소가 공동 기획한 「21세기 사상의 최전선」은 20세기 사상가를 회고하는 것에서 벗어나 최신의 사상을 박람함으로써 기존 인문학 담론의 한계를 극복하고자 시도했다. 브뤼노 라투르부터 에두아르도 콘까지 25회에 걸쳐서 연재 예정인 이 특집은 인간을 넘어서 '포스트휴먼' 담론을 통해 사물과 기계, 동물과 자연 속에서 공존하는 객체로서의 인간을 사유하기 위한 기초가 될 것이다.

_이융희

24 기성 문단의 몰락

'2019 교보문고 상반기 베스트셀러 경향 분석'에 따르면, 소설 분야의 판매율이 급격히 하락해서 −14.1%를 기록했다. 출간 종수는 2018년과 비슷했지만 눈에 띄는 미디어셀러나 대형 베스트셀러는 없었다. 조정래 작가의 『천년의 질문』(해냄)을 제외하고는 눈에 띄는 신작이 없었고 베스트셀러 순위 상위권에 오른 신간도 거의 없었다.

이런 통계에 더 눈이 가는 이유는 영향력 있는 작가의 신간이 여름을 앞두고 줄지어 나왔기 때문이다. 100만 부를 넘긴 『82년생 김지

『대도시의 사랑법』 등 새로운 경향의 작품, 장강명 같은 스타 작가들의 활약, 장르 소설의 성장은 한국 문학의 질적 변화가 일어나고 있음을 보여 준다.

영』을 집필한 조남주의 『사하맨션』(민음사), 정유정의 『진이, 지니』(은 행나무) 같은 작품이 나왔지만 성적은 신통치 않았다. 확실히 기성 문 단의 힘이 빠진 듯하다.

하지만 다른 가능성이 있다. 정작 100만 부를 넘겼던 『82년생 김 지영』은 기성 문단의 문법으로 보면 예외적인 작품이고, 작가도 기성 문단으로 부르기에는 아웃사이더다. 박상영의 『대도시의 사랑법』(창 비), 이혁진의 『사랑의 이해』(민음사) 같은 새로운 경향의 작품, 장강 명(『산 자들』)과 같은 스타 작가의 활약, 장르 소설의 성장은 한국 문 학의 질적 변화가 일어나고 있음을 보여주는 징후다. 한국 문학의 지 각 변동이 2020년에는 어떤 모습으로 나타날지 설렌다.

_강양구

25 아카데미와 학술 윤리

소위 '조국 사태'가 남긴 파장은 여전히 현재진행형이다. 특히나 대 학에 만연한 학술 윤리 부재는 오랫동안 곪아온 문제인 만큼 전면적 인 시정이 절실한 상황으로 우리 사회의 당면한 과제가 되었다. 고등 학생 자녀를 논문의 공동 저자로 올리는 일이 비단 일부의 행태에 그 치는 것이 아니라 오히려 관행에 가까웠다는 사실은 약과 중의 약과 다. 대학원생 제자에게 논문 대필을 시키고, 심지어 이를 교수 자녀의 논문이라며 입시에 사용하는 부당한 상황에서도 입을 연 사람은 몇 없었다. 표절, 이미지나 인용 조작에까지 이르면 문제는 더욱 심각해 져 아예 기본 연구 윤리로부터 자유로운 사람이 거의 없을 정도다. 모두 기본 중의 기본이지만 학교 안에서조차 기본은 지켜지지 않았다.

그간 교육부는 연구자의 연구부정행위를 예방하기 위하여 「연구 윤리 확보를 위한 지침」을 몇 차례 개정하였다. 바뀐 지침에 따르면 학생의 논문에 지도교수가 '공동 저자'로 이름을 올리는 것은 불가능하다. 학생이 주도한 연구임에도 교수가 이를 지도했다는 명분으로 '주저자'를 자처하는 행위 역시 명백한 연구부정행위로 간주된다. 반대로 말하면 그동안 이 모두가 관행이라는 이름하에 허락되었다는 이야기다. 학계 전방위적으로 자리 잡은 온갖 관행이란 이름의 폭거가 사라지지 않는 한 변화는 요원하다.

_강상준

26 공공대출권

'공공대출권'은 공공도서관에서 대출해주는 책에 대해 지적 재산권 보호의 개념을 도입하여 저작료를 지급하는 권리를 말한다. 여러 사람을 대상으로 한 도서 대출로 인해 저작자 등에게 발생하는 손실을 보전하는 채권적 성격의 보상 청구권이다. 우리가 어디선가 듣는 노래, 노래방에서 부르는 노래 대부분에 곡당 저작료가 지급되는 것처럼 말이다. 1946년 덴마크에서 시작되었고 노르웨이, 스페인, 독일 등 34개국에서 시행하고 있다. 한국도 1986년부터 이에 대한 논의가 되었으나, 큰 관심을 끌지는 못했다. 2019년 5월, 문화체육관광부 장관이 저작권 보호에 대한 대담에서 '공공대출권과 사적 복제 보상금'에 대해 거론하면서 관심을 받고 있다.

여기서 가장 현실적인 문제는 재원이다. 저작료 예산을 어디에서 확보할 것인가의 문제다. 매년 1,000억 원도 되지 않는 공공도서관 자료 구입비에서 저작료를 지불한다는 것은 불가능하고, 중앙정부의 예산 확보에 국민적 합의가 이루어질까 하는 의구심도 있다. 실질적인 문제의 세세한 합의의 어려움에도 불구하고, 이 문제가 창작자의 입장에서는 너무도 당연한 권리라는 것에는 의견을 달리하지 않는다.

_김혜원

27 새로운 과학 저자의 등장

과학 출판은 한국 출판 시장에서 여전히 성장 가능성이 있는 영역으로 꼽힌다. 최근 몇 년간 르포 작가, 과학 저널리스트 등 과학 저자의 저변이 넓혀지는 모습을 보였다.

과학 출판은 한국 출판 시장에서 여전히 성장 가능성이 있는 영역으로 꼽힌다. 실제로 최근 몇 년간 걸출한 과학 저자가 새롭게 등장했다. 『떨림과 울림』으로 유명한 물리학자 김상욱이 대표적이다. 그는 『김상욱의 과학공부』(이상 동아시아)로 존재감을 알리고 나서, 2018년 말에 나온 『떨림과 울림』으로 가장 사랑받는 과학 저자로 자리매김했다.

김상욱뿐만이 아니다. 『파란하늘 빨간지구』를 펴낸 조천호는 2019년에 등장한 가장 빼어난 과학 저자 가운데 한 명이다. 오랫동안 현장에서 연구한 경험을 토대로 그는 지구온난화, 기후변화, 미세먼지 등을 정확한 사실과 훌륭한 관점으로 조화시킨 책을 펴냈다. 그 덕분에 우리도 국내 저자의 훌륭한 기후변화 책을 가질 수 있게 되었다.

황정아의 『우주 날씨 이야기』(플루토)도 글 쓰는 새로운 과학자의 이름을 알린 수작이다. 이밖에도 『우리는 마약을 모른다』(동아시아)

의 저자 오후가 『나는 농담으로 과학을 말한다』(웨일북)를 펴냈고, 우아영이 『아기 말고 내 몸이 궁금해서』(휴머니스트) 등을 펴냈다. 르포 작가(오후)와 과학 저널리스트(우아영)의 책은 과학 저자층이 넓어짐을 보여주는 증거라서 더욱 기대된다.

_강양구

28 도서정가제 이후의 독립서점

2014년 도서정가제의 시행 이후 수많은 동네서점들은 활기를 찾았다. 2017년 기준 동네책방 앱 '퍼니피플'에 의하면, 주당 1.5개의 동네책방이 새로 문을 열고 있다. 다만 동네책방의 부활이라고 섣불리 단정 짓기는 어려운 형국이다. 젠트리피케이션이나 경영난으로 인해 폐점하는 책방의 수도 함께 늘어가고 있기 때문이다. 다만 좀 더 다양하고 색다른 콘셉트의 동네책방이나 책방끼리의 연대, 독립서점에 새로운 포맷을 더한 운영 등으로 다양한 활로를 모색하는 모습이 눈에 띈다. 특히 '최인아책방'이나 '북티크', '부쿠' 등은 단순한 책방의 개념을 넘어서 커뮤니티와 콘텐츠 플랫폼으로서의 역할을 동시에 수행하고 있다. 클래스와 카페, 대관, 자체 프로그램 등을 만들어 다양한 경험을 동시에 제공한다.

이런 행보는 단골을 넘어선 '멤버'의 개념을 탄생시켰다. 당인리에서 시작해 위례, 광교로 발을 넓혀가는 '책발전소' 또한 흥미로운 행보를 보인다. 단순히 서점 자체의 힘뿐만이 아니라, 주변 상가와 건물에 트렌디한 브랜드들을 동시에 입점시켜 서점을 중심으로 한 브랜드 컴필레이션이 이루어지고 있다. 하나의 잘 만들어진 동네서점은 그 지역 자체의 체질을 바꾸고 있다. 카페와 먹을 것만을 팔던 과거와는 다르게 콘셉트로 승부하는 곳들도 있다. 자연, 치유, 환경을 소재로한 제주의 '달빛서림', 책과 꽃의 조합을 선보인 '딸기책방' 등 새로운 테마를 만드는 곳. 또는 '책발전소'나 '스틸북스', '삼일문고'와 같이 정성 어린 관리와 큐레이션으로 승부를 펼치는 곳들도 돋보인다.

앞으로의 동네서점은 그 색깔이 더욱 짙어질 것이다. 단순히 양이 늘어나는 방식보단 점차 질의 경쟁으로 변모될 것이다. 또한 '전국 동네책방네트워크'(책방넷)와 같은 서점끼리의 연대를 통해 좀 더 정착된 형태의 시장으로 자리 잡을 것으로 예상된다. 출판계에서 마케팅의 수단으로 동네책방 입점을 주목하고 있는 것도 무리는 아니다. 『달의 조각』(빌리버튼), 『죽고 싶지만 떡볶이는 먹고 싶어』 등 많은 베스트셀러가 사실은 독립출판과 동네서점에서부터 비롯되었단 점을 생각해보자. 이곳에 출판계의 미래가 있는 것은 아닐까.

_이가희

29 불법 다운로드 사이트 검거

오랫동안 웹 콘텐츠 시장의 거대한 암초로 자리하고 있던 무단 복제 불법 사이트들이 잇따라 폐쇄되었다. 2018년 웹툰 불법 유통 사이트였던 '밤토끼'의 운영자가 체포되었고, 국내 최대 만화 스캔 업로드 사이트로 주로 일본만화를 번역해 불법으로 게재하던 '마루마루'와 웹소설 불법 업로드 사이트 '소설엘닷컴' 등이 차례로 문을 닫았다.

그럼에도 불구하고 폐쇄된 사이트를 사칭하는 유사 웹페이지들이 우후죽순 늘어나면서 불법 사이트들을 완전히 일소하진 못한 상태다. 심지어 기존 사이트의 이용자를 끌어모으기 위해 비슷한 이름을 내건 유사 사이트를 개설하는 방식이 더욱 기승을 부리면서 이용자는 전혀 줄지 않았다. 이제는 보다 근원적인 대책이 요구되는 시점이다.

올해 일본에서는 불법 공유 사이트의 폐쇄가 곧 원 시장의 성장과도 직결되는 것임이 여실히 증명됐다. 지난해 일본 최대 불법 만화 사이트였던 '만화마을漫画村'이 폐쇄되고 올해 운영자가 검거되는 등 불법 만화유통에 대대적인 단속을 벌인 결과 만화 제공 서비스를 운영 중인 상장 기업의 최근 2년간 매출이 50% 이상 증가한 것. 정당한 저작권을 지키기 위함은 물론이고 시장의 합당한 확장을 위해서라도 불법 사이트 폐쇄는 무엇보다 시급하다.

_강상준

30 구독경제

'구독경제'란 소비자가 기업에 회원으로 가입해 매달 일정액을 지불하고 정기적으로 물건을 배송받거나 서비스를 이용하는 경제 모델을 가리킨다. 물론 과거에도 신문 구독과 같은 구독경제 상품이 존재했다. 하지만 최근에는 인터넷과 디지털 플랫폼의 발전으로 인해 구독경제의 범위가 확산되면서 품목 또한 다양해졌다. 월 정액제 동영상 스트리밍 서비스인 '넷플릭스'의 전 세계적인 성공에 힘입어 후발 주자인 '아마존 프라임비디오', '디즈니 플러스' 등이 대대적으로 시동을 걸고 있으며, 이밖에도 구독경제는 자동차, 의류, 식료품 등으로 확장되면서 우리 시대를 규정하는 거대한 트렌드가 되었다.

출판계 역시 다채로운 구독경제 서비스로 소비자들의 기대를 충족하고 있다. 현재 '밀리의 서재'를 비롯해 '리디북스', '예스24' 등의 온라인서점은 무제한 월 정액제 대여 서비스를 시작한 이후 구독자에게 제공하기 위한 책을 확보하기 위해 치열한 경쟁을 벌이는 중이다. 더불어 대형 온라인 사이트만이 아니라 특화된 콘텐츠로 구독자의 세밀한 취향을 공략하는 서비스 또한 날로 늘어나는 추세다. 출판계에 분 구독경제 바람은 트렌드의 전환 주기가 갈수록 짧아지고, 짧은 기간 동안 더 많은 것을 이용하고 싶은 데다 소유보다는 경험에 초점을 맞춘 독자들의 소비 패턴 변화가 상당 부분 영향을 끼친 탓이다. 바야흐로 본격적인 구독자 유치 전쟁이 시작됐다.

_강상준

찾아보기

ㅊ

TV프로그램·영화·팟캐스트

한국 출판계 키워드 2010-2019

2019년 11월 11일 1판 1쇄 인쇄
2019년 11월 21일 1판 1쇄 발행

엮은이	〈기획회의〉 편집부
펴낸이	한기호
편집	정안나, 도은숙, 유태선, 김미향, 염경원, 박소진
경영지원	국순근
펴낸곳	한국출판마케팅연구소
	출판등록 2000년 11월 6일 제25100-2000-185호
	주소 04029 서울시 마포구 동교로 12안길 14(서교동) 삼성빌딩 A동 2층
	전화 02-336-5675 팩스 02-337-5347
	이메일 kpm@kpm21.co.kr
	홈페이지 www.kpm21.co.kr

ISBN 979-11-968505-0-0 03010

· 책값은 뒤표지에 있습니다.